① 풍물(북춤) / ② 차전놀이 / ③ 청도 소싸움 / ④ 씨름 / ⑤ 대형호박장기 / ⑥ 투호

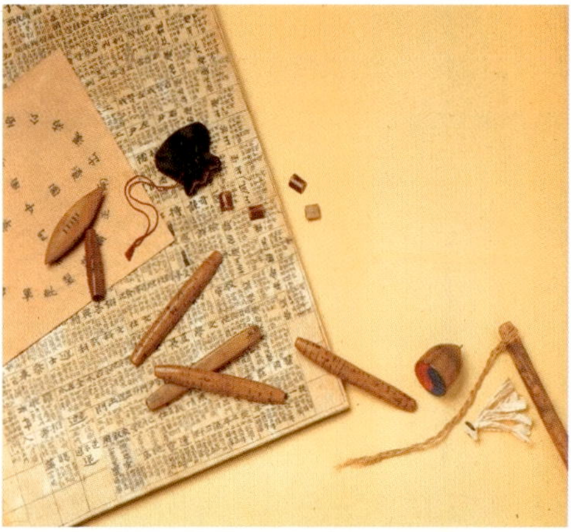

① 윷놀이 / ② 탈춤(하회별신굿 탈놀아-할미마당) / ③ 풍물놀이

① 연날리기(대보름) / ② 쥐불놀이(대보름)

① 줄타기 / ② 널뛰기

① 종묘제례악 / ② 전통 과거시험

① 전통 꽃신 / ② 노리개 / ③ 가마

① 전통혼례 / ② 차례 지내기

① 전통단청 / ② 전통사찰 / ③ 팔만대장경 / ④ 월지(안압지)

① 첨성대 / ② 불국사

① 범종 / ② 석가탑 / ③ 왕릉

① 궁중음식 시연회(강원도 영월 단종제) / ② 전통무용 살풀이춤 / ③ 가야금 연주 ④ 전통옷 패션쇼(충북 단양 온달문화축제) / ⑤ 사지원리 서낭제(충북 단양 영춘면) / ⑥ 수안보 온천제(충북 충주) / ⑦ 유교식 산신제(강원도 원주 치악제) / ⑧ 영산대재(강원도 영월 보덕사)

① 거리행렬(강원도 영월 단종문화제) / ② 섶다리 건너기(강원도 영월 주천면)

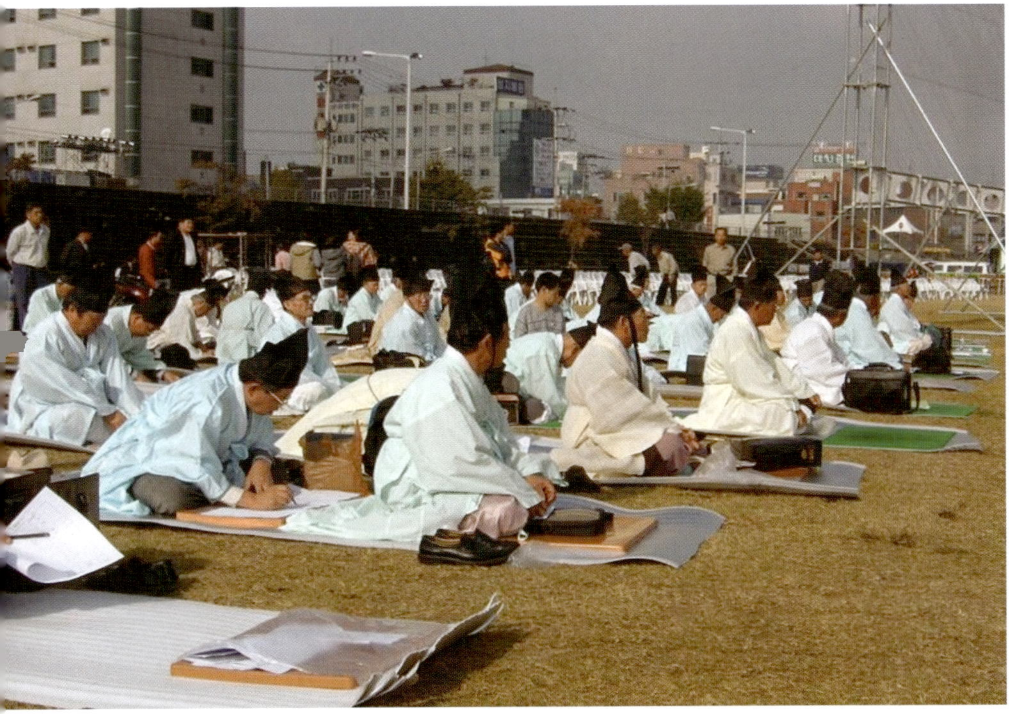

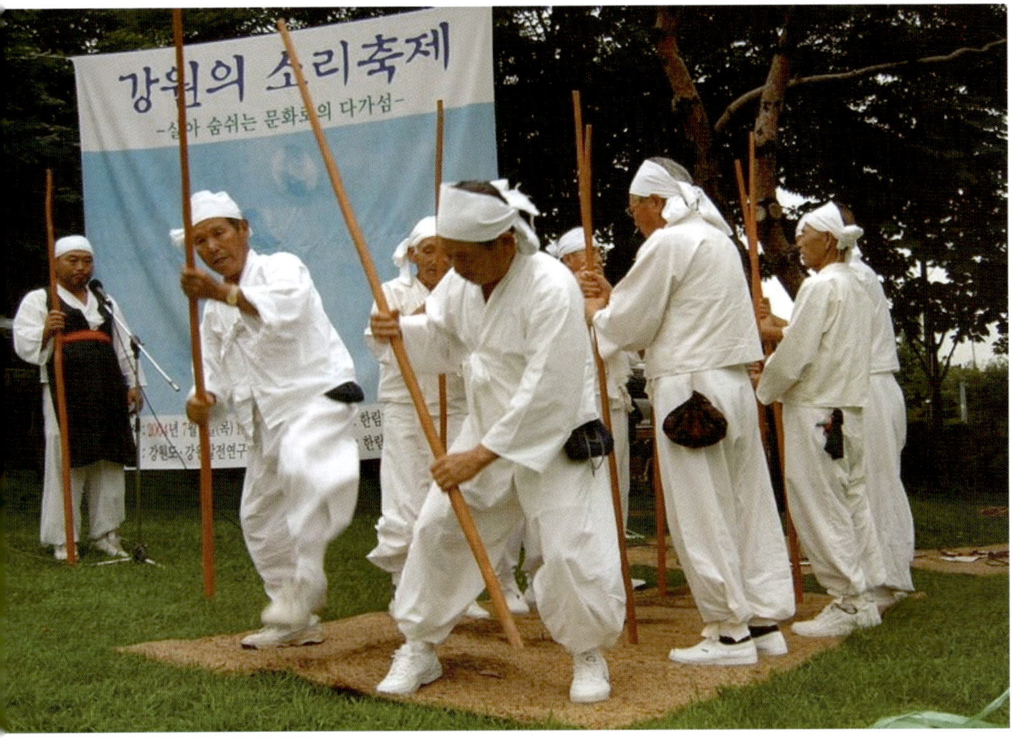

① 한시백일장(강원도 원주 치악문화제) / ② 횡성회다지소리 재연(강원의 소리축제)

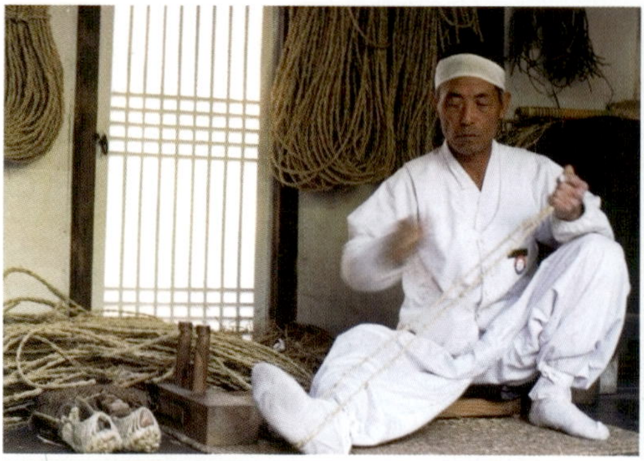

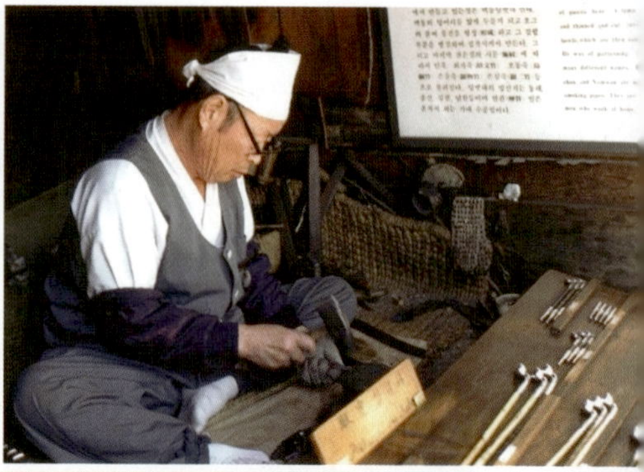

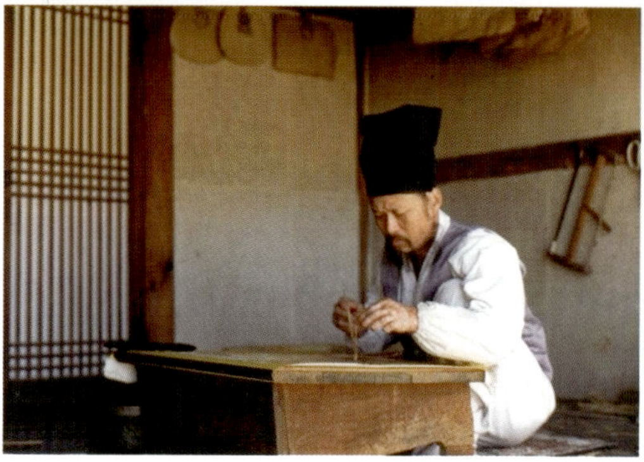

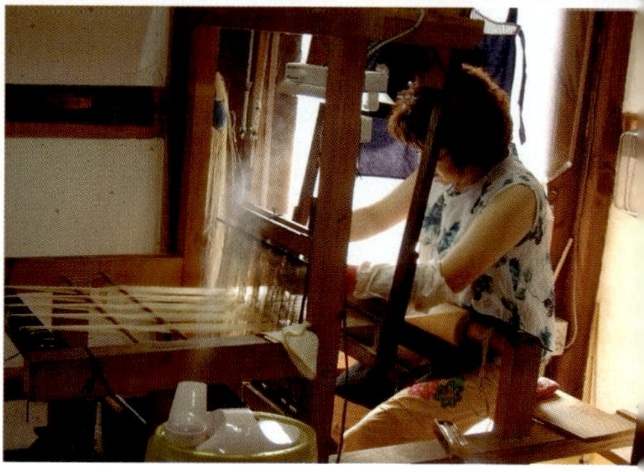

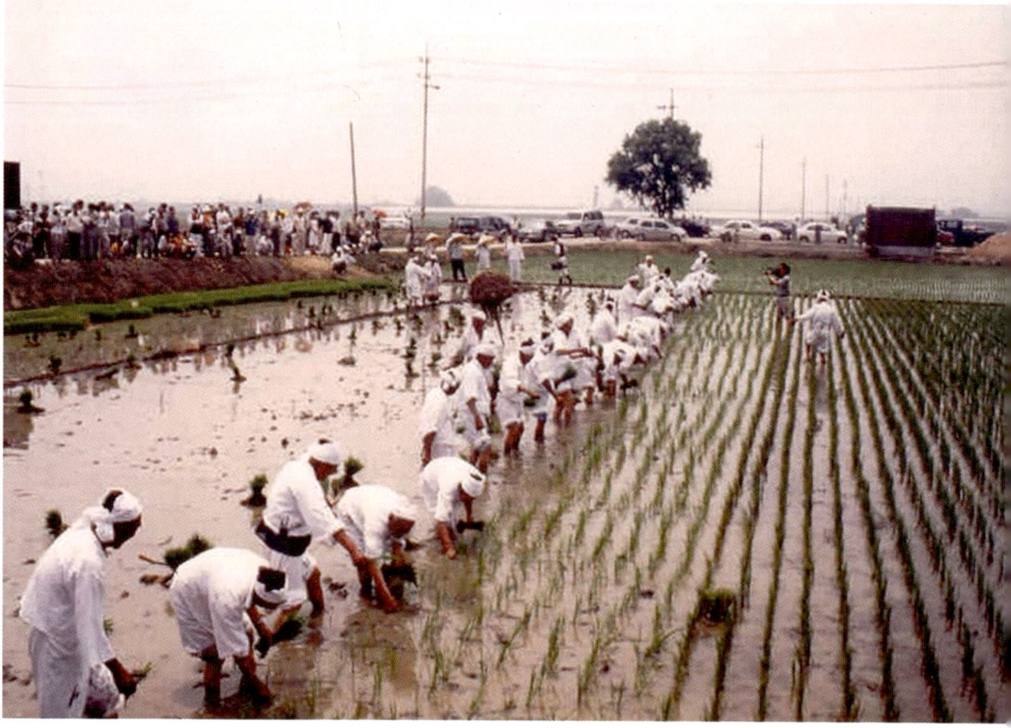

① 새끼꼬기 / ② 담뱃대 만들기 / ③ 부채 만들기 / ④ 모시 짜는 모습(충남 서천 모시박물관) / ⑤ 용몽리 농요 구연(충북 진천 덕산면)

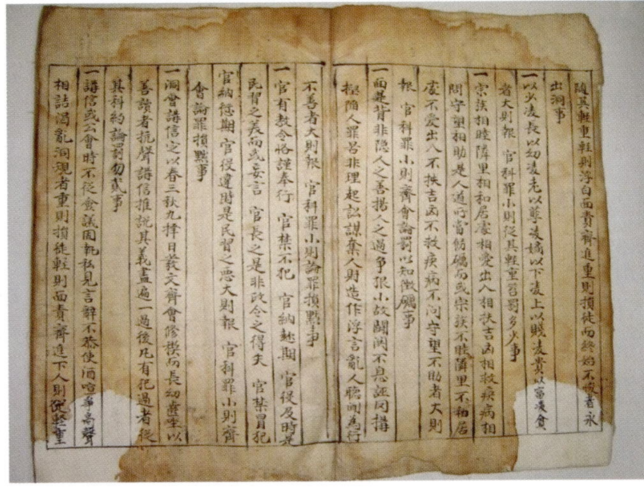

① 천하대장군 / ② 집에 모신 가신(대감할배, 인천시 강화군) / ③ 수공예 / ④ 요선계 문서(강원도 영월 수주면) /
⑤ 물레방아 / ⑥ 연자매

① 시래기나물 / ② 메주 / ③ 김치 / ④ 깍두기 / ⑤ 장독대 / ⑥ 한과와 수정과

전통문화자원연구총서 ①

전통문화와 문화콘텐츠

전통문화와 문화콘텐츠

전통문화자원연구총서 ①

전통문화와 문화콘텐츠

이 창 식

한류와 한국문화의 전통은 새로운 트렌드가 되었다. 전통문화의 전제 없이 한류 또는 한국문화의 매력을 설명할 수 없다. 전통문화의 키워드는 문화연구의 학문적 연구대상이다. 전통문화를 잘 알고 있다고 하지만 그 가치를 이해하는 방식은 접근하는 시각에 따라 사뭇 다르다. 이 책의 발간은 이러한 고민과 포부에서 출발하였다. 문화교과서라기보다 한국문화의 새로운 길 찾기인 셈이다.

전통문화를 소개한 개론서나 평론서가 많이 나와 있다. 대체로 전통문화의 범주에서부터 주요 분야를 누구나 이해할 수 있도록 객관적으로 기술하고 있다. 집필자의 의향에 따라 다루는 범주와 내용의 편차는 있으나 천편일률적으로 살아가면서 알아야 할 전통문화유산의 해설문으로 채워져 있다. 이 책도 이러한 길을 따라 갔으나, 유독 다른 점은 전통문화의 숨겨진 가치 발굴과 내재된 원천을 제안하는 측면이 있다. 깊이가 있고 독특한 내용을 담았다는 뜻이 아니라 오히려 지금 여기에 필요한 전통문화 또는 문화원형의 지식을 새롭게 문제 삼아 썼다는 것이다.

지금까지 전통문화의 안내서가 표면적 자랑거리, 옛것 취향의 즐거움, 우리것 위주의 일방통행 등에 매달려 왔다. 정작 전통문화가 우리 삶에 진정한 의미 체계로 전통인간학(傳統人間學)의 일부인 점을 고려하지 못했다. 이 책의 고민은 분명 의도적인 가치 탐색에 비중을 두었다는 데 있다. 전통문화에 대하여 21세기식 문화해석학의 시도로 읽혀질 수도 있다. 그래서 전통문화에 관한 교과서로 거친 부분이 있다. 긍정적으로 말하면 전통문화를 축적해 온 사람들의 한국적 가치를 새롭게 드러내는 일면이고, 부정적으로 비판하면 지나치게 현재성과 상업성을 강조하였다는 일면일 것이다.

전통문화의 가치는 민족문화의 원형 상징성을 지닌 동시에 문화 유전자(DNA) 노릇이 내재되어 있다는 뜻이다. 획일적인 사고 또는 서구적 인식으로 재단할 수 없는 그 무엇이 있다. 거북선, 삼족오, 태극기, 무궁화, 김치, 강릉단오제, 단군, 종묘대제, 판소리, 두레, 아리랑, 의림지 등은 상징적 전통문화의 목록이다. 문화유산자원으로서 문화원형으로 신성(神性)과 민중성을 잘 나타내고 있다.

다른 문화와 차별화해 미래로 나아가기 위한 전통문화의 원천은 창조의 숲이다. 이른바 전통지식이라는 범주를 설정할 수 있다. 전통문화의 정체성을 유지하고, 민족문화를 꾸준히 탐색하여 현재의 삶과 창의적으로 상생될 수 있도록 접목해야 하는 까닭이다. 전통문화학은 창조학의 성격을 띤다. 창조학의 가치를 띠지 않은 것은 가짜 전통이거나 흉내낸 관습일 뿐이다. 전통문화를 잘 안다고 하는 이들도 반성과 성찰이 필요하다. 다시 내면적 가치 쪽으로 눈을 돌려보라. 창조학의 숲이 거기에 있다.

전통문화에 대한 이해의 즐거움과 깨달음을 느끼도록 하였다. 전통문화의 지식안내는 디지로그시대에 검색으로 가능하다. 전통문화의 다양한 정보는 어디든 손쉽게 널려 있다. 보다 중요한 전통문화의 흡인력을 지식 안내에 머물 것이 아니라 전통문화의 진면목을 통해 새로운 전통문화를 발상해내는 데 있을 것이다. 이 책의 구성은 기존 관련 개론서

체계를 따르되 그 흐름은 동시대성과 현재성을 강조하였다.

이 책은 크게 12장으로 구성되어 있다. 전통문화의 정의와 의미, 국제화시대에 있어서 전통문화가 지녀야 하는 과제, 전통사회 속에서의 생활문화, 절기의 변화에 따른 세시풍속, 일생의 삶과 통과의례, 고대인들의 사유체계와 민간신앙, 민중의 염원과 무속신앙, 종교로서의 불교, 유교, 도교, 공동체적 삶의 유산인 구비문학, 전통문화콘텐츠 등으로 정리하였다. 체계가 국수주의 지향이 아닌 세계 속에서의 한국 전통문화의 정의부터 활용에 이르는 방향의 순이다.

전통문화의 개념과 전통문화가 지니는 현대적 의의가 무엇인지를 밝혔다. 한국의 전통문화가 어떠한 배경에 의해서 형성·변화되어 왔으며, 세계의 다양성 속에서 한국 전통문화가 지니는 독자적인 성격이 무엇인지를 언급하였다. 또한 한국 전통문화 형성에 있어서 외래문화와의 갈등과 비판적 수용, 형성된 전통문화를 어떻게 창조적으로 계승할 것인가에 대한 고민을 토로하였다.

한국 전통문화에 대해 세부적으로 정리하였다. 전통사회에 있어서 가족의 의미, 마을의 형태와 기능, 경제·교육 활동을 시대 순으로 나누어 정리하였다. 아울러 절기변화에 따라서 형성된 세시풍속과 일생의 삶을 통해 거쳐야 하는 통과의례, 고대로부터 이어진 한국 사람들의 토착신앙과 무속신앙, 속신관념 등을 정리하였다. 또한 여기서 더 나아가 이들 전통문화가 지니는 의미와 앞으로 어떻게 계승해야 하는지에 대한 필자의 고민을 보탰다.

또한 자생적 전통문화에 외래에서 유입·변모·정착된 전통문화에 대해서도 언급하였다. 이른바 불교, 유교, 도교, 기독교 등이 그것이다. 한국 사람들은 외래 문물을 수용하되 그대로 받아들인 것이 아니었다. 한국 사람으로서의 주체성을 지니고, 한국 풍토에 어울리도록 변모시키고 정착시켜, 한국 전통문화 정체성의 한 부분을 차지하게 하였다. 또한 한국 전통문화를 형성·변모·정착시키는 과정에서의 정신적 소산물인 구비문학을 장르별로 정리하여 수록하였다.

마지막으로 한국 전통문화에 머무르는 것이 아니라, 이를 활용할 수 있는 방법에 대해서도 깊이 있게 생각해 보았다. 최근 문화콘텐츠 활성화에 힘입어 전통문화의 재창조 가능성을 여러 측면에서 제시하였다. 한국의 전통문화를 콘텐츠화하는 문제, 전승되어 온 전통문화에 대해서 새롭게 인식하는 문제, 전통문화와 지역문화를 접목한 활용 문제 등 과거가 아닌 현재적·미래적 측면에서 전통문화를 필자 나름대로 선명하게 정리해 보았다. 독자들 나름대로 전통문화의 힘을 깨달아 보길 바란다.

자기 일처럼 자료 정리를 도와준 학문의 도반 안상경 박사와 장호순 군에게 고마움을 전한다. 그들의 정진을 기대한다.

2007. 12. 15
한국농경문화의 상징적 세계유산 의림지를 바라보며
이창식 쓰다

차 례

전통문화란 무엇인가 제1장

1. 전통문화의 개념과 의의

(1) 전통의 개념과 의의

오늘날 세계적인 문화대국으로 성장한 나라들을 보면 역사상 가장 민족주의적인 국가들이었음을 알 수 있다. 그런데 그들의 공통인자는 다름 아닌 자기 민족문화에 대한 집념과 우월감이었다. 이는 그들의 문화가 처음부터 세계적 보편성을 획득한 것이 아니라, 세계문화의 주체적 세력이 되고자 하는 야망과 집착이 타민족에 비해 강했다는 것을 의미한다. 앵글로색슨, 게르만, 유대민족 등이 다 그러한 예에 속한다고 할 수 있다. 따라서 자기문화에 대한 애착과 확신을 가지지 못하는 민족은 세계적인 문화민족으로 성장할 수 없다. 그렇다면 전통문화란 무엇인가? 그 개념을 한 마디로 정의하기는 어렵다. 전통과 문화는 중복되는 개념으로 쓰이고 있으며, 그것을 아우르는 말 역시 중복된 의미를 표현하는 것밖에 될 수 없기 때문이다. 그러므로 먼저 전통과 문화에 대한 개념을 구별하여 알아보는 것이 필요하다.

전통이란 넓은 의미로 보면 어떤 집단이나 공동체에서 과거로부터 전해 내려오는 문화유산을 말한다. 그런데 여기서 주의할 점은 그것에 대한 인식의 정도를 어디에 두느냐에 따라 달리 평가될 수 있다는 것이다. 예로부터 내려오는 특정한 문화유산이라 해도 그것을 주관적인 입장에서 보면 전통이 되고, 객관적인 입장에서 보면 관습이 되는 경우가 많기 때문이다. 관습은 의식주, 관혼상제, 가족이나 친족관계, 남녀교제 등에서 드러나는 사상·관행·행동·기술양식 등으로서 과거로부터 현재로 이어지는 사회규범을 가리키는 개념이라고 할 수 있다. 그러한 이유에서 관습은 그것이 오래 전부터 있어 왔음에도 불구하고 사회 구성원들은 그것의 기원이나 의미에 대해서 잘 모르는 경우가 많다. 그렇기 때문에 관습은 사회의 유대를 강화하고 동료의식을 심어주며, 환경에 적응하는 방법으로써 실제적 도움을 준다. 그리하여 법으로까지 규정될 수 있는 것이 관습인 것이다. 관습은 이를 따르지 않을 경우, 구성원들로부터 사회적 따돌림이나 눈총을 받기 쉽고, 또 보수적 성향이 강한 집단을 만드는 경우가 종종 있는데, 이는 관습의 그런 속성 때문에 비롯된 것이다. 따라서 관습은 일시적인 유행과 분명히 다르다.

일본에서 설에 신사(神社)를 참배하는 경우나, 미국에서 크리스마스 이브에 칠면조 고기를 먹는 경우, 아랍권 여성들이 차도르를 쓰는 경우는 관습의 예라고 할 수 있다. 그렇기 때문에 관습은 습관이나 인습과 분명한 차이를 가진다. 습관은 개인행동의 반복에서 생기는 것으로 일종의 버릇에 해당한다. 그리고 인습은 관습 중에서도 불합리한 것들을 가리키는 말이다. 예를 들면, 애경사(哀慶事)를 지나치게 성대히 거행한다거나 점복(占卜) 등에 지나치게 빠지는 것을 말한다.

이에 반해 전통은 같은 문화유산이라 하더라도 현대생활에서 볼 때 어떤 주관적인 가치판단을 기초로 하여 파악된 것을 말하며, 반드시 연속성을 필수조건으로 하지 않아도 된다는 점에서 차이를 보인다. 관습

중에서 역사성을 띠면서도 현대생활에 의미와 효용성을 줄 뿐만 아니라 사회구성원들이 그것의 가치를 인정하고 보존해 나가려는 의지를 보이는 것을 전통이라고 한다는 점에서 이를 알 수 있다. 오랫동안 단절되었던 전통이 어느 시점을 계기로 다시 전승되는 경우가 있는데, 이는 그 시대 사회구성원들의 주관적 가치판단이 발동했기 때문이다. 따라서 전통 역시 단순히 옛것만을 가리키지 않으며 인습과도 구분된다.

전통은 이처럼 문화유산에 대한 사회구성원들의 재평가를 통해 이루어지므로 그 담당자는 일정한 종교적·정치적·경제적 또는 사회적으로 확고한 결합체이어야 하며, 그것을 평가할 수 있는 능력을 갖추고 있어야 한다. 전통은 이러한 속성으로 인하여 종종 국수주의로도 비춰지는 경향이 있는데, 이는 전통에 대한 이중적 잣대를 만드는 계기가 되기도 한다. 즉 전통은 집단이나 공동체가 위기에 처했을 때 강한 결속력을 갖게 하는 역할도 담당하지만, 다른 한편으로는 다른 집단이나 공동체에 대한 우월감이나 배타적 감정을 갖게 함으로써 편협한 지역주의 내지는 국수주의에 빠뜨리는 결과도 초래했기 때문이다.

따라서 전통은 답습되어서는 안 된다. T. S. Eliot가 "전통이 전세대의 성과를 맹목적으로 추종하는 것이라면 전통은 확실히 저지되어야 하며, 되풀이되는 것보다는 오히려 신기(新奇 : 새롭고 기이함)가 낫다."고 말한 것이나, 조지훈이 전통과 인습의 개념은 혼동되어서는 안 된다고 강조한 뒤, 전통은 앞으로 계승·발전시켜야 할 요소인 반면 인습은 전해져서는 안 될 나쁜 요소라고 구별 짓고, "전통은 창조적 재료요, 창조는 전통의·방법이기 때문에 전통이 없는 창조, 창조가 없는 전통은 있을 수 없다."고 밝힌 것은 전통이 가져야 할 특성을 잘 설명해준다고 하겠다. 전통은 그것이 단순히 답습에만 머물러서는 안 되며, 항상 새롭게 계승·발전시켜야 하는 유기적 생명체라는 것을 알 수 있다.

(2) 문화의 개념과 의의

문화는 영어의 'cultule'나 독일어의 'kultur' 등을 번역한 낱말이다. 이들은 라틴어 'cultura'에서 유래하여 17세기 이래로 유럽에서 사용되고 있다. 이 낱어는 원래 '농사' 또는 '육체와 정신의 돌봄'이라는 두 가지 뜻을 가졌다. 그에 따라 이 낱말은 처음부터 농경과 정신적 재산의 돌봄이라는 두 가지 의미로 쓰였다. 문화의 개념은 후자의 뜻으로부터 점차 한 민족이나 사회의 정신적·예술적 표현의 총체라는 의미로 형성되어 갔다.

오늘날 문화라고 하면 여러 가지 의미로 사용된다. 그 중의 첫 번째는 교양 있고 세련되며 예술적인 것을 가리킨다. 교양 있고 세련된 사람들을 두고 '문화인'이라 부르는 것이 여기에 해당된다. 두 번째는 서구적인 경향이나 현대적 편리성을 지칭하는 의미로 사용된다. '문화생활', '문화주택' 등은 그러한 의미로 쓰인 것들이다. 그리고 세 번째는 이들보다 훨씬 광범위한 문화를 뜻하는데, 인간에 의하여 이룩된 과학·예술·종교·철학 등 모든 것이 그 범주에 포함된다. 문화인류학이 대상으로 하여 다루는 것은 이 넓은 의미의 문화이다.

인간은 '문화를 가진 유일한 동물'이라는 점에서 동물계의 다른 종과 가장 두드러지게 구분된다. 이러한 문화의 개념을 두고 그 동안 많은 학자들에 의하여 숱한 정의가 내려져 왔다. 그것들은 대개 총체론적 관점과 관념론적 관점으로 나뉜다. 전자에 의하면 문화는 인간집단의 생활양식의 총체를 뜻한다. 19세기 후반 영국의 인류학자 타일러(Tylor, E. B.)는 그의 저서 『원시문화(Primitive Culture)』(1871)에서 문화를 '지식·신앙·법률·도덕·관습, 그리고 사회 구성원으로서 인간에 의해 얻어진 다른 모든 능력이나 습성의 복합적 총체'라고 정의하였다. 문화라는 개념을 가장 포괄적으로 정의하고 있다고 하겠다. 문화를 관념적으로 파악하는 사람들은 실제 소통되는 말과 그것을 지배하는 규칙 내지 원리를 구별하고 문화를 단지 그 규칙 내지 원리에 한정시킨다. 이들에 따르면 문화는 구체적으로 관찰되는 행동 그 자체가 아니고 그런 행위를 위하거나 또는 그것을 규제하는 규칙의 체계다. 사람들은 그러한 규칙에 따라 행동한다는 것이다. 이러한 관점에서는 문화가 보다 좁은 의미에서 이해되어진다. 인간의 사고와 행위를 가능하게 하는 기본적인 원리를 밝히려는 관심에서는 이 관점이 효과적이다. 그러나 한 사회집단의 문화현상의 과정과 그 요소들 사이의 상호작용을 알기 위해서는 총체론적인 접근이 더 바람직하다.

한 인간집단의 전체 생활양식으로서 문화는 매우 폭넓고 다양하다. 그래서 오늘날 문화를 총체적으로 이해하기가 매우 어렵다. 러시아의 인류학자인 시로코고르프(Shirokogoroff, S. M.)는 1930년대에 이러한 문제의 경향을 파악, 예견하고 문화 이해에 보다 통합적인 방법을 제시한 바 있다. 그는 퉁구스족(Tungs)을 연구하면서 그 민족의 문화를 사회조직·물질문화·심리정신복합체의 세 갈래로 크게 나누었다. 사회조직은 가족을 위시, 인간이 제반관계에서 사회적으로 구성하는 모든 조직체계를 가리키고, 물질문화는 한 사회가 소유하는 온갖 물질적 형태의 문화를 포괄한다. 종교나 주술 언어·예술적 표현 등 인간의 심리정신적 활동과 문화를 그는 심리정신복합체로 묶었던 것이다. 이들이 전체문화 속에서 서로 유기적으로 얽혀 있음은 물론이다. 이 같은 문화의 분류, 이해는 복잡하고 다양한 문화를 통합적으로 파악하는 데 유용한 틀을 제공한다. 이러한 문화는 몇 가지 속성을 가진다.

첫째, 문화는 집단구성원에 의해 공유되어진다. 사회 구성원 간 개인의 독특한 취향이나 버릇은 문화가 아닌 개성에 속한다. 한 사회의 구성원들이 다른 사회에서와 구분되는 어떤 행위·관습·경향 등을 공유할 때라야 그것은 문화가 되는 것이다. 경제문화·정치문화·종교문화·도시문화·음식문화·청년문화·대학문화·영남문화·호남문화

등의 하위문화가 그 좋은 보기이다.

둘째, 한 사회의 문화는 학습된다. 인간의 생리적 현상은 문화가 아니다. 인간은 태어나서 한 사회에서 자라면서 그 공유된 문화를 사회화를 통하여 배우게 마련이다.

셋째, 문화는 축적된 산물이다. 인간의 지식은 한 세대에서 다음 세대로 전해지고 그 세대에 새로 이루어진 내용이 또 거기에 더해진다. 문화는 이처럼 시간이 흐르면서 축적되는 것이다.

넷째, 문화는 체계적이다. 문화의 요소는 많고 다양하다. 이들 요소는 결코 홀로 존재하지 못한다. 그들은 서로 긴밀한 관계를 맺고 있으면서 하나의 체계를 구성하고 있다.

다섯째, 문화는 변화하는 속성을 지닌다. 문화는 끝없는 변화생성의 과정을 겪는다. 외부로부터 한 사회로 유입된 문화는 그 사회의 배경과 문화접변을 통하여 변한다. 또한 도입되었거나 개발된 새로운 지식이 유용한 것으로 판명되면 전체 사회에 확산되어 혁신이 일어난다. 그런 과정에서 기능을 상실한 낡은 문화 요소들은 사멸되어 간다. 문화는 이처럼 정지된 상태로 존재하지 않고 부단히 진화 또는 퇴화의 길을 밟는다. 문화인류학자들은 문화의 이러한 성격을 초유기체성(超有機體性)이라 부르기도 한다. 한 사회의 문화를 이해하는 데 있어 이들 문화의 성격의 바른 이해가 전제되어야 한다.

이를 통해서 볼 때, 전통문화는 전통과 문화가 아니다. 전통문화란 전통적인 문화를 뜻한다. 즉 오랜 역사를 통해 형성된 것으로서 집단의 모든 구성원들이 공용하는 것을 의미한다. 한 민족의 전통문화가 되기 위해서는 역사적으로 오래 유지된 것이어야 하고, 그 민족 모두가 소유할 수 있는 생활양식이어야 한다는 것이다. 물론 외래문화라 하더라도 문화가 수입되어 오랜 역사를 통해서 그 땅에 뿌리를 내리고 그 민족 모든 구성원이 소유하게 된 것이라면 그 민족의 문화라고 할 수 있다.

2. 한국 전통문화의 형성과 배경

(1) 한국 전통문화의 형성

일반적으로 한국의 전통문화는 한국의 '고유문화'라는 견해가 지배적이다. 그러한 한 예로, 한국의 역사와 문화를 이해하는 데 정신적으로 큰 영향을 끼친 신채호(申采浩)의 견해를 들 수가 있다. 신채호는 한국의 고유한 낭가사상(郎家思想)을 우리의 고유사상으로 보고, 이를 외래사상인 유가사상과 대립하는 것으로 이해하였다. 낭가사상이 독립사상인 데 대해서 유가사상은 사대사상으로 규정하여, 아(我)와 비아(非我)의 투쟁이 한국사 전개의 축을 이루는 것으로 본 것이다. 신채호에게는 낭가사상이야말로 고유한 전통문화인 것이다.

최근에는 무속신앙(巫俗信仰)이 부활하는 조짐이 나타나고 있다. 지역의 큰무당을 무형문화재로 지정함으로써 그들의 사회적 권위가 격상되고 있다. 이것은 고유한 전통문화를 존중해야 한다는 관념의 산물임이 분명하다. 또한 풍수설(風水說)도 중국으로부터 수용되기 이전에 한국의 고유한 풍수설이 있었다고 한다. 그것은 우리의 전통문화이며, 이를 계승하지 않으면 안 된다고 주장한다. 그래서 유력한 정치인들이 조상의 묘소를 풍수사로 하여금 선정케 하여 이장한다고 한다.

이러한 예를 들자면 한이 없을 듯하지만, 고유문화를 전통문화로서 존중하는 것이 민족적인 과업인 것같이 생각하는 경향이 짙다. 그러나 위에서 든 예들은 결코 우리 한국만의 독특한 현상이 아니다. 화랑도 조직은 원시적인 미성년집단의 전통을 이은 것인데, 세계의 여러 민족에서 공통적으로 발견된다. 무속신앙이 세계 공통의 것이라는 데에는 더 설명할 필요를 느끼지 않는다. 주택이나 묘지를 위한 위치 선정도 세계 공통의 현상이다. 그러므로 고유문화라고 하지만, 그것은 반드시 독자적인 문화인 것은 아니다.

그리고 다른 나라로부터 들여온 문화, 예컨대 불교문화나 유교문화를 한국의 전통문화에서 제외시키기도 어렵다. 서양문화가 들어오기 이전의 문화는 모두 전통문화로 보는 것이 오늘날의 일반적인 통념이다. 이것은 서양의 여러 국가들이 이스라엘에서 생겨난 기독교문화를 그들의 전통문화라고 생각하고 있는 것과 같다. 그렇다면 서양문화가 최근에 들어왔다고 해서 이를 전통문화에서 제외시켜야 할 이론적 근거를 찾기도 힘들게 된다.

결국 한국의 고유한 것이냐 아니냐를 가지고 전통문화다 아니다 하는 것은 실제로 어렵다는 이야기가 된다. 전통문화는 반드시 고유한 것이 아닐 뿐 아니라, 또 고정불변의 것도 아니다. 한국의 전통적 미술문화의 하나로서 자기(磁器)를 거론하는 경우가 많다. 자기의 대표적인 것은 고려청자와 조선백자일 터인데, 주지하다시피 시대에 따라서 변화하고 있다. 청자의 비취빛 색깔이 일부 논자의 주장과 같이 푸른 가을 하늘에서 유래하였다면, 청자는 줄곧 제작되었어야 할 것이다. 그러나 빛깔이 변하고 있으며, 모양도 달라지고 있다. 이것은 필시 이를 사용한 사람, 즉 고려의 문벌귀족과 조선의 양반사대부라는 문화담당자가 변화한 데서 말미암은 것이다.

이와 같이 역사의 주인공이 변화함에 따라서 문화도 달라진다. 가령 신석기시대 원시공동체사회에서는 무속신앙이 믿어졌으나, 삼국시대에 왕권 중심의 귀족국가가 되면서 불교로 그 주도권이 넘어갔다. 같은 불교라도 중앙귀족의 교종(敎宗)에서 호족(豪族)의 선종(禪宗)으로 변화하였다. 사대부 세력이 등장한 후에는 유교의 성리학(性理學)으로 그 주도권이 넘어갔다. 그리고 도시의 시민계층과 농촌의 농민세력이 사회적으로 성장하면서 기독교와 동학(東學)이 유행하게 되었다.

역사의 주인공이 변화함에 따라서 그들이 창조한 문화도 변화·발전하였던 것이다. 그러나 그들 모두가 한국 민족인 이상, 이같이 변화·발전해 온 문화는 곧 한국의 문화인 것이며, 따라서 우리의 전통문화이다. 우리의 전통문화는 이렇게 성장·발전해 온 것이다. 그러므로 우리 역사를 앞으로 전진시키는 구실을 한 모든 문화는 우리의 전통문화에 값하는 것이라고 하겠다.

(2) 한국 전통문화의 배경

한국의 문화는 한국 민족의 역사적 창조물이다. 이 말은 두 가지 의미를 지닌다. 하나는 한국문화를 창조한 주인공이 한국 민족이라는 뜻이고, 다른 하나는 문화란 역사적 소산이라는 뜻이다. 그러므로 그 창조자가 한국 민족이 아닌 것은 '한국문화'라고 할 수가 없고, 또 이를 창조한 역사적 배경을 무시하고는 한국문화를 이해할 수 없다.

한국문화가 한국 민족의 창조물이라고 해서, 외국문화의 영향을 완전히 무시할 수는 없다. 어느 민족에 있어서도 그러한 것과 마찬가지로, 한국의 문화를 이해하는 데 있어서 국제적 교류 관계는 중요성을 지닌다. 사실 한국문화의 기원을 논하는 데 있어서 동북아시아 문화권에 대한 이해는 거의 필수적인 것이다. 구석기시대 문화의 계통이 어느 정도 밝혀져 있는지는 잘 모르겠지만, 적어도 신석기시대 이후의 문화는 동북아시아 여러 민족의 문화와 연결되고 있다. 그리고 그 시기에 있어서의 한국 민족의 성장·발전은 일률적으로 말하기 어려운 점들이 있기는 하나, 대체적으로 말한다면 중국 민족과의 투쟁 과정이기도 하였다.

그러나 한국이 도작(稻作)을 중심으로 하는 농경사회로 발전해 가면서, 한국의 문화는 점점 중국의 문화와 동질적인 것으로 되어 갔다. 철제의 농구나 무기를 비롯해서, 정치·경제·문화 등이 모두 중국의 강한 영향 속에서 성장하여 갔던 것이다. 흔히 한국문화를 중국 문화권 속에 포함시켜서 이해하는 것은 그 때문이다. 따라서 국제적인 문화 교류 관계를 이해한다는 것이 한국의 문화를 이해하는 데 크게 도움을 준다는 것은 분명하다. 그러나 한국의 문화가 이것으로써 모두 설명될 수 없다는 것 또한 분명하다. 이는 비단 한국에 있어서만이 아니라 다른 민족에 있어서도 마찬가지인 깃이지만, 민족의 내재적인 요소에 대한 이해가 필요하다. 그리고 내재적 요소를 민족성과 같은 고정된 것으로서가 아니라 역사적 발전의 배경 속에서 살필 필요가 있다.

한반도는 아시아 대륙 동쪽에 뻗어 있는 반도로서 대륙과 북태평양 사이에서 육교와 같은 역할을 한다. 고고학에서는 제4기 홍적세(洪績世)에 현재와 같은 한반도의 윤곽과 지형이 이루어졌다고 한다. 한반도의 지형은 태백산맥을 등뼈로 하여 동쪽이 융기하고, 서쪽과 남쪽이 침강하였으며, 지형은 기복이 적고 산지와 구릉지가 전 국토에 넓게 형성되어 있다. 서반부는 비교적 넓은 평야가 발달하여 농업이 발전할 수 있는 기본 요건을 갖추었다. 기상학적으로 겨울에는 한랭건조하고, 여름에는 고온다습하나 사계절이 뚜렷한 온대성 기후에 속한다. 계절풍의 영향으로 겨울에는 춥고 여름에는 덥다.

화산활동이 활발했던 홍적세에 한반도에 거주했던 구석기인들은 충적세(沖積世) 초기의 한냉기에 어디론가 사라졌다. 이들의 유물은 한반도의 극히 제한된 지역에서만 발견될 뿐만 아니라 신석기시대나 청동기시대와 전혀 연결되지 않는다. 따라서 구석기시대 한반도에 거주한 사람들은 한민족의 직접 조상이 아니다. 다시 온난기가 찾아온 기원전 4~5천 년 경에 신석기시대의 주인공인 즐문토기족이 이 땅으로 이주하였다. 이들은 주로 물가에서 고기잡이로 패총을 남기며 원시농경으로 살았는데, 그 유적이 동시베리아의 즐문토기와 연결된다. 이들은 만주에서 송화강(松花江)과 요하(撩河)를 거쳐 요동(撩東)과 평안북도 및 함경북도 일대로 퍼져갔다.

그 뒤를 이어 기원전 1천 년 경에 무문토기족이 들어와 구릉에서 원시농경과 사냥을 생업으로 삼고 살았다. 이들은 중국의 주(周)나라 때에 황하(黃河) 이북과 요동 일대에 거주하였는데, 그 일파가 한반도로 이동한 것이다. 무문토기족의 문화는 즐문토기 문화와 성격이 다르다. 무문토기는 한반도 전역에 퍼져 있고, 청동기문화에도 나타나며 반월도가 함께 출토된다. 지석묘를 사용한 이들은 기원전 7세기에 이미 벼를 경작하여 양식생산 단계에 들어섰다. 이들은 한반도 전역에 거주하였다. 결국 무문토기의 주인공이 한민족을 형성하는 데 중요한 위치를 차지한다. 한반도 전역에 분포된 이들을 중국에서는 예맥족(濊貊族)이라고 불렀다.

한민족의 근간은 알타이족의 한 지파(支派)인 무문토기족에서 형성되었다. 이들은 신석기시대 즐문토기의 주인공인 고아시아족을 흡수하면서 청동기문화와 철기문화를 형성하고 역사시대로 접어들었다. 신석기시대에 한반도 북부에 거주했던 고아시아족은 청동기시대의 무문토기 종족에 밀려 시베리아의 동북 해안지대로 밀려났다. 부족국가와 부족연맹 단계에 있던 국가들이 정복전쟁을 수행하면서 국력을 넓혀 고대국가로 발전하였다. 왕을 도와 정복전쟁을 치렀던 지도자들과 정복된 지역의 군장들은 삼국이 정립되면서 귀족계층으로 흡수되었다. 이처럼 고조선과 삼한에서 이미 지배층과 피지배층의 분화가 진행되어 왕과 귀족, 자영농민과 노예 등 고대적 신분관계가 형성되었다.

고려는 호족연합정권으로 출발하였다. 중앙집권적 통치체제를 수립하면서 호족과 신라 육두품 출신들은 일부는 중앙귀족에, 일부는 향리(鄕吏)에 편입되었다. 고려의 신분제도는 신라의 골품귀족에 비하면 훨씬 개방적이었다. 지배 귀족과 농민인 백정(白丁), 향(鄕)·소(所)·부곡(部曲)에 소속된 천민, 그리고 최하층의 노비가 있었다. 농민은 토지를 경작하였고, 천민은 농업·광업·수공업에 종사하였으며, 노비는 잡역에 종사하였다. 고려시대 귀족사회의 경제 기반은 관료에게 지위에 따라 토지를 급여하는 전시과(田柴科) 제도였다. 소유권이 아니라 조(租)의 수취권(受取權)을 인정하였으므로, 소작인과 관료 사이에 지배관계가 성립되지 않았다. 무신정권의 성립은 고려 귀족의 성격에 일대 변화를 가져왔다. 고려 후기에 농업생산력이 현저히 증가되자 문신귀족의 토지 지배욕이 강화되어 대토지를 겸병함으로써 전시과 체제가 무너지고 농장제(農莊制)가 성립되었다. 그에 따라 농장주와 경작자 사이에 지배관계가 형성되기 시작하였다.

조선시대는 국왕을 정점으로 한 관료사회로서 왕권이 현저하게 강화되었다. 그러나 왕권과 관료 사이에는 상호 제약이 따르고 있었다. 의정부가 왕권을 견제하고, 삼사(三司)가 의정부(議政府)를 견제하였다. 조선시대 지배층은 양반인데, 문무관(文武官)과 지방의 토호(土豪)가 여기에 속했다. 조선 왕조의 성립과 더불어 지배계급으로 등장한 이들은 고려 말기의 신흥사대부들이 주축을 이루었다. 고려 말기에 지방 향리층이 과거를 통하여 하급관료로 정계에 진출하였는데, 이들은 신흥군벌과 결탁하여 집권귀족을 제거하고 정권을 장악하였다.

조선왕조가 성립된 이후 집권사대부들은 양반사회를 형성하였다. 양반은 토지를 소유하였고 군역을 면제받았으며, 교육과 과거에 참여할 수 있는 권리가 주어졌다. 양반은 형벌에 있어서도 특권을 보장받았다. 양반은 신분을 지키기 위해 과거에 합격하여 관직에 진출하거나 성리학에 정진하였으며, 자기 가문과 관직의 관계를 나타내기 위하여 문집(文集)과 족보(族譜) 등을 간행하고 대종회(大宗會)를 조직하였다.

조선시대에 중인이라 불리는 중간계층은 양반층이 입안한 정책을 실질적으로 수행하는 하급 지배계층이었다. 여기에는 기술관 외에 양반의 서얼(庶孽), 서리(胥吏), 군교(軍校), 토관(土官) 등이 포함된다. 중간계층은 최고로 올라갈 수 있던 관직의 품계에 따라 다시 상·중·하의 세 종류로 세분된다. 상급의 중인은 정3품 당하관(堂下官)까지 진출할 수 있었고, 그 다음은 정4품 참상관(參詳官)까지, 하급은 칠품 이하에만 진출할 수 있었다. 중인 가운데 서얼은 양반사대부와 첩 사이에서 출생한 자손을 뜻한다. 양첩(良妾)의 소생인 서자(庶子)나 천첩(賤妾)의 소생인 얼자(孽子)들은 지배층인 양반과는 구분되었다. 조선왕조 사회에서는 서얼금고(庶孽禁錮)의 원칙에 의하여 서얼들은 문·무과나 생원·진사 시험에 응시하지 못하였다. 이들은 부친의 관직과 모친의 신분에 따라 관직의 한계가 규정되어 있었다.

양인은 노비와 함께 피지배층을 형성하였는데, 이들은 대부분이 농민이었다. 양인은 법제상으로 과거에 응시하여 관직에 나아갈 수도 있었다. 의복제도뿐만 아니라 가옥제도나 일상생활에 이르기까지 벼슬이 없는 양반과 비슷하였고, 그러한 생활을 하는 데에 별다른 제약이 없었다. 대부분의 양인은 농민으로서 토지에 묶여 있었다. 양인농민은 법률적으로는 양반과 동등한 토지 소유자였다. 양인농민이 농토를 버리고 유랑하거나 양반에게 투탁하여 국역(國役)을 저버리는 것이 금지되었다. 또한 양인은 국가에 전세를 납부하고 토산물을 공납하는 의무를 지고 있었으며, 나이 16세에서 60세까지의 장정은 군역을 부담하였다. 군역은 16세기부터 군포를 납부하는 것으로 대체되었다. 게다가 양인은 요역과 잡역을 부담하여야 했다.

상인의 신분은 양인이었다. 상인집단으로는 도시의 어용상인(御用商人) 집단 및 행상과 보부상(褓負商), 조선 후기인 17~18세기에 그 윤곽을 뚜렷이 드러내고 있던 객주(客主)와 여각(旅閣)을 들 수 있다. 또한 양인 가운데 특수한 존재가 신량역천(身良役賤)이다. 이들은 신분이 비록 양인이라 하더라도 천역을 담당하며 양인으로서 특권이 유보되어 있었다. 법제적 지위는 비록 양인이라 할지라도, 군역 대신 특정한 역이 지정되어 있었던 이들은 종묘(宗廟) 등의 국가기관에 소속되거나 먹을 만드는 등의 수공업에 종사하였다.

조선왕조의 신분제도에서 최하급을 이루고 있었던 것은 천인이었고, 대부분은 노비들이었다. 노비는 양인과 함께 직접적인 생산계층이었으며 피지배층의 일부를 이루고 있었다. 이들 노비는 세전(世傳)되었으며, 토지와 함께 재산의 일부로 치부되어 매매·증여·상속의 대상이 되었다. 상전은 관청에 신고하여 허가를 받으면 노비를 죽일 수 있는 법률적인 권한이 있었으나, 노비가 상전에게 행한 범죄에 대해서는 가중 처벌되었다. 노비는 소유주에 따라 공노비(公奴婢)와 사노비(私奴婢)로 구분되었다. 공노비는 의무 내용에 따라 선상노비(選上奴婢)와 납공노비(納貢奴婢)로 구분되는데, 그들의 부담은 양인농민의 두 배나 되었다. 사노비는 공노비보다 그 숫자가 월등히 많았다. 이들 사노비는 거주 방식에 따라 솔거노비와 외거노비로 나누어지는데, 상전에게 노동력을 제공하거나 신공(身貢)을 바쳤다.

조선시대에 백정이라 불리던 천인계층은 고려시대 화척(禾尺)과 재인(才人)의 후예로서 조선 초기에 백정으로 개칭되었다. 조선왕조는 농업에 종사하는 양인의 수효를 늘리려고 고려시대의 천민을 해방시켰다. 그러나 유목민적 전통을 가진 재인과 화척 등 정착생활에 적응하지 못하는 계층을 백정으로 구분하게 되었다. 백정은 주로 도축업과 유기제조업에 종사하였고, 이들은 노비보다도 더 심한 차별대우를 받았다. 가무를 연주하면서 유랑생활을 하는 광대와 무당, 그리고 승려도 천인으로 취급되었다. 조선 후기에 노비는 양인으로 신분을 향상시켰지만 이들은 여전히 천인의 위치에 고정되어 있었다.

조선사회는 임진왜란을 치르고 난 뒤 커다란 변화를 겪게 되었다. 농업기술과 상공업이 활발해졌고, 전통적인 체제가 흔들리면서 실학이 등장하였다. 실학은 모화사상(慕華思想)에서 벗어나 주체적으로 서술하고 생각하였다. 뿐만 아니라 근대 지향적인 사회건설을 표방하여 상공업·

토지제도 개혁·외국과의 무역 등을 거론하였다. 이처럼 실학사상은 전통적인 가치관에서 탈피하고 백성의 이익과 생활의 편의를 고려하였다.

조선 후기에는 신분체제가 크게 무너져 갔다. 양반층이 분화되었고, 중간계층이나 양인층이 양반층으로 상승하였고, 천인층은 양인이 되어 신분해방의 길을 걷게 되었다. 이렇게 신분제도가 붕괴되면서 양반층은 급속하게 증가하고 노비는 감소되었다. 정치적으로는 당쟁의 격화에 따른 양반의 몰락과 제도의 문란, 국가재정의 궁핍 등이 원인이었고, 경제적으로는 상공업의 발전이나 개선된 영농방법의 채택으로 인한 새로운 경제질서의 성립에서 그 원인을 찾을 수 있다. 또한 양인층이나 천인층의 의식이 꾸준히 성장되어 자신의 신분 향상을 꾀하거나 신분적 압제로부터의 해방을 갈구하게 되었던 것도 중요한 원인이었다. 이러한 여러 원인들이 상호 복합적으로 작용하여 신분질서의 일대 변동이 촉발되었다.

양반층은 집권양반과 몰락양반으로 분화되었고, 집권양반만이 상급 지배 신분층의 위치를 계속 확보할 수 있었다. 임진왜란으로 양반의 경제적 몰락이 촉진되었으며, 양반지배층의 위신이 추락되었다. 게다가 당쟁에서 패배하여 집권층에서 탈락되는 몰락 양반층이 갈수록 늘어났다. 몰락양반 중 토호적인 경제 기반을 확보하고 있었던 부류는 지위가 향반으로 전락되었으나 자신의 거주지에서는 지배층으로서의 지위와 체면을 어느 정도 유지할 수 있었다. 그러나 경제적인 기반이 확고하지 못한 부류는 벼슬에서 물러나자 급격히 몰락하여 잔반으로 영락하였고, 이들의 사회 경제적 지위는 양인농민과 다름이 없었다. 소규모의 농지를 직접 경작하거나 소작농으로 전락되었으며, 상공업 등에 종사하기도 하였다. 이에 따라 그들의 사회적 지위도 하강하지 않을 수 없었다. 이들 몰락양반은 사회경제적 측면에서나 법제적 측면에서 일반 양인과 다름없게 되었다.

양인농민은 부농·중농·소농·빈농 등으로 분화되었는데, 부농층과 중농층은 물론 일부 소농층까지도 신분을 양반층으로 전환시켜 나갔다. 여기에는 몇 가지 원인이 있었다. 임진왜란과 병자호란을 극복하는 데에 양인농민들이 주도적인 역할을 담당하고, 양반과 다름없는 자신들의 역량을 자각하게 되었다. 또한 진쟁의 과정에서 군공(軍功)이나 납속(納粟)을 통해 자신의 신분을 양반으로 상승시켰다. 그 중에서 가장 큰 원인으로는 영농기술의 개혁을 통한 경제력의 향상을 들 수 있다. 이앙법이 보급되면서 농업노동력을 5분의 1로 절약할 수 있었고, 단위 면적당 수확량은 크게 증가하였다. 이에 따라 상업적인 농업생산을 통해 부를 축적한 양인들은 여러 가지 방법을 동원하여 신분을 양반으로 향상시켜 나갔다.

양인농민을 비롯한 하급 신분층이 자신의 신분을 향상시킬 수 있었던 합법적인 방법으로는 군공을 세우거나 납속하는 방법이 있었다. 조선 정부는 전쟁의 수행을 위해서 군공을 세운 양인이나 공사노비에게 면역과 면천을 보장해주었고, 더 나아가서 그들에게 군진(軍職)을 받을 수 있는 문호를 개방하였다. 또한 전쟁으로 인한 재해를 극복하고 정부의 재정을 확보하기 위해 납속수직의 길도 열어주었다. 납속은 본래 임진왜란 중에 군량을 조달하기 위해 마련된 임시변통책이었는데, 전쟁으로 인한 재해를 복구할 목적으로 공명첩(空名帖)이 발행되었고 나중에는 흉년이 계속되자 백성을 구휼하기 위해서도 발행되었다. 양반만이 향유하고 있던 특권을 납속수직(納贖受職)한 양인도 누릴 수 있게 됨에 따라 납속정책은 농민들의 신분 향상을 위해 문호를 개방해준 결과가 되었다. 농민들은 그들의 경제력을 이용하여 공명첩을 구입하고, 이를 통해서 자신의 신분을 꾸준히 상승시켜 나갔다.

양인이 신분을 향상하는 방법 가운데 환부역조(煥父易祖)나 모속(冒屬)과 같은 비합법적인 양상도 사용되었다. 환부역조나 모속이란 양반의 족보를 구입하여 자신의 성명을 끼워 넣고 양반 행세를 하거나, 대가 끊긴 양반의 족보에 자신의 조상 이름을 연결시켜 양반으로 가장하는 행위를 말한다. 조선 후기에 신분질서가 극도로 문란해진 상황에서 양인을 비롯한 하급계층의 사람들은 신분상승을 위해 양반가문의 족보를 이용하기도 하였다. 경제적인 부를 축적한 양민들은 몰락양반으로부터 족보를 구입하여 양반으로 행세하였다. 이들은 구입한 족보를 그대로 이용하거나, 후손이 없는 양반의 족보에 자기 조상의 이름을 연결시켰다. 또한 사대부가에서 족보를 새로 간행할 때에도 돈을 받고 양인의 이름을 족보에 올려주는 행화첨간(行化添刊)의 작태도 자행하였다.

조선 후기에는 서서히 노비제도가 붕괴되고 있었다. 노비의 신분해방에 있어서 중요한 계기가 되었던 것은 임진왜란의 발발이었다. 전쟁 기간 동안 국가에서는 노비들에게 군공종량(軍功從良)이나 납속면천(納粟免賤)의 문호를 개방하지 않을 수 없었다. 여기에서 노비들은 합법적으로 자신의 신분을 상승시킬 수 있는 기회를 얻게 되었다. 또한 임진왜란 중에 노비문서가 소실되고 노비에 대한 국가의 통제 기능이 약화된 결과, 이들은 비교적 쉽게 노비 신분에서 빠져나가고 신공을 납부하지 않았다. 게다가 조신후기에 관장제(官匠制) 수공업체가 붕괴되면서 공노비였던 수공업자가 자유수공업자로 전환되어 갔다. 또한 사노비도 고용 노동력으로 전환되거나 자영농민으로 성장하게 되었다.

노비가 신분을 상승시킨 방법 가운데에는 노비의 군역이 크게 작용하였다. 조선시대에 군역은 본래 양인 이상의 신분층에만 부과되었다. 그러나 임진왜란 이후 공사노비도 군역을 담당할 수 있게 됨으로써 면천의 기회가 부여되었다. 전란에서 군공을 세운 노비는 관직을 제수받기도 하였으므로 군공은 노비가 신분을 상승시키는 데 획기적인 기회가 되었다. 또한 임진왜란 기간 중에 납속을 한 노비는 양인으로 신분을 향상시킬 수 있었다. 노비들이 속량될 수 있는 길은 조선 후기로 내려올수록 넓어졌다. 이 때문에 조선 후기에는 전체 인구에서 노비의 비율이 급속도로 감소되었다. 이에 따라 국가에서도 노비제도의 존폐 문제를 재검토하게 되었다.

조선 전기에는 부모 중 하나만 천인이어도 천인이 되었다. 이후 아버지의 신분을 따르는 종부법(從父法)이 시행되다가 양반층의 반대로 폐지되었다. 17세기 말엽에는 어머니가 노비인 사람만이 노비가 된다는 종모법(從母法)이 시행되었다. 그리고 1801년 관노비의 문서를 불태우고 관노비를 해방시켜 양인으로 만들었다. 관노비를 해방시킨 것은 국가의 세입을 증대시키려는 재정 정책의 일환이었다. 그러나 사노비는 물론 중앙과 지방의 일부 관아에는 관노비가 존속되었고, 형벌에 의한 관노비도 계속 생산되었다. 1886년에는 노비의 세습을 금지하였고, 1894년 갑오개혁에서 노비제도가 소멸되었다.

한국의 경제활동에 대해서 살펴보면 다음과 같다. 한민족이 농업을 주업으로 하는 농경생활에 도달한 것은 삼국이 성립한 시기부터다. 그 이전에는 여러 씨족공동체를 거느린 부족이 한반도 전역에 흩어져 살았고, 그들의 생활양식은 살고 있는 지역에 따라 다양하였다. 만주 송화강 이남에 자리잡은 부여(扶餘)는 농업 외에도 목축을 주로 하였다. 고구려는 수렵과 목축으로 생계를 유지하였다. 한반도 동북부 해안지방의 옥저(沃沮)와 동예(東濊)는 수렵과 어로를 생업으로 삼아왔다. 그러나 한반도의 남부지방에 정착한 삼한은 이미 벼농사를 도입하고 있었다.

철기문화가 전파됨에 따라 1세기를 전후하여 고대국가가 형성되었다. 한반도 북서부의 고구려, 남동부의 신라, 남서부의 백제가 인접한 부족을 정복하여 고대국가를 형성하였다. 그러면서 농경문화가 전지역에 보급되어 삼국은 모두 농업을 주업으로 하게 되었다.

통일신라는 농업생산을 늘이고 국가재정을 보강하기 위하여 제도를 개혁하고 농업 시설을 개선하였다. 백성의 호구와 농지를 조사하여 농민에게 정전(丁田)을 지급하였으며, 하천을 개수하고 저수지를 축조하여 수리시설을 정비하였다. 따라서 통일신라시대에는 농업생산력이 크게 늘어났고 벼농사가 남부지방에 널리 보급되었다. 상업과 수공업은 농촌과 도시에 따라 사정이 달랐다. 고대의 경제는 자급자족을 기본구조로 하였으므로, 농촌에서의 생산물은 자가 소비에 충당되었다. 그러한 국가가 농민으로부터 곡식과 베를 조세로 징수하였으므로 베짜기가 가내공업으로서 널리 보급되었다. 이러한 농촌과 달리 수도에서는 의상과 수공업이 매우 발전하였다. 수도에는 농촌으로부터 다량의 물자가 조세로 유입되었고, 이러한 물자를 상호교환하기 위한 임시시장과 상설시장인 시전(市廛)이 발달하였다.

고려 왕조는 전시과(田柴科)를 시행하였다. 이는 국가의 조세 징수권을 관료에게 이양한 것인데, 그 토지가 자손에게 세습되었다. 그래서 전시과체제는 사실상 무너지고 사전을 근거로 한 권문세가의 전장(田莊)이 형성되었다. 고려의 전시과 제도에서 농민이 토지와 함께 지급되었다. 전시과 체제에서 토지에서 이탈될 수 없었던 농민은 농토에 부속된 농노로 전락되었다. 고려 후기에 전장이 성행하면서 농노제도가 확대 강화되었다. 조선왕조는 과전제(科田制)를 제정했으나, 사전(私田)의 세습을 인정하였다. 그러므로 과전제는 처음부터 붕괴 요인을 지닌 것이었다.

중세사회에서도 상공업이 발전하지 못했다. 현물조세·관영공업·농민경제의 자급자족 때문이다. 대외무역도 국가의 통제 아래 있었다. 다만 수도에서 상업이 비교적 활발하였다. 임진왜란 이후에 지주는 농민을 시켜 소작 경영을 하거나 혹은 농업노동자를 고용하여 임금을 지불하고 농지를 자영하였다. 한편 노동력이 있는 농민은 지주의 토지를 빌려 자영하고 소작료나 지대를 지불하였다. 이러한 상황에서 중산농이 성장하였다. 임진왜란 이후에는 국가 재정정책에도 변화가 왔다. 국가가 필요로 하는 물품을 농민의 공물에만 의존할 수 없게 되자 필요한 물품을 시장에서 조달하게 되었다. 국가는 물품을 조달하는 상인을 공인(貢人)으로 정하고, 그들로 하여금 시장에서 물품을 구입 조달하게 하였다. 이후 한양에 각종 생산물이 다량으로 몰려왔고, 지방시장에서도 교역이 활발하여졌다. 시장이 발달함에 따라 농민의 생산물도 상품화되었고 시상을 순회하는 보부상이 등상하였다. 국가가 모든 물품을 시장에서 조달할 수 있게 되었으므로 특수공업을 제외하고는 관영공업을 혁파하였다. 이를 계기로 장인들은 자영수공업자로 변모하였다. 그러면서 상공업을 천시하던 사상이 점차 사라지기 시작하였다. 그러나 19세기 세도정치 아래서 횡행했던 부패와 삼정의 문란으로 상공업의 근대적인 발전이 저해되기도 하였다.

3. 한국 전통문화의 독자적 성격

우리나라의 기후·지리·풍토 등은 상대적이지만 다른 나라에 비해 매우 좋은 여건에 놓여 있다. 이러한 속에서 우리 민족은 자연을 정복의 대상으로 여기지 않고 자연과 더불어 사는 삶을 영위해 왔다. 사계절이 뚜렷하고 산수가 수려한데다가 인심이 너그러워 다양하고 풍부한 전통문화를 계승·발전시킬 수 있었다. 환경친화적인 생활방식의 토대가 이미 자연환경으로부터 비롯되었다고 할 수 있다. 특히 농업을 생업으로 삼았던 우리 민족은 농업과 관련된 세시풍속·민간신앙·민속놀이·구비문학 등을 폭넓게 축적·전승해 왔다. 이렇게 형성·전승되고 있는 한국 전통문화의 특성을 몇 가지로 나누어 살펴볼 수 있다.

첫째, 외래문화의 접촉이 잦았다. 그것은 개방과 수용, 변화와 배척이라는 측면에서 이해할 수 있다. 우리나라는 지형적으로 중국 대륙과 인접해 있으며, 일본과 가까이 위치하고 있다. 이러한 지정학적 위치로 말미암아 고대로부터 두 나라와 수많은 접촉과 분쟁을 치러야 했다. 접촉과 분쟁이라는 틈바구니 속에서 변화와 생존이라는 이중적 삶을 살아야 했던 우리 민족은 삶에 대한 강한 집착이 싹틀 수밖에 없었고, 그러한 소용돌이 속에서 부풀 수밖에 없는 인간적 한계를 풀어내야 했다. 특히 우리 민족은 끊임없이 중국문물을 받아들이면서도 그것을 그대로 수용한 것이 아니라, 우리 방식에 맞게 고쳐 쓰는 슬기로움을 발휘했다. 불교, 정치제도, 역법, 의술 등을 중국으로부터 수입했음에도 불구하고 그것을 우리 체질과 여건에 맞게 발전시킨 것은 실로 값지다고 하겠다.

둘째, 한풀이 문화가 많았다. 우리 민족은 밖으로는 외적의 잦은 침입으로 인하여 환난이 끊이지 않았으며, 안으로는 계속된 당쟁과 탐관오리의 수탈로 말미암아 고초와 수난을 겪어 왔다. 따라서 한국의 전통문화 속에는 한을 풀어내는 문화가 폭넓게 자리잡고 있다. 시집살이의 고통을 노래한 부녀자들의 '시집살이요'나 지배층과 승려에 대한 비판과 풍자를 그려내고 있는 가면극을 대표적으로 꼽을 수 있다. 그러나 우리 민족은 마냥 좌절하지 않았다. 시부모와 시집식구, 남편, 자식에 대한 고통과 불만을 표출한다거나 지배층과 승려에 대한 비판과 풍자를 문제 삼으면서도 단순히 갈등을 조장하고 질서를 파괴하려 한 것이 아니었다. 문제를 객관적으로 드러냄으로써 그것을 해결하고 화합과 단합을 도모하려 했던 것이다. 이는 시부모에 효를 다하고 시집식구들과 화합을 이루어나가는 것이나, 가면극과 같은 전통문화가 대부분 세시풍속의 하나로 즐거운 명절날 거행되었다는 점에서 확인할 수 있다.

셋째, 계층을 초월하는 문화를 꽃피우려 하였다. 마을의 안녕과 평화를 기원하고 주민들의 단합을 기원했던 각종 제의의 든든한 후원자는 양반과 같은 지배계층이었다는 점에서 확인할 수 있다. 무속의 경우에도, 치병을 위한 의술에 양반계층이 적극 동참하기도 하였고, 집안의 대소사는 물론 집을 떠나 먼 거리를 갈 때도 항상 점을 쳐서 택일하였다. 따라서 무속은 단순한 미신이 아니라 우리 민중의 삶의 지표이자 희망으로서 계층을 초월해 기능해 왔다고 할 수 있다. 뿐만 아니라 판소리는 비록 하층민의 광대에 의해 구연된 것이었지만, 왕실에서도 광대의 판소리를 향유하였다.

넷째, 내면적인 멋을 추구하는 문화를 이룩하였다. 우리나라의 전통문화는 서구의 외형적이고 피상적인 문화와 달리 자연 속에서 자연과 더불어 은근하고 소박한 멋을 풍기는 특징을 가지고 있다. 특별한 무대 없이 마당이면 마당, 산비탈이면 산비탈, 마을 어귀면 마을 어귀, 장소를 가리지 않고 자연 그 상태로 그들만의 끼를 마음껏 쏟아내었던 것이다. 소탈하면서도 생동한 언어와 꾸밈없는 춤사위, 거침없는 해학적 말투 등은 그러한 면을 잘 보여준다. 판소리에 등장하는 각종 의성어·의태어, 육담, 민속극에 자주 보이는 풍자나 실소리, 그리고 시집살이노래에서 묻어나는 며느리의 넋두리 같은 것은 민중들의 삶을 진솔하게 반영하고 있는 바로 그 자체라고 할 수 있다.

다섯째, 스스로 참여하고 즐기는 문화였다. 우리 민족의 전통문화는 대부분 민중들의 손으로 이루어진 문화였다. 민중이 스스로 생활의 필요에 의해 만들고 즐겼다는 점에서 그 가치는 더해진다. 지배층의 강압이나 특정 집단에 의해 동원된 문화가 아니라 민중들이 일하면서 놀이와 의식을 즐기는 가운데 자연스럽게 우리의 전통문화는 싹터 왔던 것이다. 마을의 공동체의식 속에서 어김없이 반복되는 각종 의식들을 통해 신명과 삶의 의욕을 고취시키고자 했던 것에서 확인할 수 있다.

여섯째, 남을 배려하고 화합과 결속을 다지는 문화였다. 우리의 전통 놀이문화 중에서 여러 사람들이 어울려 즐기는 놀이로는 패놀이와 대동놀이를 꼽을 수 있다. 패놀이는 줄다리기, 석전, 차전놀이, 횃불싸움 등이 있고, 대동놀이는 강강술래, 지신밟기, 풍물놀이 등이 있는데, 우리 민족은 이들을 통해 대립과 연대라는 이중적 의식을 치러내었다. 특히 패놀이의 경우는 승패가 풍농·풍어나 마을의 안녕과 직결된다고 믿었으므로 중요한 사안이 아닐 수 없었다. 그렇지만 모든 놀이가 끝난 다음에는 서로 배척하는 것이 아니라 모두 모여 음주가무하는 가운데 화합과 단결의 일체성을 보여주었던 것이다.

이상에서 보는 바와 같이, 한국 전통문화는 공동체의식 속에서 자발적이고도 수용적이며, 협동적이고도 일체적인 면을 보이며 발전하여 왔다. 하지만 오늘날 우리 전통문화는 값싸고 질 떨어지는 각종 외래문화에 오염되어 있는 것 또한 사실이다. 특히 지역축제로 대변되는 각종 행사들은 상업주의적 속성으로 기우는 모습들을 보여주었다. 이러한 도식적이고 프로화를 가속시키는 획일적 문화사업은 우리 전통문화를 단절시키는 결과를 가져올지도 모른다는 안타까움이 앞선다. 그러므로 우리는 마을 단위로 전승되는 전통문화를 되살려야 한다. 그러기 위해서는 마을 단위로 전승되는 전통문화를 인정하고 그 지역 주민이 참여할 수 있도록 기회를 제공해주어야 한다. 단순히 생업에 종사하기 위한 공간이 아니라 지역 공동체, 문화 공유체인 삶의 터전으로 거듭날 수 있도록 의식을 일깨워야 할 필요가 있는 것이다.

◉ 참고문헌

국립중앙박물관 편, 『전통문화교양강좌』, 국립중앙박물관, 1995.

김성기, 『한국의 전통문화』, 월인, 2001.

김승찬, 『한국의 민속문학과 전통문화』, 삼영사, 2002.

김용범, 『한국 전통문화의 이해』, 문학아카데미, 2000.

김익동 외, 『전통문화의 원류를 찾아서』, 안동대학교신문사, 1989.

김태곤 외, 『민속문학과 전통문화』, 박이정, 1997.

유광수 외, 『전통문화의 세계』, MJ 미디어, 2006.

이경선, 『한국문학과 전통문화』, 신구문화사, 1988.

이광규, 『전통문화산책』, 서울대학교출판부, 1997.

이기백, 『한국전통문화론』, 일조각, 2002.

이동준, 『전통문화의 가치관』, 문우사, 1982.

이창식, 『민속문화의 정체성 연구』, 집문당, 2001.

이창식 외, 『민속학이란 무엇인가』, 청문각, 1996.

이현희, 『전통문화와 역사의식』, 양서원, 1989.

임영정, 『한국의 전통문화』, 아름다운세상, 1998.

차용준, 『전통문화의 이해』, 전주대학교출판부, 2000.

제2장

국제화시대와 전통문화

1. 외래문화 수용기의 전통문화

(1) 서구열강의 진출과 민족의식의 고조

조선 중기 이래 신분적 차별에 기초한 우리 사회의 규범 및 생활양식을 규정한 근본이념은 유교였다. 그런데 18세기 말 이래 평등의 가치를 지향하는 천주교(天主教)의 유입 및 서양 선박의 출몰 등은 조선의 지배층들로 하여금 왕조질서의 붕괴를 우려하는 위기감을 느끼게 하였다. 선진 자본주의 국가들은 선교(宣教)와 통상(通商)을 내세우며 적극적인 동아시아 진출을 기도하였는데, 서양세력과 조선의 직접적인 충돌이 병인양요(丙寅洋擾)와 신미양요(辛未洋擾)였다. 이를 계기로 서양세력을 배척하는 위정척사운동(衛正斥邪運動)이 전개되었으며, 당시 집권자였던 대원군은 전국에 척화비(斥和碑 : 洋夷侵犯 非戰則和 主和賣國－서양오랑캐가 침범하여 싸우지 않으면 강화를 맺는 것이며, 강화를 주장함은 나라를 팔아먹는 일이다.)를 세워 지배층의 척사 의지를 보였다.

그러나 1876년 일본의 함포 위협 속에서 개항이 진행되었다. 한편으로는 조선도 이를 계기로 서구의 기술문명을 받아들이기에 이르렀다. 조선 정부의 부국강병 방침 아래 미국, 영국, 독일, 러시아, 프랑스 등과 일련의 수호통상조약(守護通商條約)이 체결되었고, 문명개화운동(文明開化運動)이 전개되었다. 서구의 기술문명은 기독교 사상을 토대로 한 것이었으므로, 서양세력을 금수(禽獸)로 취급하던 유림 세력은 그들과의 교류 및 외래문명 수용에 격렬히 반대하였다. 또한 서구 자본주의 국가들의 조선 진출은 자본의 진출과 상품 판매를 통한 경제적 이윤 추구를 전제로 한 것이었다. 아울러 자본주의화의 길로 이행하고 있던 일본과의 교역 확대는 농촌경제의 피폐를 초래하여 농민항쟁을 유발하였다.

유교의 문화전통을 지킨다는 것은 화이관(華夷觀)에 근거한 중화적 요소의 존속을 의미하였다. 따라서 개화운동에 수반하여 야기된 갈등은 전통을 바탕으로 새로운 것을 받아들이는 이른바 '구본신창(舊本新參)'의 정신 속에서 극복되어 나갔고, 국권상실의 위기 앞에서 민족의 존재와 가치를 재인식하기에 이르렀다. 우리 민족 고유의 전통과 역사에 대한 자각은 국권상실 이후 식민지 시기 근대민족운동의 토대가 되었다.

(2) 외래문화의 파급과 전통문화의 갈등

개항은 기존의 조선사회 모습에 일대 변화를 가져왔다. 대원군의 하야 요구 상소를 올렸던 최익현(崔益鉉)은 일본과의 관계개선에 대해 다음과 같은 이유를 들어 반대하였다.

저들이 비록 왜인(倭人)이라고 하나, 실은 양적(洋賊)입니다. 이 일이 한 번 이루어지면 사학(邪學)의 서책(書冊)과 천주(天主)의 초상(肖像)이 교역하는 속에 혼합되어 들어와 조금 있으면 전도사(傳道師)와 신자(信者)가 전해 받아 온 나라에 두루 찰 것입니다. 조금 지나서는 장차 집집마다 사학을 하고 사람마다 사학을 하게 되어 아들이 그 아비를 아비로

여기지 않고 신하가 그 인군(仁君)을 인군으로 여기지 않게 되어 의상은
시궁창에 빠지고 인류는 변하여 금수(禽獸)가 될 것입니다.

최익현은 일본과 교역할 수 없는 중요한 이유로 천주교의 전파를 들
었다. 천주교 유입으로 인한 유교이념에 근거한 전통사회 윤리의 붕괴
를 우려한 것이었다. 이러한 우려는 1880년 제2차 수신사(修信使)로 일본
에 파견되었던 김홍집(金弘集)이 가져온 『조선책략(朝鮮策略)』으로 증폭되
었고, 척사운동의 재개로 이어졌다. 동경주재 중국 공사관 참찬관이었
던 황준헌(黃遵憲)이 저술한 『조선책략(朝鮮策略)』은 중국이 러시아의 남하
와 서구열강의 동아시아 진출이라는 국제정세의 변동 속에서 조선을
이용하여 위기 상황을 극복하려는 의도가 담긴 책이었다.

이 책의 내용은, 조선은 러시아의 남하라는 위기 정세를 극복하기 위
해 중국, 일본, 미국과의 관계 개선이 긴요하다는 요지였다. 미국과의
수교를 권고하는 논리로, "미국에서 행하는 것은 곧 야소교(耶蘇敎)로서,
천주교와 근원은 같으나 당파가 다르다. 그것은 마치 우리 유교에 주·
육학(朱陸學)이 있는 것과 같다. 야소교의 종지(宗旨)는 일절 정치에 관여
하지 않으며 그 교인 중에는 순박하고 선량한 자도 많다. …… 그 종교
의 본의 또한 사람을 권해 착해지도록 하는 데 있으니, 우리 중국의 주
공(周公)이나 공자(孔子)의 도보다도 어찌 몇 만 배 낫지 않겠는가?"라고
하였다. 이교(異敎)의 유입을 이유로 서양 각국과의 조약 체결을 거부하
던 주장에 대해 기독교가 유입되더라도 사회 윤리상 전혀 해가 없을 것
임을 강조한 것이었다.

아편전쟁을 일으키고 북경을 함락시켰던 영국, 프랑스 등과 달리 미
국은 침략성이 없다는 것을 강조하기 위하여 기독교와 천주교를 예로
들고, 기독교를 주자에 비교한 것이었다. 그러나 관원들은 기독교와 천
주교를 유교의 주·육학에 비교한 것과 관련하여, 주자를 욕하였다 하

며 이 책을 가지고 온 김홍집과 이에 대해 함구하고 있는 성균관 유생들을 비난하였다. 한편 유생들은 미국과 일본은 오랑캐이며, 이와 같은 결과가 초래된 것은 국내에 잔존한 천주교도와의 결탁이 있었기 때문이므로 이들을 남김없이 제거해야 한다는 등 개화정책을 반대하는 내용의 척사상소가 연이어 제기되면서, 신사척사운동(辛巳斥邪運動)으로 발전하였다.

영남지역 유생들의 만인소(萬人疏) 및 김평묵(金平默, 1819~1891)과 홍시중(洪時中) 등은 연명상소를 통해 강력한 척사정책의 실시를 주장하였다. 홍시중은 왜와의 화친 주장을 비판하며 사학(邪學)으로 이끄는 『중서문견(中西聞見)』, 『만국공법(萬國公法)』, 『공사지구(公史地球)』, 『조선책략(朝鮮策略)』 등을 색출하여, 이를 종로에서 불태워 기독교 배척의 뜻을 보여주어야 한다고 하였다. 이외에도 척사, 일본과의 화친 및 개화정책에 반대하는 연명상소가 줄을 이었다.

그러나 고종은 유생들의 상소에 동조하는 원로대신 이유원(李裕元)을 정배에 처하고, 김평묵의 문인인 강원도 유생의 소(疏) 지도자 홍재학(洪在鶴)을 처형함으로써 척사운동을 탄압하기 시작하였다. 또한 '척사토왜(斥邪討倭)'를 목표로 대원군의 서장자 이재선(李載先)을 추대하려던 역모사건의 발각과 처벌을 계기로 신사척사운동은 잠잠해졌다. 전통 유자의 신분에 있던 일부 관원들과 다수 유생들에 있어서, 조선 후기 양명학이 사문난적(斯文亂賊)으로 취급되었듯이, 기독교나 천주교는 사학(邪學)으로서 받아들일 수 없는 것이었다. 이들은 개화정책이 추진되면 자연스럽게 기독교와 천주교의 유입을 보게 될 것을 예견하였고, 따라서 서양의 주구로 인식되던 일본으로부터의 개화정책 도입도 받아들일 수 없는 것이었다.

한편 갑신정변을 주도했던 김옥균(金玉均)은 "외국의 종교를 도입하여 교화(教化)에 도움이 되게 하는 것 또한 한 방편이라 생각합니다."라고 하여, 부국강병을 위한 수단으로서 외래종교의 수용도 무방하다고 보았다. 또 서재필(徐載弼)은 『독립신문』 논설에서 "그리스도교를 착실히 하는 나라들은 지금 세계에서 제일 강하고, 제일 부요하고, 제일 문명하고 제일 개화가 되어, 하느님의 큰 복음을 입고 살더라."라고 하여 서구 국가들의 부강의 원천을 기독교로 평가하였다. 그리고 유길준(兪吉濬)의 경우, "천주교를 숭상하는 나라는 다른 나라의 토지와 안민을 그 종교의 형세로 침탈하는 음모를 행하나니 …… 야소교에 이르러서는 저와 같은 화해(禍害)는 없다고 하더라."고 함으로써 천주교를 앞세운 영국, 프랑스 등 유럽국가들의 제국주의적 침략을 비판하는 반면, 개신교를 앞세운 미국의 동아시아 진출을 호의적으로 평가하였다.

고종은 임오군란(壬午軍亂) 진압 후 내린 교서에서 "저들의 교(敎)는 사특하니 마땅히 음탕한 소리나 치장한 여자를 멀리하듯이 해야 하지만, 저들의 기(器)는 이로우니 진실로 이용후생을 할 수 있다면, 농업, 양잠, 의약, 병기, 배, 수레의 제도는 무엇을 꺼려서 피하겠는가. 그 교는 배척하되 그 기는 본받는 것이 진실을 병행하여 거스르지 않는 것이다."라며 개화정책의 추진 의지를 밝혔다. 그리고 정책의 추진 방법은 전통적 유교이념을 바탕으로 서양의 기술만을 받아들여 부국강병을 이룩하겠다는 동도서기적(東道西器的) 입장을 취하였다.

정부의 개화정책에 대해 특히 의복과 두발에 관한 부분은 유생들로서 받아들일 수 없는 것이었다. 1884년에 '복제절목(服制節目)'이 공포되자, 유생들은 소중화의 미풍인 장삼광수(長衫廣袖)가 소멸된다고 평가하고, 격렬한 반대상소를 전개하였다. 결국 갑오개혁시의 강제적인 단발령 시행은 각지에서 일본인들에 대한 민중의 습격과 의병항쟁을 촉발시킨 한 원인이 되었다. 개항장 제물포에서는 강압적인 단발을 피하고자 하는 중개인들이 칩거하였고, 지방의 상인들도 왕래를 중단하였다. 이에 독일영사 크린(Krien)은 단발령으로 인해 통상에 지장이 초래된다며 정부에 이의 중지를 요청하기도 하였다.

유생들이 의복과 두발의 개혁을 수용할 수 없던 논리는 다음과 같다. 먼저, 『효경(孝經)』 제 1 장에 신체발부(身體髮膚)는 부모로부터 물려받은 것이니 감히 훼상(毀傷)하지 않는 것이 효(孝)의 시작이라는 것이다. 둘째 유가에서 의복과 두발은 상하귀천의 표식이 되기 때문이었다. 그것이 의미하는 바는 최익현의 상소에서, "대체로 의복이란, 선왕들께서 오랑캐와 중화를 분별하고 귀천을 나타내도록 한 것입니다. 우리나라의 의복제도가 비록 다 옛 법에 맞지는 않습니다. 그러나 이는 중화문물이 보존된 바이며, 우리나라 풍속을 볼 수 있는 바로서, 이것을 버린다면, 요(堯), 순(舜), 문(文), 무(武)가 서로 전승해 온 중화의 한 줄기를 찾을 수가 없게 됩니다."라고 하였듯이, 의복이 소중화의 전통과 상하귀천의 상징임을 분명히 하였다. 이는 전통문화 수호라는 구호 아래 봉건체제의 유지를 바랐던 유생들의 의지를 반영한 것이었다.

또한 일찍이 최익현은 개항 반대 상소에서, "설사 저 사람들이 참으로 왜인(倭人)인지 양호(洋胡)가 아니라 하더라도, 왜인들의 실정과 자취가 예와 지금이 현저하게 달라 살피지 않을 수 없습니다. 옛날의 왜인들은 이웃 나라였으나, 지금의 왜인들은 구적(寇賊)이니, 이웃 나라와는 강화하여도 구적과 강화할 수 없습니다. 왜인들이 구적인 것을 과연 어떻게 참으로 아는가 하면, 그들이 양적(洋賊)들의 앞잡이가 되었기 때문이요, … 지금 온 왜인들이 서양 옷을 입었고 서양 대포를 사용하며 서양 배를 탔으니, 이는 모두 서양과 왜가 일체인 분명한 증거입니다."라고 하여 일본을 서양의 앞잡이로 보고, 서양화한 일본을 서양제국과 동일시하였다.

서양을 구적으로 간주하는 데에는 아편전쟁과 영·불 연합군의 북경 함락에서 보여준 그들의 침략성을 파악하고 있었기 때문이었다. 이러한 서양세력의 하수인으로서 일본이 궁궐을 침입하고 왕비를 시해하며, 단발을 강요하고 있는 것으로 인식하였다. 때문에 소중화의 전통을 상징하는 의복과 두발의 변형을 받아들일 수 없었다. '한갓 재화와 색만 알고 조금도 사람의 도리라고는 없으니, 이는 곧 금수'라고 여긴 양이(洋夷)에 대한 굴종을 상징하는 것으로 받아들여진 의복과 두발의 강요에 맞서 군사를 일으켜 이에 적극 항거하는 방법으로써 처변삼사 중 '거의소청(擧義掃淸)'을 택한 것이었다.

명성황후 시해에 대한 복수와 단발령에 대한 항거의 표시로 충청북도 제천을 중심으로 전국에서 격렬한 의병항쟁이 발생하였다. 그러나 유생들이 고수하려고 하였던 전통은 소중화로서의 가치였고, 지배질서의 유지 목적도 봉건체제의 존속을 근간으로 하는 것이었다. 봉건 지배질서를 그대로 유지하려는 복고적이고, 근왕적 이념에서 나온 것이었기 때문에 갑오개혁 추진세력의 도태를 계기로 전국적 의병항쟁도 소멸되었다. 그러나 개항 이래 우리 민족의 과제가 봉건적 요소와 제국주의 세력의 침략을 극복하는 것이었음을 상기할 때, 의병운동은 반외세의 측면에서는 의미가 있는 것이었다. 외세를 거부한 것만이 아니라, 자본주의 상품 유입으로 야기되는 국내시장의 피폐화와 아편전쟁과 북경침략에서 보여준 유럽 제국주의 국가들의 침략성을 인식하였기 때문이었다.

민중들은 조선 후기 이래 지주제와 삼정문란의 질곡 속에서 민중신앙이나 동학 및 서학에서 정신적 위안을 찾았으며, 나아가 민란이란 형태의 항쟁을 통해 현실극복을 위한 해결책을 찾으려고 하였다. 더욱이 개항 후 미곡통상무역의 확대와 그에 따른 물가의 상승은 민중들의 생존을 더욱 어렵게 만들었다. 미곡통상무역을 계기로 생성된 지주층의 확대와 그들의 현물납 요구는 농민을 기아지경으로 내몰았다. 게다가 개항장 조계지를 벗어난 일본인들의 상행위 확대는 중소상인들의 상업권마저 침탈하였다. 일본과의 교역 확대로 야기된 생존 위협의 현실에

서, 농민들은 갑오농민전쟁시 스스로 '척양척왜(斥洋斥倭)'를 부르짖기에
이르렀던 것이다.

2. 식민과 분단시대의 전통문화

(1) 일제강점기와 전통문화의 수호

근대 민족국가의 수립을 위한 내재적인 민족역량은 전통문화의 저력
에 기초하는 것이라고 할 수 있다. 즉, 전통문화의 저력은 민족공동체가
집단적으로 형성시켜 발전시킨 역사적 경험의 총체에 비례한다. 한민족
에 대한 이민족의 침탈 과정에서 보면, 일제 식민지 시기는 민족 수난
사의 일부분에 해당하는 것이다. 국가적 위기 상황에서 자기정통성을
수호하려는 일련의 운동은 과거 외세 침탈을 극복해 온 전통문화의 저
력과 맥락을 같이 하는 것이라 할 수 있다. 이런 관계로 일제하 전통문
화의 특성은 한민족 정통성을 수호하고 확대하려는 민족역량의 결집과
정으로 나타난다.

식민지 시기 전통문화를 수호하고 확대하려는 의지는 외래문화에 대
한 자기정통성을 견지하고 민족역량을 창의적으로 발전시키는 데 모아
졌다. 한민족의 정통성을 견지하여 근대 민족국가를 건립하려는 목표의
식은 일제의 민족정신 왜곡과 동화정책, 민족말살정책에 대응하는 과정
에서 강화되었다. 식민지 시기 전통문화의 특징은 민족 정통성을 확립
하고 식민지 모순에서 탈피하여 민족해방을 쟁취하려는 운동과 궤를
같이 하는 것이라 할 수 있다.

식민지 시기 전통문화의 보존은 한글운동과 직결되어 있다. 한글을
말살하고 동화정책을 추진하려는 일제의 강압정책은 반대로 한글의 중

요성을 시사하는 것이라고 할 수 있기 때문이다. 훈민정음 창제 이후 한글은 한자에 눌려 지냈고, 1894년 정부 공문서를 국한문으로 사용하도록 하여 중요성이 인식되기도 하였으나, 국권상실로 무산되었다. 식민지 시기에는 공식적인 문자로 일본어가 사용되면서 한글에 대한 애착이 가중되었다고 할 수 있다. 한글의 보급과 통일에 공감대를 형성한 최현배(崔鉉培)·권덕규(權悳奎)·장지영(張志暎) 등이 1921년 조선어연구회(朝鮮語研究會)를 결성하였다.

조선어연구회는 1926년 11월 4일 훈민정음 반포 480주년 기념식을 거행하고 이 날을 '가갸날'로 제정했다. 민간학자들의 주도로 우리글이 다듬어지고 대중성을 확보할 수 있는 기틀을 마련한 것이다. '가갸날'의 제정은 한민족문화에 대한 관심을 고조시키고 보존의 의미를 되새기는 계기가 되었다. 조선어연구회는 1931년 조선어학회(朝鮮語學會)로 개편되면서 한글운동을 적극적으로 주도하였다. 1933년 10월 조선어학회는 한글맞춤법을 제정하여 발표했다. 1930년에 맞춤법통일안을 결의한 후 3년 동안 125차례의 회의를 통해 준비한 노력의 결집이었다. 권덕규(權悳奎)·이윤재(李允宰)·이희승(李熙昇) 등 9인의 정리위원이 검토작업을 벌여 최종안을 마련하였다. 국가가 존속했으면 정부가 반포해야 하지만, 국가가 없는 상황이었기 때문에 민간단체인 조선어학회의 명의로 발표되었다. 황국식민화에 정면으로 대치한 한글운동은 일제의 폭압정치가 강화되면서 탄압의 대상으로 부상하였다. 1942년 10월 장지영 등 국어학자 11명의 구속을 시작으로 이듬해 4월까지 33명이 검거되었다. 식민지 시기에 일관된 한글운동은 민족문화를 수호하려는 민족적 의지가 관철된 것이었다.

한글운동을 효율적으로 달성하기 위한 부차적인 문제는 문자의 보급과 교육에서 결정되는 것이라 할 수 있다. 1920년대 이후 간헐적으로 지속된 농촌계몽운동은 1930년대에 활성화되기 시작하였다. 1929년부터『조선일보』에서 문자보급운동을 전개한 후 1931년『동아일보』가 브나로드운동을 시작하면서 재차 농촌계몽운동에 관심이 집중되었다고 할 수 있다. 조선일보사의 주최로 귀향학생을 통한 문맹퇴치와 농촌계몽운동은 일제가 강력하게 탄압한 1934년 여름방학까지 진행되었다. 조선일보사기 주최한 문자보급운동에는 125개교 5,078명의 학생이 참여하였고 이런 기반에서 반일적인 동맹휴학이 전개될 수 있었다.

전통문화의 정통성이 계승되는 공간은 학교라 할 수 있다. 일제의 식민지 문화 확산에 반대하여 한민족의 의식을 키워주기 위한 민족교육이 전 민족적 차원에서 진행되었다. 애국계몽운동기의 학교 설립운동과 식민지 시기의 야학운동은 전통문화의 토대를 형성하는 작업에 해당되는 것이다. 이러한 교육진흥운동을 통하여 전통문화에 대한 자긍심이 강화되었고, 국가의 독립을 위한 다양한 시도가 전통문화의 저력에 기초하여 시도될 수 있었다.

국학운동의 중요 부분을 차지하는 역사학은 민족 정통성을 확립하고 식민지 모순에서 탈피하여 민족해방을 쟁취하려는 운동과 궤를 같이 하는 것이라 할 수 있다. 봉건적인 사회체제를 타파하고 일제 침략에 대응하여 독립국가를 유지하기 위한 당면과제는 민족의식에 대한 자각과 민족역량의 집결이 관건이었다. 민족주의 역사학의 경우, 신채호(申采浩)와 박은식(朴殷植) 등 민족사학자들의 관심은 제국주의 침략에 대한 민족적 저항의식과 사회적 모순의 척결이었다. 민족주의 역사학은 민족정신을 고양하기 위한 차원에서 진행되었지만, 계급문제와 민족문제에 접근하면서 발전된 양상을 나타낸다.

전통적인 역사학을 계승하면서 근대 역사학의 방법론에 착안한 박은식은 역사학을 근대 역사학으로 성장시킨 대표적인 인물이다. 이런 측면에서 보면 인간정신이 역사의 원동력이라고 이해한 관념사관은 전통적인 유교사상에 사회진화론의 요소를 접목한 인식체계에서 기인한 것으로 독립투쟁의 당위성을 부각시키려는 실천적 역사학으로 간주할 수 있다. 박은식의 역사학을 계승한 신채호는 역사이론에서 근대 역사학을 완성시켰다. 그는 '아(我)와 비아(非我)의 투쟁'이라는 민족주의 이론을 제시하여 근대적인 역사방법론을 수립하였고, 해방국가 건설의 주체와 방향 제시에서도 뛰어난 통찰력을 보였다.

사회주의 역사학은 민족주의 사학의 계몽적인 속성에 반대하여 실천성을 강조한 것이 특징이다. 유물사관에 입각한 사회경제학은 백남운(白南雲)·이청원(李淸源) 등에 의해 체계화되었다. 사회경제사학은 행동적인 계급운동을 시대적 배경으로 하는 것이지만, 한국역사에 대해 특수성 이론을 거부하고 세계사 발전법칙의 일원론으로 이해하려는 시도였다는 점에서 의의를 찾을 수 있다.

민족주의와 사회주의 진영이 합작하여 민족투쟁을 전개한 역사적 경험은 역사철학에 대한 인식의 과정에서도 발전된 모습을 보여준다. 사회주의 진영의 운동이 반제운동으로 집약되면서 노동자·농민의 의식 교양이 요구되었고, 운동방향은 민족의식에 기초할 수밖에 없었기 때문이다. 좌우합작의 협동전선의 역사적 조건이 현실로 드러난 것은 1930년대 조선학운동이라고 할 수 있다.

일제의 민족말살정책이 본격화되었던 1930년대 후반의 민족문화 수호운동은 민족의 보편성에 주목하면서 활성화되었다. 안재홍(安在鴻)·정인보(鄭寅普)·문일평(文一平) 등이 주도한 조선학운동은 1934년에 시작된 것으로, 1935년 정약용 서거 100주년 기념제 행사의 일환으로『여유당전서(與猶堂全書)』를 간행하면서 큰 반응을 일으켰다. 조선학운동은 실증주의 문헌고증사학과 유물사관에 입각한 사회경제사학이 대치한 사학계의 판도에서 일단의 자기반성이라 할 수 있다. 식민주의 사학에 대항한 조선학운동은 우리 문화의 우수성을 확인하려는 시도에서 구체적으로 나타난다. 나아가 세계사의 보편성에만 집착하여 민족사의 특수성을 도외시하는 사회경제사학의 문제점을 극복하려는 방향에 초점이 모아졌다. 이런 관계로 민족과 민중을 중시하려는 조선학 운동가들의 인식 태도는 전통문화의 고유성과 세계성을 동시에 추구하려는 방향에서 가시화되었다.

조신학(朝鮮學)은 조신의 고유한 것, 조선의 진통, 조선문화의 특색에 천착하여 이를 학문적으로 체계화하려는 작업이었다. 조선학에 대한 관심이 식민지 한민족의 주체성에 집중된 것이지만, 조선학운동은 새 민족정신을 세우려는 의지를 표명하였다. 그런데 조선학에서 주창하는 일부 내용은 신채호의 사상과 연관된 것이다. 무정부주의의 영향을 받은 신채호가 파괴 대상은 매우 구체적으로 제시하면서도, 이상적 조선으로서 신조선을 '고유적 조선의, 자유적 조선 민중의, 민중적 사회의, 민중적 문화의 조선'으로 추상적으로 밝힌 점이 유사한 측면이라 할 수 있다. 현실적인 제국주의와 관념적인 국제주의를 극복하여 주체적인 입장에서 일본 무산자와의 연대론을 거부하고 식민지 민중의 연대를 주장한 일면은 신채호 무정부론의 특성을 반영하는 것이다. 이를 통해서 보면 신채호의 사색 속에는 불변의 신념적 핵으로 항상 '조선주의'가 자리하고 있다. 신채호의 조선주의가 구체화되는 일련의 작업이 조선학운동이고, 안재홍·정인보·문일평에 의해 체계화되었다.

한편 진단학회(震檀學會)가 추구한 문화주의 역사학은 문화사의 영역을 확대하면서 학문적 전문성을 성숙시켰다는 점에서 의미를 갖는 것이다. 순수학문을 지향하는 학자들이 1934년에 결집하여 진단학회를 창립한 것은 조선학운동의 연장선상에서 이해할 수 있다. 실천성과 계급의식을 강조한 유물사관과 계몽적인 민족주의 역사학을 거부하고 순수학문을 지향한 점이 공통적으로 나타나기 때문이다. 진단학회는 이병도(李丙燾)·이상백(李相栢)·김상기(金庠基) 등 와세다 출신의 역사학자와 이윤재(李允宰)·이희승(李熙昇) 등 국어학자, 송석하(宋錫夏)·손진태(孫晉泰) 등 민속학자들이 참여하였다. 이들의 역사인식이나 민족의식은 일정 부분 한계성이 내재되어 식민주의 사학에 대항하는 이론틀을 제시하지 못한 것이 약점으로 지적될 수 있다. 그러나 진단학회를 창설하여 활약한 역사가들은 일본이나 국내 최고학부에서 교육받은 관계로 세련된 문헌고증방법을 발전시키고 근대 서양의 역사이론을 받아들여 역사학을 전문화시키는 데 공헌하였다.

(2) 분단시대와 전통문화의 건설

해방은 새로운 시간의 시작이었다. 일본 제국주의 식민지체제로부터 독립, 전근대적 인습으로부터의 자유가 주어졌지만, 이들은 그냥 되찾아온 담보물이 아니었다. 또 그 열매를 맺기 위해서는 피해갈 수 없는 혼돈과 갈등의 대가를 치러야 했다. 그리고 필연의 과정을 지켜주는 중심가치가 바로 전통문화였다. 따라서 전통으로부터의 계승과 창조의 교훈을 찾아내고, 외래문화로부터 지혜를 받아들임으로써 세계문화의 일원인 새로운 전통문화를 건설해야 하였던 것이다. 또 이 일은 국제냉전체제에 의해 규정된 해방공간 한국 현대사의 제약성을 극복할 수 있는 근본방안이기도 하였다. 전통문화 건설은 단순한 복고주의를 의미하거나, 새것만을 숭상하는 것이 아니었다. 그것은 정당한 문화유산을 계승하면서, 인류문화의 발전을 위한 추진동력이 되는 새로운 문화형태가 되어야 하였다. 즉 새로운 전통문화상(傳統文化像)은 '가장 한국적이면서도 가장 세계적인' 모습이었던 것이다.

분단시대의 전통문화나 문화전통에 대한 논의 역시 자기 시대의 역사적 과제를 기반으로 하지 않을 수 없다. 때문에 문화를 주제로 하는 논의는 본질적으로 정치적·사회적·윤리적 성격을 갖지 않을 수 없다. 왜냐하면 '한 사회의 문화전통을 어떻게 이해하는가?' 하는 문제는 '그 사회의 구성과 운영의 원리가 어떻게 규정되어야 하는가?'라는 규범적 문제와 직결되기 때문이다. 문화·역사적 축척을 통해 정치공동체의 통합을 가능케 하는 중요한 자원이라는 사실을 고려할 때, 우리는 문화 논의의 기저에서 정치적 관심을 필연적으로 발견하게 된다.

식민지에서 해방된 이후 남북한은 각기 분단체제로 귀결되면서 통일민족국가 수립이라는 근대 이후의 역사적 과제를 실현하지 못하고, 냉전체제라는 강대국 패권주의에서 자기 생존을 도모하지 않을 수 없었다. 그리고 남북한은 전쟁을 거치면서 각기 자본주의적 방식과 사회주의적 방식으로 산업화를 달성하고, 자기식의 발전과 통일전략을 모색하게 되었다. 이 과정에서 남북한은 각기 체제의 유지와 발전전략을 정당화하고 민중의 동원을 이끌어내기 위해서, 그리고 체제와 민중의 통합을 위해서 통합 이데올로기로서 민족주의 논의를 재생산하게 되었다. 분단시대의 전통문화 논의가 민족주의 이데올로기와 밀접한 관련을 가지는 이유는 바로 여기에 있다. 때문에 분단시대의 전통문화 논의는 이른바 '민족문화'로 표상되는 문화적 정체성의 문제를 중심으로 논의하게 되었고, 문화적 정체성에 대한 공적 논의는 주로 고유성·단일성·우수성으로 표현되는 단일문화주의에 의해 지배되어 왔다.

그러나 한편으로 남북한 각각에 있어서 산업화 방식(자본주의와 사회주의) 및 그 과정, 그리고 체제의 성격 차이로 인해 전통문화 논의는 그 성격이 매우 다른 것이기도 하였다. 남한의 경우에는 근대화론에서 비롯되는 전통문화에 대한 소극적 평가가 한 축을 이루면서도, 바로 그 근대화의 모순으로 인해 역설적으로 전통문화가 강조되고 그것을 체제 통합의 이데올로기로 삼으려는 논의가 주류를 이루었다. 따라서 이 경우 체제 쪽에서 강조하는 전통문화에 대한 논의는 매우 왜소해지지 않을 수 없는 것이었다. 그러나 이와는 다른 차원에서 남한의 경우는 체제에 대한 비판공간이 상대적으로 열려 있었고, 이로 인해 전통문화에 대한 올바른 방향을 지속적으로 모색하는 과정이 동시에 전개되었다는 특징이 있다. 현대 근대화의 연장선상에서 나타난 자본주의 세계화의 과정으로 문화 논의가 새롭게 부각되고 있는데 전통문화가 다양한 방식으로 논의되고 있는 것은 북한과 비교할 때 나타나는 뚜렷한 차이점이라고 할 수 있다.

한편, 북한의 경우에는 사회주의 체제의 속성상 전통문화를 포함한 문화 논의 자체가 일방적으로 해석·교시되는 체제이기 때문에, 논의 방식 면에서는 애초부터 남한과는 매우 달랐다. 게다가 북한은 특히 1970년대 이후 체제의 경직화와 주체사상의 변질과정에서 체제 이데올로기의 보완도구로서 전통문화 해석이 심각하게 변질되었고, 이는 북한 사회의 역동성을 스스로 제약하는 결과로 나타났다. 그러나 북한은 전통문화 해석에서 민족적 형식에 사회주의적 내용을 더한 것을 주조로 하면서 현재에 이르기까지 지속적이고도 정력적으로 체제 정당성 강화의 언술을 만들어 내고 있다. 그렇기 때문에 통일을 전망하는 현재 우리는 북한의 논의 역시 주목하지 않을 수 없는 것이다.

해방공간에서 민족이란 개념은 다양하게 해석되었지만, 대체로 ‘동일 혈통·동일지역에서 언어·의복·풍속·기타 동일한 문화 등을 가지고, 동일한 민족의식에서 민족의 명맥을 유지해 온 단일민족’이라는 뜻으로 이해되었다. 이와 함께 민족의 성립 조건으로는 지연·혈연적 공통성과 함께 ‘문화공동체(文化共同體)’로서의 성격이 중시되었다. 또 민족이란 ‘존재(存在)하는 것’이기보다는 ‘의식(意識)되는 것’으로서 문화공동체이며, 동시에 그것은 자신을 민족이라고 의식할 때에만 비로소 민족일 수 있는 문화공동체라는 이해에 이르게 되었다.

민족사의 개별성과 함께 세계사의 보편성을 강조하는 신민족주의(新民族主義) 이론에서는 민족을 민중(民衆)으로 파악하고, 민족문화 즉 전통문화는 ‘민중이 곧 민족’이라는 자각에서 출발하였으며, 귀족문화에 대한 일반민중의 문화를 가리킨다고 설명하였다. 그리하여 고가요(古歌謠)를 통해 역사의 주체로서 민중과 이들에 의한 국민문학의 존재를 발견하려 하였고, 우리의 전통문화가 요원한 옛날로부터 결코 고립된 문화가 아니요, 실로 세계문화의 일원으로서 존재하였음을 확인하였다. 아울러 전통문화 발전을 인식함에 있어서는 전통문화 전체에 관련된 제 문제가 종합적·구조적으로 이해되어야 하며, 특정한 방법론이 우리 역사와 문화의 이해를 위한 전제로서 대치되어서는 안 된다고 주장하였다.

3. 국제화시대의 전통문화

전통문화는 농경사회를 기반으로 형성되고 유지되어 왔다. 그것은 신석기시대 이래로 5천여 년의 유구한 역사를 지니고 있다. 그러나 20세기 후반에 도시화·공업화 현상에 따라 농촌사회가 붕괴되면서 전통문화는 기반을 상실하였다. 산업화는 도시화를 초래하였고, 그 결과 물질중심·개인중심의 서구화를 지향하였다. 그러나 그러한 변화가 오랜 기간에 걸쳐 공동체 내부에서 충분히 논의된 결과로 선택된 것이 아니라 급격하게 외부로부터 유입되었다는 데 문제의 심각성이 존재한다. 그 결과 전통적인 것보다는 현대적인 것을, 동양적인 것보다는 서구적인 것을, 정신적인 것보다는 물질적인 것을 중시하였고, 그로 말미암아 민족적인 정체성을 확보하지 못하고 혼란에 빠져 있는 것이 현실이다.

급속한 과학의 발전으로 말미암아 세계가 정치·경제·사회·문화의 측면에서 하나의 단위가 되었고, 이러한 시대조류에서 누구도 벗어날 수는 없다. 특히 경제적으로 세계와 경쟁하게 된 이상 성장에 주력하지 않을 수 없고, 성장이 시작되면 적절한 안정점을 찾아 중간에서 멈추기가 매우 어렵다. 특히 경제 성장에 대한 강박관념은 인간성을 와해시킬 위험을 내포하고 경제 지상주의는 과잉시설과 과잉생산으로 귀결된다. 지나친 건설은 자연을 파괴하고 생태계에 불균형을 초래하여 인간의 생존을 위협하게 되었고, 넘쳐나는 생산물은 소비를 미덕으로 삼고 물질을 중시하게 만들었다.

물론 근본적인 사회체제의 변혁은 불가피하다. 그리고 사회와 문화가 변화하기 시작하면 원점으로 되돌아갈 수도 없다. 농민중심의 전통문화가 상공업중심의 시민문화로 통용될 수 없고 전통문화가 산업문화로 완전히 대체될 수도 없다. 그러나 자연과 인간과 초자연이 긴밀하게 연결되어 있다는 관점에서 생태계의 순환과 인간관계의 응보를 믿는 전통문화는 현대사회에 교훈이 된다. 이렇게 현대사회의 문제점을 해결할 수 있는 실마리는 전통문화 속에서 찾을 수 있다.

또한 좁아지는 국제사회는 결코 세계적인 단일문화나 무국적문화를 요구하지는 않는다. 국제사회가 좁아질수록 오히려 다채로운 인류문화가 조화롭게 병존하기를 바란다. 다른 나라의 전통문화는 보존 육성되어 왔는데, 우리의 전통문화는 그 반대의 길을 걸어왔다. 건전한 미래의 한국문화를 위해서는 전통문화가 건재하여 현대사회와 조화를 이루어야만 한다.

4. 전통문화 연구와 21세기의 과제

한국 전통문화에 대한 학문적 관심은 17~18세기 실학파의 학풍 속에서 비롯되었다고 볼 수 있다. 그때 이미 한국 민속학의 싹이 트면서 전통문화 연구의 단초가 시작되었다는 것이다. 그것은 실학이 중국 중심의 화이사상에서 탈피하여 민족적 자아와 주체의 역사적 인식을 철저하게 하고 있었다는 점, 고유의 전통문화, 즉 우리의 역사·지리·언어·생활·풍속·제도·신앙에 관심을 두고 이와 같은 민간전승의 발굴과 계승에 학문적인 업적을 쌓았다는 점, 그리고 사(士)의 입장에서 전통문화의 담당 계층으로서 농·공·상에 종사하는 서민계층에 대해 특별한 관심을 가지고 그들을 역사의 전면에 부각시키면서 그들을 옹호하는 한편, 그들에 대한 사회적 관심과 학문적 문제를 제기하였던 사실 등에서 잘 드러나고 있다.

그러나 이 시기에 이루어진 전통문화에 대한 학문적 관심을 과학적 방법론이나 체계를 갖춘 독자적인 학문으로 인정하기는 어렵다. 그것은 넓은 의미에서 애국에 바탕을 둔 국학의 일환으로서 전통문화에 대한 초기적 개안(開眼)일 뿐이었다. 좀더 본격적인 의미에서 전통문화에 대한 학문적 출발은 1920년대 최남선과 이능화에 의한 역사·문헌적 연구에서 비롯되어, 1930년대 손진태와 송석하에 의하여 본격적으로 시작되었다. 이들은 실증적인 현장조사를 바탕으로 서구의 방법론까지 도입하면서 독립과학으로서 전통문화학의 토대를 확립하였다.

그러나 21세기를 맞이한 오늘의 시점에서도, 전통문화 연구에 대한 새로운 과제가 산적해 있다. 특히 세방화(世方化)가 이루어지고, 온 세계가 하나의 지구촌으로 좁혀지는 이때, 우리는 전통문화 연구의 21세기적 비전을 모색해야 할 새로운 과제에 직면하고 있는 것이다.

앞으로 전통문화 연구 범위의 확대와 방법론의 다양화가 이루어져야 한다. 문화는 일반적으로 복합적 요소들의 결합으로 이루어지며, 상호 의존적인 관련성으로 맺어진다. 그렇듯이 전통문화도 단일한 요소나 독립적인 존재만으로 그 본질이나 전모를 알아내기가 불가능하다. 전통문화 연구의 근본이 되는 현장조사를 한국에만 국한시킬 수 없고, 전통문화 연구 또한 단일한 방법론만으로 불가능한 이유가 여기에 있다. 먼저 조사 및 연구 대상지역에 있어, 적어도 1990년대 이전까지는 극소수의 사례를 제외하고 국내에 한정되어 왔다. 약간의 시야를 넓혔다고는 하겠지만, 1990년대 이후에도 이전 시기의 수준을 크게 넘지 못하고 있는 것이 사실이다. 더구나 남북분단 이후, 그 영역은 남한에만 국한되었고, 남한마저도 국지적이든 광역적이든 면밀한 현장조사에 의한 결과보고가 이루어졌다고 보기 어렵다. 뿐만 아니라 광복 이전 자료나 월남인 또는 중국 조선족을 대상으로 한 부분적인 자료에만 의존할 수밖에 없는 북한의 연구는 더 말할 나위도 없다. 그런데 더한 문제는 한반도가 아니라, 고대 이래부터 우리 문화에 지대한 영향을 미쳤고, 또 교류하였던 인접 국가 또는 주변 민족의 전통문화에 대한 현장조사가 극히 미미하다는 사실이다. 이러한 현실에서 한국 전통문화에 대한 자료 구비나 연구가 불완전한 것이 될 우려가 매우 크다. 이는 결코 작은 문제가 아니다.

일찍이 조지훈은 『한국문화사 서설』에서 한국문화의 유형을 "부여 → 고구려문화"는 '시베리아문화 + 한문화(漢文化)'형으로, "삼한→ 신라문화"는 '시베리아문화 + 인도문화'형으로, "백제문화"는 '한문화 + 인도문화'형으로, "고려문화"는 '불교문화'형으로, "조선문화"는 '유교문화'형으로 이루어졌다고 지적하면서, 시베리아문화는 후대로 내려올수록 소멸되고 동방문화는 마침내 한문화(漢文化)와 인도문화밖에 남지 않은 듯 보이나, 시베리아문화의 전통을 지니고 현대문명의 단계에 오른 대표적인 문화가 한국문화이며, 한국문화가 장차 새로운 전개자로서 설 수 있을 것이라고 말한 바 있다. 이처럼 우리의 전통문화는 다양한 주변문화를 수용하는 동시에 한국적 변화 인자를 토대로 개성적 창조를 거듭하면서 수천 년간 독자성을 유지해 왔다.

여기서 우리 전통문화는 범동양적 위치에서 그 원천과 전파 경로, 변이와 독창성을 추출하기 위해 연구의 대상을 확대하지 않을 수 없으며, 그 대상은 시베리아, 만주[발해]를 포함한 동북부의 중국과 몽고, 티베트를 포함한 중서부의 중국 및 남부의 중국, 동남아시아 제국, 인도와 스리랑카, 일본과 오키나와, 대만 등과 넓게는 환태평양 연안 국가까지 포함시켜야 한다. 예컨대 전통적인 민간신잉으로서 줄기차게 전승되고 있는 우리의 무속신앙은 만주, 시베리아를 포함한 동북아시아 일대를 터전으로 했던 원시종교이기에 그 지역에 대한 현장조사가 필수적이다. 몽고는 우리와 종족 및 생활 습속이 유사하였고, 특히 고려시대의 오랜 물적·인적 교류에 의한 상호관련성으로 비교연구의 여지가 많다. 티베트를 포함한 서쪽의 중국 역시 우리나라에 인도의 불교가 전래될 당시 중간 기착지였던 관계로 문화적 관련 양상이 두드러지기에 그 지역에 대한 현장조사도 필수적이다. <흥부전>의 근원설화가 몽고, 티베트에서 전승되고 있는 설화와 유사한 것도 한 예이다.

또한 인도의 경우 4세기 경 불교의 전래에 따른 불상이나 경문의 유입 등 그 광대한 영향은 새삼 논의의 여지조차 없다. 설화문학에 있어 독일 학자 벤파이(Benfey)의 인도기원설(Indian theory)은 삼국시대 설화는 물론 조선 후기 판소리계 소설에까지 연결되는 터이며, 문학은 물론 연극·무용·음악에 이르기까지 인도 고대문화 자료와 관련 조사가 매우 긴요하다. 또 우리에게 역사적으로 가장 오랫동안 영향을 미쳤던 중국과의 문화적 관련 양상에 대한 비교연구의 필요성은 더 말할 여지가 없다. 우리가 과거 문화의 시혜국이었던 일본에 대한 관심, 그리고 지리적으로 인접했던 한·중·일 세 나라 간의 상호 문화교류의 조사·연구도 시급하다. 우리의 '판소리'와 중국의 '강창(講唱)', 일본의 '가타리모노'와의 비교 고찰이 좋은 예일 수 있다.

그러나 주변 국가를 대상으로 한 우리의 전통문화에 대한 현장조사나 연구는 실상 소수의 경우를 제외하고는 사상과 이념 등 정치적 장벽으로 인해 불가능하였다. 그러나 중국과 러시아 등 북방 국가와 국교 정상화가 이루어진 지금의 현실에서는 어떤 장벽도 존재하지 않는다. 따라서 우리 전통문화의 뿌리와 전파 경로, 그리고 주변 민족 내지 국가의 현장조사를 통한 문화의 비교연구가 가능하다. 오히려 문제는 아직도 굳게 막혀 있는 북한 전통문화에 대한 현장조사 및 연구이다. 그런데 현재 간접적으로 보고되고 있는 북한지역 전통문화의 실상이, 이른바 김일성 주체사상으로 인해 온전한 모습을 찾을 수 없게 되었다고 한다. 북한의 전래민요나 민속춤이 본래의 모습과 달리 개조되었다거나, 판소리나 무굿 같은 것은 완전히 사라졌다는 것이 대표적인 예이다. 그래도 교류와 통일의 날을 기대하면서, 이에 대한 만반의 준비와 예비적 연구를 수행해 두는 것이 학계의 과제라고 본다.

오늘을 일컬어 흔히 '탈냉전시대' 또는 '탈이념시대'라고 한다. 이러한 때에 국가의 경쟁력은 경제력의 강화와 문화수준의 향상이 좌우한다. 즉 과학과 산업의 고도 발전 그리고 개성적인 문화의 창출이야말로 한 국가나 민족이 살아남을 수 있는 양대축이라는 것이다. 이와 같은 현실에서, 특히 여기서 주목하고자 하는 것이 개별 국가나 민족의 고유한 전통문화의 유지 보존과 창조적 계승, 그리고 독창적 개발이다. 왜냐하면 경제와 산업의 발달 및 과학과 기술의 발전에 의한 생활수준의 향상과 사회보장제도의 확충 및 생활환경의 개선에 의한 삶의 질적 향상은 시대가 발전할수록 모든 세계가 하나의 지구촌으로 좁아지면서 점차 평준화되어 가며, 또 그렇게 되고 있는 것이 현실이다. 따라서 이와 같이 평준화, 획일화되어 가는 역사의 발전 속에서 차별성·변별성·다양성을 드러낼 수 있는 것이 각 국가나 민족이 지니고 있는 고유의 민족문화, 즉 전통문화를 개발하고 보존하고 창조·계승하는 일이다. 따라서 전통문화의 우수성을 창조·계승하여 이를 세계적으로 널리 인식시키고 인정받는 국가나 민족이 21세기의 문화 경쟁 속에서 살아남을 수 있다고 해도 과언이 아니다.

그러므로 문제는 우리 전통문화에 대한 보존과 연구 못지않게 세계적 인식의 재고와 세계화의 방안을 계획하고 실천하는 일이다. 즉 우리의 전통문화를 바탕으로 한 한국학(Koreanology, Koreanstudies)의 세계적 관심의 유도와 확산, 그리고 그것의 실현을 위한 적극적인 지원과 교류에 관한 것이 21세기 과제로 남아 있다는 것이다. 과거는 물론이거니와 지금까지도 세계 학자들에게 있어 동양학(Oriental Studies)의 중심은 중국학과 일본학이다. 한국에 대한 학문적인 관심은 극히 미미하였을 뿐만 아니라 중국학의 일부로 인식해 온 바도 없지 않았다. 그러다가 8·15 해방과 6·25 전쟁으로 한국학에 대한 관심이 쏠리기 시작하였고, 70~80년대 이후 괄목할 경제성장과 88올림픽의 성공적인 개최로 그 관심이 크게 확산되었다. 그리고 국내 학자들의 참여와 정부 당국의 지원 또한 점차 확대되었다. 이러한 발전적인 상황에서 한국학, 그 중에서도 기층을 이루는 전통문화를 대상으로 세계화의 방안을 모색할 때, 다음과 같은 세 가지 과제가 문제된다고 볼 수 있다.

첫째, 한국 전통문화의 세계적인 인식의 확대와 보급 선전의 문제이다. 정부 차원에서 이를 위한 문화·예술단의 파견 공연과 전시가 범세계적으로 이루어져야 하며, 이를 위한 상설 '한국문화센터(가칭)' 같은 문화시설이 각국에 설치되어야 한다는 것이다. 그리고 각국 유명 대학에 '한국학과'의 설치와 다양한 '한국학 강좌' 개설이 적극적으로 요청되어야 한다. 이와 같은 문제는 한국의 전통문화를 포함한 한국학을 전공하는 외국 학자들을 계속 양산해 나간다는 의미에서 매우 중요하다. 정부는 물론 한국의 각 대학이 적극적으로 참여해야 할 것이다.

둘째, 한국 전통문화를 전공하는 젊고 유능한 학자들이 다수 요청되는 바, 이들의 교육과 양성에 장기적 안목에서의 정책적 배려가 고려되어야 한다. 대체로 이들은 국어국문학과, 국사학과, 한문학과, 민속학과,

국악학과 등 이른바 국학 계열의 학문을 전공하는 석·박사 과정들이다. 이들은 특별한 지원이 없는 열악한 환경에서 장래를 보장받지 못한 채 외롭게 정진하고 있다. 따라서 이들에게 전통문화에 대한 광범위하고 심도 있는 교육과 각국의 언어를 구사할 수 있는 외국어 교육 등을 집중적으로 제공해야 하며, 이들에 대한 충분한 재정적 지원 또한 아끼지 말아야 한다.

셋째, 전통문화에 대한 국내외 연구, 연구인들의 학술교류와 합동연구, 학술회의와 학술자료의 공동조사, 그리고 문헌의 구입과 교환이 활발하게 이루어져야 한다. 물론 정부와 재계의 재정적 지원이 적극적으로 밑받침되어야 가능한 일이다. 오늘날 현실에서, 과학과 산업 분야의 연구 지원에 비하여 국학이나 전통문화 분야에 대한 지원은 상대적으로 미약하다. 이러한 상황은 국내의 연구나 국제간의 연구에 동일하게 나타나는 현상이지만, 여기서는 전통문화의 세계화라는 차원에서 후자의 경우에 국한하여 간단히 언급하기로 한다.

정부 차원에서 해외의 한국학 지원이 시작된 것은 1973년의 문교부, 그리고 1975년 산학협동재단의 지원으로부터 시작되었다. 그러나 극히 한정된 것이어서 이렇다 할 성과를 거두지 못하다가, 1982년 한국학술진흥재단(Korean Research Foundation), 그리고 1992년 한국국제교류재단(Korean Foundation)이 생기면서 지원액이 대폭 증가되고, 이에 따라 연구 또한 급격히 활성화되기에 이르렀다. 전자에 의해 계속 개최되고 있는 유럽한국학회(Association for Korean Studies in Europe)나 환태평양한국학회(Pacific Association for Korean Studies)의 세계적인 한국 학자들에 의해 격년제로 교차되어 열리는 '한국학학술회의'가 그 대표적인 것이고, 후자에 의한 외국의 한국학 학자나 학생, 그리고 한국학 강좌나 연구사업 및 행사와 전시에 대한 막대한 재정적 지원은 이 방면 연구의 활성화에 크게 기여하고 있는 것이 사실이다. 또 대기업의 특정 대학이나 연구소의 한

국학 연구기금 기증 또한 계속 이어져 1990년대 해외의 한국학 연구는
전에 없는 활기를 띠고 있는 것도 괄목할 만한 일이다. 그러나 아직도
그 일천한 역사와 한정된 범위로 인하여 개선되고 해결되어야 할 문제
점 또한 한두 가지가 아니다. 즉 갑자기 높아진 이 방면에 대한 세계적
지원의 의욕과 재력이 적절하거나 효과적으로 사용되지 못하고, 이에
대한 엄격한 사후 검토나 평가가 수반되지 못하여 효율성을 거두고 있
지 못하다는 점 등이 그것이다.

현재 한국학술진흥재단 국제교류부의 통계에 의하면 한국학과를 두
고 있거나, 한국학 강좌를 개설하고 있거나, 또는 이 방면에 대한 연구
를 진행하고 있는 전 세계의 대학이나 연구소는 30개국 180여 개 소에
이르고 있다고 한다. 그러나 이 중 한국의 지원을 받아 내실을 거두고
있는 곳은 많지 않으며, 연구 영역 또한 특정 부분에만 제한된 한계를
벗어나지 못하고 있다. 이에 해외 한국학 연구 지원과 문제점을 검토할
필요가 있다.

① 해외 한국학 연구의 지원보다 그에 따르는 사후 관리와 평가를
철저히 해야 한다. 즉 일방적인 지원만으로 끝날 것이 아니라, 결과에
대한 검토를 철저히 해야 하며, 또 외국 학자만의 단독 연구가 아니라
국내 학자와의 공동연구나 학술교류, 합동발표, 합동조사 등의 협력관
계가 이루어지도록 유도해야 더욱 효과적인 결과를 기대할 수 있을 것
이다.

② 해외 한국학 연구의 지원은 교육부, 한국학술진흥재단, 한국국제
교류재단 등과 함께 다수의 재벌들이 참여하고 있다. 한국의 경제적 지
위가 향상되고, 이른바 세계화·국제화의 추세에 편승하여 그 지원이
무분별한 난맥상을 보이고, 때로는 기업 진출에 따른 경쟁적인 측면도
없지 않다. 따라서 이를 조정하고 통제할 총괄적인 기구가 필요하다. 그
래서 해외 지원의 지역적 배분, 다양한 연구 영역의 균등한 배려, 연구

비중의 경중에 따른 지원의 액수와 선후 문제의 조정이 효과적으로 이루어져야 한다.

③ 한국학 연구를 위한 기본적인 문제로서 정부 차원에서 세계 각국 대사관을 거점으로 한 '한국어교육센터' 같은 시설을 설치하고, 한국 전통문화를 수시로 알리는 공연, 전시 등의 행사가 열릴 수 있는 '한국문화관' 같은 시설이 상설·운영되어야 한다. 그리고 이곳은 한국어의 교육·보급과 한국 전통문화의 선전뿐만 아니라, 국내 학자들을 위한 해외 한국학 정보센터로서 각국의 정보 수집 기능도 수행해야 할 것이다.

④ 전통문화의 세계화를 논하는 본 항의 취지에는 어긋나지만, 현재 경쟁적으로 급증하고 있는 정부나 재벌들의 해외 지원 못지않게 이 방면의 국내 학계에 대한 지원이 선행되어야 한다. 그것은 국내외 한국학이 크게 진흥되고, 이 방면의 젊은 학자들이 양산되어야 이들의 주도하에 국외의 한국학이 발전되며, 또 그렇게 되는 것이 당연한 순서이기 때문이다. 그러나 현실은 그렇지 않다. 국내의 연구 지원은 과학과 산업쪽에 집중되는 현상이고, 세계화·개방화의 파고를 타고 대기업들의 국외 진출에 따른 많은 외화가 국내 연구보다 외국 대학이나 연구기관에 기증되는 경향이어서 국내의 한국학 연구는 위축되어 있다. 특히 우려할 만한 사실은 장래 한국학 분야를 연구할 인적 자원인 대학의 석·박사과정의 지원자나 입학생의 수와 질이 날로 저하되고 있다는 점이다. 따라서 앞으로 정부는 장기적인 안목에서 국학 연구의 지망생들에게 장학금과 풍부한 연구비를 투자하여 우수한 인재들을 유인하는 대비책을 강구해야 한다.

급속도로 현대화되어 가는 사회 현실 속에서 점차 소멸되는 전통문화 자료에 대한 과학적 조사와 수집의 문제이다. 다양한 전통문화 중 민속학을 예를 들면, 지금까지 이루어진 민속학 전반에 걸친 전국적인 조사보고서로는 1968년부터 1978년까지 문화재관리국의 후원 아래 한국문화인류학회가 주도하여 간행한 『전국민속종합보고서』를 꼽을 수 있으나, 조사 대상이 광범위하여 전체적으로 미비하다는 평가를 받고 있다. 구비문학에 국한된 전국적인 것으로는 1980년대부터 1988년까지 한국정신문화연구원의 『한국구비문학대계』 82권이 있다. 군별 조사인데다, 조사방법이 과학적이어서 지금까지 줄간된 자료집으로는 가장 방대하고 가치 있는 자료라고 할 만하다. 또 1992년부터 실시된 MBC 방송국의 『전국민요조사집』은 채보와 CD녹음까지 완벽하게 곁들이고 있어 이 분야 최초의 자료로 평가받고 있다. 이외에 대학이나 연구소, 학술단체의 조사 자료도 많이 출간된 실정이다. 앞으로 이와 같은 전통문화에 대한 조사가 국가적 차원에서 철저하고, 종합적이고, 과학적으로 이루어져야 하고, 전통문화 자료집이 하루빨리 완성되어야 한다.

다음으로 이미 조사된 자료의 정리와 분류, 보존과 보호, 그리고 계승의 문제이다. 조사된 자료만으로는 아무런 의의가 없다. 이를 자산으로 체계적인 분류와 과학적인 정리 및 항구적인 보존이 필수적이다. 여기에 문화재(유형문화재, 무형문화재, 기념물, 민속자료 등)로서 국가적 지원이 요구되며, 역사박물관, 자연사박물관 등의 각 도별 건립, 유지가 이루어져야 한다. 또 정신적 유산으로서 전통적 미풍양속이나 윤리도덕의 개발과 교육적 효용이 지속되어야 하며, 전통적 예능과 기술의 창조적 계승을 위하여 그 예술적 장인정신과 기능인들의 양성이 또한 절실히 요구된다. 실제로 전통 예능과 기술을 보유한 기능인들이 점차 노쇠하여 감에 따라 장인정신이 퇴색하여 가고 기능의 전수가 단절될 위기에 처한 것이 한두 가지가 아니다. 즉 정악이나 민속악 등 일부 특정 국악과 대중적인 인기를 얻고 있는 몇몇 민속예능 이외는 관심 밖에 소외된 채, 점차 우리 시야에서 멀어져 가고 있는 민속공예나 기능 소유자인 예인, 장인들이 많다. 하루빨리 이들을 보호하는 것은 물론 전통적인 기술을 계승할 새로운 세대의 적극적 교육과 양성이 시급한 시점에 와 있다.

　마지막으로 급격히 변화해 가는 현대생활에 어쩔 수 없이 변모되어 가는 전통문화에 대한 조사와 연구의 태도와 방법의 유연한 대처와 수정이 뒤따라야 한다. 여기에는 연구 방향의 전환과 현실적 대응도 요청되고, 새로운 생활풍속의 형성에 맞추어 전통문화의 변모과정, 도시의 전통문화, 전통문화산업 등 현대 전통문화의 새 영역을 개척해야 한다. 이에 따라 전통문화사의 흐름을 추적하는 작업 또한 중요하지 않을 수 없다. 이 점은 전통적 윤리 도덕 등 정신문화의 창조적 계승에도 마찬가지다. 옛것, 우리 것이라 하여 반드시 좋은 것일 수만 없는 것처럼, 또 꼭 버려야 할 나쁜 것만 있는 것도 아니다. 현대적 차원에서의 취사선택과 온고지신(溫故知新)의 현명함이 요구된다. 그리고 가장 경계해야 할 점은 전통문화의 산물을 골동품시하는 풍조, 전통문화론을 낡은 전통주의의 과거지향적인 학문으로 치부하려는 생각, 그리고 호기심과 경제적 가치의 입장에서 전통문화를 평가하고 논하는 딜레탕티즘(Dilettantisme)에 빠진 사이비들의 발호 또한 말하지 않을 수 없다.

◉ 참고문헌

김성기, 『한국의 전통문화』, 월인, 2001.

김승찬, 『한국의 민속문학과 전통문화』, 삼영사, 2002.

김용범, 『한국 전통문화의 이해』, 문학아카데미, 2000.

이기백, 『한국전통문화론』, 일조각, 2002.

이동준, 『전통문화의 가치관』, 문우사, 1982.

이현희, 『전통문화와 역사의식』, 양서원, 1989.

김용범, 『한국 전통문화의 이해』, 문학아카데미, 1999.

이범직 외, 『전통문화란 무엇인가』, 건국대학교출판부, 2000.

이송근, 『전통문화와 미래사회』, 대구대학교출판부, 1998.

이창식 외, 『민속문화의 자료와 현장』, 집문당, 2003.

인권한, 『한국전통문화의 현대적 모색』, 태학사, 2003.

한국문화예술진흥원 편, 『전통문화의 자주적 현대화 방안』, 한국문화예술진흥원, 1989.

1. 가족생활

한국의 가족은 시대의 변천과 더불어 많은 변화를 겪으면서 오늘에 이르렀다. 신라시대에는 부계적(父系的) 요소와 모계적(母系的) 요소가 공존하였는데, 고려시대를 거쳐 조선시대에 이르는 동안 점진적으로 부계적 요소가 강화되었다. 그리고 조선 후기에 이르러서는 모계적 요소가 거의 사라지고 부계적 색채만을 띠게 되었다. 가족주의의 가치는 유교적 가치의식이 민풍화(民風化)되기 시작한 조선 중기 이후부터 사회의 기본이념으로 작용해왔으며, 서구화·산업화가 진전되고 있는 현대사회에서도 여전히 인간관계의 기본원리로 작용하고 있다.

전통적인 가족의 중심은 부부관계가 아니라 부모와 자녀관계, 그 중에서도 특히 부자관계이며, 부자관계는 자식의 절대적 예속을 강조하는 권위와 복종의 관계로 자녀의 자기희생적 효를 중시하였다. 부부관계는 친자관계를 유지하여 가정을 영속시켜 나가기 위한 수단으로 간주되었으며, 따라서 부인은 남편의 가정을 존속시키기 위한 수단으로서 지위와 역할을 가졌으나, 집의 정식구성원으로서 위치는 불안정하였다. 서구의 핵가족에서는 부인이 남편과 함께 동등한 자격으로 새로운 가정을 창설하는 데 반하여, 전통적인 한국의 가족에서는 이미 존재하고 있는 남편의 가족 집단 안에 외부로부터 주변인의 자격으로 혼입되며, 남편과의 관계보다 시부모에 대한 며느리의 역할이 중요시되었다. 이와 같이 가부장권이나 친자관계를 중시하면서 집의 영속적 존속을 강조하는 한국의 가족은 결국 대내적으로나 대외적으로 가족구성원보다는 가족이라는 명분을 중요시하는 일종의 '가족주의'를 발전시켰다.

(1) 가족관계의 특성

전통사회에서 가정의 형태는 직계의 자손으로 이어지는 직계 가족으로, 조상 숭배를 강조하고, 집의 영속적인 유지·존속을 위해 가장과 장남이 우선시되는 가족제도였다. 따라서 가계를 계승할 남아를 얻기 위해 축첩(築接)이 묵인되고 조혼(早婚) 또한 장려되었다. 가정은 가계의 계승과 조상의 정신을 유지·발전시킬 전적인 책임과 권한을 가지며, 따라서 가족원의 절대 복종을 요구하였다. 그리고 전통사회에서의 가정은 친족 집단의 하위로서 기능하였기 때문에 친족이 개인보다 우선시되었다. 가정 속에서 개인의 지위는 가정의 사회적 지위에 의하여 평가되고, 개인의 행동은 가정의 행동과 동일시되며, 개인의 명예·불명예는 가정의 것으로 생각하였다. 전통사회에서는 가정을 대표하고 가족원을 통제하는 가부장권이 강했다. 가부장은 가장으로서 부권을 행사하고, 혼례나 상례 등 가족 행사의 주임자로서 상주·혼주가 되었으며, 가산을 관리하고 통제하였다. 또한 가계 계승자로서 전권이 부여되고, 가훈을 유지·존속시킬 책임을 담당하였다.

한편 전통사회에서 여성은, 여성 그 자체보다는 결혼으로 인한 지위

변동에서 역할의 중요성이 강조되었다. 즉 가정 내에서 아내보다는 어머니, 며느리로서의 위치가 더욱 중요시되었다. 부부관계는 지배와 복종의 예속적 관계로 유지되었다가, 죽은 후 후손이 제사를 지낼 때만 동등한 대우를 받았다. 남편은 아내를 잘 통솔하고, 아내는 남편에게 순종하는 것이 이상적인 부부관계로 여겨졌다. 여자는 정조를 가장 소중히 해야 하기 때문에 두 남편을 섬겨서는 안 되며, 남편이 병에 걸리거나 죽더라도 재혼하지 않아야 했다. 이혼의 권리는 남성들에게 독점되어 아내가 시부모를 잘 섬기지 못하거나, 아들을 낳지 못할 경우 등 소위 칠거지악(七去之惡)의 사유 중 하나에 해당되면 남편은 언제든지 이혼을 요구할 수 있었다. 여자는 남편보다도 남편의 부모인 시부모에 대하여 더욱 순종하고 봉사할 것이 요구되었다. 또한 며느리는 일의 대소를 불문하고 사전에 반드시 시부모의 허락을 얻은 연후에야 착수할 수 있었다. 이것은 가정 조직의 근간이 부부중심에 있는 것이 아니라 부자중심(父子中心)에 있다는 것을 보여주는 것이다.

전통적인 가족의식은 주로 조선시대의 지배층이었던 양반의 윤리규범을 말하지만, 그 가치관은 크든 작든 현재의 가족에게까지 영향을 주고 있다. 우리의 전통적인 가족의식은 자식이 부모를 섬기는 일을 골자로 하는 효사상(孝思想)으로 대표된다. 효는 한국인들에게 있어 생활의 지도원리이며, 모든 인간관계에 우선하는 절대적 가치이다. 부모는 절대적인 존재로서 부모의 명령은 반드시 엄수되어야 한다. 자식은 자기의 주장이 정당하다 할지라도 부모의 뜻을 거역해서는 안 되고, 부모가 부모로서의 구실을 다하지 못 한다고 할지라도 극진히 섬겨야 한다. 이러한 규범을 어겼을 때는 도덕적인 문제를 넘어 형벌상의 제재 대상이 되기도 한다.

전통적인 관점에서 가정은 과거의 조상으로부터 시작되며 미래의 후손에게까지 연결되는 영속적인 집단이다. 따라서 가족 최대의 관심은 조상의 유업을 어떻게 유지·발전시켜 자손에게 물려주는가에 있다. 이것은 제사에 의한 조상숭배관념의 계승과 가산의 유지·확대, 그리고 이를 계승할 아들의 출산이라는 세 가지 측면에서 주로 나타난다. 조상으로부터 물려받은 가정을 더욱 발전시켜 자손에게 물려주려면 통솔자인 가장이 필요하게 된다. 가장은 현실 가족의 대표자인 동시에 역대 조상의 대리자이기도 하다. 가족 구성원은 가장을 중심으로 하여 남녀·장유의 서열에 따라 각자의 지위와 역할이 결정된다. 집은 장남에 의하여 계승되고 차남 이하는 결혼을 하면 별개의 집을 마련한다. 이것이 이른바 분가(分家)인데 장남이 계승한 집을 '큰집', 차남 이하가 새로 만든 집을 '작은집'이라고 부른다. 이와 같이 공동의 조상에 의하여 맺어진 큰집·작은집의 집단이 동족(同族)인데, 동족은 가까운 지역에 거주하면서 서로 친밀감을 가지고 협조해야 한다. 다시 말하면 동족은 하나의 커다란 가족으로서 가족구성원의 생활양식은 동족간의 관계에까지 확대 적용되는 것이다.

(2) 가족제도의 변천

부부가 혼인한 후 어디서 결혼생활을 하는가와 가족의 형태가 어떠한가 하는 것과는 밀접한 관계가 있다. 서류부가(壻留婦家 : 남편이 처가에서 자녀가 출생하여 성장할 때까지 장기간 거주하는 관습)의 기간은 삼국시대부터 고려시대까지는 자녀가 장성할 때까지 처가에 체류하다가, 그 뒤 점차로 기간이 단축되어 조선 말기에는 1년 또는 몇 년간으로 단축되었다.

혼인한 부부가 신부 집에서 오랫동안 생활하다가 신랑 집으로 돌아오는 혼인풍속은 고려시대까지 국가로부터 아무런 규제를 받지 않았다. 그러나 조선시대에 접어들어 사회제도가 점차 유교적으로 개편되면서 이러한 문화가 문제시되었다. 결국 유교적 명분론에 따라 신랑이 신부를 맞이해 오는 친영(親迎)제도가 『경국대전(經國大典)』에 법제화되고, 특히 16세기 명종 때에는 신랑이 신부 집에 머무르는 기간은 3일간으로 크게 단축하는 안이 채택되었으나, 일반 백성들 사이에서는 이 규정이 잘 지켜지지 않았다.

상속제도는 고려시대의 경우 토지, 노비, 제사 등의 상속에 있어서 법제상으로는 대체로 부(父)→적장자(嫡長子)→적장손(嫡長孫)의 순위로 상속되는 것으로 되어 있지만, 실제의 상속에 있어서는 이러한 순위에 따른 것만은 아니었다. 제사상속과 토지상속에 있어서는 대체로 적장자 우선주의의 원리가 적용되었던 것으로 보이나, 경우에 따라서는 법적 규정에 있어서조차 적장자 우선주의와 배치되는 조항도 발견된다. 그러나 적장자 우선주의 원칙이 지켜진 경우도 상세히 고찰하면 당나라의 제도를 모방한 법제상의 것에 불과하며, 실제적으로는 적장자 우선주의가 지켜지지 않았다고 할 수 있다. 오히려 금석문이나 고문서, 족보자료를 통해서 보면 외손을 부계친족과 전혀 구별하지 않았음을 확인할 수 있다. 즉 친족제도가 부계친족사회라기보다는 모계와 부계 양측의 친족제도가 사회의 근간을 이루었음이 밝혀지고 있다.

그러나 조선 후기에 이르러서는 거의 부계로만 강화된 것으로 보이며, 이러한 변화의 결정적 시기는 조선 중기, 즉 17~18세기로 추정된다. 이 시기는 재산 상속상의 획기적인 전환점이라고 할 수 있다. 1600년대 중엽 이전에는 고려시대와 같이 자녀간의 균분상속제(均分相續制)와 제사의 자녀윤행(子女輪行)이 행해지던 것이 1600년대 후반부터 변화하기 시작하여 남녀 균분상속과 제사윤행이 점차 붕괴되고, 장남우대 내지 남녀차별의 상속으로 기울어지는 경향을 나타내고 있다. 17~18세기 동안에 재산상속제도나 제사상속제도에 있어서 커다란 변화를 초래한 원인은 다음과 같다.

첫째, 조상숭배의 기풍이 강화되었다는 점이다. 고려 말에 『주자가례

(朱子家禮)』가 도입되어 우리나라에 영향을 주었다 하더라도, 『경국대전』이 공포된 시기를 거쳐 1600년대 중엽까지는 그다지 강한 영향을 주지 못하였다. 그러다가 1600년대 중엽부터 한층 강한 영향을 주게 된다. 조상숭배사상의 강화는 장남, 차남의 구별과 남녀의 차별을 낳게 하였다. 제사의 강조는 제사의 담당자인 봉사자(奉祀者)의 지위와 재산을 안정시킬 필요가 있기 때문에 장남의 재산 상속분이 증가하게 되는 것이다.

둘째, 씨족관념의 강화다. 동족관념의 강화는 대체로 1600년대 중엽부터 뚜렷이 발견되며, 이것은 족보의 발간 경향에서도 엿볼 수 있다.

셋째, 농지의 세분화 내지 영세화이다. 즉 균분상속제를 유지하기 위한 경제적 기반 자체가 크게 동요하였다.

친족제도의 변화에 대하여 살펴보면, 우리나라의 부계혈연집단인 씨족은 여러 측면에서 장자와 차자, 친손과 외손, 아들과 딸[사위]의 차별과 동성동본인 부계 혈연자의 입양에 의한 충원에 의해서 성립된다고 할 수 있다. 그런데 이러한 차별이나 입양은 조선 중기인 16~17세기에 이르러서 보편화되었으므로, 그 이전에는 집단이나 조직으로서의 부계 혈연자의 강한 결합은 없었다.

이와 같이 17세기는 양계존중에서 부계 한쪽만의 존중으로 기울어져 가는, 말하자면 친족 성격의 전환기였던 것이다. 종래 향리층과 서리층 이하에서 처부모를 아버지, 어머니라고 칭하던 용어도 양반들의 관념에 따라 장인, 장모로 호칭하는 관습으로 굳어지게 되었다. 이러한 부계친의 존중은 부계친의 유대범위를 넓히고 조직화하며, 또 아들에 의한 가계계승사상을 낳게 하고 이것을 강화한다. 이와 같은 친족조직의 변화는 가족제도가 점차 부계중심의 직계가족으로 변모해 가는 과정과 연결되는 것이다. 그리고 이런 현상은 한 조상의 후손이 친목을 도모하려고 결성된 족계에서도 내·외손이 참여하던 경향에서 점차 부계친족의 후손만이 참여하는 현상으로 바뀌게 되었다.

(3) 가족구성원의 역할

부부는 각자 태어나면서부터 부여받은 고유의 지위(아들·딸) 및 역할과 결혼으로부터 부과되는 남편·부인으로서의 획득지위 및 역할을 갖는다. 그러나 전통적으로 우리나라 부부의 역할은 성별에 의하여 구분되어 왔다. 즉 가족의 생계유지를 위한 생업활동은 물론 가족을 대외적으로 대표한다든가 감독하며 친지·이웃과 교제를 하는 등의 수단적 역할은 남편이 맡아 왔고, 가사·육아·가족 성원의 정서적 유대·긴장완화의 표현적 역할은 부인이 담당하여 왔다.

전통사회에서 아버지와 어머니의 역할은 엄격히 구분되었다고 할 수 있다. 이러한 구분은 오늘날에도 유효하지만 전통사회에서는 보다 엄격했다고 할 수 있다. 오늘날에는 조금 양상이 달라지긴 했지만, 예전 어머니들의 생활 반경은 철저히 '가정'이었다. 그렇기 때문에 자녀의 양육과 세부적인 교육은 어머니의 몫이었고, 자연스럽게 어머니와 자녀들의 관계는 밀접하고 친밀했다. 반면 아버지들은 예나 지금이나 가정일 보다는 바깥일 즉 사회적 활동을 더 중시했기 때문에 자식들에 대한 구체적이고 세세한 보살핌은 어머니에게 위임하였다. 아버지는 자녀에게 기대를 가지고 있으면서도 자녀의 성장과 교육에 있어서 구체적인 지침을 내려주기보다는 큰 원칙을 제시하는 경우가 많았다. 즉 어머니나 할머니가 자녀와 손자, 손녀에게 정으로 대했던 것에 비해 아버지는 사회생활에 필요한 예나 법도를 제시했고, 잔정이 없는 엄한 태도로 교육적인 목표를 제시하였다. 어머니는 항상 자녀의 입장에서 자녀들을 보듬고 감쌌던 것에 비해, 아버지는 항상 공정한 입장이 되어 공정한 평가를 내리곤 하였다.

자녀의 성장과 교육에 있어서 아버지의 역할은 평소 어머니에 비해 잘 드러나지 않지만, 아버지 없이 홀어머니가 자녀를 키울 경우 이들이 어떻게 자녀를 키우려 했는가를 보면 아버지의 위상을 엿볼 수 있다. 예전에 홀어머니 밑에서 자란 아이들을 일컬어 속된 말로 '호로자식'이라는 표현을 썼는데, 홀어머니는 자신의 자녀가 '아버지 없이 자라서 버릇없다.'는 소리를 듣게 하지 않으려고 자녀교육에 각별한 신경을 썼다. 이때 어머니의 자녀에 대한 태도는 여느 어머니와 딜리 엄격해지는 경우가 많은데, 이는 아버지의 역할까지 담당해야 했기 때문이다.

우리나라의 오랜 역사를 통하여 드러나는 어머니의 모습은 부드러우면서도 강하고, 엄하면서도 자애롭다. 가정에서의 어머니의 역할은 자녀들을 훌륭히 기르고 가르치는 책임 외에도 부과된 임무가 많았다. 어머니는 자식의 양육만이 아니라 한 가정의 주부로서 살림을 책임지고, 남편을 받들고 가족관계를 원만히 이끄는 역할까지 도맡았다. 오늘날까지 여성들은 남성우위의 사회제도 아래에서 살아야 했다. 그리고 어머니들은 종속적 제도 아래에서도 묵묵히 막중한 자신들의 의무만을 성실히 수행하는 것을 천직처럼 생각하여 왔다. 우리나라의 경우, 조선시대의 유교가 자리를 굳히면서 여성의 지위는 삼종지의(三從之義)에 묶이게 되었다. 출가 전에는 아버지를, 출가 후에는 남편을, 남편이 죽은 뒤에는 아들을 좇아야 했다. 그리고 종속적 관계에 묶여 숨을 죽이며 살아야 했던 것이 여성의 입장이었다. 그러나 그러한 가운데에서도 어머니로서의 위치는 절대적이었음을 알 수 있다. 어머니 스스로 권리 주장을 한 적은 없으나, 어머니의 존재는 모든 제도를 초월하여 존경과 사랑을 받아왔다.

전통적인 가족구조인 부계가족은 가부장을 구심점으로 견고한 조직을 갖고, 부자로 이어지는 강한 지속성을 가지며, 서열의식이 투철한 것 등이 장점이나, 취약점은 바로 여자의 지위 즉 며느리의 위상이 가장 힘들고 어려운 점이다. 부언하면 직계 가족구조를 갖는 한국가족에서의 고부관계는 선천적인 대립관계로 보이고 있으며, 갈등의 원인은 부계가족에서 모자관계가 강한 애정적인 밀착을 보이는 특별한 관계라는 점과 연관된다. 며느리는 최저의 지위를 갖기 때문에 권리보다 의무가 많으며 '시가에 어느 정도 기여하였는가?', '어느 만큼 순종하였는가?', 더욱 중요한 것은 '가계를 이어갈 아들을 출산하였는가?'에 따라 지위가 주어진다. 아무리 며느리가 시부모님을 잘 봉양하고 올바른 예의범절과 가문의 가풍을 잘 계승시키며 경제적으로 공헌한 바가 크더라도 가계를 이을 아들을 출산하지 못해 의무를 다하지 못한 경우에는 시가에서 이혼을 당하건 작은 부인을 맞건 할 말이 없었다. 이와 같이 전통적 부계가족의 구조적 명령은 결혼한 여자에게 강한 득남을 강요하게 되며, 이것이 곧 특수한 모자관계를 이루는 요인으로 작용하게 된다.

일단 아들을 출산하면 며느리는 시가의 제일 의무를 이행하였으므로 확고한 지위를 얻음과 동시에 심리적 고통도 삭감된다. 아들은 며느리의 심리적 방파제가 되고 아들이 있음으로써 미래에 희망을 걸고 고된 시집살이의 고충을 참고 견딜 수 있게 된다. 여성의 인간으로서 자기실현과 자기표현이 금지되었기 때문에, 어머니의 투사체적 존재로서 아들이 대행 역이 되므로 전통사회에서는 특수한 모자관계가 형성된다. 이와 같이 어머니가 아들에 기울인 정성과 애정은 아들의 결혼 후에 며느리에 대한 불신과 증오로 변신하여 처음부터 고부관계는 불균형과 갈등으로 시작된다. 시모는 그간 시가에 경제적 공헌, 아들의 출산·양육 등으로 확고한 지위를 획득하였고 며느리보다는 1세대 상위에 있으므로 자부에 대한 미움과 불만은 고된 시집살이를 시킴으로써 해소되었다. 한편 며느리는 시모로부터 시집살이를 통해 고통을 당하지만 아들을 낳을 경우, 미래에 기대도 걸고 전통적인 가족제도에서는 인내를 통해 극복하면서 며느리들끼리 일하면서 잡담이나 민요로 억눌린 감정을 해소하였다.

며느리 입장에서 시집살이의 고통을 토로할 수 있는 대상은 가족 내에서는 남편이겠으나, 부부유별의 전통가족에서 부부간에 직접적인 애정 표시나 불만을 토로할 수 없었다. 남 앞에서는 타인과 같이 행동하였으므로 부인의 편을 들어 어머니를 이해시킴은 불가능할 뿐만 아니라 모자관계는 부부관계보다 우위에 있어 어머니의 뜻에 따라서 부인을 학대하거나 이혼하는 일도 있을 수 있었다. 대체로 남편들은 어머니와 부인 중 어느 편을 들 수도 없으므로 가정 일에 관심을 두지 않아서 사태를 더욱 악화시켰다. 현대의 한국사회에서 고부간의 갈등을 초래할 부계가족의 제도가 많이 변하였지만, 고부갈등은 여전히 상당수의 가정의 가족문제로 남아 있다.

2. 마을생활

(1) 촌락의 형태와 기능

한국의 전통적인 공동체는 자연환경에 적응하기 위한 촌락형태였다. 촌락은 농경활동에 필요한 30~50세대의 가구로 집단취락을 이루어 왔다. 이러한 자연부락은 특정 문중의 동일 성씨가 모여 사는 집성촌(集性村)인 경우가 많았으나, 조선후기에는 반상의 관계유지 때문에 소수의 타 성씨가 거주하는 자연부락 형태가 증가하였다. 이러한 촌락의 중추적인 기능은 농업이기 때문에 촌락의 공동체적 특성은 농경문화와 밀접한 관련을 가지게 되었다. 그리고 전통적인 한국 농촌의 공동체 특성을 결정하는 요소는 혈연집단의 구성이다. 동족부락이나 몇 개의 성씨가 주축을 이루는 집성촌이 최근까지 그 형태를 보존하고 있어 우리나라의 전통적인 공동체 특성을 이해하는 데 핵심적인 요소가 된다. 또한 전통적인 촌락은 서양의 경우와 달리 농가들이 경작지를 중심으로 분산되지 않고, 특정한 장소에 모인 취락 형태를 이루었다.

우리나라의 전형적인 촌락은 양지 바른 산기슭에 마을을 이루어 아침에 각자의 농지로 분산되었다가 저녁 때 마을로 돌아오는 집촌(集村) 형태를 이루었다. 이러한 취락 형태는 미국과 유럽의 산촌 형태와 달리 한국적인 공동체 형성에 중요한 요소로 작용한 것으로 보인다. 한국의 농가들은 집촌을 이루어 울타리를 넘나드는 긴밀한 이웃관계가 형성되고, 사랑방과 우물가는 마을의 정보를 교환하고 공동의 업무를 협의하는 토론의 장이 되기도 하였다. 우리나라의 촌락은 규모가 크지는 않았지만, 인근의 몇 개 부락과 긴밀한 관계를 유지하면서 많은 공동체문화를 창출하였다. 특히 유교의 윤리에 기반을 둔 가족주의가 촌락공동체 조직의 중심적인 역할을 하였다. 그러나 각 촌락이 처한 지리적·사회적 전통에 따라 오랫동안 독특한 문화를 전승·발전시켜 왔다. 이러한 전통 가운데 한반도에서 두루 행해져온 노동협동의 두레와 관혼상제의 대사에 대한 상부상조로서의 계, 그리고 절기와 명절을 통한 세시풍습, 민중예술로서의 탈춤과 민속놀이, 동제와 지신밟기, 농요와 기우제 등 많은 공동체문화를 축적시켜 왔다.

(2) 두레

한국의 전통사회에는 농민들이 조직한 '두레'라고 하는 고유의 공동 노동의 작업 공동체가 있었다. 두레는 조선시대에는 답작지대(畓作地帶) 의 농촌사회에서는 어디서나 널리 시행되던 가장 중요한 작업 공동체였으며, 일제 강점기에는 많이 변질되고 소멸되었지만 중부 이남의 농촌사회에서는 널리 볼 수 있는 노동 조직이었고, 1945년 해방 후에도 지역에 따라서는 그 흔적을 찾아볼 수 있는 전통문화다. 두레는 마을의 모든 농경지의 농사 작업을 마을의 모든 성인 남자들이 공동 노동에 의

하여 수행하면서 상부상조 하에 마을 구성원들의 공동체적 연대를 형성·발전시켰던 조직이다. 주목해야 할 것은 두레로 노동을 하면 개별적으로 노동을 하는 것보다 노동 능률이 훨씬 더 높았을 뿐 아니라, 고통스러운 노동이 즐거운 노동으로 전화되는 놀라운 효과가 있었다는 사실이다. 두레는 이 점민으로도 한국 민족과 한국 농민이 역사적으로 창조해낸 슬기로운 제도와 문화였다고 말할 수 있다.

두레는 전통사회에 독특하게 존재했던 공동 노동을 위한 마을 성인 남자들의 작업 공동체라고 할 수 있다. 그것은 공동체적 조직이었으므로 기본적으로 작업에 관련된 것이었다. 전통적으로 벼농사를 주로 하는 곳에서는 단시일에 모심기나 논매기 등의 작업을 끝내지 않으면 수확에 차질이 생긴다. 그리고 대부분의 농사일은 개인적인 작업이기보다 최소한 2~3인의 협력이 필요한 공동의 노동을 필요로 한다. 그래서 우리나라의 농촌에서는 부락 단위로 성인 남성들이 마을사람들의 농사일을 공동으로 추진하는 작업 조직을 만들었다. 모든 가정은 이 조직에는 총책임자격인 '행수(行首)'가 두레 전체의 업무를 지휘·통솔하고, 그 밑에 행수를 보좌하는 사람이 있었는데, 지역에 따라서 '도감(都監)', '집사(執事)', '소임(小任)' 등으로 불렸다. 또한 현장의 작업을 진행 관리하는 지도자가 있었는데, 이는 젊은 청년으로 '수총각(首總角)' 또는 '총각대방(總角大方)'이라고 하였다. 이밖에도 수총각을 보좌하는 '청수(靑首)', 회계와 서기를 맡은 '유사(有司)', 가축을 돌보는 소년인 '방목감(放牧監)' 등이 있어 조직이 공식화되어 있었다.

일반적으로 두레는 남성들로만 조직되고 벼농사를 중심으로 공동작업이 이루어진 것으로 알려져 있으나, 경북 안동지역에서는 안동포 생산에 부녀자들을 포함한 길쌈 두레가 행해지기도 하였다. 결국 두레는 지역을 초월한 획일적인 조직이 아니라, 자연환경에 따라 다양한 형태의 노동협동이 이루어져 품앗이나 공동노동 등으로 발전해 온 것으로 추측된다.

그러나 두레는 다양한 공동작업 형태 가운데 가장 체계적이고 부락 전체를 대상으로 하고 있다는 면에서 전통적인 공동체로 주목받고 있다.

두레 조직은 농번기에 개별 가구가 여러 사람의 노동력이 필요할 때 개별노동을 하지 않고 공동작업을 하게 했는데, 두레에 참여한 가구뿐만 아니라 과부, 노약자, 환자 등 노동력이 없는 가정에는 무상으로 봉사하였다. 두레는 단순히 농사일뿐 아니라 부락의 안전과 재해 예방 등의 업무나 사업에도 공동의 노동을 동원했고 공동의 노동과정에는 농악과 호미씻이와 같은 놀이와 행사들이 동시에 이루어졌으며 농요와 지신밟기 등의 전통문화가 수행·계승되어 있었다.

농경사회의 생활은 오늘날과 같이 구조가 분화되어 있지 않고 모든 것이 전일적인 통합체를 이루고 있어서 많은 전통문화가 두레와 밀접히 관련되어 있었다. 그러므로 두레의 공동체적 기능도 복합적이었다. 일반적으로 두레의 기능은 다음과 같이 요약할 수 있다. 협동생활에 대한 훈련, 노동의 쾌락화, 노동 능력의 제고, 성원간의 상부상조, 노동의 오락화, 농민생활의 활성화, 공동체의 규범 강화, 공동체의 사회적 통합, 공동체의식의 함양, 농민 문화 창조 등이다. 그러나 산업화의 급속한 진전으로 두레는 더 이상 농촌에서 전형적인 형태를 유지하지 못하고 있다. 이러한 공동체적 협동은 차츰 개별적인 품앗이와 임금 노동으로 변천해 왔다. 그러나 우리는 이러한 협동 노동의 전통이 비록 같은 형태는 아니더라도, 그 정신이 도시의 산업현장에서 응용될 수 있는 가능성은 없는지 생각해볼 필요가 있다.

(3) 계

계(契)는 여러 가지 목적이나 성질의 분화에도 불구하고, '집합' 또는 '조합'의 개념을 함축하고 있다. 조선시대의 문헌에도 "우리나라 옛말

에 여러 사람이 모여 같은 일을 하기 위해 모이는 것은 계라 부른다(我
國舊語以衆人之同事結聚者稱契)."라고 하여 같은 일을 위해 모이는 것을 계라
고 정의하고 있으며, 다산(茶山)도 "계란 서로 약속하고 합하는 것(契者約
也合也)"이라 하여, 결합적인 계의 특성을 강조하였다.

계는 그것이 갖고 있는 다양한 종류에도 불구하고, 구조가 기본적으
로 같은 특징을 갖고 있다. 동계(洞契)나 금송계(禁松契)와 같이 촌락 혹은
지역 전체를 대상으로 하는 것은 가입에 있어서 강제성을 띠고 있지만,
그밖에는 임의적인 가입의 형식을 취하고 있다. 그러나 촌락을 기초로
하는 계이기 때문에, 가입은 실질적으로 강제되고 있는 경우가 많다. 예
컨대 동갑들이 만드는 갑계(甲契)와 같은 것은 설사 가입이 자유롭다 하
더라도, 가입하지 않을 수 없다. 계에 가입하지 않고는 촌락생활에서 실
질적으로 소외되기 때문이다. 혼계(婚契)나 상계(喪契)와 같은 것도 가입
하지 않으면 단독으로 혼상과 같은 대사를 치를 수 없기 때문에 실제로
가입하지 않을 수 없는 것이다. 이와 같이 계의 다양한 기능 분화는 촌
락의 기능 분화, 연령별, 성별 등을 나타내는 것으로써 모두 촌락의 다
양한 분절(分節)로 보지 않을 수 없다. 이것은 원칙적으로는 계가 촌락의
공동조직을 반영하고, 그 공동조직을 떠나서는 촌락생활이 불가능하다
는 것을 의미하는 것이다.

계는 조직체로서 계원 간에는 일정한 역할 분화가 일어난다. 계장(契
長), 유사(有司), 장재(掌財), 서기(書記) 등의 역할로 나눠지는 것으로 되어
있으나, 이와 같이 세밀하게 역할이 나눠져 있는 경우는 아주 큰 계에
서만 찾아 볼 수 있다. 일반적으로는 계장과 유사, 혹은 유사만으로 계
를 운영하는 경우가 많다. 계장은 대외적으로 계를 대표하는 자로서 연
장자가 이 역할을 맡는다. 유사는 계의 실무를 담당하는 자로서, 이 임
무는 일정한 임기(대개 1년) 동안 계원 간에 윤번으로 돌아가면서 맡는
다. 계의 규모가 큰 경우는 계원 가운데 유급(有給)의 장재(掌財 : 회계), 또

는 서기를 두는 경우도 있으나, 그 보수는 매우 적은 액수에 지나지 않는다. 이와 같이 계의 집행기관은 매우 간단한 것으로써 계의 임원이 계원에 대해 탁월한 권위를 행사할 수는 없는 것이다. 계의 민주적인 운영은 무엇보다도 실무를 담당하는 유사의 역할을 계원 사이에 윤번으로 맡음으로써 보증된다고 볼 수 있다.

계회(契會)는 계의 성격과 목적에 따라 1년 혹은 반년, 매월 1회 열린다. 계회는 전기의 회계보고, 사업계획의 결정, 역원의 교대 등이 중심을 이룬다. 이때 전기의 유사는 회를 주관한다. 계회 또는 연회의 비용은 유사가 윤번으로 돌아가면서 지출하는 경우도 있고, 계재에서 출비하는 경우도 있는데 요컨대 계원 상호간의 평등주의의 원칙이 여기에서도 관철되고 있다.

계는 향약의 기본단위인 동, 리에 양반계급인 사족(士族)들이 동계(洞契), 동약(洞約)을 규정한 결사체적 조직으로 출현하였으며 이는 지역사회의 통제가 일차적인 목적이었다. 향약이 오늘날의 군(郡)과 같이 넓은 행정단위에서 유향소 중심의 정치조직이라면, 계는 동이나 리 중심의 생활공동체라고 할 수 있다. 계는 몇 개의 자연촌을 합하여 50~100호로 조직되었으며, 향약과 같은 의미로 혼용되는 경우가 많았다. 주로 공동노동 집단으로 기층민 중심으로 리, 향리(鄕里), 인리(隣里), 리중(里中), 촌(村) 등 말단 촌락에서 상민과 천민 100여 명 정도로 구성되었다. 수해나 가뭄 등 천재지변으로 인한 마을의 안전과 농지에 피해가 있을 때면 계의 규약에 의거하여 공동작업을 하였으며, 이를 통하여 자연부락의 공동체적 연대와 성원으로서 소속감을 가지게 되었다. 이처럼 계는 향약의 보안적 기능을 수행했고, 지연·혈연의 조건으로 자연발생적 협동체제로 발전할 수 있었다.

(4) 향약

향약(鄕約)은 권선징악과 상부상조를 주로 하는 향촌의 자치규약으로
미풍양속을 계승하고 마을 사람들 스스로 마을의 도덕적 기풍을 조성
하는 데 크게 이바지한 집단조직으로, 시행주체나 규모 또는 지역에 따
라 향규(鄕規)·일향약속(一鄕約束)·향립약조(鄕立約條)·향헌(鄕憲)·면약(面
約)·동약(洞約)·동계(洞契)·동규(洞規)·촌약(村約)·촌계(村契)·이약(里
約)·이사계(里社契) 등 다양한 명칭으로 불렸다. 시행 시기나 지역에 따라
다양한 내용을 담고 있으나, 기본적으로 유교적인 예속(禮俗)을 보급하고,
농민들을 향촌사회에 결집시켜 토지로부터의 이탈을 막고 공동체적으로
결속시킴으로써 체제의 안정을 도모하려는 목적에서 실시되었다.

16세기에 농업 생산력의 증대, 이에 따른 상업의 발달 등 경제적 조
건의 변화로 향촌사회가 동요하고, 훈구파의 향촌사회에 대한 수탈과
비리가 심화되었다. 이에 중종 당시에 정계에 진출한 조광조(趙光祖) 등
의 사림파는 훈척들의 지방통제 수단으로 이용되던 경재소(京在所) 및 유
향소(留鄕所)의 철폐를 주장하고 그 대안으로 향약의 보급을 제안하였다.
이것은 소농민경제의 안정을 바탕으로 한 중소지주층의 향촌 지배질서
를 확립하기 위한 것이었다. 기묘사화(己卯士禍)로 일단 좌절되었으나 사
림파가 정권을 장악한 선조에 와서 각 지역의 여건에 따라 서원(書院)이
중심이 되어 자연촌, 즉 리(里) 단위로 시행하였다. 이 시기에 이황(李
滉)·이이(李珥) 등에 의해 중국의『여씨향약(呂氏鄕約)』의 강령인 좋은 일
은 서로 권하고, 잘못은 서로 바로잡아주며, 예속을 서로 권장하고, 어
려운 일이 있으면 서로 도와준다는 취지를 살려 조선의 실정에 맞는 향
약이 마련되었다.

임진왜란을 겪으면서 사족세력은 하층민들을 통제하고 사족 중심의
신분질서를 강화할 목적에서 양반신분의 상계(上契)와 상민신분의 하계(下

契)를 합친 형태의 동약(洞約)을 만들었다. 보통 몇 개의 자연촌을 합친 규모로 운영되었으며, 목천동약(木川洞約)과 영조 때의 퇴계학파 최흥원(崔興遠)이 이황의 『예안향약(禮安鄕約)』을 증보하여 사용한 『부인동동약(夫仁洞洞約)』이 유명하다. 또한 선조 4년(1571)에 이이는 『여씨향약』 및 『예안향약』을 근거로 『서원향약(西原鄕約)』과 이를 자신이 수정 증보하여 1577년에 『해주향약(海州鄕約)』을 만들었는데, 이들 향약은 조선후기에 널리 보급된 한국 향약으로서는 가장 완벽한 것으로 평가되고 있다.

17세기 후반부터 유향(儒鄕)이 나뉘어져 사족의 영향력이 약화된 반면에, 면리제(面里制)가 정비되는 과정에서 수령권(守令權)이 강화되어, 지방관이 주도하여 향약이 확산되어 갔다. 면을 단위로 하여 기존의 동계·촌계를 하부단위로 편입시켜 신분에 관계없이 지역주민 전부를 의무적으로 참여시켰다. 18세기 중엽 이후 재지사족을 매개로 하던 기존의 수취체제가 수령에 의한 향약의 하부구조로서 공동납체계 속에 포함되면서 그 성격이 변모되어갔고, 동계운영에 있어서 이해관계를 달리하는 하층민의 요구와 입장이 첨예하게 표출되었다. 이 과정에서 하층민이 참여하기를 꺼리거나 하계안이 없어지는 현상이 일반화되어, 사족이 주도하는 동약에서의 운영권은 기층민간의 생활공동체로서의 촌계류(村契類) 조직과 마찰을 일으키고 점차 기층민의 입장이 반영되는 방향으로 변화하였다.

향약은 그 자체가 공동체적 생활규범이라고 할 수 있다. 더불어 사는 공동체의 토대라고 할 수 있는 조화로운 인간관계와 사회관계의 형성 및 개인의 사회적 책임수행을 강조하고 있으며, 지역 주민들의 민생 문제의 해결과 생활 안정에 주력한 것이 두드러진 특징이다. 공동체적 규약으로서 향약의 골자는 4개 강목으로 이루어져 있다. 덕업상권(德業相勸), 과실상규(過失相規), 예속상교(禮俗相交), 환난상휼(患難相恤) 등이다. 덕업상권은 도덕에 관한 것이다. 곧 덕업은 선을 행하며, 아버지, 형, 윗사람을 잘 섬기며, 밖에 나가서는 벗들과 화목하며, 법령을 준수하고, 조세를 정성껏 부담해야 한다. 선을 행한 사람은 집회 일에 추천하여 기록을 남기고 그렇지 못한 사람에게 경계가 되도록 하였다. 과실상규는 과실을 서로 규제한다는 내용으로 술주정, 도박, 싸움, 언행불순 등을 제재하고 환난을 당한 사람을 도와주어야 한다는 것이다. 그래서 이를 실천하지 않은 사람은 과실로 취급하여 곤욕을 치렀다. 예속상교는 예의와 풍속을 서로 교환하도록 규정한 내용이다. 이 덕목은 주자학에서 가장 중요시하는 것으로 윗사람과 아랫사람 사이에 지켜야 할 예의범절이다. 즉 일상생활에서 서로 만나고, 방문하고, 초대하고, 마중, 배웅하는 것과 길흉사에 취할 예절에 관한 것이다. 환난상휼은 어려움을 당한 사람을 즉시 협조하여 도와주도록 하는 내용이다. 수재, 화재, 도적을 맞은 경우, 질병에 걸려서 앓을 때, 상을 당하였을 때, 모함을 받아 억울하게 죄를 얻었을 때, 빈민이 생계가 막막할 때, 어른이 모두 죽고 남은 자녀가 외롭고 의지할 곳이 없을 때 등 7가지 상황에 관하여는 꼭 도와주라는 내용이다. 만일 이를 외면하면 지탄의 대상이 되었다.

동계 내부에서의 공동체적인 면을 보면 온 집안이 염병(染病)으로 농사를 짓지 못할 때는 약중(約中)에서 협력하여 대신 김을 매주고, 가난한 병자, 고독한 병자 등에 대해서는 약중에서 치료를 도왔다. 과년한 처녀나 빈궁하여 혼처를 얻지 못하는 자에게는 혼사를 주선하고 무의무탁(無衣無托)한 고아는 장성할 때까지 생활과 교육을 협력하여 보살펴주었다. 또 농촌생활에 있어서 필수적인 법과 질서, 이를테면 남의 도랑물을 훔친 자나 남의 밭을 침범하여 경작한 자는 중벌, 소와 말을 남의 논밭에 들어가게 하는 자는 하벌(下罰), 농사를 게을리 하여 양전(良田)을 썩히게 한 자는 중벌(中罰), 벼를 훔친 자는 상벌(上罰), 이웃의 환난을 돕지 않은 자, 남의 돈이나 쌀을 빌리고 갚지 않은 자, 공동경작이나 공동부역에 나가지 않은 자 등은 모두 차상벌(次上罰)에 처하여졌으니 이 벌은 보통 태 30도였다.

향약에서 벌을 받는 것은 주현 향약의 경우, 상하인을 망라하고 있었음에도 불구하고 반상의 신분에 따라 여러 차이가 있었다. 16세기 말엽에는 상벌이라고 하여도 선비들은 입정(立庭 : 마당에서 벌서는 일)이 고작이었다. 이 경우 안에서 계사(契事)를 의논하는 동안만 입정하고 계사가 끝나면 입정도 끝나는 것이었다. 계사 후의 끝나는 자리에서는 말석(末席)에 앉히는 이른바 출좌(黜座)가 고작이고, 그것도 장자(長者)인 경우는 겨우 만좌면책(滿座面責)이 고작이었다. 그런데 같은 죄도 하인인 경우는 태 40도가 가하여졌으니, 한쪽은 체면에 대한 손상일 뿐이고 다른 한쪽은 심한 고통을 받는 체벌이었다.

벌에 상하의 구분이 현격한 관습은 19세기에도 여전하였다. 양반은 면책 등 이른바 유벌(儒罰)이 고작이었고, 개전(改悛)하지 않을 때는 죄 없는 그의 종이 대신 태벌에 처하여졌으며, 반면 상민에게는 체벌인 향벌(鄕罰)이 자행되었던 것이다. 출좌보다 무거운 벌은 출적(黜籍)이었다. 출적된 자는 모임에 참여할 수 없었고, 동리에서 그를 소외시켜 버리되 개전한 자는 몇 년 지난 다음 향인들이 의논하여서 다시 약중에 들게 하였다. 가장 무거운 벌은 수화불통(水火不通)하게 하고 관가에 고하여 크게 뉘우쳐 잘못을 고치기 전에는 이웃과 동리에서 철저하게 교제를 끊어버리며 만약 사사로이 통하는 사람이 있으면 그 사람까지도 엄벌되었다. 그러나 보통 이러한 중벌은 상민에게만 해당되었다.

3. 경제생활

전통사회에서 민중은 생계를 유지하기 위해 경제활동을 한다. 경제

전승의 양태는 농업·어업·상업·공업·임업 등 다양하다. 그 중 농업은 우리 역사와 함께 시작된 생존적응의 생활기술이고 대부분의 민중이 중시해 왔다. 우리 전통사회의 생활 근간이 될 만큼 큰 비중을 가지고 전업화(專業化)된 것이다. 상대적으로 어업·상업·공업에 종사하는 계층은 천시되는 계급의식이 있었다. 그러나 민중의 생업활동을 총체적으로 이해하기 위해 이 관계가 상호 의존하는 기술체계·경제체계 방식으로 유지하는 까닭을 이해해야 한다.

(1) 농업활동

농업활동에서 농사 시기의 기준은 태양력의 하나인 24절기로 삼았다. 일상생활의 역법이었던 음력보다 24절기가 계절과 기온의 변화를 더욱 정확히 반영하고 있기 때문이다. 지역별로 시차를 보이지만, 농부들은 작물별로 갈이·파종·김매기·거름주기·물대기·수확 등의 일을 언제 해야 하는지 24절기에 따라서 인식하고 실천하였다. 그래서 성인이 되고 성숙한 농군이 되어 이런 계절 감각이 몸에 배면 "철이 들었다." 거나 "철을 안다."는 말을 들었다.

재배 작물로는 보리를 중심으로 하는 잡곡의 비중이 컸다. 벼는 줄곧 선호되는 작물로 재배되어 주된 곡물의 위치를 점하기는 했어도 생산량에서 보리·밀·콩·팥·조·수수 등의 잡곡에는 미치지 못했다. 내용은 일정하지 않으나, 주요작물을 5곡이라 했고, 더 넓혀서는 9곡이라 했다. 고온다습한 여름에는 벼를 재배하였고, 추운 겨울에는 내한성 작물인 보리와 밀을 재배하였다. 따라서 논에서는 자연히 벼를 심고 수확한 후 보리나 밀을 파종하는 1년 2작 체계를 이루는 편이었다. 가뭄이 극심해지면 벼 재배가 불가능하여 1작에는 피·수수·메밀을 파종하였고, 2작에는 보리나 밀을 재배하였다. 밭에는 1작으로 콩이나 기장·조를 재배했지만, 가뭄이 심하면 메밀이나 수수를 파종하였고, 2작으로는 보리나 밀을 재배하였다.

농사 준비는 쟁기를 소에 메워서 하는 논밭갈이로부터 시작되었다. 머슴날(음력 2월 1일)이 지나면 농부들은 논밭갈이 할 마음을 먹었다. 1년 1작이든 1년 2작이든 논밭갈이는 봄갈이와 가을갈이로 나누어진다. 농토관리에서 가장 중요한 것은 토양을 걸게 하는 일이었다. 여러 번 갈아서 헛볕을 쪼이면 거름을 준 것처럼 토양이 기름져지고 잡초가 적어지므로 2~5회에 걸쳐 갈았다. 논에는 버드나무가지·억새·갈대 같은 풀을 베어다가 펴고 갈아엎는 방법을 쓰기도 했다.

논벼농사에는 먼저 못자리를 준비하는데, '물못자리'와 '마른못자리' 방법이 있었다. 물못자리는 '물갈이'한 무논을 써레로 썰어서 하는 못자리이고, 마른못자리는 가뭄에 대비하여 물이 없는 논을 '마루갈이'하여 씨를 뿌리고 일정하게 자란 뒤에 물을 대는 못자리이다. 못자리할 볍씨를 뿌리기 며칠 전에 큰 그릇에 담고 물을 부어 싹을 틔운 다음 부실한 것은 모두 건져내고 바람이 없는 날에 뿌렸다. 모내기는 갈고 써레질한 논에다 못자리판의 모를 뽑아서 옮겨 심는 작업이다. 남부지방에서는 하지 전에 마무리를 지었고, 북부지방에서는 하지 후에도 했다. 일제강점기 때 '줄모심기'가 보급되기 전에는 모두 '벌모심기' 혹은 '흩은모심기'라 하여 줄을 맞추지 않고 모내기를 했다. 한편 밭벼는 밭에 곧바로 파종하여 재배하였다. 모내기는 여러 사람이 모여서 했으며, 농업노동요 <모심기소리>를 부르면서 고통을 줄이고 행동의 통일을 꾀하고자 하였다. 모내기가 마무리되면 '써레씻이' 또는 '필모떡 먹기'라 하여 간단히 술과 음식을 마련하여 나누어 먹었다.

보리 파종은 논에 하든 밭에 하든 줄뿌림과 흩어뿌림하는 방법이 있었다. 파종시기에 따라서는 가을보리와 봄보리로 나누어졌다. 벼를 수확한 뒤의 2작으로 '그루갈이'하는 가을보리를 재배하였고, 수확량과

맛이 떨어지는 봄보리는 부득이할 때 재배하였다. 그러나 밀은 가을에만 파종하였다. 밭에는 한 작물이 자라고 있을 때 그 작물의 이랑 사이에 다른 작물을 파종하는 '사이짓기'로 1년 2작을 결합시키는 특수한 윤작법뿐만 아니라, 파종시에 서로 다른 작물을 섞어서 함께 파종하는 '섞어짓기'도 있었으니 모두 농토의 집약적인 이용기술이다. 밀밭·보리밭에 콩, 콩밭에 보리, 보리밭에 조의 사이짓기, 목화와 참깨의 섞어짓기가 있었다.

잡초를 뽑고 북을 돋우는 김매기는 작물별로 시기·방법·횟수가 달랐다. 대개는 호미로 행했지만, 밭에서는 극젱이를 소나 사람이 끌어서 골을 얕게 갈아 뒤엎는 방법을 쓴 것도 있었다. 논벼는 3회에 걸쳐서 매고, 대개의 작물은 1~3회 김을 매지만, 목화의 경우에는 8~9회를 매주어야 했다. 논벼에는 생육기간 동안 줄곧 물을 대주지만, 다른 작물에는 특별히 물을 대줄 필요성이 적다. 빗물 이외에도 제언(提堰)이나 보(洑)에서 물을 끌어오지만, 수로보다 높은 논에 물을 댈 때에는 용두레·맞두레·물지게·수차 등을 이용하였다.

작물을 수확할 때는 결실만 따는 법, 결실과 줄기를 함께 베는 법, 뿌리 결실과 줄기를 함께 뽑는 법, 뿌리 결실만 캐는 법 등으로 다양했다. 결실을 따는 것과 뽑는 것은 손으로, 베는 것은 낫으로 했다. 캐는 것은 괭이나 호미로 했으나, 극젱이로 갈아엎고 손으로 줍기도 했다. 거둔 작물은 지게·거지게·걸채·옹구·달구지 등으로 운반하였다. 탈곡에는 도리깨·탯돌·개상·벼훑이 등의 도구를 이용했다. 도리깨는 잡곡을 터는 데, 탯돌과 개상은 벼를 터는 데 널리 쓰였다. 탈곡한 알곡은 풍석·키·넉가래·풍구 등을 이용하여 바람을 일으켜서 쭉정이를 빼낸 뒤, 말리고 혹은 그대로 섬·둥구미·멱둥구미·뒤주·가마니 등에 담아서 보관하였다. 곡식을 찧는 데는 절구·디딜방아·물레방아·연자방아 등을 이용하였다.

산간지방에서는 산야를 불 질러 일군 뒤에 조·콩·옥수수·수수·
메밀·감자 등의 잡곡을 재배하는 화전(火田)이 성했다. 불을 질러 무성
한 초목을 태워 재가 되면 이것을 거름으로 하여 작물을 재배하는 초보
적 경작방법이었다. 이는 부대기·화전·산전(山田)의 3종으로 세분되었
다. 부대기는 토양이 깊고 부토가 많은 경사지에서 1년치기로 행하는
경작 방식이며, 화전은 불 질러 일군 땅의 지력이 떨어질 때까지 3~4
년간 경작하고 5~6년간 휴경하는 윤경(輪耕)방식이고, 산전은 앞의 화
전을 거듭 경작해서 보통 밭처럼 된 것이다. 부대기에는 거름이 전혀
필요 없고, 화전에는 거름을 주기도 하는데, 산전에는 반드시 거름을 주
어야 한다.

이처럼 농업기술 측면에서 볼 때 농민들의 농사일은 매우 힘든 작업
이었다. 더구나 벼농사에서 모내기·논매기 때에는 단시간에 집약적인
노동력을 요구하였다. 이는 중노동인 데다가 적기를 놓치면 농사를 망
치기 때문이다. 따라서 농민들은 두레·품앗이와 같은 협력 동원방식을
통해 더불어 살아온 것이다.

(2) 상업활동

상업은 1차 생산이 아니므로 자연환경의 제약보다 인간환경의 변화
에 민감하였다. 농업과 관련된 교환방식에 대한 관습이 발달하였다. 거
래 활동의 주체인 상인은 생산자와 소비자 사이에서, 물자의 교환방식
을 통해 일정한 역할을 담당하였다. 거래활동의 주체인 상인은 생산자
와 소비자 사이에서 물자를 교환하게 함으로써 일정한 이윤을 취하고
이를 통해 생계를 꾸려간 것이다.

상인은 생산물의 확대와 도시의 발달로 교역활동이 요구되자 점차
사회적 지위를 차지하면서 객주·여각·향상(鄕商)·시전상·보부상(褓負

商) 등으로 다양화되었다. 객주는 조선후기 도시가 상업화되면서 그 역할이 확장된 것이다. 각처에서 모여드는 객상들에게 거처할 곳을 제공하고 물건을 보관하는 일, 매매를 성립시키는 일 등을 주활동으로 삼았다. 거간과 여각은 거래 개입자 노릇 또는 위탁판매를 업으로 한다.

특히 상업민속에서 주목되는 보부상은 행상으로 전국 시장을 누비며 물건을 파는 이른바 '장돌뱅이'다. 봇짐장수인 보상은 방물고리에 주로 세공품이나 화장품 등을 담아 팔았고, 등짐장수인 부상은 생선·목기·소금·토기와 같은 생활용품을 팔았다. 그들은 조직을 통해 집단풍속을 유지하고 그들의 상권을 보호하였다. 보부상의 조직화는 행상권의 질서와 자신들의 친목을 위해 일찍부터 성립시켰다. 과거에 총본부는 경기도 개성의 발가산에 두고 이를 '착임방(着任房)'이라 불렀다. 착임방은 경기도 용인군에 있는 금량시장이고, 각 도와 군에는 각각 도임방·군임방을 설치하였다. 임방인 접소에는 도반수·반수·영수·접방·유사·공원 등의 임원으로 구성되어 있었다. 보부상 조직체의 전승은 충남 부여와 예산의 상무우사, 경북 고령의 보부상 좌사(左社), 경남 창녕의 상무사(商務社) 등이 있다.

상인과 소비자가 만나는 시장은 필요한 물건이 거래되는 교류의 장소이지만 다양한 민속태(民俗態)가 유동하는 곳이다. 물건과 함께 인간과 인간이 만나고 문화와 문화가 접촉하는 집결소인 셈이다. 전통시장의 행위전승에는 시장을 활성하기 위해 씨름·줄다리기·윷놀이·남사당패놀이·보부상놀이·농악놀이 등의 민속행사를 벌이는 난장의 성격과 시장의 번성을 소망하기 위해 주변의 산신과 용신에 대한 별신제를 여는 제의(祭儀)의 성격도 아울러 지니고 있다. 따라서 시장은 풍속의 교류 공간이면서 역사의 변혁기에는 새로운 이념의 진원지가 되기도 하였다.

(3) 어업활동

　어업은 어로장소에 따라 크게 바다의 해상어업과 육지의 내수면어업으로 구분된다. 주로 전자 위주로 어로기술이 발달해왔고, 후자는 생계유지에까지는 이르지 못했다. 해상업이 본격적인 전업시대를 열었던 것은 일제시대 이후이고, 어업 천시 풍조로 어획의 증대에 크게 관심을 두지 못하였다. 농민에 비해 어민을 천시하는 사회통념 때문에 반농·반어 활동이 두드러졌다. 어로방식에 발전이 없었던 또 다른 이유는 어종이 풍부하였던 탓도 있다.

　어민에게 어로생활은 바다를 삶의 터전으로 삼았기에 바다를 관장하는 신에 대한 제의가 어민들의 중요한 신앙으로 자리잡았다. 풍어를 기원하는 마을굿은 무속적인 경향이 강하고 주술적 방어관념이 나타난다. 동해안의 별신굿과 서해안의 배연신굿, 전북 위도의 띠뱃놀이 등의 풍어제는 풍어를 기원하고 어민들의 재앙을 막는 데 있다. 뱃고사는 배를 관장하고 있는 배서낭을 위한 제의형태이다. 참봉고사는 갯벌에 제물을 차려 놓고 어장의 풍어를 기원하는 도깨비 고사이다.

(4) 임업·수렵활동

　임업자들은 벌목이나 숯굽이 등을 통해 생계를 유지하는데, 그들도 나름대로 조직을 구성하여 벌목·제재(製材)·운반 등의 역할을 분담하여 생활하였다. 나무꾼은 도끼·톱·대패 등의 도구를 사용하고, 정착하지 않고 이주하는 생활을 하였다

　강원도 산간지역에는 산신신앙이 임업자에 의해 전승되었고, 그들의 사냥·채취 습속도 동시에 지니고 있다. 사냥에는 짐승에게 공격을 가하여 잡는 방법도 있지만, 산채로 잡는 방법이 전승되고 있는데 함정을

파거나, 그물·덫과 같은 도구를 사용해서 잡는 경우도 있다. 결국 수렵·채취 전승의 특색은 겨울철 사냥법과 여름 위주의 심마니 활동이 중심이고, 그것을 주관하는 산신은 산짐승을 포함하여 산에 있는 모든 것을 소유한다고 믿고 있다.

4. 교육생활

(1) 삼국시대의 교육

고구려는 한국의 고대국가 중에서 가장 뚜렷한 국가 체제를 갖추어 성장하고 또 현저하게 문화가 발달하였다. 학교 교육의 형식은 소수림왕 2년(372)에 중국에서 수입된 학문을 가르치기 위해 태학(太學)을 설립하여 황실 자제의 교육을 시작할 때부터이다. 태학은 특권계급의 교육기관이었고, 관리를 양성하는 기관이었다. 태학은 국립이었고 사립의 교육기관으로는 경당(經堂)이 있었다. 경당은 큰 마을 입구에 설치하였는데, 일반 지방인과 부호의 미혼자제들이 입학하였다. 그들은 이곳에서 독서와 활쏘기를 배웠으며, 경당의 교육 정도는 초등교육에서 대학교육을 겸한 교육내용이었다.

고구려의 교육에서 주목할 만한 것은 교육과정이 독서(讀書)와 습사(習士)다. 여기서 고구려 교육의 특성, 즉 문무일치의 교육적 성격을 알 수 있다. 무릇 고구려는 국초부터 역사적 배경과 지리적 배경으로 무사교육의 실시를 일찍부터 중요시하여 왔다. 『삼국지(三國志)』의 위지(魏志) 고구려전(高句麗傳)에 "나라 사람 모두가 기력이 있어 전투를 익힌다(國人有氣力 習戰鬪)."라는 기록은 이러한 특성을 잘 보여주는 것이다. 그러다가 국가 발전에 따라 교육과정의 통합에 의한 새로운 교육기구가 나타나니 이것이 경당인 것이다. 태학의 교육 내용을 보면, 3사(三史)를 비롯해서 삼국지(三國志), 역서(易書), 산법(算法), 병서(兵書) 등이었으며, 경당의 교과는 오경(五經), 삼사(三史), 삼국지(三國志), 춘추(春秋), 문선(文選) 등이었다.

백제의 교육에 있어, 특별한 형식적인 교육기관은 존재하지 않고 중국 남조 문물의 영향 속에 한문학이 크게 발달하였다. 그러나 교육활동의 전개는 고구려보다 먼저 태학을 두어 박사(博士)로 하여금 교육에 임하였다. 백제의 교육과정은 『구당서(舊唐書)』의 백제전(百濟傳)에서 "서적으로서 오경과 자사가 있었다(其書籍 有五經子史)."라는 데서 확인할 수 있다. 특히 백제에는 5경 박사가 존재하였으며, 역사의 편찬 및 일본에 한문학의 전래 등을 가져왔다.

신라의 교육에 관해서는 선덕여왕 이전에는 명확한 기록이 없으며, 선덕여왕 9년에 처음 학자들을 당나라에 유학하게 해 국학(國學)에서 교육을 받도록 했다는 기록이 있다. 또한 삼국통일 후 계속해서 당나라에 많은 유학생을 파견하였으며, 이들 중 당의 과거에 급제한 자도 많았다. 특히 최치원(崔致遠)이 명성이 높았다.

신라시대의 화랑도는 신라시대의 젊은이들이 국가의 안전과 민족수호를 위해 사(私)를 희생하고 대의(大義)에 몸과 마음을 바친 무사도로서 우리 민족 고유의 전통적 정신과 신앙의 표현이라고 하겠다. 화랑은 국선(國仙), 선랑(仙郎), 풍월도(風月道)라고도 하였으며, 삼국시대에 존재한 것으로 추측되나 역사상 뚜렷하게 나타난 때는 진흥왕 27년 고령 가야격전에서 용맹을 날리던 사다함이 화랑으로 추대되어 천여 명의 낭도를 가졌다는 점인데, 처음은 국정의 단절과 국가 명망 위기에 직면하여 젊은이들이 국가와 민족의 수호를 위하여 일어난 순수한 국민적 교육운동이었다. 화랑의 조직은 국선, 화랑, 낭도로 구성되었으며, 한사람의 화랑은 수천 명의 낭도가 뒤를 따랐다. 화랑의 교육이념은 유·불·선과 신라인의 민족사상을 바탕으로 하고 교육 내용은 세속오계(世俗五戒)

와 삼덕(三德)을 채택하였으며, 교육기능은 전사단체, 수양단체, 학문연구단체, 종교단체 등의 요소를 들 수 있다. 또한 화랑은 도의를 연마하고 가락을 즐기며, 산수를 찾아다니며, 유람하여 먼 곳으로 다니었다. 이렇게 해서 그들이 옳고 그릇됨을 알게 되고, 그 중에서 훌륭한 사람을 뽑아서 이를 조정에 추천하였다.

한편 국학은 신라의 삼국통일 후 당의 문물의 영향을 받아 왕권의 강화와 인재 양성을 목적으로 신문왕 2년(682)에 설립된 최고의 국립대학 교격인 고등 교육기관이다. 국학은 예부에서 관장을 하였고, 입학 가능한 학생의 연령은 15세에서 30세까지였으며 수학 연한을 9년으로 하였으나, 저능하여 희망이 없는 자는 재학 중 퇴학시켰다. 그리고 성덕왕 16년(717)에는 당나라에 유학했던 김수충(金守忠)이 귀국하여 공자 및 10철의 화상을 가져왔다. 왕은 명을 내려 이것을 국학에 두게 하였다. 이것이 국학에서 처음으로 공자의 상을 모신 계기가 된 것이며 이는 유학의 발전 계기가 되었다. 국학의 교과내용은 유학과와 이과로 나누었다. 물론 당나라의 교과 내용을 본뜬 것이었다.

(2) 고려시대의 교육

고려시대 교육에 대한 관심은 태조 13년(889)에 서경(西京)에 설치한 학교와 이와 병행하여 나타난 6부의 행정요원을 양성하는 학원의 설립에서 찾아 볼 수 있다. 즉 태조는 즉위 13년에 서경에 행차하여 학교를 건립하고 수재 양성을 명하여 서학박사(書學博士)로 하여 교육을 담당하게 하였으며, 또 이와 별도로 새로이 학원을 창하여 별창학원(別倉學院) 6부의 생도를 모아 교수하였던 것이다. 후에 태조는 서경학교가 날로 발전하고 있다는 소식을 듣고 교육을 더욱 장려하고 창곡(倉穀) 100석을 사하여 이것을 학보로 하게 하였다. 본격적으로 학교 교육이 국가교육 기강의 하나로 확립, 정비된 것은 고려의 국가체제가 정비단계에 들어가는 성종 때였다. 성종은 호문왕(好文王)으로서 일찍이 최승로(崔承老)의 상소 20여 조를 받아들여 교육기구를 설치하고, 주·군 자제들로 하여금 유교적 교양을 닦도록 하였다.

국자감(國子監)은 성종 11년(992)에 당의 학제를 모방, 개경에 설립한 고려 최초의 국립 대학격으로 인재양성이 주목적이었다. 충렬왕 1년(1275)에는 국학(國學), 1298년에는 성균감(成均監), 충선왕 즉위(1308)에는 성균관(成均館), 공민왕 5년(1356)에는 다시 국자감, 1362년에는 또다시 성균관으로 고쳐 조선으로 계승되었다. 국자감은 성종이 중앙과 지방관제를 정비하여 관리의 수요가 늘어남에 따라 관리양성기관의 기능도 가지게 되었는데, 여기에 국자학(國子學)·태학(太學)·사문학(四門學) 등 유학 전공의 3학과, 율학(律學)·서학(書學)·산학(算學) 등 실무직 기술을 습득하는 3학을 두어 이들을 경사육학(京師六學)이라 하였다.

이 중 앞의 3학은 모두 유교의 경전과 문학을 전공하는 기관으로, 학과의 구별이 있는 것이 아니라 학생의 신분에 따른 구별이었으며, 지배계급의 자제로서 장래 고급관원으로 출세하려는 자들이 입학하였다. 한편 율학 등 3학은 일종의 직업학으로 전문직으로 나갈, 계급이 낮은 신분의 자제들이 들어갔다. 국자감의 정원은 국자·태학·사문학이 각각 300명으로 모두 900명이었고, 율학 등 3학은 미상이며, 각 학과마다 박사·조교가 교수하였다.

교과 내용은 국자학·태학·사문학이 모두 동일하여 『효경(孝經)』과 『논어(論語)』를 공통 필수과목으로 하고, 『주역(周易)』·『상서(尙書)』·『주례(周禮)』·『예기(禮記)』·『모시(毛詩)』·『춘추좌씨전(春秋左氏傳)』·『공양전(公羊傳)』·『곡량전(穀梁傳)』 등은 전공교과로 하였다. 수학 연한은 국자감시에 응시하는 데 필요한 6년과 국자감시에 합격한 후 3년이 지나야 최종시험인 예부시(禮部試)에 응시할 수 있어 9년이 소요되었으며, 율학·

서학·산학은 6년이 소요되었다.

십이도(十二徒)의 시초는 문종 9년(1055)에 문하시중(門下侍中 : 首相)으로 있다가 퇴관한 최충(崔沖)이 설립한 구재학당(九齋學堂 : 후에 문헌공도)에서 비롯한 것이다. 이는 당시 국학(國學 : 국자감)이 시설·교육면으로 유명무실하여 학업 지망생이나 과거 응시자가 권위 있는 유학자가 세운 사학으로 모여들어 성황을 이룸으로써 다른 현관(顯官) 퇴직 유학들도 사숙을 설립하게 된 것이다. 이렇게 해서 개경에 세운 사숙이 12개에 이르러 그 권위는 관학(官學)인 국자감을 능가하였고, 점차 과거 준비를 하는 예비학교와 같이 되었다.

사숙의 이름은 설립자의 시호나 호(號), 벼슬 이름을 딴 것으로, 시중(侍中)을 지낸 최충의 문헌공도(文憲公徒), 시중을 지낸 정배걸(鄭倍傑)의 홍문공도(弘文公徒 : 熊川徒), 참정(參政) 노단(盧旦)의 광헌공도(匡憲公徒), 제주(祭酒) 김상빈(金尙賓)의 남산도(南山徒), 복야(僕射) 김무체(金無滯)의 서원도(西園徒), 시중 은정(殷鼎)의 문충공도(文忠公徒), 평장사(平章事) 김의진(金義珍)의 양신공도(良愼公徒), 평장사 황영(黃瑩)의 정경공도(貞敬公徒), 유감(柳監)의 충평공도(忠平公徒), 시중 문정(文正)의 정헌공도(貞憲公徒), 시랑 서석(徐碩)의 서시랑도(徐侍郎徒), 설립자 미상의 귀산도(龜山徒) 등이 있다.

동서학당(東西學堂)은 원종 2년(1261)에 개경에 설치한 국자감(國子監)의 하위학교로서 훗날 오부학당(五部學堂)으로 발전한다. 동서학당은 국자감, 향교와 더불어 중등교육관이며 관학에 속한다. 교육 수준은 중등학교 과정이며, 이 학당이 국자감 및 향교와 다른 점은 문묘의식이 없다는 것이다. 다만 학생들에게 경전 교육만을 가르치는 데 역점을 두었다. 따라서 조선시대 중앙에 설립한 사학이 고려시대의 학당을 계승·발전시킨 것이라고 보아야 할 것이다.

향교(鄕校)는 지방의 학교라는 뜻으로 고려의 향교가 언제부터 시작되었는지는 분명하지 않으나 성종 6년(987)에 12목에 경학박사(經學博士)와

의학박사(醫學博士) 각 1명을 파견하여 지방관리와 백성의 아들을 가르치게 한 권학관제도가 있었으며, 인종 5년(1127)에 지방에 학교를 세우도록 명했다는 기록이 있다. 향교는 서울에 있던 국자감의 축소판이라고 할 수 있다. 따라서 명륜당(明倫堂)과 문묘(文廟)가 있어 지방의 학교인 동시에 유교적 수도원의 성격을 띠고 있어 지방 유생들의 사당인 동시에 향풍을 순화하는 사회교육기관의 역할도 겸하였다. 또한 향교 교육을 이수한 후에 소과에 응시하여 성균관 진학이나 지방의 하급관리로도 임명될 수 있었으며 향교의 교육적 기능과 역할은 현재 우리 사회에도 그 일부가 존속 유지·발전되고 있다.

서당(書堂)은 고려 중기 때 등장하여 조선시대에 크게 융성·발전한 서민의 자제를 위한 교육기관으로 지방과 중앙에 설립되었는데, 특별한 학교의 형태를 갖추지 못하였으나 오늘날의 초등교육기관의 위치로 보는 것이 타당하다. 송나라 서긍(徐兢)의 『선화봉사고려도경(宣和奉使高麗圖經)』에서, "개경 내에는 글 읽는 학동이 많았으며, 또한 문자 해독을 위한 교육이 활발히 전개되었으며, 서당의 수가 많았고, 특히 서당교육은 지방부락민들의 자제들에게 향촌의 풍속을 교정하고, 자주적으로 서민을 위한 교육활동을 전개하였다."고 한 기록을 통해 짐작할 수 있다.

(3) 조선시대의 교육

한국 최고의 학부기관으로서 '성균(成均)'이라는 명칭이 처음 사용된 것은 고려 충렬왕 때인 1289년이다. 조선 건국 이후 성균관이라는 명칭은 그대로 존속되어, 1395년부터 새로운 도읍인 한양의 숭교방(崇敎坊) 지역에 대성전(大聖殿)과 동무(東廡)·서무(西廡)·명륜당(明倫堂)·동재(東齋)·서재(西齋)·양현고(養賢庫) 및 도서관인 존경각(尊敬閣) 등의 건물이 완성되면서 그 모습을 갖추기 시작하였다.

성균관은 태학(太學)으로도 불리었으며, 중국 주나라 때 제후의 도읍에 설치한 학교의 명칭인 '반궁(泮宮)'으로 지칭되기도 하였다. 성균관에는 최고의 책임자로 정3품직인 대사성(大司成)을 두었으며, 그 아래에 제주(祭酒)·악정(樂正)·직강(直講)·박사(博士)·학정(學正)·학록(學錄)·학유(學諭) 등의 관직을 두었다. 조선시대의 교육제노는 과거제노와 긴밀히 연결되어서, 초시인 생원시와 진사시에 합격한 유생에게 우선적으로 성균관에의 입학 기회를 주었다. 성균관 유생의 정원은 개국 초에는 150명이었으나, 세종 11년(1429)부터 200명으로 정착되었다.

생원시와 진사시에 합격한 유생을 상재생(上齋生)이라 하였으며, 소정의 선발 시험인 승보(升補)나 음서(蔭敍)에 의해 입학한 유생들을 하재생(下齋生)이라 하였다. 성균관 유생은 기숙사격인 동재와 서재에서 생활하였으며, 출석 점수 원점(圓點)을 300점 이상 취득해야만 이 대과 초시에 응시할 수 있었다. 유생의 생활은 엄격한 규칙에 의해서 이루어졌으며, 자치적인 활동기구로 재회(齋會)가 있었다.

유생은 기숙사 생활을 하는 동안 국가로부터 학전(學田)과 외거노비(外居奴婢) 등을 제공받았으며, 교육 경비로 쓰이는 전곡(錢穀)의 출납은 양현고에서 담당하였다. 유생은 또한 당대의 학문·정치현실에도 매우 민감하여 문묘종사(文廟從祀)나 정부의 불교숭상 움직임에 대해 집단 상소를 올렸으며, 그들의 요구가 받아들여지지 않으면 권당(捲堂 : 수업거부) 또는 공관(空館)이라는 실력행사를 하기도 하였다. 조선 전기 학문의 전당으로서 관리의 모집단으로 주요한 기능을 한 성균관은 조선 후기에 이르면서 교육재정이 궁핍화하고 과거제도가 불공정하게 운영되면서 그 기능이 약화되었다.

고려 원종 2년(1261)에 처음 동·서부에 학당을 설치하여 별감(別監)을 두고 가르치다가, 뒤에 유교가 불교보다 승하여 사상계를 지배하게 되자 개경의 각 부에 학당을 설치하여 5부학당으로 발전하였다. 조선에 들어와서 고려의 제도를 그대로 두어 서울을 동·서·중·남·북의 5부로 나누어 여기에 학교를 각각 하나씩 설치하기로 하여 5부학당[五學]이라고 하였으나, 북부학당은 끝내 설치하지 못하고 세종 27년(1445)에 폐지되어, 동학(東學)·서학(西學)·중학(中學)·남학(南學) 등 사부학당만이 존속하게 되었다.

처음에는 학사(學舍)가 없어서 대부분은 사원(寺院)을 이용하였으나, 태종 10년(1410) 성명방(誠明坊)에 남부학당이 설치됨을 계기로 이후 나머지 학당도 모두 건물을 갖게 되었다. 학당은 재사(齋舍 : 기숙사)제도를 마련, 그 운영비용을 국가에서 부담하였다. 국가에서는 학생의 교육을 위해 학전(學田)·노비(奴婢)·잡물(雜物) 등을 사급(賜給)하였을 뿐만 아니라 전북 연안에 있는 여러 섬들의 어장(漁場)을 주어 그 세(稅)로써 비용을 충당하게 하였다.

처음에는 교수·훈도 각 2명을 두고 성균관 관원으로 겸직하게 하였으나, 뒤에는 각 1명씩을 감하는 대신 겸직을 없앴다. 그리고 예조(禮曹)와 사헌부(司憲府)에서 학당의 수업상태를 항상 감독하였다. 이곳에 입학한 사람은 서울에 사는 세가양반자제(勢家兩班子弟)로서 8세가 되면 입학자격을 주어 소학(小學)·사서오경(四書五經)을 배우고, 15세가 되어 승보시(陞補試)에 합격하면 성균관기재(成均館寄齋)에 입학하게 된다. 이것은 커다란 특전으로 기재생은 성균관 상재생(上齋生)과 똑같은 대우를 받았다.

학당에서는 5일마다 시험을 치르고, 예조에서는 달마다 시험을 쳐서 1년의 성적을 임금에게 보고하였다. 사학의 유생(儒生)은 15일은 제술(製述), 15일은 경사(經史)를 강독(講讀)하여 우수한 사람 5명을 뽑아 생원(生員)·진사(進士) 시험[小科]에 직접 응시[直赴]하게 하였으며, 매년 실시되는 유월도회(六月都會)의 우등자 1, 2명은 생원·진사의 회시(會試 : 覆試)에 직접 응시하게 하였고, 또한 사학 유생에게는 원점(圓點)에 따라 알성시(謁聖試)를 볼 수 있는 자격을 주었다.

성균관 유생과 함께 유교사상을 지키기 위하여 소행(疏行)·권당(捲堂) 등의 학생운동을 하는 수도 있었으며, 정치적으로 새로 진출한 사림을 도와 훈구 관료를 공격하기도 하였다. 때로는 사상적으로 대립되는 불승(佛僧)과 산사(山寺)에서 격투를 벌이기도 하였는데, 이때마다 이들에 대한 처벌 논의가 있었지만 그 벌은 가벼웠고, 도리어 이를 가상하게 여길 정도였다.

향교(鄕校)는 지방에 설치된 교육기관으로 관리양성과 과거시험을 준비하기 위한 관료 중등교육기관이다. 서울의 사학(四學)과 마찬가지로 향교도 성균관(成均館)의 하급 관학(官學)으로서 문묘(文廟)·명륜당(明倫堂) 및 중국·조선의 선철(先哲)·선현(先賢)을 제사하는 동무(東廡)·서무(西廡)와 동재(東齋)·서재(西齋)가 있어 동재에는 양반, 서재에는 서류(庶類)를 두었다. 향교는 각 지방관청의 관할하에 두어 부(府)·대도호부(大都護府)·목(牧)에는 각 90명, 도호부에는 70명, 군(郡)에는 50명, 현(縣)에는 30명의 학생을 수용하도록 하고, 종6품의 교수와 정9품의 훈도(訓導)를 두도록 『경국대전(經國大典)』에 규정하였다.

향교에는 정부에서 5~7결(結)의 학전(學田)을 지급하여 그 수세(收稅)로써 비용에 충당하도록 하고, 향교의 흥함과 쇠함에 따라 수령(守令)의 인사에 반영하였으며, 수령은 매월 교육현황을 관찰사에 보고하도록 하였다. 그러나 향교는 임진·병자의 양란과 서원(書院)의 발흥으로 부진하여 효종 때에는 지방 유생으로서 향교의 향교안(鄕校案)에 이름이 오르지 않은 자는 과거의 응시를 허락하지 않는 등의 부흥책을 쓰기도 하였다.

고종 31년(1894) 이후 과거제도가 폐지되면서 향교는 이름만 남아 문묘를 향사(享祀)할 따름이어서 1900년에는 향교재산관리규정을 정하여 그 재산을 부윤·군수 등이 관장토록 하였다. 1918년 조사된 바로는 당시 향교의 총수는 335, 소관토지는 48만 평이었으며, 그 재산은 문묘의 유지와 사회교화사업의 시설에 충당하였다.

서원(書院)은 중종 때 풍기군수 주세붕(周世鵬)이 고려의 유현(儒賢) 안향(安珦)의 사묘(祠廟)를 세우고 이듬해에 학사(學舍)를 이건(移建)하여 백운동서원(白雲洞書院)을 건립한 것이 시초이다. 초기의 서원은 인재를 키우고 선현(先賢)·향현(鄕賢)을 제사지내며 유교적 향촌 질서를 유지, 시정(時政)을 비판하는 사림의 공론을 형성하는 구실을 하는 등 긍정적인 기능을 발휘하였으나 증설되어감에 따라 혈연·지연관계나 학벌(學閥)·사제(師弟)·당파(黨派) 관계 등과 연결되어 지방 양반층의 이익집단화하는 경향을 띠게 되고 사액서원의 경우 부속된 토지는 면세되고, 노비는 면역되기 때문에 양민의 투탁(投託)을 유인하여 그들의 경제적 기반을 확대하였다. 이 때문에 서원은 양민이 원노(院奴)가 되어 군역(軍役)을 기피하는 곳이 되어 국가에서 필요로 하는 군정(軍丁)의 부족을 초래하였고 불량유생의 협잡소굴이 되는가 하면 서원세력을 배경으로 수령(守令)을 좌우하는 등 작폐도 많았다. 또한 면세의 특권을 남용한 서원전(書院田)의 증가로 국고 수입을 감퇴시켰으며, 유생은 관학(官學)인 향교(鄕校)를 외면, 서원에 들어가 붕당(朋黨)에 가담하여 당쟁에 빠져 향교의 쇠퇴를 가속시켰다.

고려의 서당은 그대로 조선시대에 계승되어 더욱 발전된 민중교육기관으로서 신교육이 실시될 때까지 존속해온 가장 보편화된 교육기관이었다. 서당은 완전히 사적(私的)으로 설립되었기 때문에 반드시 기본자산이나 인가를 요하는 것이 아니었으므로 흥폐가 자유자재였으며 뜻있는 인사는 누구나 설치할 수 있었다. 서당이라 불리는 사숙이 성립되는 데는 사족 자제들을 자기 집에서 가르치는 경우, 가세가 풍족한 집안에서 독선생(獨先生)을 앉혀놓고 약간 명의 이웃 자제들을 무료로 동석시켜 수업하는 경우, 훈장 자신이 교육 취미나 소일을 위하여, 또는 이웃이나 친구의 요청으로 학동을 받아 수업하는 경우, 향중(鄕中)의 몇몇 유지 또는 한 마을 전체가 조합하여 훈장을 초빙하여 자제를 교육시키는 경우,

그리고 훈장 자신이 생계를 위하여 자기가 직접 설립하는 경우 등이 있었다.

훈장과 그 가족의 생활비는 학부형이 부담하며 춘추로 곡식을 징수하는 것이 관례였다. 독신인 훈장에게는 의복·식사·세탁도 주선해주었다. 서당의 인석 구성은 훈장·접장(接長)·학도(學徒)로 되어 있있다. 학도는 7~8세에서부터 15~16세에 이르는 연령층이 중심을 이루었으나 20세 전후의 관자(冠者) 또는 그 이상의 연령층이 있는 경우도 많았다. 인원수는 3, 4명밖에 없는 소규모의 서당에서부터 몇 십 명의 관동(冠童)들이 혼성되어 있는 대규모에 이르기까지 여러 층이 있었고, 학력 정도도 천자문(千字文)을 배우는 초학에서부터 경서(經書)를 배우는 자까지 다양하였다.

규모가 작은 서당에서는 훈장 한 사람이 가르쳤으나 비교적 큰 서당에서는 훈장 혼자 많은 학동을 가르칠 수 없었으므로 학동들 가운데서 나이가 들고 학력이 우위인 자를 접장으로 내세워 그보다 하급과정의 학동들을 가르치게 하였다. '접(接)'이란 곧 단체의 뜻으로 같은 서당에서 수업하는 동료를 '동접(同接)'이라 하고, 이 접의 우두머리 격이 곧 접장이었다. 서당에 입학하는 연령은 일정한 규정은 없었으나 대체로 아동의 나이가 7~8세 전후가 되면 훈장에게 글을 배우는 것이 통례였다. 입학은 흔히 동짓날을 택하였는데, 그것은 동지가 바로 음(陰)의 극(極)이자 양(陽)이 초동(初動)하는 때이므로, 그 이후는 음이 점쇠(漸衰)하고 양은 점성(漸盛)한다는 데에 기인하였는데, 이는 존양사상(尊陽思想)의 일단에서 나온 습속이었다.

입학하는 날 훈장에게 나아갈 때는 흔히 술·닭 등의 예물을 갖추는 것이 하나의 예의였다. 학동이 맨 처음 대하는 책은 『천자문(千字文)』이나 『유합(類合)』이다. 이 책을 통하여 단자(單字)에 대한 음훈의 의식을 깨우치고, 이 단자를 붙여 음독하는 법을 배운 다음 『계몽편(啓蒙編)』이나

『동몽선습(童蒙先習)』 또는『격몽요결(擊蒙要訣)』,『명심보감(明心寶鑑)』 등을 통하여 초보적인 구두와 문장의 뜻을 해독하는 훈련을 쌓는 한편 책 속의 교훈적인 내용을 터득하게 된다. 다음은『십팔사략(十八史略)』,『통감(通鑑)』,『소학(小學)』 등을 배워 문리(文理)가 트이고 견식(見識)이 열리면 사서오경(四書五經)을 배우게 된다. 옛날 선비들은 이 단계를 거쳐 향교(鄕校) 또는 사학(四學), 이어서 성균관으로 진학하였다. 서당은 근대식 학제가 시행된 후에도 보통교육의 보조기관으로 유지되다가 쇠퇴하였다.

◉ 참고문헌

김건태, 『조선시대 양반가의 농업 경영』, 역사비평사, 2004.

박계홍, 『한국민속학개론』, 형설출판사, 1987.

유광수 외, 『전통문화의 세계』, MJ 미디어, 2006.

윤재근, 『생활문화 이래서야 되겠습니까』, 전국문화원연합회, 2000.

이경자, 『한국복식사론』, 일지사, 1983.

이규태, 『우리의 옷 이야기』, 기린원, 1995.

이규태, 『한국인의 주거문화』, 신원문화사, 2000.

이만규, 『조선교육사 I 』, 거름, 1988.

이정우 외, 『생활문화와 예절』, 숙명여자대학교출판부, 1998.

이진수, 『신라 화랑의 체육사상 연구』, 보경문화사, 1990.

이창식 외, 『민속학이란 무엇인가』, 청문각, 1996.

정대성, 『우리 음식문화의 지혜』, 역사비평사, 2001.

주거학연구회, 『안팎에서 본 주거문화』, 교문사, 2004.

지영숙 외, 『생활문화의 이해』, 성균관대학교출판부, 1995.

한국정신문화연구원, 『전통사회의 가족과 촌락생활』, 한국정신문화연구원, 1991.

한기언, 『한국교육사』, 한국방송통신대학교, 1996.

제4장

절기의 변화와 세시풍속

1. 세시풍속의 문화적 배경

어느 민족을 막론하고 해마다 같은 시기가 되면 관습적으로 되풀이하는 전승 행위가 있다. 이처럼 매년 일정한 시기에 같은 양식으로 반복되는 특수한 생활 행위를 세시풍속(歲時風俗)이라고 한다. 이러한 세시풍속을 요즘에는 흔히 '연중행사'라고 부르고 있지만, 이전에는 세시(歲時), 세사(歲事), 월령(月令), 시령(時令) 등으로 일컬음으로써 고유의 계절성을 강조하였다. 특히 사계가 분명한 우리의 경우에는, 봄·여름·가을·겨울이 순환되는 일 년을 단위로 주기적으로 반복되는 노동의 과정과 그 중간에 해당하는 휴식 과정에서 다양한 세시풍속이 조성되었다. 따라서 정초 설에서부터 섣달그믐에 이르기까지 일련의 각종 행사와 내용을 세시풍속을 통해 확인할 수 있다.

말하자면 월별(月別), 절후(節侯), 명절(名節)에 따른 전통적 민간신앙, 민속놀이, 구비전승, 의식행사, 풍속습관 등이 세시풍속에 포함되어 있는 것이다. 더욱이 서민들의 자연관이나 종교관 그리고 생활양식 등이 응집되어 있어 그 나라 민족의 풍속을 이해하는 데 중요한 길잡이가 되고 있다. 그러나 한편 민속현상이 두루 얽혀있는 이러한 복합성 때문에, 그리고 시대적 추이와 함께 그 양상이 또한 많은 변화를 보이고 있기 때문에 세시풍속의 실체가 그리 쉽게 파악되지는 않는다. 따라서 세시풍속을 조성한 우리의 자연적 배경과 문화적 배경에 우선 주의를 기울이지 않을 수 없다. 또 그래야만 세시풍속의 형성과 내용 그리고 변화 정도를 뚜렷하게 밝힐 수 있을 것이다.

자연적 측면에서 볼 때, 세시풍속은 1년을 15일 단위로 24분하고 이에 따라 지속적으로 반복 · 진행되었던 생업 활동과 부합하여 형성되었다. 가령 농경의 경우에, 농작의 개시—제초—수확—저장 등 생업 활동의 계절적 변화에 맞춰 다양하고 독특한 풍속이 형성되었다. 게다가 봄에는 그 해의 풍년을 기원하고, 가을에는 수확에 감사하는 등 그 자체에 이미 주술 · 의례적인 면모를 갖추고 있어 고래로부터 면면히 전승될 수 있었다.

<table>
<tr><td>1월—소한 · 대한</td><td>2월—입춘 · 우수</td></tr>
<tr><td>3월—경칩 · 춘분</td><td>4월—청명 · 곡우</td></tr>
<tr><td>5월—입하 · 소만</td><td>6월—망종 · 하지</td></tr>
<tr><td>7월—소서 · 대서</td><td>8월—입추 · 처서</td></tr>
<tr><td>9월—백로 · 추분</td><td>10월—한로 · 상강</td></tr>
<tr><td>11월—입동 · 소설</td><td>12월—대설 · 동지</td></tr>
</table>

계절과 기후 그리고 명절을 포함한 이상의 24절기가 농경 · 어로 · 수렵 · 채취 · 상업 · 수공업 등의 생업활동과 직결되면서 세시풍속이 형성되었던 것이다. 특히 입춘, 동지, 설, 대보름, 한식, 단오, 백중, 한가위, 섣달그믐 등은 명일(名日) 내지 명절(名節)이라 하여 온 겨레가 큰 의의를 부여하였다. 따라서 이때 행해졌던 활동들이 오늘날에 이르기까지 세시

풍속의 중핵을 이루고 있다.

한편 역사적 측면에서 볼 때, 세시풍속은 역대 왕조의 개국이나 시조의 탄생을 숭모하는 가운데 형성되었다. 이 경우의 행사는 대개 건국신화나 시조신화와 관련되어 있는데, 특히 씨족신화의 영향이 크다. 씨족의 시조에 대한 숭앙이 곧 자기정체성을 확인할 수 있는 한 방편일 수 있었기 때문이다. 조상에 대한 숭모의 정신을 앙양하기 위해 행해졌던 세시풍속으로 철에 따라 시행되었던 시조묘 참배와 집단적 제례를 들 수 있다. 이를 흔히 시제(時祭) 또는 시향(時享)이라고 한다. 이외 민족적 차원에서, 역사적으로 유명한 인물들 예컨대 최영이나 임경업 장군에서부터 이름 없는 의병에 이르기까지 민간의 영웅에 대한 숭모나 존경심이 또한 같은 형태로 표출되었다.

종교적 측면에서 볼 때, 세시풍속은 전래의 민간신앙 및 유·불·도의 영향으로 형성되었다. 민간신앙과 관련한 세시풍속으로 고사, 동제, 재수굿, 풍년굿 등 가정과 이웃을 위한 제액초복 내지 풍년을 기원하는 행사를 들 수 있으며, 유교와 관련한 세시풍속으로는 양반층에 한해 행해진 석전제의(釋奠祭儀), 종묘제례(宗廟祭禮), 문묘제례(文廟祭禮) 등을, 그리고 서민층을 포함하여 가례에 바탕을 둔 관혼상제를 들 수 있다. 불교와 관련한 세시풍속으로는 석가 탄생일, 석가 출가일, 석가 열반일 등 석가의 일생과 관련한 행사를 들 수 있다. 특히 초파일 연등행사 및 효사상과 어우러져 초혼공양을 올리는 우란분재일(盂蘭盆齋日)의 행사가 성대하였다. 도교와 관련한 세시풍속으로는 조선조 소격서(昭格署)에서 행한 의식을 들 수 있으나 유교·불교적 행사보다 성하지 못하였다.

2. 세시풍속의 전개와 내용

(1) 봄철의 세시풍속

봄철(3 · 4 · 5월)은 농경이 본격적으로 시작되는 기간이다. 남녀노소할 것 없이 누구나 관심이 농경에 집중되어 있기 때문에 세시풍속이 여느 철에 비해 상대적으로 적다. 그리고 전승되고 있는 대개의 풍속도 풍요에 대한 기원 및 농경에 따른 체력 저하와 질병을 예방하기 위한 것들이다. 지역마다 약간의 차이는 있지만 3월에는 조상에게 제를 올리며, 4월에는 사찰에 가서 연등을 달며, 5월에는 약쑥과 익모초 등을 먹고 그네를 타며 씨름을 한다. 3월의 행사가 세시를 예비하는 준비단계적 성격을 띠고 있다면, 4월과 5월의 행사는 생업활동의 단계와 직접적으로 부합하고 있다고 하겠다.

음력 3월 3일을 삼월 삼짇날이라고 한다. 한자식 표현으로 상사(上巳) · 원사(元巳) · 중삼(重三) · 상제(上除) · 답청절(踏靑節)이라고도 한다. 삼짇날은 삼(三)의 양(陽)이 겹친다는 의미이다. 삼짇날이 언제부터 유래하였는지 자세히 전하는 바는 없다. 최남선에 의하면 신라 이래로 이날 여러 가지 행사가 있었으며, 이 풍속이 조선으로 이어져 왔다고 한다. 또 옛사람들은 3월의 첫 뱀날[巳日]을 '상사(上巳)'라고 하여 명일(名日)로 여겼으나, 그 후 상사일이 들쭉날쭉함을 불편하게 여겨 마침내 3월 3일로 고정화하였다고 한다.

삼짇날은 봄을 알리는 명절이다. 이날은 강남 갔던 제비가 돌아온다고 하고, 뱀이 동면에서 깨어나 나오기 시작하는 날이라고도 한다. 또한 나비나 새도 나타나기 시작하는데, 이날 뱀을 보면 운수가 좋다고 하고, 또 흰나비를 보면 그 해 상을 당하고 노랑나비를 보면 길하다고 한다. 또한 이날 장을 담그면 맛이 좋다고 하며 집안 수리를 하기도 한다. 아울러 농경제(農耕祭)를 행함으로써 풍년을 기원하기도 한다. 전국 각처에서는 한량들이 모여 편을 짜 활쏘기를 하기도 하며, 닭싸움을 즐기기도 한다. 사내아이들은 물이 오른 버드나무 가지를 꺾어 피리를 만들어 불면서 놀이를 즐기고, 계집아이들은 대나무쪽에다 풀을 뜯어 각시인형을 만들어 각시놀음을 즐기기도 한다.

동지로부터 105일째 되는 날을 한식(寒食)이라고 한다. 음력으로는 대개 2월이 되고 간혹 3월에 드는 수도 있다. 한식은 설날·단오·추석과 함께 4대 명절의 하나이다. 한식은 고대의 종교적 의미로 매년 봄에 나라에서 새불[新火]을 만들어 쓸 때 그에 앞서 일정 기간 동안 묵은 불[舊火]을 일절 금단하던 예속에서 유래한 것으로 보기도 하고, 중국의 옛 풍속으로 이날 풍우가 심하여 불을 금하고 찬밥을 먹는 습관에서 그 유래를 찾기도 한다. 이날 궁궐에서는 종묘(宗廟)와 각 능원(陵園)에 제향하고, 민간에서는 여러 가지 술과 과일을 마련하여 차례를 지내고 성묘를 한다. 이를 명절제사, 곧 절사(節祀)라고 한다. 만일 무덤이 헐었으면 잔디를 다시 입히는데, 이것을 '개사초'라고 한다. 또 묘 둘레에 식목을 하기도 한다. 그러나 한식이 3월에 들면 개사초를 하지 않는다. 농가에서는 청명이나 한식을 기해 비로소 춘경을 시작한다.

고려시대에는 한식이 대표적 명절의 하나로 숭상되어 관리에게 성묘를 허락하고 죄수의 금형(禁刑)을 실시하였다. 조선시대에는 그 민속적 권위가 더욱 중시되어 조정에서는 향연을 베풀기도 하였으나, 근세에 들어와서는 성묘 이외의 행사는 폐지되었다. 또 이날에는 불을 피우지 않고 찬 음식을 먹는다는 옛 습관에서 나온 것이다. 한식은 어느 해든 청명절 바로 다음날이거나 같은 날에 든다. 이때는 양력 4월 5~6일 즈음으로 나무심기에 알맞은 시기이다. 우리나라에서 4월 5일을 식목일로 정하여 나무를 심는 이유도 여기에 있다. 특히, 개자추의 넋을 위로하기 위하여 비가 내리는 한식을 '물한식'이라고 하며, 한식날 비가 오면 그

해에는 풍년이 든다는 속설이 있다.

음력 4월 8일을 석가모니의 탄생일이라고 하여 불탄일(佛誕日) 또는 욕불일(浴佛日)이라고도 하며, 민간에서는 흔히 초파일이라고 한다. 초파일 행사는 원래 불가(佛家)에서 행하던 축의행사(祝儀行事)였으나, 불교가 민중 속에 전파됨에 따라서 불교의식이 차츰 민속화되었다. 특히 신라는 여러 가지 불교행사가 성행하였는데, 무열왕과 김유신 장군이 불교를 호국(護國)의 바탕으로 참여시키는 정책을 유지하면서 불교행사는 이전부터 전해오던 세시행사와 더불어 자연스럽게 병존하게 된 것으로 보인다.

이날의 가장 대표적인 세시풍속은 '관등놀이'이다. 그래서 이날을 관등절, 연등절 또는 등석(燈夕)이라고도 한다. 초파일을 여러 날 앞두고 가정이나 사찰에서는 여러 가지 등을 만든다. 이때 가정에서는 가족의 수대로 등을 만든다. 초파일 며칠 전부터 뜰에 등간(燈竿)을 세워 두고 간상(竿上)에 꿩 꼬리털을 꽂고 물들인 비단으로 기를 만들어 다는데, 이를 호기(呼旗)라고 한다. 호기에 줄을 매고 그 줄에 등을 매단다. 살림이 넉넉하지 못해 등간을 만들지 못하는 집에서는 나뭇가지나 추녀 끝에 빨랫줄처럼 줄을 매고 그 줄에 등을 매달아 두기도 한다. 초파일 저녁이 되면 등에 불을 밝힌다. 이 행사는 이튿날인 9일에 그치는데, 부유한 집에서는 큰 대를 수십 개씩 얽어매어 쓰기도 하고 해와 달의 형상으로 만들어 꽂아서 바람에 따라 굴러 돌게 하기도 하며, 굴러 돌아다니는 등[轉燈]을 매달아서 그 등이 왔다 갔다 하는 것을 마치 탄환이 달아나듯 하게도 한다. 때로는 종이에다 화약을 싸서 이것을 노끈이나 새끼줄에 얽어매어 불을 당기면 터져서 꽃불같이 비 오듯 하게도 하고, 종이로 용을 만들어 바람에 날려 띄우기도 하며, 또는 인형을 만들어 옷을 입히고 얽어 띄워서 요동케 하여 놀기도 한다. 연등의 모양은 과실, 꽃, 어류 또는 여러 가지 동물 모양을 본떠서 만들기 때문에 그 이름만 해도 수박등, 마늘등, 참외등, 연화등, 목단등(牧丹燈), 잉어등(鯉魚燈), 거북등, 봉등(鳳燈), 계등(鷄燈), 학등(鶴燈) 등 헤아릴 수가 없다. 등에는 "태평만세(太平萬歲)" 또는 "수복(壽福)" 등의 글을 쓰기도 하고, 기마장군상(騎馬將軍像)이나 선인상(仙人像)을 그려 넣기도 한다.

또 화약을 층층으로 새끼줄에 매달아 불을 붙이면 불꽃이 튀면서 퍼지는데, 이러한 놀이로 흥을 돋우기도 하고 때로는 허수아비를 만들어 줄에 매달아 바람에 흔들리게 하여 놀기도 한다. 또한 등을 달았을 때 불이 환하게 밝으면 길조로 해석한다.

음력 5월 5일을 '단오(端午)'라고 한다. 1년 중에 가장 양기가 왕성한 때이므로, 예로부터 천중가절(天中佳節) 또는 천중절(天中節)이라고 일컬어 숭상해 왔다. 그리고 단오를 흔히 '수릿날'이라고도 한다. 수릿날은 떡을 수레바퀴처럼 만들어 먹었다는 데서 비롯되었다는 설이 있다. 또한 『열양세시기(洌陽歲時記)』에 "우리나라 사람들은 단오일(端午日)을 수뢰일(水瀨日)이라고 하여, 이날 죽은 중국 굴원을 제사지내는 데서 유래하게 되었다."라는 기록이 있다.

단오날에 창포를 삶아 그 물에 머리를 감으면 머리가 윤기가 있고 부드러워진다고 하여 주로 여성들이 머리를 감았다. 『동국세시기(東國歲時記)』에 "남녀 어린이들이 창포탕을 만들어 세수를 하고 홍록색의 새 옷을 입는다. 또 창포의 뿌리를 깎아 비녀를 만들어 수(壽)나 복(福)의 글씨를 새기고 끝에 연지를 발라 머리에 꽂는다. 이렇게 함으로써 재액을 물리친다. 이것을 단오장(端午粧)이라 한다."라고 하였다. 단오 아침에 상추 잎에 묻은 이슬을 털어 세수를 하기도 한다. 이렇게 하면 얼굴이 고와지고 여름에 더위를 타지 않으며 버짐이나 땀띠가 나지 않는다고 한다. 그리고 단오가 되면 온갖 풀이 약이 된다고 하여 산과 들에서 풀을 뜯어 즙을 내서 먹기도 하고 말리기도 한다. 특히 익모초즙(益母草汁)을 먹으면 식욕이 왕성해지고 속병이 없어진다고 한다.

단오에 행하는 대표적인 민속놀이로서 그네뛰기와 씨름이 있다. 단오 놀이의 쌍벽을 이루는 여자의 대표적인 놀이가 그네뛰기이다. 『송사(宋史)』에 "고려는 단오에 그네놀이를 한다."라는 기록으로 보아, 고려 때 이미 일반화된 민속놀이의 하나였던 것으로 보인다. 씨름은 중국의 전국시대에 성행하였던 놀이의 하나이다. 우리나라의 경우는 고구려의 고분벽화에서 씨름하는 모습을 볼 수 있다. 『동국세시기(東國歲時記)』에 "젊은이들이 남산의 왜장이나 북악산의 신무문 뒤에 모여 씨름을 하여 승부를 겨룬다. 그 방법은 두 사람이 서로 상대하여 구부리고 각자 오른손으로 상대방의 허리를 잡고 왼손으로 상대편의 오른발을 잡고서 일시에 일어나 상대를 번쩍 들어 팽개친다. 그리하여 밑에 깔린 사람이 진다."라는 기록이 있다. 지역에 따라 씨름은 반드시 단오에만 하는 것이 아니라, 7월 백중 혹은 8월 추석에 하는 경우도 많다.

(2) 여름철의 세시풍속

여름철(6 · 7 · 8월)은 농경의 마무리 및 수확 단계라고 할 수 있다. 이제껏 가꿔온 작물들을 병충해 및 가뭄으로부터 보호해야 하며, 일꾼들을 위로해야 하며, 추수를 맞아 조상에게 제를 올려야 한다. 세시풍속 전부가 여기에 맞추어져 있다고 해도 과언이 아니다. 6월에 행하는 유두제와 기우제 및 7월에 행하는 칠성제가 작물을 보호하기 위한 일종의 주술행위며, 백중 및 지신밟기는 일꾼들을 위한 일종의 연회이다. 8월에 행하는 추석차례는 천신제(薦新祭)로서 수확의 의례성과 관련이 깊다. 또한 추석의 만월(滿月)을 즐기는 민속놀이가 행해지고 있다.

6월은 계절적으로 가장 무더우며, 삼복(三伏)이 들어 있는 때이다. 따라서 보양탕(補身湯), 삼계탕(蔘鷄湯)과 같은 자양분이 많은 음식으로 몸을 보(補)하도록 노력한다. 하지만 그렇게 하더라도 더위에 지쳐 발병하기 쉬운 때이므로 재액을 면하려는 양퇴귀(禳退鬼)의 방법이 강구되었다. 그러한 것의 대표적인 세시풍속이 곧 '유두(流頭)'이다. 유두란 '흐르는 물에 머리를 감는다'는 뜻으로 동류수두목욕(東流水頭沐浴)이란 말의 약어이다. 일부 지역에서는 이를 '물맞이'라고 한다. 실제 유두날에는 맑은 개울을 찾아가서 목욕을 하고, 특히 동쪽으로 흐르는 물에 머리를 감는다. 동쪽으로 흐르는 물에 머리를 감는 것은 동쪽이 청이요, 양기가 가장 왕성한 곳이라고 믿는 데서 기인한다. 이러한 풍속을 통해 불상(不祥)을 쫓고, 여름에 더위를 먹지 않는다고 믿는다.

한편 이 무렵은 새로운 과일이 나고 곡식이 여물어 가는 시기이기도 하다. 그래서 유두의 풍속에는 조상과 농신(農神)에게 햇과일과 정갈한 음식을 차려 제를 지냄으로써 안녕과 풍년을 기원하는 의미도 함께 담겨 있다. 이를 흔히 유두천신(流頭薦新)이라고 한다. 유두천신이란 유두날 아침 각 가정에서 유두면·상화병·연병·수단·건단, 그리고 피·조·벼·콩 등 여러 가지 곡식을 참외나 오이, 수박 등과 함께 사당[家廟]에 올리고 고사를 지내는 것을 말한다. 이때 사당에 올리는 벼·콩·조 등을 유두벼·유두콩·유두조라고 한다. 또한 농촌에서는 밀가루로 떡을 만들고 참외나 기다란 생선 등으로 음식을 장만하여 논의 물꼬와 밭 가운데에 차려놓고 농신에게 풍년을 기원하는 고사를 지낸다. 그 다음에 자기 소유의 논밭 하나하나 마다 음식물을 묻음으로써 제를 마치게 된다.

음력 7월 7일을 '칠석(七夕)'이라고 한다. 칠석날의 가장 대표적인 세시풍속으로 여자들이 길쌈을 더욱 잘할 수 있도록 직녀성(織女星)에게 비는 행사를 꼽을 수 있다. 이날 새벽에 부녀자들은 참외나 오이 등의 초과류(草菓類)를 상위에 놓고 절을 하며 여공(女功 : 길쌈질)이 늘기를 기원한다. 잠시 후에 상을 보아 음식상 위에 거미줄이 쳐져 있으면 하늘에 있는 선녀가 소원을 들어주었으므로 여공이 늘 것이라고 기뻐한다. 혹은 처녀들이 장독대 위에 정화수를 떠놓은 다음, 그 위에 고운 재를 평평하게 담은 쟁반을 올려놓고 바느질 재주가 늘게 해달라고 기원하는데, 다음날 재 위에 무엇이 지나간 흔적이 있으면 영험이 있다고 믿는다.

이러한 풍속은 직녀를 하늘에서 바느질을 관장하는 신격(神格)으로 여기는 믿음에서 비롯되었다고 볼 수 있다. 원래 칠식날 밤에 궁중이나 민가의 부녀자들이 바느질감과 과일을 마당에 차려 놓고 바느질 솜씨가 있게 해달라고 널리 행하던 중국 한대(漢代)의 걸교(乞巧)의 풍속을 따른 것이다. 이 풍속은 당대(唐代)에 와서 주변 민족들에 전파되었는데, 우리나라의 칠석 세시풍속은 중국의 그것과 사뭇 다르다. 이날 각 가정에서는 밀전병과 햇과일을 차려놓고, 부인들은 장독대 위에 정화수를 떠놓고 가족의 수명장수와 집안의 평안을 기원하기도 한다. 또 이북지역에서는 크게 고사를 지내거나 밭에 나가 풍작을 기원하는 밭제[田祭]를 올리기도 한다. 중부지역에서는 '칠석맞이'를 행하기도 하는데, 단골무당에게 자녀의 무사 성장의 기원을 부탁하는 것이다.

백중(百中)은 음력 7월 보름에 드는 속절(俗節)로서 백종(百種)·중원(中元), 또는 망혼일(亡魂日)이라고도 한다. 백종(百種)은 이 무렵에 여러 가지 과실과 채소가 많이 나와 '백 가지 곡식의 씨앗'을 갖추어 놓았다고 하여 유래된 말이며, 중원(中元)은 도가(道家)에서 말하는 삼원(三元)의 하나로서 이날에 천상(天上)의 선관(仙官)이 인간의 선악을 살핀다고 하는 데서 연유하였다. 또한 망혼일(亡魂日)이라 한 것은 망친(亡親)의 혼을 위로하기 위해서 술, 음식, 과일 등을 진설하고 천신(薦新)을 드린 데에서 비롯되었다.

백중에는 여러 세시풍속이 전해져 온다. 각 가정에서는 과일을 따서 사당에 천신(薦新)을 올렸으며, 궁중에서는 이른 벼를 베어 종묘에서 천신을 올리기도 하였다. 농가에서는 백중날 머슴들과 일꾼들에게 돈과 휴가를 주어 즐겁게 놀도록 하였다. 따라서 이날이 되면 머슴들과 일꾼들은 특별히 장만한 아침상과 새 옷 및 돈을 받는데 이것을 '백중돈 탄다'라고 하였다. 백중돈을 탄 이들은 장터에 나가 물건을 사거나 놀이를 즐겼다. 이때 서는 장을 특별히 '백중장'이라고 하여 풍장을 울리고 씨름 등을 비롯한 갖가지 흥미 있는 오락과 구경거리가 벌어졌다. 농사에 시달렸던 머슴이나 일꾼들이 마냥 즐길 수 있는 날이었다.

지역에 따라 농신제(農神祭)와 더불어 집단놀이를 행하기도 하였는데, 이를 '백중놀이'라고 한다. 이 놀이는 새벌논매기를 끝내고 여흥으로 여러 가지 놀이판을 벌여 온 데서 비롯된 것으로서 일종의 마을잔치이다. 또 이날은 그 해에 농사가 가장 잘된 집의 머슴을 뽑아 소에 태워 마을을 돌며 하루를 즐기는데, 이를 '호미씻이'라고 한다. 호미씻이는 지역에 따라 초연(草宴), 풋굿, 머슴날, 장원례(壯元禮) 등 다양한 명칭으로 불린다.

마을 사람들은 장원한 집의 머슴 얼굴에 검정칠을 하고 도롱이를 입히고 머리에 삿갓을 씌우는 등 우습게 꾸며지게나 사다리에 태우거나 아니면 황소 등에 태워 집집마다 돌아다닌다. 집집마다 돌아다니면 그 집주인은 이들에게 술과 안주를 대접하니, 이날을 '머슴날'이라고 하기도 한다. 마을 어른들은 머슴이 노총각이나 홀아비면 마땅한 처녀나 과부를 골라 장가를 들여주고 살림도 장만해주는데, 옛말에 '백중날 머슴 장가간다'라는 말이 여기에서 비롯되었다.

음력 8월 15일을 '추석(秋夕)'이라고 한다. 추석은 우리나라 4대 명절의 하나로 한가위, 중추절(仲秋節) 또는 중추가절(仲秋佳節)이라고도 한다. 『삼국사기(三國史記)』에 "신라 유리왕(儒理王) 9년 나라 안 6부(六部)의 부녀자들을 두 편으로 가르고 두 왕녀를 각각 우두머리로 삼아 음력 7월 기망(旣望 : 16일)부터 한 달 동안 베를 짜게 하고, 마지막 8월 15일에 승부의 판정이 나면, 진 편에서 이긴 편에 음식을 대접하고 회소곡(會蘇曲)을 부르며 밤새도록 노래와 춤을 즐겼는데, 이를 '가배(嘉俳)'라고 하였다."

는 기록이 전한다. 이 '가배'가 오늘날 '한가위'의 '가위'에 해당하는 것으로 그 뜻은 가운데(中) 또는 반(半)의 어근인 '갑'에 명사형 접미사 '-이'가 붙어서 가을의 반 즉 중추(仲秋)의 한국식 표기가 된 것으로 짐작된다.

추석에는 햅쌀로 밥을 짓고 송편을 빚으며 새 옷이나 깨끗이 손질된 옷을 입는다. 추석날 아침에는 차례를 지낸다. 제수는 햅쌀로 만든 메, 떡, 술 및 오색 햇과일로 마련하는데 이것을 천신(薦新)이라고 한다. 차례를 지내고 모인 사람들이 음복한 뒤 조상의 묘를 찾아 성묘를 한다. 성묘에 앞서 벌초는 미리 끝내 두거나 성묘 때 함께 한다.

추석에는 여러 가지 행사와 놀이가 함께 행해진다. 추석을 전후하여 농악과 춤으로 흥겨운 놀이판을 펼치는데, 한 마을에서 편을 가르거나 마을끼리 편을 짜서 하는 줄다리기는 널리 행해지는 놀이이다. 승부를 통하여 농사의 풍흉을 점치기도 하는데, 서쪽을 나타내는 암줄이 이기면 풍년이 든다고 하며, 정월 대보름이나 단오에도 행한다. 잔디밭이나 모래밭에서는 씨름판이 벌어지는데, 이기는 사람을 장사(壯士)라 하여 광목, 쌀, 송아지 등을 준다.

한편 추석 무렵 그 해 농사에서 가장 잘 익은 곡식을 잘라 묶어서 기둥이나 방문 위 또는 벽에 걸어 둔다. 이를 '올게심니'라고 한다. 올게심니는 다음 해의 씨앗으로 쓰인다. 곡식의 풍년을 기원하는 의미가 들어 있다. 민가에서는 조왕신과 성주신에게 햇곡식을 올렸으며, 어촌에서는 뱃고사를 지내 바다에서 풍랑을 만나지 않고 만선하기를 기원하였다. 추석의 일기가 청명하면 풍년이 들고 비가 오면 불길하다고 믿었으며, 밤에 달을 볼 수 있거나 흰 구름이 많으면 풍년이 든다고 믿었다.

추석 음식으로는 송편 외에 햅쌀로 빚은 백주(白酒)와 봄부터 기른 닭으로 만든 황계(黃鷄) 안주가 있으며 몸을 보신하기 위하여 토란국을 끓인다. 감·밤·대추·호두·은행·모과 등이 요긴하게 쓰인다. 농가에

서는 며느리가 떡·술·닭이나 달걀 등을 준비하여 친정에 근친(覲親)을
간다.

(3) 가을철의 세시풍속

농경민족으로서 가을철(9·10·11월)만큼 여유 있는 기간은 없다. 수확
이 이미 끝났기 때문에 이제 월동(越冬)을 준비하는 일만 남아 있을 뿐이
다. 따라서 세시풍속 역시 수확과 월동을 준비하는 의례에 맞추어져 있
다. 9월 중양절에는 국화전과 국화주를 마시며 한 해의 피로를 서로 달
래며, 10월에는 5대조 이상의 조상에게 감사의 제를 올리며, 각 가정에
서는 안택 및 터주고사를 지낸다. 조상 및 여러 가택신(家宅神)에게 햇곡
식을 바치면서 한 해 수확에 대한 감사와 가정의 안녕을 기원한다. 이
후 삼동(三冬)을 위해 김장을 담고 땔감을 준비한다.

음력 9월 9일을 '중양(重陽)' 또는 '중광(重光)'이라고 한다. 중양 또는
중광은 양(陽)이 겹친다는 뜻이다. 음양사상에 따르면 홀수[奇數]를 '양(陽)
의 수'라고 하고, 짝수[隅數]를 '음(陰)의 수'라고 하여 양의 수를 길수(吉
數)로 여겼다. 예컨대 전통사회의 절일(節日)로서 설(1월 1일)·삼짇날(3월
3일)·단오(5월 5일)·칠석(7월 7일) 등이 있는데, 이러한 속절은 양수를 길
수(吉數)로 여기는 기수민속(奇數民俗)들이다. 『동국세시기(東國歲時記)』에 의
하면 "서울의 풍속을 보면 중양절에 남산과 북악산에 올라가 먹고 마시
며 단풍놀이를 한다."라는 기록이 있는데, 이로 보아 중양절은 선대로
부터 이어온 우리의 풍속으로 보인다.

지역에 따라 약간씩 다르기는 하지만, 중양절에는 보통 성주단지에
햇곡식을 갈아주며 제물을 차려 성주차례를 지낸다. 그리고 기일(忌日)을
모르는 조상의 제사를 모시며, 연고자 없이 떠돌다 죽었거나 전염병으
로 죽은 사람의 제사를 지내기도 한다. 또 추석 무렵에 햇곡식이 나지

않아 차례를 지내지 않은 지역에서는 이날에 차례를 지내는데, 이것은 처음으로 생산되는 햇곡식을 조상에게 바치고자 하는 정성이 담겨 있는 것이다.

이날 시절음식으로서 『동국세시기(東國歲時記)』에 의하면, "누런 국화를 따다가 잡쌀떡을 빚어 먹는데, 그 방법은 삼월 삼진날 진달래 떡을 만드는 방법과 같으며, 이를 화전(花煎)이라 한다. 지금의 국화떡은 여기에서 비롯된 것이다. 또한 배와 유자와 석류와 잣 등을 잘게 썰어서 꿀물에 타면 이것을 화채라 하는데, 이것은 시절음식도 되지만 제사에도 올린다."라는 기록이 있는데, 이로 보아 중양절의 시절음식으로 국화전과 화채를 즐겼던 것으로 보인다. 각 가정에서는 국화전을 해 먹거나 국화주를 빚고, 술과 음식을 장만해 가지고 산이나 계곡에 가서 단풍놀이를 하기도 한다. 부녀자, 소년, 소녀들은 제각기 무리를 지어 하루를 즐기고, 문인들은 시를 짓고 풍월을 읊어 주흥(酒興)을 즐긴다. 또 약초가 한고비를 이루는데, 구절초는 이때 가장 약효가 좋다고 하여 산이나 들에 나가 뜯기도 한다.

5대조 이상의 조상에게는 '시제(時祭, 時享)'라고 하여 10월 상달에 묘제를 지낸다. 시제는 성묘와 달리 낮에 행하고 가을 추수가 끝난 음력 시월 상달에 지내는 것이 일반적이다. 전에는 시제 날짜를 요일에 관계없이 정해진 날에 지냈으나 요즈음은 문중의 젊은 직장인들을 참여시키기 위하여 가능한 한 일요일에 지내는 경우가 많아 젊은이들의 참여율이 높아지고 있다고 한다.

무당 또는 판수를 불러 조왕(竈王), 성주(成造), 삼신(三神) 등 가택신(家宅神)을 모셔놓고 1년 동안 집안의 평안, 무병장수, 자손의 번창 등을 기원하는 것을 '안택'이라고 한다. 안택은 지역에 따라 연행의 시기가 다른데, 대개 한 해의 모든 일이 끝난 동짓달이나, 추수가 끝난 다음 10월에 하며, 해마다 하는 집안도 있고 3년에 한 번씩 하는 집도 있다. 또 재화가 있을 때, 가옥을 신축하였을 때 등 수시로 지낸다. 안택을 하는 집에서는 3일 전부터 대문에 금줄을 치고 황토를 뿌리고 문에는 솔가지를 걸어서 부정을 막는다. 대청마루 중앙에 신단을 만들고 떡·밥·술·육류·어류·과일 등의 제수(祭需)를 차려서 무녀나 복술에게 제사를 진행시킨다. 신단 뒤에 세운 병풍에는 가신(家神) 및 오방신장(五方神將) 등 신명(神名)을 쓴 지방(紙榜)을 늘어뜨리고 북이나 쟁의 무악에 맞추어 굿을 하고 안택경(安宅經)이나 옥추경(玉樞經)을 독송한다. 또한 백지에 식구들의 생년월일시를 쓰거나 구송하면서 소지를 올리고 복을 빈다. 제사가 끝나면 새벽이 되는데 음복을 하고 제물은 무녀 등에게 보수로 주며, 이웃을 초대해서 음식을 대접한다.

　양력 12월 22일은 동짓날로서 '작은 설'이라고 부른다. 주나라 때 동지를 세수(歲首)로 삼았는데 동지팥죽을 먹어야 한 살을 더 먹었다고 한다. 한 살을 더 먹는다는 것은 새해가 시작되었음을 의미한다. 따라서 동짓날은 시작하는 의미가 있는 날로서 '시작이 반이다'라는 말을 생각게 한다. 동지는 입춘과 같이 태양력의 절기에서 비롯된 명절이다.

　『동국세시기(東國歲時記)』에 보면, "동짓날을 아세(亞歲)라고 한다. 팥죽을 쑤는데 찹쌀가루로 새알모양의 떡을 만들어 그 속에 넣어 새알심을 만들고 꿀을 타서 시절음식으로 삼았다. 그리고 팥죽을 문짝에 뿌려 상서롭지 못한 것을 제거하였다."고 한다. 그리고 『형초세시기(荊楚歲時記)』에 "공왕씨가 재주 없는 아들을 하나 두었는데, 그 아들이 동짓날에 죽어 역귀신(疫鬼神)이 되었다. 그 아들이 생전에 팥을 두려워하였으므로 동짓날 팥죽을 쑤어 물리치는 것이라 하였다."라는 기록이 있다. 중국의 풍속이 우리나라에 전래하여 동짓날에 동지죽을 쑤어 조상께 올리고, 대문이나 벽, 부엌, 마당, 담장 등에 뿌려 잡귀의 출입을 막는 민속으로 정착된 것으로 보인다. 붉은 색인 팥을 축귀색(逐鬼色)으로 여겨 팥죽을 쑤어 뿌린다는 것은 주력(呪力)을 원용해서 벽사진경(辟邪進慶)한다는 데 그 의미가 있다고 하겠다.

팥죽을 쑤어서 뿌리는 것을 달리 '팥죽제'라고도 한다. 팥죽을 당산 나무나 장승에 바치기도 하고, 또 새 집에 입주하거나 이사를 갈 때도 팥죽을 쑤어서 뿌리기도 한다. 붉은 색과 관련된 민속행위는 팥죽을 쑤어 뿌리는 것뿐만 아니라 당산제를 지낼 때 화주와 제주 집 앞, 동네 입구, 당산 주변에 황토를 까는 것이라든가, 정월보름에 마을 여자들이 인근 마을에 가서 디딜방아를 훔치다가 동네 앞에 거꾸로 세워 놓고 여자의 붉은 피가 묻어 있는 고쟁이(속곳)를 씌워 놓는 놀이에서도 찾아 볼 수 있다.

(4) 겨울철의 세시풍속

겨울철(12·1·2월)은 한 해를 마무리하는, 그리고 또 한 해를 시작하는 기간이다. 한 해를 마무리하는 12월의 세시풍속은 다음 해를 준비하는 예비와 맞닿아 있다. 가령 질병을 예방하는 여러 행위가 그렇고 묵은세배가 그러한데, 이러한 행위는 단순한 예방이 아니라 예비적 성격이 더욱 강하다. 1월과 2월의 세시풍속은 새해의 첫 출발과 관련하여 행해진다. 각 가정마다 조상을 숭배하며, 점복(占卜)으로 풍·흉을 점치며, 모의행위를 통해 풍년을 기원하며, 마을 단위 동제가 이루어진다. 또한 이들 행위와 더불어 놀이가 성하다. 한 해의 길흉을 예견하는 예측성, 그리고 마을 집단의 대동성과 축제성이 두루 드러난다.

설은 한 해의 첫째 날이다. 한자식 표현은 원일(元日), 원단(元旦), 정초(正初), 세수(歲首), 신일(愼日), 달도(怛忉) 등이다. 설은 남녀노소나 빈부귀천을 막론하고 평일과 달리 몸과 마음을 정결히 하고 행동거지를 조신하는 명절이다. 이날은 설빔으로 몸단장을 하고, 조상께 차례를 올린 후 성묘를 다녀오며, 집안 어른들은 물론 마을 어른들께 세배를 한다. 설빔은 새 옷을 입는 것을 말한다. 전통사회에서는 남녀노소 할 것 없이 설날을 기해 살림 형편에 따라 설빔을 마련했다. 비교적 살림이 넉넉한 반가(班家)에서는 비단이나 명주로 도포, 두루마기, 바지저고리, 치마, 버선, 대님 등을 마련했다. 어린이를 위해서는 색동옷을 마련했다. 그러나 일반 가정에서는 손수 짠 무명의 가는 베 옷감으로 솜을 넣어 누빈 옷을 만들었다. 조상에게 차례를 올리고 성묘를 하는 것은 풍년을 빌고 가족들의 건강과 가정의 평안 등을 비는 일종의 종교적인 의미를 지니고 있다.

차례는 원래 차사(茶祀) 또는 다례(茶禮)라고 하였다. 차례는 본래 여러 명절과 조상의 생일 그리고 매월 초하루나 보름에 지내는 제사를 의미하던 것이다. 지금은 '다례'라고 하면 궁중의 다례나 불교에서 다례를 뜻하는 말이 되었고, 차례는 명절에 지내는 속절제(俗節祭)를 가리키게 되었다. 차례와 기제사는 일반적으로 구분된다. 차례와 기제사가 조상 숭배의 연장선상에서 행해진다는 것은 공통적이나, 의례적인 성격은 차이가 있다. 즉 차례는 명절날 아침에 올리는 낮제사인 반면에 기제사는 자시(子時)에 올리는 밤제사이다. 차례에서는 기제사와 달리 시절음식을 진설한다. 차례는 기제사와 더불어 고려 말에 정몽주에 의해 건의되었고, 조선 명종 이후에 서민들까지 4대 봉사를 묵인하게 되면서 오늘날의 격식을 갖추게 되었다. 차례상에는 시절음식으로서 떡국을 진설하고 세주(歲酒)를 올린다. 떡국에는 본래 꿩고기를 넣고 끓였다고 하나, 오늘날은 닭고기나 쇠고기를 넣는다. 세주는 주로 집에서 담그는 농주(農酒)이지만, 청주(淸酒)를 사용하기도 한다.

차례를 올리는 곳은 자손들이 거주하고 있는 곳이다. 이것은 조상들께 자손들이 사는 모습을 보여주는 의미도 있고, 자손들이 거주하는 곳에 조상을 중심으로 조상과 자손이 한데 거주하고 있다는 공동체의식을 강화시켜 주는 계기도 된다. 그러나 최근 들어 조상에 대한 차례를 콘도나 호텔 등 휴양지에서 편의상 올리는 경우도 있다.

차례가 끝나면 집안의 어른들께 순서대로 절을 하고 새해 첫인사를 드린다. 이를 세배(歲拜)라고 한다. 전통사회에서는 차례를 올리고 난 뒤 집안의 어른들께 먼저 세배를 하고, 성묘를 한 뒤에 일가친척들에게 세배를 하였다. 그리고 마을 어른들에게도 세배를 다녔다. 그러나 오늘날에는 차례를 올리고 일가친척들에게 세배를 한 뒤 성묘를 맨 나중에 가거나 아니면 설을 쇠기 전에 성묘를 미리 다녀오는 경우가 많아졌다. 근래 농가에서도 번거로움을 피하는 반면 경로의식을 높이기 위한 수단으로 마을 어른들을 한 자리에 모시고 청년회에서 단체로 세배를 올리기도 한다. 그리고 부녀회에서 음식을 준비하여 어른들을 대접하고 하루를 즐겁게 지낼 수 있도록 배려하기도 한다. 마을 주민들 전체가 정담을 나누는 계기를 마련해 주기 때문에 마을 주민들과 지연적인 유대관계를 돈독하게 해준다.

세배를 하면서 손아랫사람이 웃어른에게 "새해에 복 많이 받으세요"라고 말하면, 웃어른은 소원성취나 건강을 비는 뜻에서 덕담을 하며 음식을 대접한다. 어린이들에게는 복돈을 건네주기도 한다. 이는 언어에 주술성이 반영되어 있다고 여기는 언령사상(言靈思想)에 근거한 행위로 볼 수 있다. 예컨대 언어행위를 통해서 보름날 더위를 판다든가, 말이 씨가 되니 말을 함부로 하지 않는다든가, 좋은 꿈 이야기는 남에게 발설하지 않는 행위 등이 언어에 주술적인 속성이 내재되어 있다고 여기는 데서 비롯된 것들이다.

새해에 복을 받으라는 덕담은 예축적(豫祝的)인 의미를 지니고 있다. 새해에 복을 기원해 줌으로써 한 해 동안 아무런 탈 없이, 그리고 소망하고자 하는 모든 일이 이루어질 것이라고 미리 예상하고 축하하는 의미를 갖고 있다. 이때 복은 지극히 인사를 받는 사람을 중심으로 한 당사자 혹은 가정의 복일 수 있으나, 주로 개인 지향의 복이며 복합적인 성격을 지닌 복이다.

정초에 행하는 속신으로 세화(歲畵), 삼재 막는 법(三災免法), 패일(敗日), 야광귀(夜光鬼), 머리카락 태우기(元日燒髮), 복조리, 오행점, 윷점, 날씨점, 달불이, 토정비결 등이 있다. 날씨점과 달불이는 한 해 농사의 풍흉을 점치는 것이고, 복조리를 제외한 나머지는 개인의 한 해 운수를 점치는 것들이다.

오늘날에는 복조리와 토정비결을 제외한 모든 것들이 거의 소멸되었다. 정초에 복조리를 사서 집안 문지방 위에 걸어 두는 풍습은 복조리가 복을 긁어 담는 도구라고 인식하는 데서 비롯되었다. 복조리를 걸어 둘 때는 그 안에 동전을 넣어두기도 하는데, 그것은 재물이 모인다고 믿는 데서 기인한 것이다. 복조리는 '복'과 '조리'의 합성어이다. 조리는 가는 대오리나 철사로 제물 자루를 내고 조그마하게 삼태기 모양으로 만든 것으로 쌀이나 보리 등 곡식을 물에 담가 일어 돌을 걸러 내는 주방 도구이다. 조리로 곡식을 이는 것을 '조리질 한다'고 한다. 조리질을 하면 돌은 물 속에 가라앉고, 곡식들은 물 속에서 부풀어 올라 이 곡식들을 건져내면 돌을 걸러낼 수 있게 된다. 조리에 복이 첨가된 것은 곡식이 부풀어 오르듯이 복도 부풀어 오르라는 종교적 심성이 내재되어 있는 데서 비롯된다.

곡식은 곧 복(福)을 상징한다. 곡식이 복을 상징하는 것은 곡령신앙(穀靈信仰)과 밀접한 관련을 맺고 있다. 곡식은 부녀자 중심의 가택신앙에서 중요한 신체(神體)로 활용되기도 한다. 곡령신앙과 연계하여 형성된 복조리의 풍습에서 곡식은 재복과 식복을 상징한다. 재복과 식복을 기원하기 위하여 주술적인 행위로써 정초에 복조리를 사서 집안에 걸어두게 되었던 것이다.

토정비결은 조선 명종 때 토정 이지함이 만든 예언서이다. 토정비결은 조선조 말기부터 보급된 것으로 보인다. 토정비결은 개인의 점괘를 산출하여 짐작하는 것으로써 그 방법은 크게 태세수(太歲數), 월건수(月建數), 일진수(日辰數)로 나누어진다. 먼저 태세수에 나이를 합하고, 이를 8로 나누어 남는 숫자를 첫 괘로 한다. 다음 월건수에 태어난 월을 합하는데 큰달이면 30을, 작은 달이면 29를 합하여 6으로 나누고, 거기에서 남는 수를 둘째 괘로 한다. 셋째 생일 숫자에 일진수를 합한 수를 3으로 나누고, 남은 수를 마지막 괘로 한다. 이상과 같이 점괘 숫자를 산출해 낸 다음에 토정비결에서 같은 괘의 숫자를 찾으면 1년간의 종합적인 점괘와 12개월의 달별로 점괘가 나온다.

정초에 행하는 대표적인 민속놀이로서 널뛰기, 윷놀이, 연날리기, 승경도놀이, 돈치기, 화투놀이 등이 있다. 이 중에서 윷놀이와 화투놀이가 아직까지 전승되고 있다. 한편 널뛰기는 설날보다 지역축제의 현장에서나 관광객을 위한 행사장에서 접할 수 있게 되었다. 윷놀이와 화투놀이는 정초에 성행하는 놀이기는 하지만, 반드시 정초에만 국한되는 것은 아니다. 지역에 따라서는 겨울철뿐만 아니라 여름철에도 놀이를 벌이는 경우가 많고, 명절이 아닌 상갓집에서 놀이를 벌이기도 한다. 무엇보다 놀이 도구가 간단하면서도 오락성이 매우 강하기 때문이다.

음력 정월 보름을 대보름이라고 한다. 한자식 표현은 상원(上元)이다. 한 해의 첫 보름이며, 만월(滿月)이 뜨는 날이어서 대보름이라고 부른다. 농경을 위주로 한 전통사회에서는 대보름을 어느 명절보다 성대하게 보냈다. 세시풍속 행사가 대보름을 전후해서 집중되어 있는 것만 보아도 알 수 있다. 고대로부터 동아시아권에서는 초승달이 차차 커져서 만월이 되고, 다시 작아지는 현상을 곡물(穀物)과 대비시켰다. 즉 달을 풍요와 다산의 상징으로 여겼던 것이다. 그래서 우리 민족은 정월 대보름은 물론 6월 유두, 7월 백중, 9월 한가위, 10월 하원 등 만월이 떠오르는 15일 보름을 명절로 삼았다.

대보름에는 풍년을 기원하는 행사와 한 해의 농사 풍흉을 점치는 행사가 주류를 이룬다. 그리고 조상에게 차례를 올린다. 차례상에는 찰밥이나 약밥 혹은 오곡밥을 진설하며, 또한 많은 나물을 차린다. 조상은 물론이고 성주신을 비롯한 여러 가신(家神)에게도 따로 상을 차린다. 소를 기르는 가정에서는 외양간에도 상을 차린다.

대보름의 시절음식으로서 단연 오곡밥과 약밥을 들 수 있다. 그리고 대보름을 '나물명절'이라고 할 수 있을 만큼 많은 나물을 준비한다. 밭에서 재배한 채소류로부터 산에서 채취한 산나물에 이르기까지 나물이라는 나물은 무엇이든 풍성하게 준비한다. 대보름에 나물을 먹으면 한 해 동안 더위를 타지 않는다고 한다. 오곡밥은 쌀, 콩, 팥, 보리, 수수, 조 등 반드시 다섯 가지로만 짓는 것이 아니다. 집안에 따라 다르기도 하겠지만, 주로 여러 가지 곡식을 넣어 짓는다는 뜻에서 곡식의 총칭인 오곡이라는 말로써 오곡밥이라고 부른 것이다. 한편 약밥은 찹쌀, 대추, 밤, 꿀, 잣, 콩 등을 섞어 쪄서 만든다. 『동경잡기(東京雜誌)』와 『삼국유사(三國遺事)』를 통해 신라시대부터 대보름에 약밥을 지어먹는 풍습이 있었던 것을 확인할 수 있다.

대보름에 밥을 김이나 취에 싸서 먹는데, 이를 흔히 복쌈이라고 한다. 복쌈의 '쌈'이란 '싼다'는 뜻이므로 복쌈이란 복을 싸서 먹는다는 뜻을 지니고 있다. 취, 호박, 고비, 고사리, 가지, 시래기 등을 가을에 말려 두었다가 볶아서 먹고, 또 이 나물로 밥을 싸서 먹거나, 구운 김으로 싸서 먹기도 한다. 복쌈을 여러 개 만들어 그릇에 볏단을 쌓듯이 성주신에게 올린 다음에 먹으면 한 해에 복을 받는다고 한다.

점풍주술(占風呪術)의 풍속으로서 대표적인 것이 달맞이를 통해 떠오르는 달의 방향, 크기, 색깔, 달무리 등을 보고 그 해의 농사를 점치는 농사점이다. 이외 농사점으로 그 해의 간지(干支)가 털이 있는 짐승의 해이면 풍년이고 털이 없는 해이면 흉년이고, 정월 대보름 아침에 닭이 열 번 이상 울면 풍년이고 그 이하로 울면 흉년이고, '월자(月滋)'라고 해서 수수깡 도막을 반을 갈라 그 속에 12개의 콩을 넣어 실로 묶어 하루 동안 물에 담갔다가 꺼내어 몇 번째 콩이 불었는가에 따라 어느 달에 비가 많이 올 것이라고 점을 치기도 했다. 한편 집불이, 소밥주기, 그림자점, 닭움을점, 사발점 등도 있다.

기풍주술(祈豊呪術)의 풍속으로서 개인적 주술과 집단적 주술이 있다. 개인적 주술은 정월 14일 작은 소나무를 베어 마당에 세워놓고 나뭇가지에 여러 곡식의 이삭과 목화를 주렁주렁 걸어놓는 '볏가리대[禾木]', 대보름에 아이들을 시켜 벌어진 과일나무 틈새에 작은 돌을 끼워 넣게 하는 '나무시집보내기[稼樹]', 논에 모를 심을 때 임산부를 논둑에 앉혀 놓는 '배불띠기 모시기', 호박을 심을 때 '화투장 넣기'와 논둑이나 밭둑을 태우는 '쥐불놀이' 등이 있다. 집단적 주술은 대보름에 마을에서 편을 갈라 줄을 당기는 '줄다리기'가 있다. 옛날에는 암줄에 숫줄을 넣고 비녀목으로 고정시켜 당기는 성교의 모방주술이었는데, 오늘날 줄다리기는 없어졌지만 "정월 보름에 줄다리기를 하면 풍년이 든다."는 말에서 기풍주술의 흔적을 찾을 수 있다.

대보름에 행하는 민속놀이로서 대표적인 것이 풍년을 기원하는 달집태우기이다. 달집태우기는 달맞이와 연계될 뿐만 아니라 쥐불놀이나 횃불싸움과도 연관성을 가진다. 대보름날 저녁에 달이 솟을 즈음에, 달맞이를 하기 위해 뒷동산에 올라간다. 한겨울이라 춥기는 하지만 횃불에 불을 붙여 될 수 있는 한 만월(滿月)을 보기 위해 산을 오른다. 보름달이 솟을 때에 횃불을 땅에 꽂아 두고, 두 손을 모아 합장을 하며 제각기 소원을 빈다. 달맞이는 될 수 있는 한 남보다 먼저 달을 보는 것이 길하다고 하여 서로 앞을 다투어 산에 오르기도 한다.

달집태우기는 마을의 청장년들이 주축이 되어 짚을 모으고, 생솔이나 생대를 쪄다가 마을의 공터에 원추형의 달집을 만들어 놓았다가 보름달이 떠오를 때를 기다려 함성을 지르면서 불을 지른다. 그리고 농악대가 각 가정의 지신밟기를 해 주고 나서 짚이나 솔잎을 모아가지고 와서 달집을 만들어 놓았다가 달이 뜨면 불을 피우기도 한다.

보름달은 풍요와 다산을 상징하며, 불은 모든 부정과 사악을 살라 버리는 정화를 상징한다. 따라서 달이 떠오를 때 달집을 태우는 것은 풍요를 기원하는 상징적인 행위이며, 모든 사악을 정화시키는 액막이라고 할 수 있다. 달이 떠오르고, 불길이 솟구치면 마을 사람들은 달집 주위를 돌면서 신명나게 농악을 친다. 대나무가 불에 탈 때 폭죽 터지는 듯한 소리가 나는데, 이 소리에 잡귀가 마을 밖으로 도망가고, 불길이 이웃마을보다 높이 올라가면 풍년이 든다고 해서 경쟁적으로 많은 땔거리를 모아 불을 지피기도 한다. 그리고 달집이 다 타서 넘어질 때에 그 넘어지는 방향을 가지고 한 해의 풍흉을 점치기도 한다.

둘째, 대보름 민속놀이에서 가장 신명나는 것이 집단적인 편싸움 계통의 놀이이다. 편싸움 계통의 민속놀이는 줄다리기, 고싸움, 나무쇠싸움, 차전놀이[동채싸움], 횃불싸움, 석전, 등싸움 등이 있다. 편싸움은 기본적으로 이기면 풍년이 든다고 하는 속신을 내재하고 있다. 따라서 편싸움은 집단이 전력을 다해 이기기 위해 격렬한 놀이로 발전하기 마련이다.

여성과 남성, 윗마을과 아랫마을로 편을 갈라 행하는 줄다리기는 당산제와 같은 마을제사를 지낸 뒤에 대보름에 행하는 대표적인 대보름 민속놀이다. 지역에 따라서 암줄과 숫줄 두 개의 줄을 만들어 이것을 가지고 놀다가 연결해서 줄다리기를 하기도 하고, 외줄을 만들어 놀기도 한다. 또 쌍줄 형태가 창조적으로 변형되어 고싸움과 같은 대형의 편싸움으로 발전한 예도 있다.

보통 줄의 재료로 짚이 사용되었다. 예외적으로 칡이나 삼을 주재료로 삼기도 하였으며 대나무 또는 나무껍질 등을 보강재로 사용하기도 하였다. 예컨대 경북 영일군 장기면의 줄[모포줄]은 칡을 주재료로 삼고 굴피로 보강하였으며, 충남 당진군 기지시의 줄은 삼베, 짚, 늑다리, 칡 등을 꼬아서 만들었다.

줄의 형태는 일반적으로 쌍줄과 외줄로 나눌 수 있다. 외줄은 호남지역에서 집중적으로 분포하였던 반면, 쌍줄은 전국적으로 광포하였다. 외줄은 한 가닥의 몸줄이기 때문에 성(性)의 구분이 없으나, 쌍줄은 암줄과 숫줄로 구분된다. 그리고 외줄은 한 가닥의 몸줄을 통째로 당기지만, 쌍줄은 하나의 몸줄에 수많은 종줄을 늘어뜨려 그 종줄을 당긴다. 종줄을 흔히 '지네줄' 또는 '기줄[게줄]'이라고 한다.

줄다리기의 연행 공간은 줄을 다리는 데 불편함이 없는 장소이면 족하다. 내륙지역에서는 일반적으로 넓은 논·밭이나 큰 길을 연행의 공간으로 삼는다. 그런데 내륙지역이라고 하더라도 강을 끼고 있는 지역에서는 강변의 공터를 연행의 공간으로 삼는다. 예컨대 장흥지역에서는 탐진강변에서 매년 보름을 기해 대규모의 '보름줄다리기'를 행하였다. 한편 해안지역에서는 일반적으로 해안의 백사장을 연행의 공간으로 삼는다.

편의 구성은 일반적으로 두 가지 형태가 있다. 하나는 남성과 여성으로 편을 가르는 것이고, 다른 하나는 공동체의 공간을 둘로 나누어서 편을 가르는 것이다. 남녀별로 편을 가를 때, 여성 편에는 여성뿐만 아니라 미혼의 남성들도 포함된다. 남성 편에는 기혼 남성들만이 포함된다. 한편 지역별로 편을 가르는 경우에는 동↔서, 남↔북, 상↔하 등의 기준에 따라서 나누는 것이 일반적이다.

줄의 처리는 일반적으로 소비형과 보존형으로 나눌 수 있다. 소비형은 줄을 즉시 소비하는 형태로서 다시 즉시소비형과 송액형으로 나눌 수 있다. 전자는 ① 지붕 위에 얹거나 대문 앞에 걸면 집안에 액이 들어오지 않는다, ② 논밭에 널어놓으면 곡식이 잘 된다, ③ 불임 여성이 달여 먹으면 잉태할 수 있다, ④ 배 위에 싣고 나가면 풍어 진다, ⑤ 보를 막으면 가뭄 들지 않는다는 등의 믿음에 의해 줄을 처리하는 형태이다. 그리고 후자는 연행 장소에 뱀이 똬리를 튼 양 줄을 둥그렇게 쌓아두고, 그 해에 줄이 장마에 쓸려 가면 길하다고 믿는 형태이다. 한편 보존형은 줄을 당산에 감아 두는 형태이다. 당산에 줄을 감는 것을 지역의 수호신과 용신의 결합으로 인식한다. 흔히 '당산옷입히기'라고 하며, 이로써 더한 복락을 누릴 수 있다고 여긴다.

셋째, 기복 또는 점복의 종교적 심의와 상통하는 예방적 의미를 가지고 행해지는 민속놀이가 있다. 노두놓기와 액막이연 날리기, 축귀놀이, 액막이놀이, 횃불싸움 등을 들 수 있다. 이중 전국적으로 행하였던 대표적인 놀이가 액막이연 날리기이다.

액막이연은 한 해의 액운을 멀리 날려 예방하는 것은 물론 복을 기원하기 위해 음력 대보름을 기해 띄워 보내는 연(鳶)을 말한다. 주로 방패연을 사용하며, 연의 표면에는 "송(送)·송액(送厄)·송액영복(送厄迎福)" 혹은 본인의 성명이나 사주나 주소 등을 써넣는다.

『삼국사기(三國史記)』 열전(列傳)에, "신라 선덕여왕 말년에 김유신이 밤에 풍연(風鳶)에 불을 달아 하늘로 올려 민심을 수습하였다."는 기록이 전하고 있다. 그러나 고려와 조선시대에 접어서 액막이의 일종으로 놀이화되었다. 정철(鄭澈, 1536~1593)의 시조 <속전 지연가(俗傳 紙鳶歌)>의 내용, "내 집의 모든 厄을 너 홀로 가져다가 / 人家에 傳치 말고 野樹에 걸렸다가 / 비 오고 바람 불 때 自然消滅 하거라"를 통해, 조선시대에 액막이연의 풍속이 전승되고 있었음을 확인할 수 있다. 『동국세시기(東國歲時記)』에서도, "아이들이 '집안 식구 아무개 무슨 生, 몸의액을 없애버린다(家口某生身厄消滅).'는 글자를 연 뒤에 써서 그 연을 띄우다가 해질 무렵에 그 연의 줄을 끊어버린다."는 내용이 있다. 이를 통해 조선시대에 액막이연의 풍습이 널리 전승되고 있었음을 확인할 수 있다.

연을 날리는 시기는 섣달부터 정월 보름 사이로 고정되어 있다. 농한 기인 음력 12월부터 연을 날리기 시작하여 정월 보름에 액막이연을 날려 보냄으로써 연날리기를 끝내고 새로이 농사 준비를 다짐했던 것이다. 따라서 정월 보름 이후에 연을 날리면 '고리백정'이라고 지탄받았다. 고리백정은 농사를 짓지 않는 천민으로 고려시대에는 '수척(水尺)' 또는 '화척(禾尺)'으로 불리어졌다.

정초에 세배와 성묘가 끝나면 마을 앞이나 갯벌에서 연을 띄우는데, 정월 대보름 바로 전에 절정을 이룬다. 정월 대보름 밤에는 달맞이를 한 후에 각자 띄우던 연을 가지고 나와 액막이연을 날린다. 이때 연줄을 끊는 방법이 흥미롭다. 창호지 위에 쑥과 뽕나무 숯을 올려놓고 빻아서 담뱃대 모양으로 20cm 정도의 길이로 만다. 이것을 실로 연결하여 연줄에 매고 불을 붙여 연줄을 푼다. 이것이 연줄에 매달려 높이 올라갔을 때 연줄을 잡아당기면, 마치 불꽃놀이처럼 불꽃이 퍼지면서 장관을 이룬다. 연줄에 매달린 불꽃이 다 타면, 결국 연줄이 끊어져 멀리 날아가게 된다. 액막이연이 떨어져 있으면 아무도 절대 줍지 않는다.

넷째, 기타 민속놀이로서 마당밟기, 제기차기, 팽이치기, 돈치기 등이 있다. 마당밟이굿은 정월 초삼일 경부터 마을에서 굿물을 일어가지고 집집마다 돌아다니면서 하는 굿이다. 이 굿을 오늘날에는 농민들의 악, 농사와 관련된 악이라는 뜻에서 일제 때부터 농악이라 불리어지고 있으나, 그 근본적인 명칭은 굿, 매구, 매굿, 풍물, 풍장, 걸립, 걸궁, 금고 등이 쓰였다.

입춘(立春)은 24절기의 하나로 대개 음력으로 설과 대보름 사이인 정월 13일경이며, 양력으로는 대개 2월 4일이다. 『동국세시기(東國歲時記)』에서도, "대궐 안에서는 춘첩자(春帖子)를 붙인다. 향토대부와 민가 및 상점에서도 모두 춘첩을 붙이고 송도(頌禱)한다. 이를 일컬어 춘축(春祝)이라 한다."는 기록을 확인할 수 있다. 이날 대궐에서는 신하들이 지은 춘첩자(春帖子)를 붙이고, 민간에서는 춘련(春聯)을 붙인다. 특히 양반가에서는 손수 새로운 글귀를 짓거나, 옛사람의 아름다운 글귀를 따다가 춘련을 써서 봄을 축하하는데 이것을 춘축(春祝)이라 한다. 이때 대구를 맞추어 두 구절씩 쓴 춘련을 대련(對聯)이라 부른다. 이 춘련들은 집안의 기둥이나 대문, 문설주 등에 두루 붙인다.

대련에 가장 많이 쓰이는 글귀는 "입춘대길(立春大吉) 건양다경(建陽多慶)"이다. 이 뜻은 "입춘에는 크게 좋은 일이 있고, 새해가 시작됨에 경사스러운 일이 많기를 바랍니다."이다. 여기에서 '건양'은 19세기 말 고종즉위 33년부터 다음해 7월까지 쓰인 고종황제의 연호(1896~1897)이다. "건양다경"은 그 당시 국태민안(國泰民安)을 기원하는 뜻에서 집집마다 써서 붙였다고 한다. 그 외에는 "수여산(壽如山) 부여해(富如海) : 산처럼 장수하고, 바다처럼 부유해지기를 바랍니다."와 "소지황금출(掃地黃金出) 개문백복래(開門百福來) : 땅을 쓸면 황금이 나오고, 문을 열면 온갖 복이 들어오기를 바랍니다." 등이 있다.

그러나 이 같은 춘첩은 상류층의 민속이고 일반 민가에서는 그리 성행치 않았다. 농가에서는 보리뿌리점을 치기도 한다. 『열양세시기(洌陽歲時記)』에, "보리뿌리를 캐어 뿌리가 세 가닥 이상이면 풍년이고, 두 가닥이면 보통이고, 한 가닥이면 흉년이 든다."라는 기록이 있다. 그리고 제주도에서는 입춘점이라 하여 입춘날에 바람이 불면 1년 내내 바람이 많다고 하며 밭농사에 나쁘리라고 예측하기도 한다.

2월 초하루를 '하리디랫날'이라 한다. 그 이름이 지역에 따라서 다소 차이가 있으며, 그 정확한 어원은 아직 밝혀진 바 없다. 옛날에는 이날도 명절로 여겼으며 차례를 지냈다고도 하지만, 오늘날은 다만 관념적인 명절로만 생각할 뿐이다. 이날이 되면 산에서 칡을 캐는 어린이들을 볼 수 있는데, 이날 캔 칡은 약이 된다고 한다. 또 이날 콩을 볶아 주머니에 담고 다니면서 먹기도 한다. 콩을 볶는 행위를 흔히 '좀볶기', '굼벵이 볶기', '버러지 볶기'라고 부른다. 콩을 볶으면서 "새알 볶아라, 쥐

알 볶아라, 콩볶아라"라고 말을 하면, 새와 쥐가 없어져 곡식을 축내는 일이 없어진다고 한다. 이것은 유감주술적(類感呪術的) 측면에서 행해지는 것으로 해석된다. 그리고 이 볶은 콩을 먹으면 1년 내내 무병하고, 집 주위나 논밭에 볶은 콩을 뿌리면 집안에 노랭이가 없어지며 논밭에 병충해가 없어진다고 한다. 농가에서는 2월 초하루부터 본격적으로 일을 시작한다. 이 날은 곳에 따라 당산제를 모시거나 줄다리기를 하는 곳도 있다.

그리고 『동국세시기(東國歲時記)』를 보면 "영남지방의 풍속에 집집마다 신에게 제사를 지내는 것을 영등신이라 한다."라는 기록이 보인다. 오늘날에는 영등신을 흔히 '영등할머니'라고 부르고 있다. 영등할머니는 바람을 관장하는 풍신(風神)이기 때문에 바람이 생업과 밀접한 관계가 있는 어촌에서 주로 모신다. 영등할머니는 2월 초하룻날 내려 왔다가 2월 15일에서 20일 사이에 올라간다. 따라서 영등할머니가 내려오는 날과 올라가는 날에 떡을 해 놓고 제사를 모시기도 한다. 영등할머니가 내려 올 때 며느리를 데리고 올 때는 비가 내리고 딸은 데리고 올 때는 다홍치마가 나부껴 예쁘게 보이게 산들바람이 분다고 한다. 그래서 '불 영등'이라 하여 농사의 풍흉점을 치기도 한다.

(5) 윤달의 세시풍속

윤달은 태음력의 농사의례성 때문에 같은 달이 반복되어 12개월 외에 추가된 달이다. 그래서 '공달'이라고도 한다. '윤달에는 무슨 일을 해도 탈이 나지 않는다'고 믿는다. 이때에 특히 노인이 있는 가정에서는 수의를 만들어 둔다. 수의를 '먼옷'이라고 하는데 마을에서 잘 짓는 사람들을 불러 잔치 분위기를 만든다. 사후에 짓는 수의는 매듭을 맺지 않으나 생전에 짓는 수의는 보통 옷과 마찬가지로 매듭을 짓는다. 수의를 미리 지어 그 속에 담배, 소독약 등을 넣고 다락에 매달아 둔다. 좀 벌레가 들어가거나 상할까 염려해 한 달에 한 번 정도 통풍을 해준다. 예전에는 윤달에 널(棺)을 짜고 까맣게 옻칠을 하여 광에 모셔두는 가정 도 있었다. 윤달에는 평소 특별히 조심해야 하는 일을 마음놓고 한다. 윤달에 죽거나 이장하는 경우에는 '당사자가 복을 타고났다'고 한다.

3. 세시풍속의 전승과 변화

우리 세시풍속의 기원은 한민족이 한반도에 삶의 터전을 두고 정착 했었을 아주 먼 그 때로 거슬러 올라간다. 그러나 일정하고 지속적인 형태의 면모를 갖추기까지 오랜 시간이 소요되었을 것은 분명한 사실 이다. 따라서 이에 대한 명확한 시기 파악이 불가능하다. 다만 인류가 농경시대에 접어들면서 식물의 성장과 결실의 과정이 계절의 순환에 따라 반복적인 시간 차이를 두고 진행된다는 사실을 체득하게 되면서 부터 비로소 세시풍속이 형성되었을 것으로 가정하면, 대략 농경문화가 시작된 신석기시대 이래부터 세시풍속의 틀이 잡히기 시작했을 것으로 추론된다.

우선 단군신화에 풍백(風伯), 우사(雨師), 운사(雲師) 등이 등장한다. 이들 을 농경신(農耕神)으로 유추할 때, 대체로 고조선 시대에 이미 세시풍속 이 존재했을 것으로 짐작된다. 그러나 어디까지나 신화시대의 기록이어 서 확정적 결론을 내리기는 어렵다. 이후 삼국 초기 문헌에 부여의 영 고(迎鼓), 고구려의 동맹(東盟), 예의 무천(舞天) 등의 기록이 보이는데, 모두 농경과 관련되는 세시풍속의 양태들이다. 이로써 대략 3세기경 한반도 전역에 걸쳐 세시풍속이 확산되었음을 확인할 수 있다. 또한 『삼국사기』

나『삼국유사』등의 문헌에도 당시의 세시풍속이 상세하게 전하고 있어 그 신빙성을 더하고 있다.

고려시대에 접어서는 전래의 세시풍속이 더욱 확산되었다.『고려사』에 설, 대보름, 한식, 삼짇날, 단오, 중구일, 동지, 추석을 민속명절로 규정하고 있어 당시의 상황을 미루어 짐작할 수 있다. 또한 불교의 영향으로 불교적인 종교행사가 왕실에서부터 민간에 이르기까지 횡행하였다. 이후 조선시대에 와서도 전래의 세시풍속은 변함없이 지속되었다. 다만 억불정책에 의해 불교적인 행사가 퇴색하고 대신 유교적인 행사가 부각되었다. 그러나『동국세시기』를 통해 보더라도 설날, 한식, 단오, 추석 등 명절에 따른 행사가 중심을 이루고 있으며, 이외 대보름, 백중, 동지, 섣달그믐 등이 지속되고 있음을 확인할 수 있다.

그러다 개화기, 일제시대, 해방, 6 · 25, 새마을운동 등을 거치는 과정에서 세시풍속은 급격한 변화 및 훼손을 겪는다. 특히 오늘날 산업화와 도시화로 인해 생활양식이 급속히 변화되면서부터 그 변화 정도가 매우 심하다. 따라서 더 이상 소멸되기 이전, 지금에라도 오늘날 전승되고 있는 세시풍속의 실태 파악이 선행되어야 하며, 이를 바탕으로 이전의 기록과 비교하여 우리 세시풍속의 변천사를 조명해야 할 것이다.

이러한 문제의식에서 세시풍속의 변화를 살펴보면, 우선 봄철(3 · 4 · 5월)의 세시풍속에서 보이는 두드러진 변화는 청명(淸明)과 한식(寒食)을 전후하여 봄갈이를 하고, 또 씨를 뿌리는 등의 농경 준비가 사라졌다는 점이다. 농경 기술이 발달함으로써 굳이 이때에 맞춰 작업을 할 필요가 없어진 것이다. 또한 봄의 신선함을 느낄 수 있는 여러 종류의 음식들, 예컨대 화전(花煎), 화면(花麪), 탕평채(蕩平荣), 쑥국(艾湯), 산병(散餠), 소밥(素飯), 증편(蒸餠) 등이 사라졌으며, 봄과 어우러져 행했던 여러 놀이, 예컨대 각시놀음(閣氏戱), 물장구(水鼓戱), 호드기 등도 사라졌다. 풍부한 먹을거리와 이농화 현상에 따른 결과로 여겨진다. 그러나 청명이나 한식에 행해졌던 사초 및 차례는 엄격히 지켜지고 있으며, 여전히 단오(端午)를 큰 명절로 인식하며 이전의 풍속을 지속하고 있다.

　여름철(6·7·8월)의 세시풍속에서 보이는 두드러진 변화는 유두(流頭)에 행했던 유두천신(流頭薦新), 칠석(七夕)에 행했던 칠성재(七星齋), 백중(百中)에 행했던 망혼행사(亡魂行事) 등이 사라졌다는 점이다. 모두 제의와 관련한 것들로서 외래 종교의 유입에 따른 종교관의 변화 및 개화기 이후 줄곧 화두였던 미신타파의 영향으로 볼 수 있다. 또한 추석에 행해졌던 씨름이 사라졌다. 이농화 현상의 또 다른 결과일 것이다. 그리고 유두면(流頭麵), 수단(水團), 연병(連餅), 상화병(霜花餅), 밤단자(栗團子) 등의 계절별 음식도 사라졌다. 그러나 한편 이 지역의 주된 생업 활동이 밭농사이기 때문에 이와 관련하여 경우에 따라 기우제가, 그리고 참외제가 새로이 행해지고 있다. 특히 참외제는 해충을 예방하기 위한 일종의 주술행위인데, 이마저도 비료 내지 농약이 대치하고 있어 곧 사라질 운명에 놓여 있다.

　가을철(9·10·11월)의 세시풍속은 그리 두드러진 변화가 보이지 않는다. 다만 수레가 사라진 탓에 말고사(馬告祀)가 이를 좇아 사라졌으며, 동지(冬至) 때 푸른 생선을 사당에 진설하고 재를 올리던 청어천신(靑魚薦新)이 사라졌다. 또한 화채(花菜)나 냉면, 수정과도 아무 때나 먹을 수 있는 음식으로 상업화되어 굳이 때를 가릴 필요가 없어졌다. 한편 중양절(重陽節)을 여전히 큰 명절로 인식하고 있어, 마을민 전체가 회관에 모여 국화전 및 국화주를 나누며 하루를 즐기고 있다. 그리고 이 날 추석 차례를 올리지 못한 경우에 한해 차례를 올리는 구일차례 풍속이 새로이 행해지고 있다. 조상을 숭상하고, 효를 행하는 전통적인 가족 윤리관의 면면한 영향으로 볼 수 있다.

　겨울철(12·1·2월)의 세시풍속은 특히 심한 변화를 보이고 있다. 이 시기는 한 해를 마무리함과 아울러 새해를 맞이해야 하므로, 여느 철에 비해 많은 행사가 집중되어 있다. 특히 한 해의 무병과 풍요 그리고 액운을 물리는 주술행위가 주종을 이루고 있는데, 콩볶기, 액연띄우기, 제웅버리기, 달맞이 등 몇몇을 제외한 나머지 일체의 주술행사가 사라졌다. 그리고 콩점이나 좀생이점 이외 풍흉의 정도를 점치는 일체의 점복행위가 또한 사라졌다. 의술의 발달, 종교의 발달, 농경 기술의 발달 등에 기인한 자연스러운 결과로 보인다. 그러나 민족 최대의 명절답게 설날에 행해지던 풍속은 고스란히 전승되고 있다. 다만 물질이 풍요해짐에 따라 세장(歲粧)에 대한 기대가 이전만은 못하다. 또한 부럼, 귀밝이술, 오곡밥, 진채(陳菜) 등 대보름 행사 일부도 여전히 전승되고 있다.

생활양식이 변함에 따라, 그리고 전통적 가치관이 변함에 따라 우리의 세시풍속이 급속하게 사라지고 있음을 확인하였다. 그러나 긴 역사를 통해 여전히 전승되고 있는 몇몇 경우가 있기도 하였다. 그 자체에 우리 민족이 공감하는 불변의 문화적 인자가 지속되고 있다는 반증이기도 하다. 세시풍속은 조선 후기 실학사상의 대두와 더불어 지금까지 꾸준한 관심의 대상이 되어왔다. 이러한 관심은 지역문화의 특수성과 보편성을 확인할 수 있는 계기가 될 뿐만 아니라 민족문화의 전통을 이해할 수 있는 초석이 된다. 따라서 세시풍속의 통시적 추이를 파악하고 그 변화 양상을 조명하여 21세기를 겨냥한 신문화로서의 건전한 행동양식을 제시해야 할 것이다.

4. 세시풍속의 의의와 계승

(1) 세시풍속의 의의

첫째, 일체의 한국에 대한 연구를 한국학이라고, 한국학의 기본이 되는 학문을 민속학이라고 할 때 1년을 단위로 하여 반복되는 세시풍속은 한국 민속학의 중심이 된다는 점에서 그 의의가 크다. 이처럼 세시풍속은 전통문화의 바탕을 이루는 독창적 고유문화로서 민족문화의 저변을 이루는 기층문화인 것이다. 그러므로 세시풍속은 일시에 생성되거나 소멸되지도 않으며, 외래문화에 쉽게 동화되거나 변모되지도 않는 한국적 고유 인자를 공고하게 지니고 있다. 이런 점에서 한국문화의 총체적 탐구를 목적으로 하는 한국학에 있어 세시풍속은 민속학의 그 어느 영역보다 가장 중요하고 우선하는 분야라고 할 수 있다.

둘째, 세시풍속은 서민층의 생활문화를 그대로 반영하고 있다는 점에서 서민층의 이해에 크게 기여한다. 민족의 대부분을 차지하는 서민층은 다수를 차지하는 계층이면서도 소수의 정치 지배층에 가려 좀처럼 역사의 표면에 나타나지 않는다. 또 이들 계층은 대부분 문맹층이어서 양반 지식층인 상류계층 중심의 역사적 기록에서 소외되어 있다. 때문에 역사의 중심을 이루는 서민층의 사회활동과 문화예술, 그리고 여기에 나타난 종교신앙 및 현실인식 등을 파악하기 위해서 그들이 향유한 전통문화에 대한 심층적 이해가 필요하다. 이와 같은 점을 집약적으로 보여주고 있는 분야가 바로 세시풍속이다.

셋째, 세시풍속에 포함되어 있는 구비문학적 의의다. 세시풍속에는 계절에 따라 형성된 다양한 문학, 즉 세시가요(歲時歌謠), 노동요(勞動謠), 의식요(儀式謠), 유희요(遊戱謠), 타령(打令), 한식·칠석·한가위·동지 등의 유래를 어느 정도 가늠할 수 있는 전설이나 민담 등 구전되어 전하는 서민층의 문학이 내재되어 있다. 이들 세시풍속계 구비문학들은 생활과 직결되어 있는 생활문학, 체험문학 또는 현장문학이라는 점에서 부각되고 있다. 그리고 이들 대부분은 기록문학의 원천을 이루고 있거나 유사 장르의 기록문학과 밀접한 관련을 맺고 있다. 이런 점에서 이들의 문학적·문화적 의의가 매우 크다.

넷째, 세시풍속에는 우리 조상들이 지키고 행하여온 관습적 제도와 윤리적 생활규범이 불변의 요소로 작용하고 있다. 이들 가운데는 버리거나 개선되어야 할 부정적 인습도 없지 않지만, 조상 대대로 공감대를 형성하여 왔다는 점에서 대부분 불변의 미풍양속이며, 후대에도 계승되어야 할 성신 문화의 전범이 된다. 따라서 전통문화가 매몰되고 망각되어 가는 지금은 물론 세계화로 치닫는 21세기의 새로운 주체적 생활문화 및 정신문화의 정립과 창조를 위해 세시풍속은 아주 중요한 의의를 갖는다.

(2) 세시풍속의 계승

세시풍속의 현주소는 무엇인가? 이전 시기 세시풍속의 양상은 부여의 영고(迎鼓), 예의 무천(舞天), 고구려의 동맹(東盟), 백제의 제천(祭天) 등 춘추농경의례의 기록에서 흔히 확인할 수 있다. 그러나 최근 자연에의 의존이 적어지면서 세시풍속의 전승성이 약화되어가는 것이 사실이다. 오랜 전통이 있는 세시풍속이 과학사상, 서구문물의 도입, 교육의 보급에 의해서 나날이 달라져 가고 있는 것이다.

생산양식도 농경에서 도시산업으로 전이되는 것, 식사·복장·가옥 구조도 서구화되고 이에 대한 의식도 변천하는 것 등이 변화의 요인들이라고 하겠다. 그럼에도 불구하고 우리가 세시풍속의 계승을 생각하는 이유는 오랜 역사의 생활경험을 통해서 얻어진 세시풍속에는 많은 사람들을 공감하게 하는 현실주의적 사고가 들어 있고, 인생의 진리를 함유하는 민중의 의식과 지혜가 들어 있기 때문이다.

세시풍속은 '지금'도 전승되고 있다. 흔한 일이지만 봄소풍을 통하여 꽃놀이를 하고, 가을운동회를 통하여 줄다리기, 씨름, 축제를 벌이고 있다. 그리고 때와 장소의 제한 없이 씨름대회, 연날리기, 윷놀이 등을 하고 있다. 특히 여름에는 음력 6월 보름의 유두나 삼복의 물맞이를 하는 풍습을 따라 피서를 즐기고 있다. 시대적으로 변화의 완급이 있고, 지역적으로 계승의 넓이와 깊이와 크기가 다르며, 상황적으로 연도별·계절별·월별·절기별 차이가 있을 뿐이다. 중요한 것은 이 세시풍속이 전승되는 현장과 유리되지 않는 동시에 세시풍속의 가치를 발현하기 위해 현대적 재창조를 시도하는 일이다. 그렇게 하기 위해서는 세시풍속에 함유된 한국문화의 전통성을 포착할 뿐만 아니라 세시풍속의 개별성을 디지털시대의 문화정책·문화사업·문화교육에 반영하고 우리시대의 문화유산으로 변형시켜 나가야 한다.

세시풍속은 '여기'에서도 변화하고 있다. 이미 일상적인 일이 되었지만 기독교의 크리스마스와 새 차를 구입하고 치르는 자동차 고사 등을 보면 알 수 있다. 이처럼 '지금·여기'에서 세시풍속은 변화하고 있다. 문제는 세시풍속을 실상대로 파악하고, 거기에서 어떻게 현대적 의미를 도출하는가 하는 것이다. 이 작업이 필요한 이유는 이 작업의 진척 여부에 따라 세시풍속의 미래 전망을 가능하게 하기 때문이다.

이러한 방향에서 세시풍속의 돌파구를 마련할 수 있다. 첫째, 세시풍속은 기층민의 삶 속에서 역사적으로 깊이 있는 합의를 추구해야 한다. 오늘의 세시풍속이 과거의 그것이라면, 미래의 세시풍속은 오늘의 그것이 되는 것이기 때문이다. 둘째, 세시풍속은 우리의 풍토에서 필연적으로 넓게 거행해야 한다. 세시풍속은 지역의 개별성과 전국의 일반성을 동시에 획득해 나가면서 연중행사가 되어야 하는 것이다. 그리고 세시풍속은 현장의 맥락에서 큰 의미로 파악되어야 한다. 우리는 세시풍속을 놓고 적극적으로 현대적인 의미를 부여해야 하며, 사회적인 기능을 환기시켜야 하는 것이다. 그럴 때 비로소 세시풍속의 현대적 계승문제는 출발선상에 서게 되는 것이다.

◎ 참고문헌

고대민족문화연구소 편,『한국민속대관Ⅳ』, 고려대학교 민족문화연구소, 1982.

국립문속박물관 민속연구과,『한국 세시풍속 사전』, 국립민속박물관, 2004.

국립문화재연구소 편,『(각도) 세시풍속』, 국립문화재연구소, 2001~2003.

민속학회 편,『한국민속학의 이해』, 문학아카데미, 1994.

유광수 외,『전통문화의 세계』, MJ 미디어, 2006.

유광수 외,『한국전통문화의 이해』, MJ 미디어, 2003.

이강로,『세시풍속과 민속놀이』, 세종대왕기념사업회, 2000.

이창식 외,『민속학이란 무엇인가』, 청문각, 1996.

임재해 외,『한국민속사입문』, 지식산업사, 1996.

장주근,『한국의 세시풍속』, 형설출판사, 1984.

정승모,『한국의 세시풍속』, 학고재, 2001.

표인주,『한국인의 생활양식과 전통문화예술』, 민속원, 2004.

제5장

일생의 삶과 통과의례

1. 통과의례의 역사적 전개

인간은 삶을 영위하는 과정에서 여러 가지 의례를 거치게 된다. 그것이 종교적인 의례이건 세속적인 의례이건, 의례는 보통 과도기적인 시기에 행해진다. 과도기는 한 과정에서 다음 과정으로 넘어가는 상태이기 때문에 위험이 수반된다. 이는 불안정한 상태를 완전함으로 만들어 주는 역할을 의례가 감당하고 있음을 의미한다. 과도기적인 상태에 직면했을 때, 인간은 가능한 불안정한 상태에서 벗어나 안정된 상태로 들어가기를 원하는데, 이는 의례적인 절차를 통해서 해소되기 마련이다.

여기서 의례적인 절차라 함은 삼칠일, 백일, 돌, 성년식, 혼례, 회갑, 장례식과 제례 등을 말한다. 이러한 의례를 인류학에서는 '통과의례(通過儀禮)'라고 부르기도 하고, 민속학에서는 '관혼상제(冠婚喪祭)' 혹은 '일생의례(一生儀禮)'라고 부르기도 한다. 통과의례라고 하는 것은 개인이 일생을 반드시 통과해야 하는 의례를 말하는 것으로, 예컨대 출산의례, 성년의례, 혼인의례, 죽음의례가 그것이다. 이 같은 의례는 인간의 생태적

환경이나 역사적 조건, 사회적 조건에 따라 다르기 마련이고, 인간이 살아가면서 중요한 고비마다 겪게 되고, 일생 중에서도 중요한 매듭이 되는 시기에 행해지는 의식이다. 통과의례는 인생의 고비에서 어떤 절차상의 의식을 거행함으로써 자신이 속한 집단의 한 구성원으로서 자격을 갖게 하고 권리를 인정받게 한다.

인류는 다른 동물과 비교해서 열세인 체력을 극복해야 했으며, 자연의 위협 앞에서 스스로를 보호해야 했다. 그러기 위해서는 선대로부터 터득한 지식을 후대에 계승·발전시켜 그 사회를 보존해야 했다. 이러한 과정에서 인간은 앞에 닥친 운명과 그에 대한 극복의 과정을 겪으면서 통과의례를 만들게 되었다. 생명이 유한한 인간이 영원한 운명과 맞서 싸우기 위해서는 후손에게 그 방법을 물려주어야 했다. 그래서 통과의례는 운명과 대적하는 인간의 의지가 반영된 의례라고 할 수 있다. 개인이 새로운 질서로 편입되는 과정을 극화한 통과의례는 의례를 행한 개인에게 새로운 역할을 익힐 수 있는 기회를 제공한다. 또한 통과의례는 공동체가 그 구성원의 지지를 실증할 수 있는 기회를 제공하게 된다. 이러한 의례는 인생의 중요한 단계들을 연결하는 교량 역할을 하며, 개인이 세계의 어떤 통제 불가능한 측면에 대응할 수 있도록 도와준다. 즉 개인의 경험을 위해 예측 가능한 공동상황을 제공함으로써 변화에 수반되는 불가피한 고통을 완화하는 기능을 하는 것이다.

통과의례는 일반적으로 죽음과 재생의 관념을 상징화한 것으로 그 종류가 많은 만큼 이질적인 요소도 적지 않으며, 민족이나 문화의 차이에 따라서도 형태상·기능상의 차이를 발견할 수 있다. 그러나 통과의례는 모든 사회에 존재하며, 이 가운데 가장 중요하고 보편적인 의식의 대부분은 출생·성장·생식·죽음 등의 생물학적 단계로 이는 각 문화권의 오랜 전통 안에서 갈고 다듬어져 형성되었다. 우리나라의 경우, 고대의 의례 모습은 <단군신화>에서 찾아 볼 수 있고, 고려 말 성리학의 도입과 주자의 『가례(家禮)』가 소개되었는데, 조선시대에는 관혼상제를 중시하여 『경국대전(經國大典)』에 법으로 규정하였다. 이와 더불어 『상례비요(喪禮備要)』, 『사례편람(四禮便覽)』 등의 예서들이 등장하면서 본격적으로 가례는 실천덕목으로 자리 잡게 된다. 그러던 것이 1975년 가정의례준칙이 시행되면서 많은 의례들이 형식화되거나 간소화되어 오늘에 이르고 있다.

2. 출산 및 육아의례

통과의례 가운데 가장 먼저 행하는 풍속이 출산 및 육아의례다. 흔히 산육속(産育俗)이라고도 한다. 산육속은 산속(産俗)과 육속(育俗)을 결합한 개념으로서 그 시행 연한은 보통 출산 전 태아에서부터 어느 정도 성장할 때까지를 기준으로 삼는다. 산육속은 기자속(祈子俗), 산전속(産前俗), 산후속(産後俗), 육속(育俗) 등으로 세분할 수 있다. 산육속은 자식에 대한 부모의 지극한 사랑을 내포하고 있기 때문에 그 전승의 양상이 지리·환경적인 요인에 의해 약간의 차이는 드러내고 있을지언정, 지역적인 편차는 크지 않다.

(1) 기자치성

전통시대의 미혼남녀들도 오늘날과 같이 성교육을 받았다. 그러나 임신하지 않는 법을 배우는 것이 아니라, 임신하는 법을 배웠다는 점에서 차이가 난다. 즉 좋은 자손을 얻는 방편으로써 성교육이 이루어졌던 것이다. 당시 가장 일반적인 성교육이란 "어떤 날에 남녀가 합방을 하면 임신할 가능성이 가장 큰가?" 하는 것이었다. 그 '어떤 날'이 바로 일종의 속신으로 전승되었던 씨내리는 날, 즉 귀숙일(歸宿日)이었다. 이날에 합방하면 귀한 남아를 잉태할 가능성이 크다고 믿었다. 그래서 여성들은 귀숙일자를 외우고 있거나, 겹주머니 틈에 귀숙일자를 적은 종이를 은밀히 넣어두기도 했다.

남성이든 여성이든, 전통시대에는 성혼과 함께 아들을 낳아 가계를 계승하는 일을 사명으로 여겼다. 그런데 아들을 낳아 계승하는 일이 여성들에게는 올가미였다. 시집가서 아들을 낳지 못한 여인은 며느리로서, 또한 부인으로서 자신의 소임을 다하지 못한 이른바 칠출(七出)을 범한 사람으로 이혼의 사유가 되었다. 이혼을 당할 정도로 아들이 중요했던 이유는 무엇이었을까? 특히 조선을 지배했던 유교가 가계계승과 가부장 중심의 가족생활을 강조했으므로 남아선호가 불가피했기 때문이다. 종통과 명분의식을 유난히 강조했던 조선에서 아들은 조상의 대를 잇는 희망의 존재였다. 가부장권의 계승이 남성에게만 이루어졌기 때문에 아들은 가문을 일으키는 기둥이며 대들보였다. 따라서 아들이 없는 집은 대가 끊어져 죽어서도 조상을 볼 면목이 없다고 생각하였다. 더군다나 부모의 입장에서 보면, 아들은 노후의 의존과 제사의 책임자가 되기 때문에 더욱더 필요한 존재였다. 따라서 부부간의 성생활은 단순한 욕정의 분출을 넘어 자손을 잇는 행위였다.

이렇게 여성들의 인생 목표가 아들을 낳아 잘 키우는 일이었던 만큼 아들을 낳기 위한 갖가지 비상은 상식으로 알고 있어야 했다. 영험하다고 알려진 산에 가서 기도를 드린다거나, 사찰의 산신당 혹은 칠성당 그리고 각종 종교적인 공간에 가서 기도를 드리기도 했다. 뿐만 아니라 아들을 잘 낳은 집 산모의 피 묻은 옷을 얻어 입거나, 삼신상에 놓았던 짚을 깔고 자기도 하고, 장식용 도끼를 만들어 옆구리에 차고 다니면 아들을 낳는다고 생각하기도 했다. 도끼를 옆구리에 차고 다닌 이유는 그것이 남자의 성기를 상징하기 때문이다. 그리고 인간의 인체 중에서 코가 남자의 성기를 상징한다. 오늘날 전하는 불상 가운데 상당수의 코가 훼손당했는데, 인근의 아낙네들이 아들을 낳기 위해 불상의 코를 떼어다가 주머니에 담아 몸에 지니고 다녔기 때문이다.

아들을 얻기 위한 노력은 오늘날 결혼식의 폐백에서도 이루어지고 있음을 볼 수 있다. 신랑·신부가 양가 어른들을 모셔놓고 큰절을 올리고, 그 절값으로 밤과 대추를 한 웅큼 쥐어서 신부의 치마에 던져 준다. 신부는 그것을 손수건에 싸서 첫날밤에 먹어야만 아들을 낳는다는 속신이 있다. 그렇기 때문에 시어머니는 신혼여행에서 돌아온 새댁에게 첫날밤을 치르기 전에 혼자서 대추를 먹었는지 확인하는 것이다.

(2) 태몽과 태교

태몽은 주로 당사자나 남편 그리고 처가나 시가 가족 중의 일원이 꾸게 된다. 태몽에 구렁이, 호랑이, 돼지, 소, 가물치, 숭어 등 비교적 큰 짐승을 보면 아들 꿈이고, 호박, 꽃, 딸기, 밤, 풋고추, 그리고 조개나 작은 물고기 등 비교적 작은 짐승을 보면 딸 꿈이라고 한다. 태몽은 지역성을 반영하기도 하고 개인적인 특성을 반영하기도 하기 때문에 동네마다 태몽을 꾼 사람마다 약간씩 차이가 있기 마련이다.

일단 잉태를 하게 되면, 임산부는 물론 가족까지 매사를 근신하였다. 특히 임신부에게 음식과 행동에 대한 금기를 엄격하게 강요하였다. 아이를 갖게 되면 행동을 함부로 해서는 안 되고, 깨끗한 음식만을 먹어야 한다. 그러한 예로 말고삐는 물론 염소고삐나 소고삐를 넘어 다녀서도 안 된다. 달을 넘겨서 아이를 낳는다고 해서 그러한 행동을 자제한 것이다. 임산부는 경사진 곳에 앉아서도 안 되고, 험담이나 말다툼을 해서도 안 되며, 보통 사람들이 통행하는 곳이 아닌 속칭 '개구멍'으로 다니는 것도 삼가야 한다. 아이를 낳으면 도둑놈을 낳는다고 하는 생각에서 비롯된 것이다. 또한 맞삼신이 들면 절대로 그 집을 가서는 안 되며,

그 집의 음식도 먹어서는 안 된다.

뿐만 아니라 음식에 있어서도 아무 음식이나 먹으면 안 되고, 반듯하고 좋게 생긴 음식만을 먹어야 한다. 그 중 가장 삼가야 할 것이 개고기다. 마을 공동제사를 지낼 때 제관들이 금기시하는 것도 개고기다. 하물며 한 생명을 탄생시키는 임산부가 개고기를 먹는다는 것은 매우 불경한 것으로 생각하였다. 또한 임산부가 오리고기를 먹으면 손가락이 오리발을 닮은 아이를 낳는다고 하여 금기로 여겼고, 문어와 같은 고기를 먹으면 뼈 없는 아이를 낳는다고 해서 꺼렸다. 닭고기를 먹으면 피부가 닭살을 닮은 아이를 낳고, 토끼를 먹으면 눈이 빨간 아이를 낳거나 째보를 낳는다고 해서 꺼렸다. 어촌에서는 임부에게 생선을 잡거나 다루는 일을 시키지 않는다. 이 모두가 생명을 희생함으로써 빚어지는 재앙을 미리 예방하고자 하는 의도에서 비롯한 것이다.

(3) 출산과 수유

산달이 돌아오면 미역, 쌀, 실, 기저귀, 가위, 짚, 배냇저고리 등을 준비한다. 이때 미역은 반드시 산달에 구입한다. 산달에 미역을 구입했으나, 만약 출산이 늦어져 그 달을 넘기면 미역을 다시 구입해야 한다. 미역을 살 때에 태아의 성별을 구별하는 점을 치기도 한다. 상인이 미역을 지푸라기로 묶어주면 아들이고, 새끼로 묶어 주면 딸이라고 여긴다. 또 구입한 미역 속에 지푸라기가 들어 있으면 아들로 여긴다. 구입한 미역은 반드시 구부리지 않고 곱게 펴거나 둥글게 말아서 가지고 와야 한다. 그래야 태아의 명이 길어지고, 산모가 허리를 앓지 않는다.

출산이 임박하면 임산부는 깨끗한 옷을 갈아입고 신을 씻어 방문 앞에 가지런히 놓아둔다. 임산부는 신을 보며, 살아서 그 신을 다시 신을 것이라고 다짐한다. 출산이 곧 죽음과 직결될 만한 일이라는 것을 짐작할 수 있다. 또한 윗목에 짚을 깔고 삼신상을 차린다. 삼신상 위에는 쌀, 물, 미역, 실, 가위 등을 올려놓는다. 방바닥에는 짚을 깐다. 태아가 짚 자리에서 복을 탄다고 여기기 때문이다.

임산부의 출산을 보조하는 이를 흔히 '산받이'라고 부른다. 산받이는 보통 임산부의 시어머니나 다복하고 아이를 많이 받아 본 경험이 있는 동네 아낙이 되나, 여의치 않을 경우 산받이 없이 혼자서 아이를 낳기도 한다. 동네 아낙이 산받이 역할을 할 경우 답례로 옷을 한 벌 사 주기도 하고, 버선이나 양말을 사 주기도 한다. 간혹 손이 귀한 집안의 자식은 장수하라는 의미에서 산받이가 솥뚜껑으로 아이를 받기도 한다. 한편, 태아의 출산이 더디면 임산부의 입에 머리카락을 물리기도 하고, 신랑이 곁에서 지켜봐 주기도 한다. 신랑이 임산부의 곁에서 말을 건네면 태아가 아버지의 말을 알아듣고 빨리 나온다고 여긴다. 또는 솥뚜껑이나 키로 부엌을 부치기도 한다. 더러 무당을 데려다가 삼신상 앞에서 푸념을 시키기도 하고, 물이 흐르는 물꼬에서 신랑이 물을 머금어다가 산모의 입에 넣어 주면 순산한다고 한다. 남편이 간장 그릇으로 산모의 뒤에 앉아 산모의 배를 문질러 주면 순산한다고도 한다.

아이가 태어날 때 얼굴에 피를 묻혀 나오면, 아기가 커서 '살인낸다'고 하여 미리 액막이를 한다. 칼에 아이의 이름을 새겨서 몰래 백정에게 주든지, 점쟁이한테 아이를 팔기도 한다. 또한 아이가 보를 뒤집어쓰고 나오면, 중에게 보를 해줘 공을 들이기도 한다. 아이가 쓰고 나온 보를 말려서 집안에 큰일이 있을 때 그것을 몸에 지니면 재수가 좋다고 하고, 노름에서도 재수가 좋다고 한다. 아이가 탯줄을 걸치고 나오면 동네 풍물의 장구 줄을 해줘 공을 들이기도 한다.

아이가 나오면 탯줄을 자른다. 탯줄을 손으로 아이의 배꼽 쪽으로 세 번 훑어 내리고, 다시 산모 배꼽 쪽으로 세 번 훑어 올린 다음 아이의 무릎에 닿을 만큼 탯줄을 자른다. 산모는 산모의 뱃속에 있는 태를 낳기 위하여 탯줄을 발가락에 감아 두기도 한다. 그렇지 않으면 태가 산모의 가슴 쪽으로 올라가 산모의 생명을 잃는 경우가 많다고 한다. 또한 산모가 태를 잘 낳기 위해 쪼그려 앉기도 한다. 그래도 태가 나오지 않을 때면, 삼신상 앞에서 비손을 하거나, 샘에 있는 돌을 뒤집어 놓거나, 그 돌을 가져다가 그 위에 산모를 쪼그려 앉히기도 한다. 산모는 태를 낳아야 완전히 아이를 낳게 되는 것이다. 태는 아이를 낳기 위해 깔았던 짚으로 싸서 윗목에 놓아두었다가, 삼일 째 되는 날에 산모나 시어머니가 불사르기도 하고, 집안에서 텃밭이나 손 없는 곳에 묻기도 한다. 태의 처리 방법은 첫아이부터 막내에 이르기까지 동일한 방법이어야 한다. 가령 태를 첫아이는 불사르고, 둘째 아이는 물 속에 던지면 태의 처리 방법이 달라 나중에 형제간에 불화가 잦다고 한다. 그래서 반드시 일관된 방법으로 태를 처리하였다.

출산 후에 산모는 삼신상의 미역으로 국을 끓이고, 삼신상의 쌀로 밥을 지어 '첫국밥'을 먹는다. 신랑은 금줄을 사립문에 건다. 아들을 낳았을 경우 새끼줄에 숯과 고추 그리고 종이를 끼우고, 딸일 경우는 새끼줄에 숯과 솔잎 그리고 종이를 끼운다. 솔잎을 끼우는 것은 아이가 커서 바느질을 잘 하라는 의미이다. 금줄을 일곱이레가 끝날 때까지 걸어 놓는다. 이레가 끝나면 대문 한 쪽에 올려놓는다. 아들 금줄은 아들을 낳으려고 하는 집에서 몰래 가져가기도 한다. 또한 산모가 태아에게 처음으로 젖을 먹일 때는 젖꼭지에 미역국을 바른 다음에 젖을 물린다. 젖이 많을 경우에는 젖을 짜서 반드시 굴뚝에 버린다. 젖이 적을 경우에는, 혹여 점을 쳐서 부정을 탔다고 하면 무당이 물동이에 바가지를 엎어 놓고 삼신상 옆에서 경을 읽으면 젖이 나온다고 한다. 또한 남이 보지 않는 시간에 산모가 샘에서 바가지로 물을 떠서 조금씩 흘리면서 집으로 돌아와 삼신상에 올려놓고 비손하기도 한다. 돼지족을 삶아 국물을 우려내어 먹으면 젖이 잘 나온다고도 한다.

(4) 백일과 돌잔치

백일은 아이가 태어난 지 100일 째 되는 날이고, 돌은 1년 째 되는 날로 여아인 경우는 백일이나 돌잔치를 하지 않는 경향이 있고, 아들인 경우에 많이 한다. 생후 21일째가 되는 이른바 '세이레'까지 행사는 주로 아이를 보호하고 산모의 산후 회복을 위한 의례로써 대부분 금기 사항이 중요시되는 반면, 백일은 순전히 갓난아이만을 중심으로 하는 축복 행사이다. 이날의 음식은 주로 떡이다. 주로 백설기(흰무리), 수수팥떡, 인절미, 송편 등을 준비하는데, 백설기는 장수를 뜻하고 정결과 신선함을 나타낸 것이며, 수수팥떡은 부정을 막고 부정살을 제거하는 주술적인 뜻이 있고, 인절미는 끈덕지고 여물기를, 송편은 속이 차라고 속을 넣은 것과 뜻이 넓기를 바라는 마음에서 속이 빈 송편을 만들어 준다.

의학이 발달하지 못했던 과거에는 생후 1년 동안이 성장의 고비가 되었다. 그래서 1년을 넘긴 아이에게 돌은 재생의 기쁨을 맞는 날이었다. 돌을 맞은 아이에게 새 옷을 만들어 입히고, 쌀·떡·국수·과일 등의 음식에 책·종이·붓·먹·활·화살(여자일 경우에는 활과 화살 대신 가위·자·바늘) 등을 곁들인 돌상을 차려 준다. 이때에는 친척과 이웃이 모여 축하하며, 아이의 장래를 점치는 행사로 아이에게 상위의 물건을 아무 것이나 집게 하는 '돌잡히기'를 한다. 이때 돈이나 곡식을 집으면 부자가 되고, 책·먹·붓을 집으면 문인이 되어 벼슬하며, 국수나 실을 집으면 장수하고, 활·화살을 집으면 장군이 된다고 여긴다.

3. 성년의례(관례·계례·진새례)

성년식은 가족의 구성원에서 사회의 일원으로 자격을 획득하는 의례이다. 성인으로서 의무와 책임을 일깨워주는 의례로서 삼국시대에 유교가 전래됨에 따라 남자는 관례(冠禮)라고 하는 성년식을, 여자의 경우는 계례(笄禮)라고 하는 성년식을 거행해 왔다. 관례와 계례는 일반 서민들의 문화라기보다는 상층의 문화로서 조선시대까지 행해졌던 것으로 알려져 있다. 관례와 계례는 통과의례의 성년식과 같은 것으로 민속학적 입장에서 보면 일종의 사춘기 의례인 셈이다. 관례는 남자의 상투를 틀고 관을 씌우는 의례이고, 계례는 여자의 땋았던 머리를 올려 쪽을 틀어 비녀를 꽂아 주는 의례이다. 『사례편람(四禮便覽)』에 의하면, 관례는 15세에서 20세 사이에 행하였고, 계례는 15세 무렵에 행하였다고 한다.

관례는 초가례(初加禮), 재가례(再加禮), 삼가례(三加禮), 초례(醮禮), 자관자례(字冠者禮) 등의 순으로 이루어진다. 초가례에서는 "어린 뜻을 버리고 덕을 이루어 오래 살고 복을 받으라."는 축문을 읽고, 재가례는 "삼가 위엄을 갖추고 덕으로 행동하여 오래 살고 큰 복을 받으라."는 축문을, 삼가례에서는 "형제간에 화목하고 덕을 이루어 오랫동안 평안하도록 하늘의 축복을 받으라."는 내용의 축문을 읽는다.

초가례부터 삼가례까지 의복으로 심의(深衣)에 대대(大帶), 조삼(皁衫)과 도포(道袍), 청삼(靑衫)에 사대(絲帶)를 착용하고, 관(冠)으로는 치포관(緇布冠)과 복건, 망건과 갓을 씌우는 의례를 단계별로 거행한다. 삼가례가 끝나면 초례에서 술잔을 받는다든가, 술을 입에 댄 뒤 다시 술잔을 올리고 절을 한다. 이는 성인으로서 역할과 책무를 상징적으로 나타내는 의례라고 할 수 있다. 초례가 끝나면 성인으로 대접하여 부를 이름인 자(字)를 지어준다. 그러면 당사자는 조상과 일가 어른들에게 절을 올림으로써 완전한 성인이 되는 것이다.

관례에서 관과 예복을 사용하는 것은 그것이 성인의 성대한 의식을 나타내는 표지(標識)이기 때문이다. 예복을 성대하게 갖추어 입는 것은 의식을 존중하고 의식에 참여하는 자신의 마음을 가다듬는 등 여러 가지의 의미를 갖는다. 그렇기 때문에 관례는 축문의 내용에서 알 수 있듯이 성인으로서 덕을 이루는 것, 삼가 위업을 갖추고 덕으로써 행동하는 것, 형제간에 화목하도록 하는 것을 강조하고 있다. 곧 한 사람의 성인으로서 남을 배려하고, 혈연과 지연의 공동체를 의식하면서 책임감을 일깨우는 의식이 관례임을 알 수 있다.

관례와 계례는 후대에 오면서 혼례와 혼합되어 거행되기도 하였다. 혼례를 치르기 전에 남자는 '상투틀기' 혹은 '상투올림'이라는 것을 하였고, 여자에게는 '귀영머리'를 말아주었다. 혼례와 성년식의 통합은 계례를 혼례식 당일에 거행하는 데서 볼 수 있다. 혼례식 당일 아침에 인접이 댕기머리를 풀어서 낭자를 틀고 비녀를 꽂아주는데 이를 계례라고 말한다. 결혼을 해야 성인으로서 어른 대접을 받는다고 흔히 말하는데, 이 말은 바로 성년식이 혼례와 결합된 데서 비롯된 것으로 보인다.

관례와 계례가 상류층의 성년식이라고 한다면, 농민들 사이에서 농군으로서 성년식은 '진새례'를 들 수 있다. 진새례는 어린 농군이 17세쯤 되면, 먼저 노동 능력이 어른 농군과 대등한가를 시험하는 의례이다. 이 의례를 거치는 당사자는 성인 농군으로 두레 작업에 참여할 수 있고, 품앗이에서도 성인 농군의 대접을 받는다. 뿐만 아니라 머슴살이에서도 진새례를 치른 머슴은 어른 몫에 해당하는 새경을 받는다. 진새례에서 노동 능력의 평가방법은 들독을 들어서 어깨 위로 넘기거나, 아니면 들독을 안고서 일정한 목적지를 돌아오거나 하는 등의 방법이 있고, 김매는 능력이나 똥장군을 짊어지게 하는 능력을 시험해보는 것 등이 있다. 들독을 들거나 똥장군을 짊어지는 것은 단순히 힘만 있다고 해서 되는 것이 아니다. 무엇보다 중요한 것은 힘을 조화롭게 쓸 수 있는 요령과 몸의 유연성을 동시에 갖춰야 가능하다. 이렇게 해서 어른 농군으로서 자격을 인정받으면 7월 백중날 음식을 준비해서 동네 어른들에게 대접한다.

4. 전통혼례

혼례(婚禮)는 사례(四禮 : 冠・婚・喪・祭)의 하나로서 남녀 두 사람의 결합으로 새로운 삶을 시작하는 의식을 말한다. 결혼(結婚) 또는 혼인(婚姻)이라고도 한다. 『삼국지(三國志)』의 위지(魏志) 동이전(東夷傳)에 "신부집에서 혼례를 치르고 신부가 자녀를 출산한 뒤에야 시가로 간다."라는 기록이 전하고 있다. 신랑의 초행(初行)이나 신부의 현구고례(見舅姑禮) 등의 풍속이 이때부터 존속했음을 알 수 있다. 고구려에서는 초서혼(招壻婚 : 데릴사위제)이 성행하였다. 집안에 딸이 장성하여 혼인 날짜가 정해지면 몸채 뒤에 서옥(壻屋)이라는 작은 집을 새로이 짓고 초례를 치른 뒤 같이 살았다. 고려시대에도 이와 같은 제도가 있었는데, 초서혼과 다른 점은 신랑이 일정한 기간을 처가에서 노동으로 봉사한 후에 본가로 돌아가는 일종의 봉사혼이었다는 점이다. 이후 고려 말에 『주자가례(朱子家禮)』가 전해지면서 전통의 혼례 방식에 유교의 예문이 가미됨으로써 더욱 엄격한 격식을 갖추게 되었다. 그리고 조선 초기에 이르러 『국조오례의(國朝五禮儀)』가 완성되면서 가정의례에 관한 절차가 체계화되었는데, 특히 양반사대부를 중심으로 이를 엄격하게 준수하였다. 또한 유교가 발전・확대되고 『예서(禮書)』가 한글로 번역・보급되면서 18세기 이후에는 일반 서민들에 이르기까지 유교에 준한 혼례를 준수하였다.

(1) 의혼

중매

양가의 사정을 잘 아는 중매인이 양가를 왕래하면서 혼사의 성립을 위하여 양가를 소개하고 혼사를 주선하는 행위를 '중매(中媒)'라고 한다. 양가는 중매인을 통해 서로의 의사를 조절하고, 대례(大禮)를 거행하기까지 모든 절차를 의논하게 되며, 혼사에 따른 여러 가지 일들을 결정한다.

청혼과 허혼

청혼서(請婚書)의 내용은 다음과 같다. "伏惟新正 體候以時 尊年及加冠萬 重仰素區區之至弟家兒親事 尙無指合 能其勸誘處近聞○○洞○氏家閨養淑哲云 使結秦晉之誼如何餘不備禮謹拜上狀 ○○○○年○月○日 後人○○○拜上"

허혼서(許婚書)의 내용은 다음과 같다. "伏惟春元 體動止候萬 仰慰區尊弟 女兒親事重不鄙寒陋區之至如勤權 敢餘是不備伏惟不聽從 尊照謹拜上狀 ○○ ○○年○月○日 ○○後人 ○○○拜上."

약혼과 택일

혼인하기 며칠 전에 양가 부모 및 혼례 당사자가 신부집에 함께 모여 술잔을 나누어 마시는 것으로 약혼(約婚)을 대신하기도 하였다. 택일(擇日) 은 신부집에서 혼례 당사자의 사주를 갖고 생기복덕을 보아 결정한다. 신부의 사주를 파란 보자기나 빨간 보자기에 넣어 중매자를 통해 신랑집 으로 보낸다. 택일할 때 신랑에게 좋은 날이 신부에게는 나쁜 날일 수도 있고, 신부에게 좋은 날이 신랑에게는 나쁜 날이 될 수 있으므로 이를 절 충한다. 그렇지 않으면 '청상이나 멸문지화를 막을 수 없게 된다'고 한다.

납폐

납폐(納幣)는 사주단자의 교환이 끝난 후 정혼 성립의 증거로 신랑집 에서 신부집으로 폐물을 보내는 의식을 말한다. 흔히 '납채(納采)'라고도 하며, 보통 결혼 전날에 행한다. 이때 채단(采緞)을 넣은 함을 함진아비 가 신부집으로 가지고 간다. 오늘날에는 함진아비를 신랑 친구가 맡지 만 옛날에는 상민이 맡았다.

(2) 대례

초행

혼인날 신랑 일행이 신부집으로 가는 것을 초행(初行)이라고 한다. 신
랑 외에 근친 3~4명이 동행한다. 신부 측은 신랑 일행을 미리 정해놓
은 근처의 정방(사초방)으로 안내하여 간단히 대접한다. 여기서 신랑은
사모관대(紗帽冠帶) 및 목화(木靴)를 착용한다.

전안례

신부 측에서 초례 시간을 알려오면 신랑과 함진아비는 팔머리의 인
도에 따라 신부집으로 향한다. 신랑은 함진아비로부터 기러기를 받아
대청에 오른다. 주인은 서쪽을 향해 서고, 신랑은 북쪽을 향해 무릎을
꿇고 앉아 기러기를 전안상에 놓는다. 이때 신랑은 머리를 숙이고 엎드
렸다가 일어나서 두 번 절하며 주인은 마주 절하지 않는다. 이것을 '소
례(小禮)' 또는 '전안례(奠雁禮)'라고 한다.

대례

전안례가 끝나면 마당에 설치한 초례청(醮禮廳)에서 대례(大禮)를 거행
한다. 초례는 교배례(交拜禮)와 합근례(合巹禮)로 이루어진다. 교배례는 신
랑과 신부가 마주 절하는 것이요, 합근례는 술잔을 나누어 마시는 것이
다. 합근례는 청실·홍실로 묶은 표주박이나 술잔을 사용하여 세 번에
걸쳐 행하는데, 술을 교환함으로써 하나가 된다는 상징적 의미를 갖고
있다. 대례가 끝나면 하객들이 대례상(大禮床) 위의 밤이나 대추를 신랑
주머니에 넣어준다. 밤은 자식을 많이 낳으라는 뜻이며, 대추는 늙지 말
라는 뜻을 담고 있다. 대례는 집사의 홀기에 의해 진행된다.

신방 엿보기

신랑과 신부는 신방에서 첫날밤을 보낸다. 족두리는 반드시 신랑이 풀어주어야 하며, 촛불은 '복이 달아난다'고 하여 절대 입으로 끄지 않고 옷깃이나 이부자락을 이용하여 끈다. '신방 엿보기'라고 하여 가까운 친척들이 신방의 창호지를 뚫고 사랑의 행위를 엿보기도 하는데, 불이 꺼지면 스스로 물러난다.

동상례

초례를 치른 이튿날 오후에, 신랑은 신부 측의 동네 청년들로부터 동상례(東床禮 : 신랑 다루기)를 당한다. 동네 청년들은 신랑을 대들보에 거꾸로 매어놓고, 신부에게 대답하기 곤란한 질문을 한다. 이때 신부가 그 질문에 제대로 대답하지 못하면 몽둥이로 신랑의 발바닥을 내리친다. 신부 측에서는 음식을 대접하며 사정을 부탁한다.

(3) 후례

우귀

우귀(于歸)는 신부집에서 혼례를 치르고 신랑집에 정식으로 입주하는 것을 말한다. 흔히 '신행(新行)'이라고 한다. 기간은 혼례 당일부터 3년까지 다양한데, 보통은 3일 후에 이루어진다. 우귀를 할 때는 신부집에서 신랑집으로 말이나 소에 장롱, 경대, 이불, 옷, 버선, 양말 등의 살림살이와 음식을 가져간다. 이에 대한 답례로 시어머니는 자신이 끼던 반지를 며느리에게 건네기도 한다.

현구고례

현구고례(見舅姑禮)는 시집에 온 신부가 처음으로 시부모에게 인사를 드리는 것을 말한다. 시집에 들어온 신부는 사흘이나 열흘 동안 식전에 몸단장을 하고 시부모께 반절을 올린다. 이 동안에 시어머니는 일가친척에게 신부를 소개한다.

근친

근친(覲親)은 신부가 시집살이를 한 후에 처음으로 친정 나들이를 하는 것을 말한다. 흔히 '재항(在鄕)'이라고 한다. 이때 선물을 준비하는데, 여유가 있는 경우에는 돼지 또는 소의 다리에 떡과 기타 음식을 장만하지만, 대부분의 경우에는 햇곡식으로 떡과 술을 간단히 장만한다.

5. 전통상례

상례(喪禮)는 운명(殞命)으로부터 탈상(脫喪)에 이르기까지의 모든 의식을 말한다. 사례(四禮 : 冠·婚·喪·祭) 중에서 가장 중요한 예법으로 간주되어 왔다. 신라시대에서 고려시대까지 불교와 유교의 양식이 혼합된 상례를 행하였다. 이후 고려 말에 중국으로부터 유입한『주자가례(朱子家禮)』의 영향 및 조선 전기에 단행한 숭유억불정책의 영향으로 상례가 유교 양식으로 변모하였다. 특히『주자가례』를 한국적 실정에 맞게 수정한『사례편람(四禮便覽)』을 상례의 전형으로 받아들였다. 그러나 오늘날에는 매우 간략한 형태로 축소되었으며, 불교나 천주교 또는 기독교의 종교의식에 준한 상례도 보편화되었다.

(1) 초종

임종과 속광

죽음이 드리우면 머리를 동쪽으로 두고 북쪽 창문 밑에 눕힌다. 자식들은 운명을 지켜보며 유언을 듣는다. 이것을 '임종(臨終)'이라고 한다. 남성은 여성의 손에서, 여성은 남성의 손에서 운명하지 않도록 한다. 숨이 끊어진 것을 확인하기 위해 햇솜을 코와 입에 대어보는데, 이것을 '속광(屬纊)'이라고 한다.

수세걷기와 천시

망자의 머리를 북쪽으로 향하게 하고, 하얀 이불로 덮어놓은 후에 시신이 굳기 전에 손과 발을 나란히 마주하여 묶는다. 이를 '수세걷기'라고 한다. 천시(遷屍)는 입관하기 전까지 시신을 안치하는 것으로 수세걷기가 끝난 뒤에 짚을 깔고 그 위에 칠성판(시신 크기의 송판에 북두칠성을 그린 것)을 놓고 이불로 덮는다. 그리고 병풍으로 가린다.

초혼과 사자밥

초혼(招魂)은 혼을 다시 불러들이는 상징적 행위로서 '고복(皐復)'이라고도 한다. 집안마다 약간의 차이가 있으나, 보통 상주가 처마 밑에서 망자의 이름을 "본관 + 성씨 복이요"라며 세 번 부른 뒤에 망자의 홑적삼을 세 번 휘두르고 지붕으로 던진다. 또는 망자의 윗저고리를 지붕위에 던지며 "지명 + 아저씨 + 적삼 가져가세요"를 세 번 외치기도 한다. 사자밥을 대문 밖에 진설한다. 된장, 밥 세 그릇과 돈 세 푼, 짚신등이다. 남자의 경우 대문의 오른쪽, 여자의 경우 왼쪽에 차려놓는다. 상주는 망자의 신발을 밖으로 향해 돌려놓고 방안에는 병풍을 친 후 향과 촛불을 밝힌다.

입상주와 호상

입상주(入喪主)는 상주를 세우는 것을 말한다. 상주는 보통 장자(長子)로 삼는다. 아들이 없을 때는 딸이 대신하기도 하지만, 보통 맏사위가 상주가 된다. 또 딸이 미혼일 때는 조카가 대신하기도 하며, 자식이 없을 때는 양자를 받거나 가까운 친척이 대신한다. 호상(護喪)은 상장의 절차를 지휘하는 사람으로서 자식의 친구나 망자와 절친한 사람, 친인척이 없을 때는 동네 이장, 관직 경험이 있거나 상례에 밝은 사람, 동네의 계원 중에서 선택한다.

부고와 상복

부고(訃告)는 망자의 죽음을 알리는 것으로 "상주의 본관 + 성씨 + 부친(모친) + 죽은 사유 + 날짜 + 자이부고(玆以訃告)"라고 쓰고 이어서 장지, 주소, 발인 시간, 자손이나 사위 등의 이름을 적는다. 유복자(有服者)는 화려한 복식을 거두어야 한다. 남성은 백도포(白道袍) 또는 흰 홑두루마기를 입되 소매를 걷어서 왼쪽 어깨를 들어낸다. 여성은 소복에 치마를 입으며, 새끼줄로 허리를 묶는다. 망자가 남성일 경우에는 우측 소매를 째고, 여성일 경우에는 좌측 소매를 째서 팔을 그 곳에 낀다. 머리에는 건을 쓰거나 띠를 두른다. 남성은 건을 쓰는데, 혼전일 때는 끝을 막지 않고 삼베로 묶는다. 여성은 머리를 푼 뒤 새끼줄로 머리띠를 한다. 여성이 건을 쓸 때는 건에 테두리를 한다. 혼전의 여성은 테두리에 머리를 땋아 흰 댕기를 매단다. 허리에는 '요질'이라고 하여 새끼줄을 두르는데 남녀의 차이는 없다. 그리고 남자는 행건을 다리에 두른다. 오늘날은 가정의례준칙에 의해 굴건제복을 간소하게 착용한다. 양복을 입을 때는 서양식으로 검은색을 입는다.

(2) 염습

목욕

약솜, 솜, 행주, 걸레 등으로 망자의 하체부터 씻겨준다. 그리고 망자의 손톱과 발톱을 몇 가닥의 머리카락과 함께 수의 주머니에 넣는다. 망자가 여성일 경우에는 곱게 화장을 해준다. 망자를 목욕시킨 일체의 재료들은 땅에 묻는다.

염습

망자를 목욕시킨 후에 수의로 갈아입히는 것을 염습(斂襲)이라고 한다. 원래 사망 당일에 행하는 것이 원칙이나, 현실 여건상 보통 이튿날에 행한다. 망자에게 수의를 입힐 때에 옷고름은 생전과 반대로 맨다. 망자가 여성일 경우에는 머리를 풀어 가슴에 모은다. 그러나 엄격하게는 단계별로 습(襲), 소렴(小殮), 대렴(大殮)으로 나눌 수 있다. 습은 수의를 갈아입힌 후에 5~7매듭을 짓는 것으로 사망 당일에, 소렴은 시신을 임시로 묶는 것으로 이튿날에, 대렴은 시신을 단단히 묶고 입관하는 것으로 그 이튿날에 순차적으로 행하였다. 그러나 오늘날은 '염습(斂襲)'이라 하여 순서 없이 한 번에 행한다.

반함

상주가 물에 불린 쌀을 버드나무 숟가락으로 망자의 입에 세 번 떠 넣는다. 이때 "천 석이요! 이천 석이요! 삼천 석이요!"라며 외친다. 또한 동전을 입에 넣기도 하는데, 이때에는 "일천 냥이요! 이천 냥이요! 삼천 냥이요!"라며 외친다. 이를 반함(飯含)이라고 한다.

입관

관은 보통 옻나무, 소나무, 오동나무로 제작한다. 옻나무 재질의 관은 잘 썩지 않기 때문에 값이 매우 비싸다. 또한 석관을 쓸 때는 미리 장지에 옮겨놓고, 집에서는 목관에다 시신을 넣어 운반한 뒤 못을 뽑고 시신만 꺼내어 석관에 옮겨 묻는다. 시신을 관에 넣을 때는 칠성판에 묶어서 넣는다. 관의 빈 공간에는 짚이나 종이 또는 망자가 평소에 입었던 옷 등으로 재우는데, 이를 '보공(補空)'이라고 한다. 입관이 끝나면 홑이불(흔히 天衾으로 부름)로 씌우고 나무못으로 박는다. 그리고 짚과 종이를 섞어 외로 꼰 밧줄로 결관(結棺)을 한다.

(3) 치장

상여놀이

출상 전날에 빈 상여를 메고 벌이는 놀이로서 흔히 '대돋음'이라고 한다. 호상(好喪)일 경우나 여유 있는 부호의 상일 경우에 한해 놀이가 벌어진다. 출상 전날 저녁 무렵에 상두꾼들이 상가에 모여 빈 상여를 메고 소리도 맞추고 발도 맞추어 본다는 구실로 상여놀이를 벌인다. 이때 망자의 사위나 마을에서 가장 나이 많은 이를 상여에 태우고 상여소리를 하면서 마을을 도는데, 죽은 이의 친구나 친척을 찾아가 작별인사를 하고 금품을 받아내기도 한다.

출관

관을 내는 것을 '출관(出棺)'이라고 한다. 이때 귀신이 붙지 말라고 하여 관으로 바가지를 깨고 나오거나, 혹은 톱이나 도끼로 문지방을 찍고 나오기도 한다.

발인

장지로 이동하는 것을 '발인(發靷)'이라고 한다. 우선 관을 상여 앞에 모셔놓고 발인제를 지낸다. 상주로부터 차례로 헌작하되, 단잔을 올리며 절도 한 번으로 그친다. 제가 끝나면 상두꾼들이 <상두가>를 부르면서 하직의 의미로 상여를 세 번 올렸다 내렸다 한 후에 나선다. 상여가 마을을 벗어날 때에 노제(路祭 : 告別祭)를 지낸다. 예전에는 상여가 나갈 때는 제일 앞에 나쁜 귀신을 쫓기 위하여 방상(方相) 2인이 앞을 인도하고, 곡을 하는 여자 종, 행자 2인이 영좌(靈座)와 향상(香床)을 들고 가고, 그 뒤 명정, 상려가 따르며 상려 뒤에도 순서에 따라 삼들이 따라갔다. 그러나 오늘날은 이러한 절차가 모두 생략되었다.

하관

장지에 이르면 산신제를 지내고 광(壙 : 무덤)을 판다. 광이 마련되면 상여에서 관을 광으로 옮긴다. 그리고 광에 관을 내린다. 이를 하관 또는 하구(下柩)라고 한다. 하관은 관을 통째로 묻는 방법과 관을 파기하고 시신만 묻는 방법이 있지만, 보통은 관 채로 하관한다. 하관을 한 다음에는 상두꾼들이 회로 다진다. 회로 다질 때는 <회다지>를 부르며 달구질을 한다. 이때에는 '달구질을 잘 해달라'는 뜻에서 상주가 달구막대기의 새끼줄에 돈을 끼워 준다. 회를 다지고 채워서 평판해지면 평토제(平土祭)를 지낸다. 그리고 무덤의 봉분을 만들기 전에도 봉분제를 지낸다.

(4) 우제와 졸곡제

망자의 혼을 달래기 위해 세 차례에 걸쳐 우제(虞祭)를 지내는데, 이를 삼우제(三虞祭)라고 한다. 초우(初虞)는 장례를 치른 당일 저녁에 영좌에 혼백을 모시고 지내며, 재우(再虞)는 초우 이튿날 새벽에 지내며, 삼우(三虞)는 재우 이튿날 식전에 지낸다. 우제가 끝나면 절에 가서 주마다 7회씩 49제를 지내는 집안도 있다. 원래 49제는 사망일로부터 49일째 되는 날에 올리는 불교의식이다. 보통 고인이 생전에 다니던 절에서 올리며 영혼을 극락으로 인도한다는 뜻에서 지낸다. 고인이 소원하였거나 불자인 경우에 많이 행한다. 장례를 마친 뒤 백일이 지나면 강일(剛日)을 택하여 제를 지낸다. 이것을 '졸곡제(卒哭祭)'라고 하는데, '무시로 하던 곡을 그친다'는 의미가 있다. 졸곡세를 지낸 이튿날에는 부세(祔祭)을 지낸다. 부제는 망자와 조상을 같이 병설하는 제사이다. 망자는 이로써 조상의 대열에 오르게 된다.

(5) 소상과 대상

초상 후 일주년이 되는 날에 올리는 제사를 '소상(小祥)'이라고 한다. 윤달은 계산에 넣지 않고 제사한다. 근친과 조객이 대동하여 참여한다. 그리고 초상 후 2년이 되는 날에 올리는 제사를 '대상(大祥)'이라고 한다. 대상을 마치면 영좌를 철시하여 신주를 가묘에 안치함으로써 이른바 탈상을 하게 된다. 요즈음은 100일 탈상이 일반적이나 예전에는 부친은 3년상, 모친은 3년상 혹은 1년상을 치렀다. 모친상의 경우에 부친보다 먼저 돌아가시면 1년상, 나중에 돌아가시면 3년상을 치렀다. 그리고 묘지 옆에 여막을 짓고 대상까지 3년 동안 묘지를 지키는 시묘살이를 하기도 하였다.

6. 전통제례

우리나라 제례의 시초는 부여(夫餘)에서 영고(迎鼓)라 하여 12월에 하늘에 제사하였고, 고구려에서는 동맹(東盟)이라 하여 10월에 하늘에 제사지냈으며, 동예(東濊)에서는 무천(舞天)이라 하여 10월에 하늘에 제사지낸 기록이 있다. 마한(馬韓)에는 소도(蘇塗)라는 신역(神域)이 있어 솟대를 세우고 북과 방울을 달아 천군(天君)이 신을 제사지냈다. 신라에서는 남해왕(南解王) 때에 혁거세묘(赫居世廟)를 세우고 혜공왕(惠恭王) 때에 5묘(廟)의 제도를 정했으며 산천도 제사지냈다. 고려시대에는 중국의 제도를 본떠 원구(圓丘), 방택(方澤), 사직(社稷), 종묘(宗廟), 선농단(先農壇) 등을 설치하고 예절을 갖추어 제사지냈다. 그리고 명산·대천·우사(雨師)·운사(雲師)·뇌사(雷師) 등도 제사지냈다. 조선시대에도 원구와 방택만을 제외하고 고려의 제도를 그대로 따랐다. 사가(私家)의 제례는 고려시대에는 대부(大夫) 이상은 증조까지 3대, 6품(品) 이상의 벼슬아치는 할아버지까지 2대, 7품 이하의 벼슬아치와 평민은 부모만을 가묘(家廟)를 세워 제사지내게 했으나, 조선시대에 이르러『주자가례(朱子家禮)』에 근거를 두어 신분을 가리지 않고 고조까지 4대를 봉사(奉祀)하게 했다.『예서(禮書)』를 통해서 제례의 종류가 묘제(墓祭)·사시제(四時祭)·기제(忌祭)·묘사(墓祀)·선조제(先祖祭)·시조제(始祖祭) 등 여러 가지가 있음을 확인할 수 있다. 그러나 우리나라에서는 이들 제례 모두를 수용한 것이 아니었다. 묘제나 사시제 등을 일부 수용하기도 했지만, 일반적으로 조상의 기일에 지내는 기제, 명절 때 지내는 차례, 음력 10월에 지내는 묘사 등을 적극 추존하였다.

(1) 기제

고인이 사망한 날에 해마다 한 번씩 지내는 제사를 기제(忌祭)라고 한다. 기제의 대상은 과거에는『주자가례(朱子家禮)』에 따라 4대조까지 봉사하였으나, 오늘날에는 가정의례준칙에 의거하여 2대조 및 후손이 없는 3촌 이내 존·비속에 한해서만 봉사한다. 제사 시간은 고인이 사망한 날 자정부터 새벽 1시 사이에 지냈으나, 오늘날에는 시간에 구애받지 않고 제사 당일 저녁 무렵 이후 적당한 시간에 지낸다. 제사는 제주의 집에서 지내는데, 고인의 장자나 장손이 제주로서 제사를 주재한다. 장자나 장손이 없을 때는 차자나 차손이 주관한다. 제사에 참석하는 사람은 고인의 직계 자손으로 하며 가까운 친척도 참석할 수 있다.

(2) 차례

음력 매월 초하룻날과 보름날, 그리고 명절이나 조상의 생일에 간단하게 지내는 제사를 차례(茶禮)라고 한다. 보통 아침이나 낮에 지낸다. 오늘날에는 정월 초하루의 연시제(年始祭)와 추석절의 절사(節祀)가 대표적인 차례이다. 제수와 절차는 기제에 따르지만 무축단작(無祝單酌)이라고 하여 고축(告祝) 없이 단잔을 올린다.

(3) 연시제

정월 초하룻날 아침에 드리는 제사를 연시제(年始祭)라고 한다. 원래 4대조까지 봉사하였으나, 오늘날은 2대조까지 봉사한다. 봉사 대상이 되는 조상을 한꺼번에 모셔놓고 차례를 올린다. 메는 떡국으로 대신한다.

(4) 추석절 제사

음력 8월 보름에 지내는 제사를 추석설 제사라고 한다. 차례를 지내는 봉사 대상은 모든 직계 조상으로 하며, 제수는 새로 익은 햇곡식과 햇과일로 한다.

(5) 사시제

철에 따라 일 년에 네 번 드리는 제사를 사시제(四時祭)라고 한다. 사시제는 매중월(2·5·8·11월) 상순의 정일(丁日)이나 해일(亥日)을 가리어 지낸다. 보통 날짜는 전달 하순에 정한다. 제사전 삼 일 동안 재계(齋戒)한다. 제사 하루 전날에는 정침(正寢)을 깨끗이 청소하고 신주 모실 자리를 마련한다. 방 한가운데 향탁을 놓고 그 위에 향로, 향합, 촛대를 놓는다. 주부는 제기를 손질하고 제찬을 정결하게 마련한다. 밤새도록 촛불을 밝혀두고 이튿날에 날이 밝으면 아침 일찍 일어나 제주 이하 모든 참사자는 제복을 입고 사당으로 나아가 분향한 뒤 신주를 정침으로 내어 모신다. 참신-강신-진찬이 끝나면 초헌-아헌-종헌에 이어 유식-합문-계문을 한 뒤 수조(受胙)를 한다. 사신하고 나서 납주(納主)하면 상을 물리고 음식을 나누어 먹는다. 『사례편람(四禮便覽)』에는 "시제야말로 제사 중에서 가장 중요한 것"이라며 강조하고 있지만, 오늘날에는 거의 단절된 상태이다.

(6) 묘제

산소에서 직접 올리는 제사를 묘제(墓祭)라고 한다. 제찬은 기제와 마찬가지이며 토지신(土地神)에게도 따로 제수를 마련하여 제사를 올린다. 『격몽요결(擊蒙要訣)』에는 정월 초하루, 한식, 단오, 추석 등으로 제일(祭日)을 명시하고 있으며, 『사례편람』에는 3월 상순으로 제일을 명시하고 있지만, 오늘날에는 적당한 날을 선택하여 문중이 모두 함께 산소에 올라 제사를 올린다. 제주를 비롯한 참사자들은 검은 갓과 흰 옷을 갖추고 일찍 산소에 찾아가 재배한 후 산소를 둘러보면서 풀이 있으면 벌초를 하는 등 산소 주변을 정리한다. 산소의 왼쪽에 자리를 마련하고 토지신에게 먼저 제사를 지낸 뒤, 산소 앞에 정한 자리를 깔고 제찬을 진설한다. 참신-강신-초헌-아헌-종헌-사신의 순으로 제사를 올린다.

(7) 한식 성묘

한식(寒食)은 청명 다음날로 동짓날로부터 계산해서 105일째 되는 날이다. 이 날은 예로부터 조상께 제사를 지내고 성묘를 가는 것이 관습이었다.

7. 통과의례의 문화적 의미

(1) 출산 및 육아의례

우리 민족은 예로부터 자식을 얻기 위해 벌이는 여러 가지 형태의 기자의례를 신봉해 왔다. 이는 넓은 의미에서 '자식'을 얻기 위한 의례라고 할 수 있지만, 일반적으로는 '아들'을 얻어 가문의 혈통을 계승하기 위한 의례로 인식되어져 온 것이 사실이다. 이와 같은 남아선호의 가계 전승은 '남존여비(男尊女卑)'와 함께 우리 고유의 전통사상으로 오해되기도 한다. 그러나 이들은 결코 우리의 전통사상이 아니며, 부권(父權)의 절대적인 우위를 추구하는 주자학의 영향에 의해 형성된 것이다. 주자학은 예학과 가정의례에 관한 유가사상을 중심으로 충효와 부부유별을 강조하여 가부장제(家父長制)를 공고히 하기에 이르렀고, 그 결과 남아선호의 가계 전승이 뿌리를 내리는 데 결정적인 역할을 했다. 남아선호의 가계 전승은 우리 민속의 기자속·태몽과 성별예측·이름짓기 등에서 확인할 수 있다.

우리나라의 가족제도는 남계(男系) 중심으로, 가문의 대를 잇고 제사까지 받드는 아들의 출산은 여자에게 피할 수 없는 책무였다. 특히 아들을 출산하지 못할 경우 '칠거지악'의 하나로 이혼의 조건이 되기도 했으니, 책무에 대한 중압감은 초인적인 영력(靈力)에 대한 믿음으로 연결될 수밖에 없었다. 그 결과 성립된 것이 아들 낳기를 바라는 풍속, 곧 '기자속(祈子俗)'이다. 기자속은 빌거나 굿을 하는 치성행위, 특별한 음식을 먹거나 마시는 식음행위, 주물(呪物)이나 주력(呪力)을 이용하는 주술행위, 좋은 일을 많이 하고 선심을 많이 쓰는 공덕행위 등이 있으나, 크게 치성기자와 주물기자로 나눌 수 있다.

치성기자는 어떤 대상, 예컨대 명산·거목·부처·용왕 등에게 정성을 올림으로써 아들을 얻을 수 있다고 믿어 행하는 것으로 설날, 정월 대보름, 사월 초파일, 단오, 칠석, 동지에 시어머니나 친정 어미, 그리고 당사자가 행위의 주체가 된다. 정월 초열흘부터 대보름까지 달이 점점 커질 때 갓 떠오르는 달을 바라보고 서서 숨을 들이마시는 '달힘 마시기[吸月精]'가 대표적인 예이다. 이는 우주의 음기를 낳는 달의 기운이 몸 속에 들어와 출산력을 강하게 함으로써 아들을 낳게 된다고 믿어 행해진다. 주술기자는 주술의 힘으로 아들을 얻을 수 있다고 여겨 주물을 지니거나 복용하는 것으로, '비슷한 것은 비슷한 결과를 가져온다'는 유감주술(類感呪術)과 '한 번 접촉한 것은 시공을 초월하여 상호 작용한다'는 접촉주술(接觸呪術)의 원리를 원용한 것이 많다. 곧 남성의 상징으로 여겨지는 돌미륵이나 망부석의 코를 갈아 그 돌가루를 음용하고, 아들 낳았던 사람이 입었던 피묻은 속옷을 받아 임신 때까지 입고 있거나, 남자아이가 태어난 집의 금줄을 걷어 방구석에 모셔 놓음으로써 전이(轉移) 현상이 나타나 아들을 낳을 수 있다고 여긴다.

태몽은 여자가 임신한 전후를 기점으로 꾸는 꿈으로, 우리 민족은 태몽이 아이의 성별·성격·미래 등에 어떤 계시를 준다고 믿었다. 이는 자식이 단순히 성행위의 결과물이 아니라 하늘의 점지에 의한 것으로 간주하는 우리 민족의 의식이 반영된 것이다. 아들에 해당하는 태몽은 호랑이·용·큰뱀·말·돼지·자라·잉어·붉은 고추·고구마·노란 호박·무·가지·실타래·불·해 등과 같이 대개 크고 길거나 밝고 힘세며 성숙한 사물들이다. 이에 비해 딸은 작은 뱀·실지렁이·미꾸라지·송어·조개·올챙이·애호박·푸른 고추·풋감·꽃 등과 같이 대개 작고 짧거나 어둡고 나약하며 미성숙한 사물들로 이루어져 있다. 태몽에 등장하는 대상물에조차 남성 우월적 사고가 내재되어 있음을 볼 수 있다. 태몽에 의한 성별 예측 외에도 부부의 나이를 합쳐 3으로 나눈 나머지가 1이면 아들, 0이나 2이면 딸이라고 예측하는 계측법을 비롯하여 태동감지법과 임산부의 신체 변화 및 태도에 의한 방법 및 먼저 낳은 자식의 성격·태도·행위로 아는 방법 등 다양한 성별 예측방법이 있다. 이처럼 성별예측의 방법이 다양하게 나타날 수 있었던 것도 남아선호 때문으로, 아들을 낳지 못할 것에 대한 두려움과 불안을 예측을 통해서나마 해소해보려는 의식이 반영된 것이다. 실제로 『동의보감(東醫寶鑑)』, 『규합총서(閨閤叢書)』, 『조선박물지(朝鮮博物誌)』 등에 태아가 여자아이로 예측될 경우 남자아이로 바꾸는 비법이 소개되어 있는데, 이는 남아선호가 우리 민족에게 얼마나 강했는가를 짐작할 수 있게 한다.

남아선호의 가계전승은 출생한 아기의 이름 짓기에서도 그대로 적용된다. 딸을 많이 낳은 집에서는 아들을 얻기 위해 태어난 딸의 이름을 '꼭지·끝님·말순·말년·말희·말자' 또는 '필순·필자·필희'라고 지어 딸로서는 마지막임을 강조하거나, 아예 다음 자식으로는 아들이 태어나길 바라는 마음에서 '순남·차남' 등의 사내이름으로 짓는다.

아들의 출산과 함께 중시된 것이 낳은 아기가 잘 자랄 수 있도록 돌보는 것이다. 이와 같은 의식은 임신 중에서부터 출산, 이름 짓기와 자식 팔기, 백일과 돌 등에 그대로 반영되어 있다. 태아를 임신하고 있는 기간 동안에 임산부에게 많은 금기가 따른다. 『태중훈문(胎中訓文)』처럼 태아에 대한 정상적인 교육으로 비교적 체계적으로 진행되는 것이 태교(胎教)라면, 임신 중의 금기는 태아에 대한 부정이나 불길을 예방하기 위한 경험적인 애용들로 구성된다. 곧 "임산부가 깨진 바가지에 물을 담아 먹으면 아기의 수염이 나지 않는다.”라고 하는 것이나, “모서리 진 곳에 앉으면 아기가 큰 인물이 되지 못한다.”와 같은 것으로 이 속에는 임산부의 조신 없는 행동거지를 경계하는 의미가 들어 있다. 그러기에 단순한 미신이나 주술이 아니며, 어디까지나 우리 민중의 위험신앙 및 그 의식구조를 반영하고 있는 것이라 하겠다.

난산(難産)의 경우 임산부나 아기 모두에게 치명적인 결과를 가져 올 수 있기 때문에 이를 미연에 방지하기 위하여 대책을 강구하고, 실제 그런 기미가 보일 경우 다양한 민간처치법을 행하였다. 곧 임산부에게 미역국, 쌀뜨물, 닭국물, 생계란, 참기름 등을 먹게 하거나, 갓을 쓰고 요 강 위에 앉게 한다. 또 남편이 장롱문을 열어 놓거나 부엌의 재를 치며, 아기를 순산한 사람이 산모의 허리를 세 번 넘기도 하는데, 이들은 모두 막힌 것을 통하게 해주는 속성을 빗대어 순산을 유도하는 행위이다.

탯줄 끊기도 마찬가지다. 태는 아기집 속의 태아를 둘러싸고 있는 삼과 탯줄의 조직인데, 하늘과 땅, 그리고 문중과 가문의 대를 이어주는 존재의 띠로 신생아의 건강과 운명에 직결된다고 보아 그 처리를 신중하게 하는 편이다. 우선 탯줄은 대부분 가위를 사용하여 끊지만 아기의 수명을 길게 하기 위해 낫을 쓰거나 아기 아버지가 이로 끊기도 한다. 생명이 없는 물건을 자르는 것이 가위라면, 낫은 초목을 자르는 도구이고, 이는 자라나는 속성을 지닌다. 따라서 초목과 이의 생생력을 본받아 아기가 아무 탈 없이 자라나기를 바란다. 탯줄의 처리도 아무 데나 버리면 부정 타거나 아기 수명이 짧아지고 특히 손 있는 방향에 버리면 자손이 끊긴다 하여 왕겨불로 태우거나 땅에 묻고, 물에 띄워 보내는 방법을 취한다.

금줄치기 역시 출산 후 수복강녕을 희구하는 의례의 하나이다. 금줄은 아기의 출산과 함께 대문간에 내거는 것으로 보통 오른쪽으로 꼰 새끼줄과는 달리 왼쪽으로 꼰 새끼줄이 사용된다. 이는 아기의 출산을 외부에 알리는 역할과 함께 아기와 산모의 건강을 위해 사람들의 출입을 통제함으로써 '지역경계'와 '신성구역' 선포라는 두 가지 기능을 모두 가진다. 이때 대문에 걸리는 새끼줄은 일곱 마디로 내되 양끝을 자르지 않음으로써 수명을 관장하는 칠성신의 위호를 빌어 신생아의 무병장수를 기원한다.

기자 속에서 이름 짓기의 목적이 득남에 있었다면, 다른 한편으로 남녀를 불문하고 태어난 아기의 단명을 막고 장수를 희구하는 데 목적을 둔 것도 있다. 이는 별개의 이름으로 흔히 '아명(兒名)'이라 부른다. 우선 잡신들의 시샘으로부터 자유로울 수 있게 아들의 경우 '똥개·강아지·바우·차돌'로 여아인 경우는 '소쿠리·못난이' 등으로 험하거나 천한 이름을 골라 짓거나, 또는 '만복·복순·순복'과 같이 이름자에 '복'자가 깃들게 함으로써 태어난 자식의 무궁한 복록을 기원하기도 한다. 또한 점복을 통해 아기가 수명과 복록이 적거나 불운한 신수라고 예언될 경우 자기 자식을 다른 후덕한 이나 바위나 거목과 같은 영적 대상에게 임시로 파는 '자식팔기'가 있는데, 이 역시 아기의 수복강녕을 소망하는 부모의 바람이 깃들어 있다.

이밖에 백일과 돌도 수복강녕을 희구하는 의례라고 할 수 있다. 백일은 아기가 출생한 지 100일 째 되는 날 행하는 행사이다. 사계절의 기온 변화가 현저한 우리의 경우 아기의 질병과 죽음은 환절기에 가장 빈번하게 발생했다. 절기가 3개월을 단위로 전환됨을 고려할 때 백일은 절기에 따른 외계의 변화를 아무 탈 없이 잘 넘겼다는 의미가 되기 때문에 이를 축복하고, 나아가 아기의 훌륭한 성장을 기구하는 풍속이 자연스레 자리잡게 되었다. 따라서 백일은 태어난 아기가 중심이 되는 의례인 동시에 아기의 출생을 사회적으로 공인하는 성격을 지닌 것이다. 이날은 '백날떡'이라고 하여 수수경단이나 인절미를 100개 만들어 주로 이웃이나 길가에 오가는 이에게 나누어 준다. 이렇게 해야 아기의 수명이 길어지고 액을 면할 수 있다고 여겼다. 돌은 아기가 출생하여 처음으로 맞이하는 첫 생일인데, 이는 성장의 초기과정에서 한 고비를 완전히 넘겼다는 의미가 되므로 백일보다 훨씬 성대하게 치른다. 이날은 아기의 엄마가 삼신상을 차려 놓고 삼신할머니에게 아기의 수명·재주·복·건강 등을 비는 이령수를 올리고, 돌 주머니에 붉은 실로 "수복귀(壽福貴)" 세 글자를 수놓거나, 돌잡이 행사를 통해 아기의 장래를 점치기도 한다.

(2) 전통혼례

혼례는 개인의 통과의례인 동시에 신랑과 신부 당사자의 결합을 통해 가족이 형성되는 결합의례이다. 우리나라의 혼속(婚俗)은 두 개인의 결합으로 독립된 가계를 형성하는 서구사회의 개인주의와는 달리 두 가문의 결합을 통해 공동가계의 한 부분을 형성하는 전통사회의 가족주의를 표방하고 있다는 데 그 특징이 있다. 그것은 혼인의 모든 절차가 혼주의 이름으로 이루어지는 것에서도 알 수 있지만, 초행(初行), 신행(新行), 전안례(奠雁禮), 대례상(大禮床)의 진설물, 신방 엿보기 등에서도 잘 나타난다.

우리의 혼례는 여귀남가(女歸男家)를 표방하는 중국 『예서(禮書)』의 기록과 달리 남귀여가(男歸女家)로 신부집에서 치르는 것이 관행이다. 따라서 그 절차도 크게 중매인의 개입에 의한 양가의 혼인 결정 및 문서 교환까지의 과정인 의혼(議婚)과 신랑이 신부집에서 치르는 대례(大禮), 그리고 신부가 집을 떠난 후부터 신랑집에서 행하는 후례(後禮) 등으로 이루어진다. 의례의 구조상 의혼은 집안 대 집안의 의례이고, 대례는 신랑을 중심으로 한 의례이며, 후례는 신부를 중심으로 한 의례가 된다. 신부의 입장에서 보면 의혼은 한 개인의 신부가 자기 가족으로부터 분리되는 단계이고, 대례는 가족으로부터의 격리, 그리고 후례는 새로운 가족으로의 통합을 의미하게 된다.

초행은 신랑이 대례를 치르기 위해 신부 집으로 향하는 행사이고, 신행은 혼례를 치른 신부가 친정을 떠나 처음으로 시댁으로 가는 행사를 말하는데, 공통점은 이때 양가 집안을 대표하는 인물들의 상호교류가 이루어진다는 섬이다. 곧 신부 집의 큰잔치에는 신랑 집의 상객, 함진아비, 기럭아비 등이 신랑 집의 큰 잔치에는 신부 집의 상객, 수모 등이 각각 참여함으로써 양가의 자연스런 상견례가 이루어진다. 또한 이때 상대 집안의 사람들에게 음식대접을 하게 되는데, 대부분의 경우 먹는 시늉만 하고 상위에 올려진 음식을 각자의 집으로 돌려보내어 친척은 물론 이웃과도 나눔으로써 상대 집안의 음식 솜씨와 가풍을 짐작하게 한다. 이를 '큰상 돌리기' 또는 '이바지'라고 하는데, 이는 두 집안간의 유대뿐만 아니라 나아가 두 집안이 속해 있는 집단간의 유대도 강화하는 역할을 한다.

혼례를 치르기 전에 신랑 측 행렬이 나무기러기를 네 귀 보자기에 싸 들고 가서 신부 집에 바치는 의식을 '전안례'라고 하는데, 초례인 대례와 구분하여 '소례(小禮)'라고 한다. 일반적으로 기러기는 음양에 순응하여 평생토록 한 배필을 따라 절개를 지킴으로써 '남녀음양 교통(交通)의 새'나 '백년해로의 새'로 여겨진다. 실제 『규합총서(閨閤叢書)』에서 "기러기는 믿음, 예의, 절개, 지혜를 지닌 동물이기에 예를 올리는 폐백에 쓴다."고 되어 있다. 따라서 신랑이 신부 집에 기러기를 바치는 것은 한 지아비로서 믿음을 보여주는 동시에 건전한 가정을 이루겠다고 하늘에 맹세하는 의미를 담고 있다. 식이 끝난 후 나무기러기는 신부집안 사람들에 의해 신방의 구석에 놓여지게 되는데, 이 역시 신랑·신부의 백년해로를 희구하는 가족들의 배려에 의한 것이다.

그리고 혼례가 이루어지는 대례상의 진설물 역시 신랑·신부의 조화로운 삶을 축원하는 것들로 마련된다. 쌀은 곡식의 대표이자 생활의 근

본으로, 대추와 밤은 장수와 건강 및 다산을, 그리고 닭은 다산과 고천
(告天)을, 병에 꽂힌 솔가지와 대나무는 절개를, 청실홍실은 부부의 금슬
을 각각 상징한다. 또한 혼례식을 치른 그 날 저녁 두 남녀가 합방례(合
房禮)를 치를 때에 구경꾼들이 문구멍을 뚫어가며 신방을 엿보는 '신방
엿보기' 역시 가족주의적 사고에 기인한 풍속이다. 이는 예로부터 좋지
못한 풍습이라고 비난받아 왔지만, 이렇게 해야만 두 남녀의 결합을 방
해하려는 잡신의 침입을 봉쇄할 수 있고, 자손을 많이 가질 수 있다는
속신관념에서 나름대로 뜻이 있었다.

'어른'이라는 말은 "남녀간에 관계를 맺는다."는 '울우다'에서 나온
것으로 예전에는 혼례를 통하여 비로소 얻게 되는 지위였다. 이처럼 우
리나라의 혼례에는 가족의 일원에서 사회의 일원으로 재생하는 성년의
례가 함께 녹아 들어 있다. 곧 1895년 단발령의 시행으로 자취를 감춘
관례와 계례가 혼례를 통하여 부활한 셈이다.

입사는 우선적으로 이전 사회로부터의 격리를 기본으로 한다. 신랑이
사모관대로 나서고 신부가 원삼 족두리로 나서는 것은 각 집단으로부
터 분리의례를 행하고 있는 것이며, 예식을 끝낸 뒤 예복을 입고 일상
복으로 갈아입는 것은 새로운 집단으로의 완전한 통합을 의미한다. 이
처럼 혼례는 한 개인을 성인이자 남편과 아내, 그리고 사위와 며느리
등으로 여러 지위를 동시에 부여하면서 사회적 지위마저 변경시킨다.
입사통합의식의 전형적인 모습은 신랑의 경우는 소위 '신랑 다루기'라
고 일컬어지는 동상례(東床禮)에서, 그리고 신부의 경우는 '신행(新行)'과
'현구고례(見舅姑禮)' 등에서 찾을 수 있다.

동상례는 신부집에서 첫날밤을 지낸 다음날 아침, 신랑이 신부의 마
을 친구들과 처족들이 모인 가운데 상견례를 겸하여 베푸는 음식대접
행사를 말한다. 옛날 양반들은 신랑을 앞에 두고 학문의 정도를 살폈다
고 하지만, 오히려 신부 측에서는 신랑이 자기 집단으로 통합되기 위해

서 반드시 거쳐야 하는 '신랑 다루기'의 행사로 여겨져 왔다. 그 의식은 크게 '고통-시련'의 과정과, '고통해방-통합'의 과정으로 이루어져 있다. 먼저 성년식의 기본 항인 '고통-시련'의 과정이다. 신랑을 맞은 신부 집 집안사람들은 신랑의 다리를 띠로 묶고 띠를 대들보에 걸어 거꾸로 매단 뒤 나무로 발바닥을 때려 신랑에게 고통을 안긴다. 거꾸로 매다는 것은 일상적이고 관습적인 사회생활을 역전시키는 상징적인 행위이자, 신랑집단으로부터의 일탈을 상징하는 행위가 된다. 이는 신부집단의 새로운 구성원이 되기 위한 필수조건인데, 이때 대처하는 태도를 유심히 살펴 신랑의 인격을 가늠하기도 한다. 이처럼 신랑 다루기의 전반부는 신랑으로 하여금 시련을 극복할 수 있는 장치를 마련함으로써 신랑의 인격을 다시 일깨우고 구성원으로서 가능성을 확인하는 시험과정이다. 일단 '고통-시련'의 과정을 거치고 나면 구성원으로서의 자격이 주어짐과 동시에 '고통해방-통합'의 과정으로 이어진다. 곧 신부 측에서는 장모가 중심이 되어 행사에 참여한 모든 이에게 많은 다과와 음식을 내어 시련을 견뎌낸 신랑을 축하하는 잔치를 벌인다. 특히 고통을 주고받던 상반된 위치 때문에 불안정했던 신랑과 하객의 공동취식은 새로운 집단에 있어서 신랑의 지위를 인정하는 대동축제의 의미를 지닌다.

이는 신부에게 부가되는 '신행-현구고례' 등의 의례에서도 발견된다. 신행할 때 신부가 친정을 떠나면서 부엌으로 가서 솥뚜껑을 세 번 들었다 놓았다 하는 것과 고개의 성황당이나 냇가를 건너면서 종이나 헝겊을 자른 봉지밥을 던지는 것, 그리고 시가에 도착한 이후에는 얼굴을 보자기로 가리고 짚불 위를 뛰어넘거나 깔고 있던 방석을 지붕으로 던지며, 시가의 부엌에 가서 솥뚜껑을 들었다 놓았다 하는 행위 등은 친정과의 관계 절연의 의미와 함께 시가집단으로의 순결한 입사를 상징하는 행사이다. 현구고례는 신부가 시가에 와서 시부모를 비롯한 시가의 사람들에게 예를 올리고 준비해 간 예물을 내놓는 것을 말하는데,

시부모는 그 보답으로 폐백상에 놓여 있던 밤과 대추를 신부의 치마폭
에 던진다. 밤과 대추는 자식, 그 중에서도 아들을 상징하는 것으로 이
는 곧 가계계승의 역할을 공식적으로 부여하는 의미 있는 행사인데, 이
를 통해 신부의 시가집단에 대한 귀속은 공인된다.

(3) 전통상례

상례는 한 개인으로서는 삶과 죽음을 가르는 통과의례이자, 공동체
구성원으로서는 산 자와 죽은 자가 영원히 이별하는 분리의례(分離儀禮)
라고 하겠다. 우주론적 관점에서 죽음을 자연의 법칙에 불과한 것으로
인식하였다면 죽음 자체가 그렇게 문제될 것도 없고 의례적인 절차가
또한 까다로울 이유도 없다. 그러나 우리 선인들은 망자에 대한 인식이
남달랐기 때문에 그 치상(治喪)에도 각별하였다. 우리나라의 전통상례는
조선조에 와서 정착된 유교적인 의례이다. 복잡한 유교의 상장례(喪葬禮)
는 산 자가 죽은 자에 대하여 마지막으로 예의를 다하여 공경하는 것이
고, 비록 죽은 사람이라 하더라도 산 사람과의 공동체를 다시 새로운
차원에서 재정립하는 것을 의미하는 것이기도 하다. 그러면 우리 민족
의 전통상례로서 정착된 유교적 상례 이전의 상속은 어떠하였는지를
일별해 보기로 한다.

고고학적인 자료를 통하여 알 수 있는 사자(死者)에 대한 의례는 신석
기시대의 거석문화에서부터 나타난다. 거석문화 가운데서 지석묘[支石
墓 : 고인돌]가 그것이다. 지석묘가 대개 산상이나 산록에 건조되었고, 또
민속에서 토지신의 제단이 평원에 축조되지 않는 점에 주목하여 토지
신의 제단일 것이라는 견해도 있으나, 분묘라는 설이 지배적이다. 우리
나라에서 함경북도를 제외한 전역에 분포되어 지석묘는 지상에서 책상
처럼 세워진 북방식과 큰 돌을 조그만 받침돌로 괴이거나 판석만을 놓

은 남방식 두 가지의 형태가 있으며, 북방식이 정통형식이고 남방식은
그 변형으로 보고 있으나, 그 어느 쪽이든 죽은 자의 영생을 바라는 살
아 있는 자의 염원의 일단을 읽을 수 있다.

문헌자료를 통해 알 수 있는 상고시대의 상속으로 우선 지적할 수 있
는 것이 순장(殉葬)이다. 『삼국지(三國志)』의 위지동이전(魏志東夷傳) 부여(夫
餘)의 기록에는, 여름에 사람이 죽으면 모두 얼음을 넣어 장사지내며, 사
람을 죽여 순장하는데 많을 때는 백여 명이나 되었고, 장사를 후하게 지
내며 곽(槨)은 사용하나 관(棺)은 사용하지 않았다고 한다. 순장제도는 고
대사회에 왕이나 귀족이 죽었을 때 처와 노비를 함께 매장하는 것으로
중국을 비롯하여 이집트, 아프리카 등 범세계적으로 분포되어 있다. 우
리나라에서 순장제도가 신라 지증왕 3년(502) 왕명에 의하여 금지된 것
으로 보아 상당히 오랜 기간 동안 지속되었던 것으로 볼 수 있다. 한편
부여의 풍습에서는 사람이 죽으면 시체를 5개월이나 집에 두는데 오래
둘수록 좋은 것으로 여겼다고 한다. 또한 상을 치르면서 남녀 모두가 흰
옷을 입고 여자는 목걸이나 패물을 모두 빼놓는다고 하였는데, 이로 볼
때 당시의 장례가 일정한 의식 하에 엄숙하게 거행된 것으로 보인다.

『후한서(後漢書)』의 동이열전(東夷列傳)에, 고구려에서는 장례를 치를 때
금과 은 및 재물을 모두 써 후하게 장례를 치렀으며, 돌을 쌓아 봉분을
만들고 소나무와 잣나무를 심었다고 하였고, 『수서(隨書)』의 동이열전(東
夷列傳)에서는 고구려의 상례 절차를 비교적 상세히 소개하면서 죽은 사
람은 집안에 빈소를 만들어 놓아두었다가, 3년이 지난 뒤에 길일을 택
하여 장사를 지냈다고 하였다. 그리고 동옥저(東沃沮)에서는 사람이 죽으
면 모두 시체를 가매장하되 겨우 형체가 덮일 만큼 묻었다가 가죽과 살
이 다 썩은 다음에 뼈만 추려 곽 속에 안치하였으며, 온 집안 식구를 모
두 하나의 곽 속에 넣어 두는데, 죽은 사람의 숫자대로 살아 있을 때와
같은 모습으로 나무로써 모양을 새긴다고 하였다. 사람이 죽으면 즉시

매장하지 않고 가매장하였다는 것은 초빈(初殯)으로서 이중장례, 곧 복장제(復葬制)라고 하겠다. 초빈은 조선시대에도 일부 행하여졌고 이와 유사한 장속인 초분(草墳)은 남·서해안의 도서지방에 널리 분포되어 있다. 초빈이라 하지 않고 풀로 시신을 덮는다 하여 초분(草墳)이라고도 한다.

치상(治喪) 기간은 고구려에서 3년 동안 집안에 빈소를 만들었다고 하며, 백제에서는 부모나 남편이 죽으면 삼년상을 치렀다고 한다. 우리의 전통상례에서 부모가 죽으면 그 기간이 3년임을 감안할 때 3년상의 전통은 그 시원이 유구하다고 하겠다. 이와는 달리 신라 지증왕 때 왕을 비롯하여 부모처자의 상에 모두 1년간 상복을 입도록 법으로 규정하고 있으나, 신라 말기까지 그대로 지켜졌는지는 알 수 없다. 고려 초기에는 신라의 상례제도가 지속되어 오다가 고려 경종 때 묘제(墓制)를 정하고, 성종 때 『예기(禮記)』를 바탕으로 한 예법(禮法)의 원리를 도입한 오복(五服)제도가 만들어졌다. 그러나 불교의 영향 때문인지 매장 못지않게 화장법도 크게 성행하였으며, 오복제도도 제대로 지켜지지 않았던 것으로 보인다. 규정에는 3년상으로 되어 있으나 하루를 한 달로 계산하는 이일역월제(以日易月制)나 100일이 지나면 상복을 벗고 벼슬을 하게 하는 등 원칙이 지켜지지 않았다고 한다.

이후 고려말 성리학이 들어오면서 신진유학자들에 의하여 『주자가례(朱子家禮)』에 준거한 상례가 행하여지기 시작하여 조선시대에 와서 제도적으로 자리 잡게 되었다. 그러나 『주자가례』에 준거한 상례는 조선 초기에는 주로 상층에서 행해졌으며, 일반 서민들에게까지 확산된 것은 조선 중기 이후부터이다.

(4) 전통제례

엄밀한 의미에서, 제례는 죽은 자를 위한 의례이기 때문에 인간의 의례라고 할 수가 없다. 그런데도 불구하고 사례(四禮)에 제례가 포함되었다는 것은 그것이 전통적으로 인간과 직결되는 중요한 의례로 인식되어 왔음을 알 수 있다. "事死如事生 事亡如事存"이라고 하여 죽은 사람 섬기기를 살아 있을 때처럼 하라는 『중용(中庸)』의 구절을 인용하지 않더라도, 조상 섬기기를 살아 계실 때와 같이 한다는 의식을 지닌 우리 민족으로서 전통의 제례는 생시의 의례 못지않게 중요한 의의를 갖는다.

일반적인 의미에서 제례란 신명(神明)을 받들어 복을 빌고자 하는 의식을 말한다. 달리 말하면 산 자가 자신의 현세이익적 차원에서 죽은 자를 위한 제례를 행하는 것이다. 이런 점은 제례가 본래 길례(吉禮)에 속하는 것으로, 귀신에게 음식이나 재물과 같은 희생물을 바치고 춤과 음악으로 그를 기쁘게 함으로써 결국 인간이 복을 받고자 하는 축제와 같았다는 사실에서 짐작해 볼 수 있다. 예전부터 천지(天地) · 일월(日月) · 성신(星辰) · 사직(社稷) · 산악(山嶽) · 선왕(先王) · 선조(先祖) 등 제례의 대상이 다양하였다. 그러나 오늘날에 와서는 대부분이 제사 대상으로서 의미를 상실하였고, 조상에 대한 의례만이 제례인 것으로 인식되고 있다.

제례는 학술적인 용어로 조상숭배라고 하며, 사후의 세계와 밀접한 관계를 지닌다. 사자(死者)에 대한 관념은 다양한데, 그 중에서 대표적인 두 가지는 사자는 그가 살았던 사회를 완전히 떠난다고 하는 것과, 사자일지라도 아직 사회구성원으로 활동하고 있다는 것이다. 우리가 조상을 섬기고 제사를 받드는 것은 후자의 관념에서 비롯된 것이라고 하겠다. 결국 제례는 죽은 사람이 아직도 그들이 사는 집단의 구성원으로 존재하고 있다고 믿는 태도에서 비롯된 것이다. 달리 말하면 조상은 죽어도 그 영혼만큼은 남아서 자손과 이웃하여 돌본다는 관념에서 조상을 숭배하고 제사에 정성을 다했던 것이다.

예로부터 우리 선인들은 죽음을 인간 개체의 소멸이나 전멸로 보지 않고 다른 세계, 곧 저승으로의 이행으로 보았다. 우리는 죽음을 두고 흔히 "돌아갔다"고 하여 마치 지상의 어느 모퉁이로 돌아간 것처럼 말하고 있다. 망자를 데리고 갈 저승사자를 위하여 차린 사자상(使者床)에 짚신을 놓는다는 사실에서 그런 점을 짐작해 볼 수 있다. 이처럼 인간의 죽음을 개체의 소멸로 보지 않고 수평적인 공간의 어느 지점으로 옮겨 가는 것으로 인식하였다는 것은 죽음을 삶의 단절로 인정하지 않으려는 사고의 표백이다. 상고시대에 왕이나 귀족이 죽었을 때 처나 노비들을 죽여 같이 매장한 순장(殉葬)이나, 발굴된 고분에 살았을 때와 똑 같은 장신구나 일상용품, 토기, 미곡(米穀) 등이 부장(副葬)되어 있다는 것은 사후의 삶이 현세의 연장이라는 계세사상(繼世思想)에서 비롯된 것이다.

그런데 죽음 자체를 인정하지 않았다고 해서 육신의 소멸까지 부정한 것은 아니다. 인간은 죽음과 더불어 영(靈)과 육(肉)이 분리되면서 육신은 소멸되지만 혼령은 불멸하는 것으로 인식하였다. 이를테면 인간이 죽으면 육신은 썩어 없어지겠지만 그러한 변화에도 불구하고 영혼은 자기의 동질성을 가지고 우주에 존재하면서 산 자의 삶에 관여한다는 것이다. 이러한 사유는 합리적인 것만을 인식의 대상으로 삼고 있는 유가(儒家)의 경우에도 크게 차이가 나지 않는다. 유교에서는 죽음을 삶의 연속으로 보고 있다. 부모가 돌아가시더라도 그 영혼만큼은 항상 자손의 주위에 맴돌면서 돌본다는 것이다. 부모가 돌아가시면 신체는 소중하게 문묘에 모시고 영혼은 사당의 신주에 빙의(憑依)시켜 모셔지는 것에서 알 수 있다. 부모의 영혼이 사당의 신주에 의지해 있다는 것은 그 신이 사후의 존재로서 인간과 같은 울타리 안에 있는 사당에서 후손과 가까이 함께 살아가고 있음을 의미한다. 결국 영혼불멸을 믿는 원초적·민간신앙적 사유나 유가의 조상관은 다 같이 인간이 죽으면 육신은 사라져도 영혼은 존재하고 그 영혼은 산 자의 일거수일투족을 관찰하고 있는 것으로 믿는 데서 비롯된 것이다.

한편, '조상신의 실체 및 성격을 어떻게 관념하였느냐' 하는 데에 이르러서는 민간신앙적 입장과 유가의 입장이 전혀 다르다. 결론부터 말하면 전자는 조상신은 실재(實在)하는 신으로서 두려움의 대상이 되기도 하는 데 반하여, 후자의 경우 조상신은 여재(如在)하는 신으로 경모의 대상이다. 민간신앙에서 조상신은 실재하는 신이다. 가신신앙(家神信仰)의 한 형태로 조령신앙(祖靈信仰)이 있다. 조상단지라 하여 조그만 항아리에 햇곡식을 채워 안방 선반 위에 올려놓고 그 주위에 몇 가지 장식을 해 놓았는데, 이는 조상신의 신체(神體)에 다름 아니다. 가정의 주부가 중심이 되어 명절이나 기일 등 기념할 만한 날에 음식을 차려 놓고 특별한 의식 없이 가정의 태평과 자녀의 안녕을 기원하였다. 조상신을 상징하는 신체를 만들어 놓고 가정과 자녀의 태평과 안녕을 기원한다는 것은 조상신이 실제로 존재한다는 믿음에서 비롯된 것이다. 한편 제사에 정성을 다하는 것은 조상신에 대한 정성의 부족으로 인하여 입게 될지도 모를 위해(危害)에 대한 두려움 때문이라고 한다. 이는 조령, 곧 조상신은 후손의 정성에 따라 선신(善神)도 될 수 있고 악령(惡靈)도 될 수 있다는 의미이다. "귀신은 잘 먹으면 잘 먹은 값을 하고, 못 먹으면 못 먹은 값을 한다."고 하며, 집안에 불행한 일이 생기면 조상 대접을 소홀히 하여 그렇게 되었다고 한다.

그러나 유가에서 조상신은 여재하는 신이다. 공자는 제사를 지낼 때는 선조의 신(또는 혼)이 있는 것처럼(祭如在) 하라고 하였는데, 여기서의 신은 실재의 신이 아니라 여재의 신, 곧 내 마음속의 신이다. 이를테면 실제 조상신은 없는데, 다만 조상신이 있다는 마음가짐에서 받들고 제사를 지내라는 것이다. 조상에 대한 효를 추효(追孝)라 한다. 『예기(禮記)』의 제통편(祭統篇)에 "부모가 죽어서 제사를 지내는 것은 생시에 하던 봉양을 미루어 행하고 생시에 못다 한 효도를 계속해서 하는 것(祭者所以追養繼孝也)"이라 했다. 결국 '추효'라는 말은 조상숭배의 다른 표현으로 살아 계실 때의 부모에 대한 효의 연장을 의미하고, 이의 구체적 행위가 제사라 하겠는데, 이때 조상신은 실재하는 것이 아니라 자기 마음속의 신이다. 유교에서 제사에 정성을 다해야 한다는 것은 사자가 자기 마음속에 다시 살아날 정도로 추모의 심정을 가지라는 의미이다. 이렇다 보니 그 조상신은 산 자의 길흉화복을 좌우하는 존재가 아니고 어디까지나 경모의 대상일 뿐이다. 만약 조상신의 실재를 인정하고 제사를 지낸다면 그것은 제사가 아니라 음사(淫祀)라는 것이다.

이와 같이 조상신의 실체 및 성격에 대한 민간신앙적 시각과 유가적 시각이 분명한 차이를 보인다. 그런데 현실은 그렇지 못하였던 것 같다. 『세종실록(世宗實錄)』에 보면 "지금 사대부들이 집에서 그 선조의 신을 무당의 집에 맡기고 위호(衛護)라 일컫는데 혹 노비(奴婢)를 4~5명씩 급(給)한다. 만약 그렇게 하지 않으면 부모의 신이 후사(後嗣)를 병들게 한다고 한다. 유명(幽冥)이 다르다고 하겠으나 이치는 하나인데, 부모의 신이 어찌 자손을 병들게 하겠는가. 심히 옳지 않다."라는 기록이 있다. 후사의 안녕에 대한 두려움 때문에 무당집에 맡겼다는 것은 조상신을 '여재하는 신'이 아니라 '실재하는 신'으로 인식한 것에 다름 아니다. 그리고 유명이 다르더라도 이치는 하나인데, 부모의 신이 어찌 자식을 병들게 하겠느냐고 반문한 것은 조상의 자손에 대한 애정은 살았을 때나 죽었을 때나 변함이 없기 때문에 결코 후손에게 해를 주지 않는다는 것이다.

그러나 그 이유가 어디에 있었건 사대부 집안에서도 부모의 신이 자손을 병들지 않게 하기 위해 부모의 신을 무당에게 맡겼다는 사실은 사대부들도 민간신앙적 조상관을 가지고 있었다는 점이다. 달리 말하면 사대부들의 조상숭배 의식에 민간신앙적 조상관이 깊이 침투되어 있다는 것이다. 이러한 사정을 고려할 때 선인들의 조상숭배 정신이 남달랐던 것은 효를 근본으로 하는 유교적 보본사상(報本思想)과 조상의 대접이 소홀하였을 경우에 재앙을 입게 된다는 민간신앙적 사고가 혼합된 데 말미암는 것이라 하겠다.

◎ 참고문헌

고정기, 『관혼과 상제』, 우리출판사, 1974.

금장태, 「조상숭배의 유교적 의미와 근거」, 『한국문화인류학』18집, 한국문화인류
　　　학회, 1986.

김두헌, 『한국가족제도 연구』, 서울대학교출판부, 1980.

김승찬 외, 『한국의 민속문화와 전통문화』, 삼영사, 2001.

김용덕, 『한국풍속사 I 』, 밀알, 1994.

김창선, 『쉽게 풀어 쓴 상례와 제례』, 궁리, 2001.

김춘동, 『한국예속사, 한국문화사대계VI』, 고려대학교 민족문화연구소, 1995.

남상민, 『한국전통혼례』, 예학사, 2003.

박순창, 『관혼상제와 그 뿌리』, 동신출판사, 1996.

신의철, 『상례요람, 보경문화사』, 1993.

안은희 외, 「의례생활」, 『한국민속대관 I 』, 고려대학교 민족문화연구소, 1982.

오출세, 『한국 서사문학과 통과의례』, 집문당, 1995.

유덕선, 『관혼상제대전』, 신라나, 1997.

이광규, 『한국인의 일생』, 형설출판사, 1985.

이민수, 『관혼상제』, 을유문화사, 1975.

이영춘, 『차례와 제사』, 대원사, 1994.

이은봉, 『한국인의 죽음관』, 서울대학교출판부, 2000.

이창식, 『충북의 민속문화』, 푸른사상, 2004.

이춘자 외, 『통과의례음식』, 대원사, 1998.

장철수, 『한국전통사회의 관혼상제』, 한국정신문화연구원, 1984.

전례연구회, 『우리의 생활예절』, 성균관, 1997.

정상진, 『우리 민속과 전통문화』, 외국어대학교출판부, 1996.

최길성, 『한국의 조상숭배』, 예전사, 1986.

고대 토착사고와 민간신앙 제6장

1. 민간신앙의 역사적 전개

　종교는 인위적인 종교와 자연적인 종교로 구분지어 말할 수 있을 것이다. 전자는 교조(敎祖)에 의한 교리(敎理)가 문서화(文書化)되고 이것을 중심으로 인위적 조직을 갖는 인위적 상황 속의 종교이며, 후자는 이런 인위적 상황이 배제된 자연적 상황 속의 종교이다. 그래서 후자인 민간신앙은 전자와 같이 교조에 의한 교리가 문서화된 경전(經典)이나 체계화된 조직이 없이 자연적 상황 그대로의 자연적 종교이다. 이런 민간신앙의 전승자인 민간인 자체가 인위적 상황 이전의 자연적 상황 속에 있는 자연인이다. 이와 같이 자연 속에 자연인으로서의 민간인에 의해 생활을 통해서는 마을신앙, 가택신앙, 무속신앙, 풍수신앙 등 민간인의 생활을 통해 전승되고 있는 자연적 종교현상들이 있다.

　한민족의 보편적인 기층의 종교현상은 민간인의 생활을 통해 전승되어 왔다. 외래종교인 불교·도교·유교·기독교 등이 전래되어 장구한 세월을 두고 계속 포교활동을 해 왔지만, 불교나 유교의 경우는 소수의 지식층에 머물렀고, 기독교의 경우는 도시나 일부 지방에 머물렀으며, 도교의 경우는 민간신앙 속에 흡수 용해되어 그 잔해마저 찾아보기 힘든 지경에 이르렀다. 그래서 이런 외래종교는 지식층의 종교나 도시의 종교로 한국에서 표층적(表層的) 종교현상이 되고, 이 표층적 종교 저변에는 민간신앙이 기층적(基層的) 종교현상으로 있게 된다.

민간신앙의 역사는 무속(巫俗)에 관한 것이 『삼국사기(三國史記)』와 『삼국유사(三國遺事)』에 전하는 신라 제2대 남해왕조(南海王條)의 것으로 A. D. 1세기 초가 된다. 마을신앙과 비교될 수 있는 것으로 『삼국지(三國志)』나 『후한서(後漢書)』 등의 동이전(東夷傳)에 전하는 삼한(三韓)의 제천(祭天)과 소도(蘇塗)에 관한 기록이 있고, 고고학적 자료에 의하면 청동기시대까지 소급된다. 점복(占卜)에 관한 기록도 삼한의 제천 기록에 보이며, 『삼국사기(三國史記)』 · 『삼국유사(三國遺事)』 · 『고려사(高麗史)』 · 『조선왕조실록(朝鮮王朝實錄)』 등의 사서에 점복 · 무속 · 동신제 등의 자료가 보여 민간신앙이 삼한 · 삼국 · 고려 · 조선으로 이어진다. 민간신앙의 이와 같은 역사적 기반 위에 외래종교가 들어왔는데, 외래종교 중에서 맨 먼저 들어온 것이 A. D. 4세기 후반에 들어온 불교이다. 이런 민간신앙의 기반 위에 불교 · 도교 · 유교 · 기독교 등의 외래종교가 전래되어 종교의 적층(積層)을 이루고 있는 것이 한국의 종교적 현실이다. 이것은 역사를 통해서 볼 때 삼국으로부터 고려에 걸친 불교문화, 조선 500년의 유교문화, 개화기 이후 100년의 서양 기독교문화의 순으로 역시 문화적 적층을 이루고 있다.

따라서 민간신앙은 이와 같은 한국의 종교 · 문화의 적층을 통해 한결같이 그 밑바탕에 깔려 저류(底流)를 이루어 온 정신사적 기층으로 그 속에 한국의 정신적 원소(元素)가 종교 · 문화의 에너지원으로 존재하여 온 것이라고 할 수 있다. 그리고 이와 같은 한국의 정신적 기반 위에 발을 붙이고 성장해야 하였던 외래종교는 그 포교 초창기부터 한국의 전통적인 민간신앙과 결탁하지 않으면 안 되었기 때문에, 그 체내에는 언제나 민간신앙의 요소가 잠복되어 표리(表裏)의 차이를 보이며 한국적 종교로 성장한 결과를 가져오게 된 것이라 할 수 있다.

2. 마을신앙

(1) 마을신앙의 본질과 역사

삶의 터로서 마을을 처음 가꾸기 시작했을 때, 사람들은 새롭고 낯선 보금자리에 대해 한껏 희망에 부풀면서도 정녕 이 곳에서 행복한 삶을 이룰 수 있을지 걱정했을 것이다. 길흉화복을 가늠할 수 있는 여러 요인 중에는 인간의 의지와 노력으로 어느 정도 예측할 수 있는 부분이 있는가 하면, 미리 짐작하거나 피할 수 없는 영역이 또한 존재하기 때문이다. 이렇게 예측할 수 없는 불행은 과학의 힘을 빌든, 종교적 힘을 빌든 제거해야 했는데, 마을신앙이 바로 종교적 힘을 원용한 제액초복(除厄招福)의 기원 양식이다.

마을공동체신앙은 부족국가시대로 거슬러 올라가는 긴 역사성을 지니고 있다. 부여에서 정월에 하늘에 제사를 지냈던 영고(迎鼓), 예에서 10월에 밤낮으로 음주가무를 하며 제사를 지냈던 무천(舞天), 고구려에서 국중대회로서 수신(隧神)을 맞이하여 제사를 지냈던 동맹(東盟), 삼한에서 5월과 10월에 하늘에 제사를 지냈던 천신제(天神祭), 백제의 제천(祭天) 등의 고대제의를 마을공동체신앙의 한 형태로 볼 수 있다. 이들 제의는 모두 그해 농사의 풍년을 기원하는 기풍제의적(祈豊祭儀的) 성격과 농사 풍년을 감사하는 추수감사제의(秋收感謝祭儀), 혹은 나라의 태평을 기원하는 집단신앙적(集團信仰的) 성격을 띠고 있었다.

이러한 집단제의가 후대로 내려오면서 삼국시대에 불교가 이 땅에 들어오기도 하지만, 하늘과 산천에 제사하고 시조묘(始祖廟)를 세워 시조신에게 제사를 지냈다. 심지어 신라에서는 명산대천을 대사(大祀), 중사(中祀), 소사(小祀)로 차별화하여 제사를 지내기도 했다. 왕은 명산 아래에서 천신(天神)에게, 대천에서 지신(地神)에게 제사를 지내고, 제후들은 사직신(社稷神)에게 제사를 나누어 지내기도 한 것으로 보아, 제사의 성격에 따라 사제자의 신분이 달랐음을 확인할 수 있다. 신라가 삼국을 통일한 이후에도 신라 왕실이 가지고 있는 산천에 대한 호국신앙을 반영하여 명산대천을 사전(祀典)에 등재하여 국가가 주가 되어 제사를 지냈다.

고려시대에는 태조에 의해 국가가 주관하여 천신(天神)과 산신(山神) 그리고 용신(龍神) 등에 제사하는 팔관회(八關會)가 성행하였다. 팔관회는 옛 고구려 동맹의 전통 위에 신라 진흥왕(眞興王) 33년부터 지내는 전사자 위령제와 전통적인 자연신에 대한 제사, 그리고 불교적인 색채가 가미된 국가공동체 제의였다. 조선시대에는 태조(太祖) 원년부터 향교(鄕校)를 설치하여 중국 유교 수입에 열중하여 고려의 팔관회를 폐지하는 것은 물론 『경국대전(經國大典)』의 기록에 의하면 사대부층의 성황제(城隍祭)를 규제했고, 승려, 무격, 광대들을 팔천(八賤)으로 규정하기까지 했다. 그로 인해 전통적인 마을공동체신앙의 위상이 약화되었고, 급기야는 마을공동체신앙이 유교적인 중국의 제전(祭典)에 따라 시행되어졌다. 정종 때에는 산천신에 대한 제사를 민가에서 지내는 것을 금지시키고, 그 대신 사직단(社稷壇)을 세워 이사제(里社祭)를 지내도록 권장하기도 했다.

일제시대에는 일본 관리의 신사참배 요구와 전통적인 마을공동체신앙에 대한 탄압이 자행되었고, 해방 후 기독교인들은 물론 새마을운동의 관리들까지 마을공동체신앙을 미신으로 간주하여 타파의 대상으로 삼았지만, 아직까지도 마을공동체신앙이 기층민 생활과 밀착되어 있었기 때문에 생명력을 잃지 않고 오늘날까지 남아 있다.

(2) 마을신앙의 유형과 내용

마을신앙의 대표적인 제의는 서낭제·산신제·용신제·장승 및 솟대제 등이다. 대체로 마을 뒷산 산정에 국수당, 산 중턱에 산신당, 동구 옆에 서낭당이나 장승, 솟대가 서있는 것이 전통마을의 전형적인 마을신앙 형태이다. 마을신앙은 대개 춘추로 행사되며, 정초나 대보름날 밤 자정을 기해서 제사하는 곳이 많다. 해안지방의 동제인 풍어제로서 별신굿이나 용왕굿은 특별히 날을 잡는다. 마을신앙을 행사하려면 두 이레(14일)나 세 이레(21일) 쯤 전에 모임을 열어서 생기복덕(生氣福德)이 맞고, 부정이 없는 원로로 제관을 삼고 도가를 선정한다. 제관의 집이나 도가 및 제단에는 금줄을 쳐 부정한 자의 출입을 막는다. 제일이 되면 제수와 제물을 진설하고 헌주(獻酒)·독축(讀祝)·소지(燒紙) 등의 순으로 제사하며, 보다 규모를 크게 할 때에는 당굿을 곁들여서 행사한다.

서낭신앙

민간신앙 중에서 천신신앙(天神信仰)과 산신신앙(山神信仰)에 뒤이어 그 기원이 오래되었을 뿐만 아니라 각 군·현에 성황사나 성황단을, 그리고 각 마을마다 서낭당을 모시고 제사를 드릴 정도로 가장 널리 분포되어 있는 대표적 민중전승인 서낭신앙은 모든 민간신앙이 그렇듯이 공리적인 신관(神觀)에 의한 현실적인 문제, 이를테면 부락수호·기원·초복·치병 등을 성취하려는 데에 그 목적을 두고 있다. 서낭신앙이 오래도록 전승되고 널리 퍼져 있는 것은 서낭신이 민중의 신앙 목적을 충족시키는 종교적 기능을 수행해 줄 것으로 믿은 결과이며, 이로 말미암아 서낭제와 더불어 서낭굿이라는 민속제의가 형성되었다.

서낭신앙은 신당(神堂)의 위치가 밖에서 들어오는 길가의 동구(洞口), 산록(山麓), 산이 없는 허(虛)한 곳임으로 보아, 고대에 수렵·목축·농경

장소를 천신에 의존해서 수호하려고 신의 거주처를 마련한 것에서 발생한 것으로 보인다. 서낭신앙은 신당 형태와 신앙의 성격으로 보아 몽골의 '오보신앙'의 영향을 받은 것으로 말하고 있다. 그리고 오보신앙이 일차적으로 한반도에 들어와 산신 및 천신신앙과 습합되어 서낭신앙이라는 보편적인 민간신앙 형태가 형성되었고, 거기에 중국의 '성황신앙(城隍神仰)'이 들어와 그 기능이나 명칭 등이 복합된 것으로 보고 있다. 서낭신앙은 천신·산신·오보와 중국에서 전래한 성황 등 4가지의 신앙 형태가 혼합된 것일지라도, 근원적 본질은 신의 수직 이동체계에 따른 도식 곧 천신—산신(산왕)—서낭에서 보는 바처럼 천신과 산신신앙에서 유래한 것으로 보는 것이 타당할 것이다.

그러나 서낭의 근원을 천신과 산신에서 찾고는 있지만, 서낭은 관념적인 두 종류의 신격(神格) 이외에도 다양한 성격, 다양한 종류의 신격을 지니고 있다. 동민들은 마을을 이룩한 최초의 개척자, 덕망이 있던 씨족의 조상을 서낭신으로 모시기도 한다. 한편 각 군·현마다 두었던 삼단 곧 사직단(社稷壇)·성황단(城隍壇)·여단(厲壇) 중에서 여단은 억울하게 죽은, 한 많은 영혼들을 모신 제단으로 우리의 전통적 무속신앙 전반에 관련되어 이에 대한 고찰은 서낭신의 성격은 물론 한국 무속신들의 성격을 규명하는 데 있어서 중요한 관건이 된다.

이처럼 서낭신은 지역에 따라 다양한 특성과 명칭 및 기능 등을 지니고 있는데, 이를 크게 나누어 보면 강원도를 비롯한 산간지역에서는 산신 계통의 신이며, 해안지방의 어촌에서는 해신 계통의 신이고, 그밖의 민간에서는 마을수호신 계통의 신이다. 그런데 여기서 강조하고자 하는 바는 서낭신은 나그네를 수호하는 노신(路神)으로서의 기능을 지니고 있다는 점이다. 천신이나 산신도 노신의 기능이 있음에도 불구하고 굳이 서낭신을 상정한 것은 한국인들이 신을 창조하는 데에는 근본관념인 '공간성' 곧 하늘에는 천산, 산에는 산신, 집에는 가택신이라는 한계를 설정하고 있는 데서 비롯된 것으로 보인다. 다시 말해서 사람들은 집을 떠나 나그네길에 나서면 자신들을 인도하고 보호하여 줄 신을 필요로 하였을 것이니, 주로 마을을 수호하는 동신으로서 인식되고 있는 서낭신이 노변에 좌정하여 나그네들을 수호하는 노신의 역할을 담당한 것이다.

산신신앙

국조 단군이 수(壽)를 마친 후 아사달의 산신이 되었다는 『삼국유사(三國遺事)』의 기록은 우리 민족과 산신신앙과의 관계를 시사하는 자료다. 산은 한국인에게 있어서 삶의 터전이며 인생의 귀의처다. 그리고 산은 하늘에서 하강한 신들의 거주지로서 신성의 영역이었으므로 외경의 장이며 숭배의 대상이었다. 일례로 1930년 조선일보사가 주관하여 백두산을 등반하였을 때 지켜야 했던 금기사항을 살펴보면 한국인의 산에 대한 외경심을 헤아릴 수 있을 것이다.

이를테면 산의 성체(聖體)를 더럽혀서는 안 된다고 하여 대소변을 받는 변기를 들고 가도록 한 것이라든지, 산행에서 대화를 할 때도 행여 산신령을 성나게 할까 보아 큰소리로 지껄이지 못하게 하고 속삭이듯 말하게 하였다. 산을 오를 때도 감히 '오른다' 하지 못하고 반드시 '산에 든다'고 해야 하며, 정상에 올라섰을 때도 '올랐다' 하지 않고 '내려섰다'고 말해야 했다는 것이다. 백두산이 환웅천왕의 하강처로서 우리 민족의 원초적인 신시(神市)임을 감안한다 하더라도 한국인의 산에 대한 각별한 신성성을 엿볼 수 있다.

산 자체를 신으로 여기거나 산에 인격적인 신이 존재하는 것으로 믿고 제사하는 의식을 산제(山祭)나 산신제(山神祭)라고 하고, 신을 모셔 놓은 당집을 제당·산제당·산신당·산신각이라 한다. 산신제의 역사는 『구당서(舊唐書)』의 "백제 사람들은 먼저 귀신과 산신에게 제사한다(百濟先祀神祇及山谷之神).", 『당회요(唐會要)』의 "신라 사람들은 산신을 좋아한다(新羅好祭山

神).” 등에서 볼 수 있듯이 삼국시대에 이미 시행되었음을 알 수 있다. 특히 신라는 삼산오악신(三山五岳神)에게 제사하였는데, 삼산은 봉래산·방장산·영주산이며 오악은 토함산·지리산·계룡산·태백산·부악산이다.

고려 때는 덕적산·송악산·백악산·목멱산의 산신에게 매년 춘추로 무당과 여악(女樂)으로 제사하였다. 조선시대에는 지리산·삼각산·송악산·비백산의 산신을 사악신으로 정하여 제사하였으며, 치악산·죽령·주흘산·금성산·한라산·오관산·의관령·백두산·마니산·감악산 등에 제단을 만들고 제사하였다. 민간에서도 각 주읍에 진산(鎭山)을 정하고 산신당을 지어 진호신으로 받들고 춘추 또는 정초에 제사를 지냈는데, 이러한 유풍이 오늘날까지 지속되고 있는 것이다.

장승·솟대 신앙

가장 한국적인 풍물의 하나로 꼽히는 장승은 이름도 다양해서 신라·고려시대에는 장생(長生), 고려 후기부터 조선 중엽까지는 장주(長柱), 그 후에는 장승(長丞)·장승(長承)·장주(長柱)·장선(長善)·소후(小堠)·대후(大堠)·이후(里堠)·목후(木堠)·우석목(偶石木)·장생표(長生標)·주첩(柱貼)이라 하였다. 한글로는 더승·장승·쟝성·쟝선·장신 등으로 표기하였다. 장승을 부르는 이름도 지역마다 달라서 평안도를 위시한 북부지역에서는 ‘더승’ 혹은 ‘더신’이라 했으며, 경기도를 중심으로 한 중부지방에서는 ‘장승’이라 하고 ‘천하대장군, 지하여장군’이라 한다. 충청도지방에서는 ‘수살·수살막이·수구맥이’ 등으로 부르고 몸체에다 동서남북 사방의 장승 이름을 써넣었다. 영·호남에서는 ‘벅수·벅슈·법수·미륵’ 등으로 부르고 ‘상원주장군(上元周將軍)·하원당장군(下元唐將軍)’이라는 글을 새겼으며, 제주도에서는 ‘돌하루방’이라고 부른다.

신랑 경덕왕 18년(759)에 “전남 장흥의 보림사 경내 보조선사영탑비(普照禪師靈塔碑)에 장생표주를 세웠다.”는 기록이 전한다. 『삼국유사(三國遺事)』

에는 청도 운문산 선원에 11개의 장생표탑이 있었다는 기록이 있다. 고려시대의 문헌에 보이는 장생표(長生標)·장생표탑(長生標塔)·국장생(國長生)·황장생(皇長生) 등은 돌기둥으로서 훗날의 돌장승이 되었을 가능성이 높다. 처음에는 단순하던 입석(立石)이나 목주(木柱)가 후세에 오면서 산신이나 칠성, 불교의 사천왕 등과 연합하여 무인(武人)을 조상으로 모시게 된 것이다. 그리고 『고려사(高麗史)』에 보이는 '생곡'이라는 역명(驛名)이 이정표로서의 장승에 관한 최초의 기록이라고 하는 견해도 있다. 그리고 조선조 중종 때 최세진이 『훈몽자회(訓蒙字會)』에서 '후'자를 '더승 후'로 풀이한 것으로 보아 그 당시에도 이미 장승이 민속화된 것으로 여겨진다.

장승은 돌로 만든 석장승과 나무로 깎아 만든 목장승이 거의 대부분을 차지한다. 대개 목장승은 통나무에 무서운 형상의 얼굴을 조상해서 납장승에는 홍색, 여장승에는 황색을 채색하기도 하며, 천하대장군·지하여장군 외에 마을간의 거리를 써 놓는다. 장승은 그 기능에 따라 세우는 곳도 다양하여 절 입구에 세운 사원정승, 마을 입구에 세운 벽사장승, 이정표 겸 노신으로 길가에 세운 노표장승, 풍수지리설에 따라 허(虛)한 곳을 보호하기 위해 세운 비보(裨補)장승이 있는가 하면 제주도의 하루방처럼 성문 앞에 세워 성을 지키고자 한 수문장장승도 있었다.

솟대라고 하면 일반적으로 민간신앙의 대상이 되는 신간(神竿) 또는 조간(鳥竿)을 말하며, 그 장대 위에는 1~3마리의 목조(木鳥)나 철조(鐵鳥)가 앉아 있다. 이 조간은 단독으로 서있는 수도 있으나 대개 동구에 있는 장승과 함께 서있는 경우가 많다. 솟대에 대한 명칭은 다양하다. 손진태는 민속상으로 현존하는 명칭을 형태와 성격별로 3분류하였다. 첫째, 목조소도(木鳥蘇塗)로서 솟대·솔대·소주·소줏대·표줏대·거릿대·갯대·수살이·수살이대·수살목·액막이대 등이다. 둘째, 용두소도(龍頭蘇塗)로서 솔대·방아솔대·화표주·화주 등이다. 셋째, 일시신간(一時神竿)으로서 볏가리·화적(禾積)·화간(禾竿)·보리빽가리·풍간(風竿) 등이다. 이러한 명칭 외에도 짐대, 진또배기가 있다. 또 추엽융의 글에서는 '별신대'로 부른다는 기록도 있다. 한국에서는 솟대·솔대·소줏대·화줏대·벼줏대·갯대·고릿대 등 다양하게 부르는 목간이 있으며, 장대 끝에는 한 마리 혹은 세 마리의 조형(鳥形)이나 때로는 용사(龍蛇)의 형상을 한 신간을 각지에서 볼 수 있다. 거제도에서는 솟대를 별신대라 하여 3년에 한 번씩 하는 별신제 때 신간이 된다고 하였다.

솟대는 청동기시대의 유물로 발굴된 농경문청동의기(農耕文靑銅儀器)의 뒷면에 오늘날의 솟대와 같은 조간 그림이 새겨져 있는 것으로 보아 기원전 6세기에 이미 종교적인 의식에 사용되고 있었음을 알 수 있다. 그리고 솟대의 풍속은 만주 송화강 하류에 사는 퉁구스계의 골디족, 노령 연해주의 오로치족 그리고 시베리아에 사는 오스착족, 몽골족 등의 북방민족에게서도 나타난다. 이들은 대개 목각신상과 조간을 복합시켜 모시며 그 장소나 기능이 우리와 유사하다. 일본 신도의 상징인 도리이(鳥居), 그리고 최근에 태국, 미얀마, 크메르 등의 깊은 촌락에 나무문을 세우고 위에는 목각의 새, 좌우에 원형의 목신상들이 세워져 있는 사례보고 등도 솟대의 원류를 규명하는 데에 필요한 자료이다.

그런데 이러한 솟대신앙의 본질을 이해하는 데에 있어서 가장 중요한 것은 왜 새를 올려놓았으며 그 새는 어떤 새인가를 이해하는 것이다. 이 점에 대해서는 막연히 '오리' 등으로 이해하고 있을 뿐이나 사실은 까마귀이다. 신앙은 정신적인 추상의 세계이기에 그것을 가시화하기 위해서 어떤 상징물을 등장시킨다. 그러므로 그 상징물은 고도의 합리성을 띤 사물이어야만 한다. 그래서 우리 조상들은 산의 영물인 호랑이를 산신으로, 나그네의 벗인 말을 노신격(路神格)인 서낭신으로, 곡식을 없애는 쥐나 참새를 잡아먹는 구렁이를 업으로 여겼다. 이외에도 소를 조상의 상징, 돼지를 지신, 개를 객귀의 상징으로 여겼고, 까마귀와 까치 등의 조류를 신성시하여 훼손하거나 잡는 것을 금기로 하였다.

190

예로부터 우리 조상들이 신앙의 대상으로 삼아온 조류는 위에 든 까마귀와 까치가 있다. 이 두 조류가 신성시된 것은 어떤 신앙의 상징물로 여겼기 때문이다. 비둘기는 주몽신화에서 볼 수 있듯이 유화가 아들 주몽에게 보내는 씨앗을 전달하는 신모의 사자였다. 닭은 신라의 계림과 『동국세시기(東國歲時記)』의 기록 곧 "항간에는 벽 위에 닭과 호랑이의 그림을 붙여 액이 물러가기를 빈다."와 관련된 조류이며, 매(鷹)는 역시 『동국세시기』의 기록 곧 "남녀의 나이가 삼재를 만난 자는 세 마리의 매를 그려 문설주에 붙인다."에서 볼 수 있듯이 액막이의 역할을 하는 새로 등장한다. 까치는 길조로서 민간과 친밀한 새로 오작교 및 탈해 전승과 관련을 맺고 있으며, 까마귀는 불길한 새 또는 재수 없는 새로 꺼림을 받고 있다. 그러나 까마귀는 태양 상징의 새이다. 고구려의 고분인 동수묘를 비롯한 초기 고분과 사신도분에 이르기까지 천체의 상징으로 일월이 벽화에 그려져 있는데, 태양 곧 일상(日像)은 보통 원 안에 세 발 가진 까마귀[三足烏]로 표시하였다.

이상에서 볼 수 있듯이 까마귀는 길조요, 양오(陽烏) 곧 일신이거나 해의 수호신이었다. 해는 어둠을 밝히는 빛이면서 불의 이미지를 지니고 있다. 고대인들은 암흑이라는 공포의 대상을 막을 수 있는 태양 상징물로서 까마귀를 차용한 것 같다. 왜냐하면 까마귀를 불길한 것, 곧 재앙을 예시해 주는 신성한 영조로 태양 이미지를 대신할 수 있다고 믿었기 때문이다. 까마귀의 색이 까맣다는 것에서 암흑을 관련시킬 수 있겠으나 숯처럼 까맣다는 것은 태양 곧 불에 탄 것을 연상하게 되므로 태양 상징물로서 채택되어 신앙의 대상이 되었을 것이다. 따라서 솟대의 새는 까마귀인 것으로 여겨진다.

돌탑신앙

고대로부터 우리나라에서는 돌을 "산의 뼈요 흙의 정(情)이며 기(氣)의 핵"이라고 여겼다. 돌은 인간생활과 밀접한 관련이 있어 일상생활의 도구로 이용되고, 고인돌처럼 무덤에 쓰이어 사후의 안주처로 이용되기도 하였다. 그런가 하면 문학작품 속에서 돌은 항존성, 불변성의 이미지를 나타내기도 한다. 특히 돌은 민간신앙의 차원에서 매우 중요한 신성체(神聖體)로 존재하여 왔다. 우리의 선조들은 돌이 생명을 탄생시키기도 하고, 생활을 풍요롭게 한다고 믿고 기자치성(祈子致誠)을 들며, 마을의 평안을 빌어왔다. 이것은 돌이 인간의 한계를 극복하여 주는 주술적(呪術的) 영험물로서 인식되었음을 의미한다.

한편 사람들은 이러한 바위와 돌을 조형하여 탑을 만들어 왔다. 그리고 그 탑을 신앙하고 공경하였다. 대체로 탑에는 조각한 돌을 층층이 쌓아서 만든 사찰의 석탑, 또는 제단으로서의 누석단(累石壇), 몽골의 오보(obo)와 유사한 서낭당, 마을의 번창과 삼재(三災)를 막아주는 조산(造山) 등을 들 수 있겠고, 냇가나 주변에 널려 있는 큰 막돌을 주어서 원뿔형으로 차곡차곡 쌓아올린 돌탑도 있다.

마을신앙으로서 돌탑은 마을 입구에 쌓되, 보통 장승처럼 2개를 쌓고 할아버지탑, 할머니탑으로 부른다. 탑의 형태는 기본적으로 기단부, 탑본체, 탑윗돌로 이루어지며, 내장물의 4요소로 구성되기도 한다. 기단부에는 탑을 보다 견고하게 앉히기 위해서 땅을 단단하게 다지거나, 막돌을 한두 층 땅위에 고르게 깔아서 그 위에 탑을 축조한다. 일부 마을에서는 마을 입구 양쪽에 마을이 전체적으로 잘 보일 수 있는 조그만 언덕이나 산기슭을 기단부로 해서 탑을 쌓기도 한다.

돌탑의 내부에는 감실을 만들어서 내장물을 넣는데 오곡단지·금두꺼비·쇠스랑·부적·숯 등을 넣는다. 오곡단지는 풍농을 기원하는 뜻에서 넣은 곡식성소며, 금두꺼비는 지세가 제비혈인 마을의 앞에 놓인 다리가 지네모습을 하고 있어서 마을이 피폐하는 것으로 믿어 지네를 잡아먹으라고 은으로 두꺼비 형상을 만들어서 탑 속에 봉안된 대상이다. 쇠스랑은 긁어 들이는 성질을 지녔으므로 마을이 부자가 되도록 재물을 긁어 오라는 뜻에서 넣은 것이고, 부적은 마을의 안녕을 기원하는 축원문이며, 숯과 소금을 넣은 것은 도깨비의 불장난으로 마을에 화재가 잦으니 불을 제어하라는 뜻이다. 또 간수(소금)를 넣은 경우는 부인들이 살림을 알뜰하게 하라는 뜻이거나 재앙이 접근하지 못하도록 하기 위한 뜻도 있다. 돌탑의 상부에는 두상·꼭지돌·탑선돌·머리돌·상두석·포석·괴석 등으로 명명되는 '탑윗돌'을 얹는다. 할아버지탑 위에는 가늘고 길며 끝이 뾰족한 돌을 얹고, 할머니탑에는 그리 길지 않고 다소 평퍼짐하며 끝이 둥그스런 돌을 얹는다.

(3) 마을신앙의 지역적 분포와 특징

🔬 서울·경기도의 도당굿

서울시는 도시화가 되면서 많은 마을제당이 흔적을 감추었으나, 1967년과 1972년 두 차례의 서면조사에서 파악된 제장이 66건이 있었다고 조사·보고된 바 있고, 경기도에서는 1995년 국립민속박물관에서 조사·보고된 바에 의하면 마을제당이 459건으로 밝혀지고 있다. 서울에서 제당의 명칭은 도당(都堂), 부군당(府君堂), 군웅당, 서낭당, 산신당이 주요 명칭들이지만, 경기도에서는 산제당, 산신당, 도당, 서낭당이 주요 명칭으로 나타난다. 서울과 경기도에서 공동체신앙은 주로 10월에 지내는 경우가 많으며, 산신당에서 제사를 지내는 경우 대개 유교식 제의 내용이 다수를 차지하지만, 화랭이패 세습무당이 참여하여 지내는 경우는 대개 부군당이나 도당에서 제사를 지내는 경우이다. 서울과 경기도에서는 흔히 부군당과 도당에서 지내는 제사를 '도당굿'이라 불리고 있다. 도당굿은 전형적인 무당굿형 공동체신앙으로 1년 혹은 2·3년 만에 한 번씩 행해지는 제사다. 마을 어른들에 의해 굿이 결정되면 당골을 찾아가 제사 날짜를 정하고, 굿을 준비하고 진행하는 책임자인 당주를 뽑는다. 당주는 사흘 전부터 당막을 지어 거주하면서 몸을 정결하게 한다.

강원도의 서낭제

강원도에서는 서낭제와 산신제가 주류를 이루고 있으나, 대표적인 공동체신앙은 서낭제라 할 수 있고, 해안지역인 영동지역에는 무당굿놀이가 특징적으로 드러난 별신굿이 행해지기도 한다. 서낭제는 마을 유지들끼리 지내는 유교식 제의 내용과 3~5년 간격으로 무당을 초청하여 굿을 벌이는 내용을 가지고 있는데, 영서지역 서낭제를 주로 유교식 제사라고 한다면, 영동지역 서낭제[별신굿]는 무속적인 제사다. 서낭제 중 규모가 큰 것은 무당굿형인 강릉단오제이다. 단오제는 5월 5일의 단오를 절정으로 벌이는 행사이나, 그 시작은 3월 20일에 제주(祭酒)를 담그고, 4월 14일에 국사서낭을 봉영하기 위해 성황사로 올라간다. 먼저 유교식 제의 내용으로 제사를 지낸 뒤 무당이 굿을 하여 국사서낭을 모시고 내려온다. 강릉 남대천 백사장에 서낭신을 모셔 놓고 10여 명의 무당들이 교대로 동해안 풍어제를 행하는 용왕굿과 거리굿을 제외한 19거리 정도의 굿을 한다. 5월 6일에 소지를 하고 마무리된다.

충청도의 산신제와 장승제

충청도지역의 공동체신앙은 대개 산신제가 주류를 이루고, 장승제 혹은 탑제 등도 많이 나타난다. 장승제나 탑제는 산신제를 지낸 후 거행되는 제사로 거릿제의 성격과 흡사하다. 물론 하나의 독립된 공동체신앙 형태인 경우도 있다. 청양 대치의 장승제가 대표적인 것으로 매년 정월 보름 새벽에 장승을 세우고 풍물굿형의 제사를 지낸다. 산신제나 장승제는 주로 정월에 모시는 경우가 많으며, 유교식 제의 내용으로 수행되는 경우가 많다. 무당이 참여하는 당굿은 해안지역에서만 발견된다.

영남의 골맥이 동신제와 별신굿

영남 일대에서 공동체신앙의 마을 수호신을 골맥이 서낭님 혹은 골맥이 할배와 할매라 부르는데, 골맥이라는 말은 고을(洞, 邑, 郡) ＋ 막 ＋ 이(명사형 어미)의 복합명사로 마을의 수호자라는 의미이다. 골맥이에 성씨가 붙어서 김씨할배, 이씨할매 하는 것은 그 마을의 입도조인 조상을 의미한다고 볼 수 있다. 골맥이 동신에 대한 제사는 대개 유교식 제의 내용을 가지고 있다. 반면에 낙동강 유역과 동해안 일대에 전승되고 있는 별신굿은 10년마다 한 번씩 거행되고, 무속적인 제의 내용과 탈놀이로 이루어진다. 안동 하회 별신굿을 비롯해 마령동과 수동의 별신굿, 병산 별신굿 등이 대표적인 예이다.

호남의 당산제와 당제

호남지역의 공동체신앙은 내륙지역에서는 당산제, 해안지역에서는 당제라는 명칭을 가지고 있으며, 신격(神格)들은 내륙지역에서는 당산할아버지와 당산할머니, 해안지역에서는 당할아버지와 당할머니가 보편적이다. 내륙지역의 당산제는 유교식의 제의 내용을 가지고 있으며, 할아버지당의 제사는 제관들만 참여하여 엄숙한 분위기 속에서 거행되는 경우가 많고, 할머니당에서는 제물이 풍성할 뿐만 아니라 흥겨운 풍물과 어울려 축제적인 분위기 속에서 이루어지는 경우가 많다. 반면 해안지역의 당제는 무속적인 제의 내용을 가지고 있는 경우도 있다. 서남해안 지역의 풍어제를 비롯해 위도 당제가 그 예이다. 호남의 공동체신앙은 제사형과 풍물굿형 그리고 무당굿형이 각기 나타나며, 장성 생촌 당산제나 완도 당제와 같은 풍물굿형이 주류를 이루고 있다. 특히 이 지역 공동체신앙의 특징은 농경사회의 신앙성을 극명하게 보여준 줄다리기나 줄감기가 복합 병행되고 있는 점이 주목된다.

　제주도의 공동체신앙은 조선 초기만 해도 남녀가 같이 제사를 지냈던 것으로 생각되나 유교가 세속화되기 시작하면서 여성 중심의 본향당굿과 남성 중심의 포제라는 이중적인 전승 양상을 보이고 있다. 제주도는 본향당굿이 주류를 이루고, 본향당굿은 1년 1회에서 4회까지 하며, 무속적 제의 내용을 가지고 있으며, 청신→ 제물공연→ 본풀이→ 축원→ 점의 순서로 진행된다. 반면에 포제는 독축을 중심으로 유교식의 제의 내용을 가진 제사형의 제사이다. 이처럼 남녀가 구분되어 마을 제사를 지냈으나, 1950년대의 여성 위주이던 본향당굿에 남성들이 같이 참가하는 비율이 높아졌다.

(4) 마을신앙의 문화적 기능

　마을공동체신앙은 공동체 구성원들의 종교적인 심의가 구현되고 실천되는 예례 중 하나이다. 지금까지 많은 사람들은 마을공동체신앙을 사회적 변화에 능동적으로 대응하지 못하고 그저 전승되는 민속종교 정도로 이해하는 경우도 있었고, 심지어는 마을공동체신앙을 하나의 종교적인 이해를 가지고 바라본 것이 아니라 미신타파의 대상으로 취급하기도 했다. 급기야는 마을공동체신앙의 종교성이 약화되고 축제적인 의미만 부각되어 축제화되어 가는 양상도 목격할 수 있게 되었다. 마을공동체신앙이 지니고 있는 종교성은 차치하더라도, 누대에 걸쳐 전승되어 온 기층민들의 지식을 이해하여 우리의 정체성을 확보하기 위해서라도 마을공동체신앙의 가치와 의의를 되새겨 볼 필요가 있는 것이다. 이런 점에서 마을공동체신앙이 갖는 몇 가지 기능을 살펴보고자 한다.

먼저, 마을공동체신앙의 종교적 기능을 들 수 있다. 인간은 불안정 속에서 삶의 안정과 풍요를 추구하기 위해 누군가에게 의지하기 마련이다. 그 의지처는 다름 아닌 종교다. 마을공동체신앙은 공동체를 구성하고 있는 기층민들의 종교적 심의를 실천으로 이행하는 종교적 구조의 상관물이다. 구성원들은 신앙행위를 통해 변신하고 삶의 안정을 꾀하려는 노력을 게을리 하지 않는다. 그것은 의례적 과정에서도 극명하게 반영된다.

마을 사람들의 대표성을 지닌 제관들이 대소변을 본 뒤 반드시 목욕재계를 해야 하고, 부부간의 동침을 금한다거나, 제관 집 앞에 금줄을 치고 황토를 까는 행위, 마을 사람들과 분리되어 거주하는 것 등은 제관이 오염되었던 존재에서 정화된 존재로 변신, 즉 신성화시키기 위해서이다. 또한 마을 사람들 중에서 깨끗하지 못한 사람 즉 개고기를 먹었다거나 상가집에 다녀 온 사람은 제사를 지내는 곳에 참여할 수 없다. 그것은 신성한 곳에 오염이 감염된다고 하는 감염주술의 반영이다. 오염의 감염을 차단하려는 노력은 종교적 목적을 극대화시켜 일상에서 겪는 공포의 대상으로부터 벗어나고 삶의 안정을 꾀하고자 하는 종교적 태도라고 볼 수 있다.

둘째, 마을공동체신앙의 사회적 기능을 들 수 있다. 사회적 기능이라고 함은 공동체 결속 강화의 기능을 의미한다. 일반적으로 마을 제사의 자생력이 견고하고 규모 있게 제사를 지내는 마을을 보면 단합이 잘 되고 남을 배려하는 공동체의식이 충만되어 있음을 볼 수 있다. 마을공동체신앙은 집안이나 개인적인 소망보다는 공동체의 목적을 기원하는 것이기에 혈연적인 것보다는 지연적인 성격이 강한 신앙형태이다. 마을공동체신앙의 규모는 그 마을 사람들의 세력을 나타내는 것으로 마을 사람들에게 일체감을 주는 역할을 한다. 즉 공동체 구성원들 간의 결속력을 강화시켜 주는 역할을 한다.

　마을 사람들은 마을 제사를 통해 신의 음덕을 함께 하고 동류의식을 느끼고, 제사의 경비를 공동으로 균등하게 분담하고 몸을 정결하게 하여 제사를 모시고 공동체적 연대의식을 다짐으로써 공동체의 결속을 더욱 공고히 하는 계기로 삼는다. 공동체의 결속화 과정은 제사를 끝낸 뒤 음복하는 과정에서도 잘 드러난다. 음복이라는 것은 신과 인간이 함께 하는 것이며, 인간 모두가 일체감을 형성하는 계기도 된다. 또한 제사가 끝난 뒤 본격화되는 마당밟기에서도 공동체의 결속화가 구체화되기도 한다.

　셋째, 마을공동체신앙의 정치적 기능을 들 수 있다. 마을공동체신앙에서 제관을 선출하는 과정이나 제사의 경비를 거출하는 과정이라든가 제사 후 결산하는 과정이 모두 마을 자치기구라고 할 수 있는 동네회의를 통해 이루어진다. 제사 후에 개최되는 동네회의는 마을 의회의 구실을 하기도 한다. 동네회의는 마을 사람들 모두 신분과 빈부의 차이 없이 평등하게 참여하여 의사결정 과정이 민주적으로 처리된다. 이 회의에서 제사와 관련된 제반 사항을 논의하고, 한 해 농사를 짓기 위해 품삯을 결정하기도 한다. 그리고 미풍양속 선양을 위해 풍기문란자를 징계하는 것은 물론 선행자를 표창하여 윤리적 질서를 바로 잡고, 사회적 규범을 바로 세우는 구실을 한다. 이처럼 마을공동체신앙이 거행되는 과정 속에서 개최되는 동네회의의 자치성, 민주적 평등성 등은 정치적 기능의 구현이라 할 수 있다.

　넷째, 마을공동체신앙의 예술적 기능을 들 수 있다. 마을공동체신앙은 음악과 춤, 그리고 극놀이가 병행된 종합예술적 가치가 높다. 악무축제형 마을공동체신앙에서는 풍물패의 풍물과 춤, 무당들의 무속음악과 굿놀이, 탈춤 등의 각종 예술양식들이 연행된다. 풍물패의 풍물과 춤은 남도지역의 일반적인 마을공동체신앙에서 찾아 볼 수 있고, 하회별신굿에서 연행되는 탈춤, 경기도 지역의 도당굿이나 은산별신제에서 무당의 굿놀이 등은 모두 제사를 지내는 과정 속에서 연행되는 것들이다. 마을공동체신앙이 기층민들의 종교적 심의를 담아내는 것이기에 마을공동체신앙의 연장 선상에서 연행되는 이들 예술양식들은 기층민들의 삶과 의식세계가 반영 되고 민중의 미의식이 반영된 민중적 예술성의 표현이라 할 수 있다.

다섯째, 마을공동체신앙의 축제적 기능을 들 수 있다. 일반적으로 종교 적 공간에서 수행되는 종교적 행위는 종교성만을 전제로 한 것보다는 가 능한 한 축제적 분위기 속에서 종교성을 구현하려고 한다. 축제적인 분 위기는 오락성이 가미되어 있다 해도 과언이 아니다. 공동체신앙은 비록 유교식의 제의 내용을 가지고 있어 종교성만 가지고 있는 것으로 보이나, 일반적으로 풍물패가 참여하는 경우가 많아 제사를 마친 풍물패들은 줄 다리기나 마당밟기 등 대보름 민속놀이와 연계되어 더욱 축제적인 분위 기를 고조시킨다. 악무축제형의 마을공동체신앙은 그야말로 종교성과 축 제성을 풀어내면서 공동체의식을 강화시키는 축제적 기능을 구현한다.

마을공동체신앙은 전통농경사회에 있어서 갈등을 해소하고 구성원들 간의 화합을 도모하는 축제적인 장이었다. 오늘날 도시화가 촉발되면서 이런 전통사회의 축제적인 모습이 상실되어가고 있는데, 지역간의 화합 을 도모하고 공동체의식을 공고히 하여 삶의 활력소를 불어 넣기 위해 서는 마을공동체신앙을 지역축제로 활성화시킬 필요가 있다. 마을공동 체신앙이 갖는 종교성은 약화되었지만, 공동체의 결속을 강화시키는 지 역축제로 활성화시키는 것은 마을공동체신앙의 의의와 가치를 현대화 시키는 의미 있는 일이라고 할 수 있다.

3. 가택신앙

(1) 가택신앙의 본질과 역사

가택신앙(家宅信仰)은 인간의 정주 공간에 가정을 보살펴주는 가택신(家

宅神)이 좌정하고 있다고 믿고, 그 신들에게 정기적으로 또는 부정기적으로 올리는 제의를 말한다. 흔히 가신신앙(家神信仰)으로도 불리며, 마을신앙과 달리 혈연이 중심이 되는 개인신앙이다. 일반적으로 부녀자들이 주재하기 때문에 한국 여성과 불가분의 관계를 갖고 있다. 특히 가부장적인 전통사회에서 여성으로서 위치를 지켜주는 구실을 해 왔다고 볼 수 있다. 전체적인 제의 주관을 부녀자들이 담당하기 때문에 형식성이나 이념성, 여성의 배제성을 가진 유교적인 조상 제사와 달리 제의 자체가 매우 소박하고 현실 지향적인 성격을 지닌다.

가부장적 사회에서 조상신(祖上神)은 인간과 가장 긴밀한 신격(神格)이며, 때로는 마을신앙으로 확대되기도 한다. 다른 가택신들은 대체로 가족들에게 우호적인 선신(善神)의 성격을 지니고 있다. 다만 측신(厠神)은 부정적인 신격으로 악신(惡神)의 성격을 지니고 있다. 가택의 신격들은 주로 안방, 대청, 부엌, 측간, 장독대, 우물, 뒷뜰, 대문 등에 좌정하고 있는데, 일률적이지 않고 각 지역마다 신격의 명칭이라든가 신체의 모습 및 의례 행위가 다양하게 나타난다.

신체(神體)의 형태로는 단지, 독, 종발, 바가지, 병 등 그릇류가 일반적이나, 창호지에 쌀을 넣어 만든 주머니나, 대나무 가지에 창호지를 매달아 놓은 것, 또는 조리, 한지, 볏짚 등을 사용하여 쌀이나 나락, 오곡 혹은 물을 담아 놓기도 한다. 그러나 일반적으로 단지형태가 압도적이다. 그래서 신체의 형태에 따라 신격의 이름이 '조상동우·조상단지·제석단지·신주단지·성주단지·지앙독·지석오가리·성주독·조왕단지' 등으로 불린다. 그것은 신격 밑에 '-단지, -독, -동우, -오가리' 등의 이름을 붙이는 데서 알 수 있다. 쌀이나 나락 그리고 오곡을 담아 신체로 삼는 것은 곡령신앙(穀靈信仰)과 연계되는 특성이다. 고대로부터 곡물은 신(神)을 상징함과 동시에 그 음덕에 의한 부(富)를 상징해 왔다.

제의의 주체는 공동체신앙과 서로 다른 모습을 지닌다. 공동체신앙이 마을이라는 공동체의 풍요와 안녕을 기원하는 공동체 제의로서 사제자 집단을 지연적 성격을 지닌 남성 중심으로 이루어졌다면 가택신앙은 가정을 중심으로 가족이라는 혈연공동체의 안녕과 풍요를 기원하는 지극히 여성 중심의 제사라 할 수 있다. 이는 유교의 영향과 깊은 상관성을 가지고 있다. 조상제사는 여성의 배제 속에서 이루어지는 남성 중심의 제사이기에 제사권은 장자가 상속을 받지만, 가택신앙에서 제사권은 시어머니로부터 맏며느리가 상속을 받는다. 제사도 조상제사나 공동체신앙은 당연히 남자들이 주재를 하지만, 가택신앙은 주부들이 전담한다. 그렇기 때문에 제의 절차가 축문을 읽어야만 하는 유교식의 제사처럼 체계적이지 못하고 비손이 중심이 되는 단순한 절차로 그친다.

가택신앙의 역사적인 연원은 『삼국지(三國志)』의 위지(魏書) 동이전(東夷傳)에 나오는 고대 부족국가의 제천의례(祭天儀禮)의 유습 정도로 파악되고 있다. 이것은 제천의례시 하늘의 천신(天神)에게 제사지내는 것을 통해 추정하는 것으로, 천신은 모든 신의 근원적인 존재로서 천신신앙(天神信仰)은 모든 신앙의 근원이기 때문이다. 한편 가택신앙과 무속신앙의 연원을 같은 것으로 보기도 한다. 이는 무속에서 위하는 무속신과 가정에서 위하는 가택신이 혼합되어 있어서 가택신앙과 무속신앙이 근원적으로 같았을 가능성이 크다는 것이다. 이를테면 주요 가택신으로서 성주신(成造神), 삼신(三神), 조왕신(竈王神), 조상신(祖上神) 등은 무신(巫神)으로서 이들 신에 대한 굿거리가 있고, 가택신으로 좌정하게 된 무속신화(巫俗神話)가 존재하고 있어, 무속신과 가택신의 연원이 같을 것이라는 추정이 가능하다고 할 수 있다.

고대의 신관은 사라진 신(Deus Otiosus)으로까지 소급된다. 단군신화(檀君神話)에서 환인(桓因)과 같이 형태는 남아 있으되, 신직(神職)이 확실하지 않은 신을 일컫는 사라진 신은 세대를 달리하면서 기능적인 신으로 모습을 바꾼다. 단군신화에서 환웅(桓雄)은 전형적인 천신으로서 웅녀를 배우로 하여 건국조인 단군을 낳는다. 대개 사라진 신은 양성을 모두 구비하고 있거나 성의 구별이 없음에 반해서 다음 세대의 신격은 천신(天神)과 지모신(地母神)으로 준별되며, 이들은 남신과 여신, 천신과 지신 등의 신격을 가진다. 인간이 신을 만들었으며, 따라서 신관에는 사회상이 담기게 된다. 신의 세계는 곧 인간 사회의 반영인 셈이다. 특히 사라진 신이 일차적으로 천신과 지신으로 분화되고 이어서 많은 기능적인 신들이 나타나게 된다. 환웅이 거느리고 내려온 풍백(風伯), 우사(雨師), 운사(雲師) 등은 전형적인 기능신들이다.

단군신화는 천신의 강림설화이면서 동시에 그 천신이 어떤 모습으로 있는가를 잘 나타내주고 있다. 천신의 아들인 환웅이 신단수 아래로 강림하고, 그 후예인 단군이 산신이 되었다는 사실은 산신신앙(山神信仰)이 근원적으로 천신신앙(天神信仰)의 변용임을 말하는 것이다. 천신의 1차적인 변용이라고 할 수 있는 산신이 천신의 성격을 지니면서 실질적인 최고신이 되고, 천신이 관장하는 대우주가 산신이 담당하는 소우주인 마을로 옮겨가게 된다. 마을보다 좀더 작은 우주는 주거라고 할 수 있는데, 가택신 가운데 으뜸인 성주신앙(成造信仰) 역시 천신신앙을 근원으로 하고 있는 것이다. 즉 가택신 역시 천신의 변용으로서 가옥구조가 복잡해짐에 따라 기능신을 다양하게 수반했다고 볼 수 있다.

(2) 가택신의 유형과 신격

한국 전통주거의 거의 모든 공간에는 신이 좌정해 있다. 하지만 그 출현 빈도와 위계로 보았을 때 대체적으로 성주신, 삼신, 조왕신, 조상신이 비교적 많이 섬겨졌고, 주거공간에 있어서는 대청마루, 안방, 부엌, 사당 등이 비중 있는 공간으로 중요한 의미를 갖는 것으로 파악된다. 즉 그 공간을 관할하는 신의 위치가 생활공간의 중요성을 반영한다고 할 수 있으며, 따라서 가택신을 통해 그 좌정 공간의 의미를 파악할 수 있다. 가택신은 천신(天神)·인신(人神)·잡신(雜神)이라는 성격상 크게 상위신(上位神), 중위신(中位神), 하위신(下位神)으로 구분할 수 있다. 이는 다시 상위신에 속하는 성주신과 중위신에 속하는 삼신·조왕신·조상신·측신, 그리고 하위신에 속하는 우마신·수문신·철륭신·용왕신 등으로 나눌 수 있다.

성주신

대청마루는 안방과 건넌방 사이에 위치하여 이들 방으로 출입하는 전실(前室) 역할을 하며, 방과 마당 사이를 연결해 주는 가족 공유의 생활공간이다. 뿐만 아니라 대청마루는 집의 중앙에 위치하여 구심점으로서 의미를 내포하고 있으며, 대청마루 위의 대들보는 필요 이상의 굵은 목재를 사용하여 주거의 권위를 대신하는 상징적 공간이라 할 수 있다. 이러한 대청마루에 가내의 평안과 부귀를 담당하는 가옥의 최고신인 성주신이 존재한다고 믿어 대들보 및 상기둥의 상부에 단지 또는 한지 형태의 신체를 모시고 의례를 행하였다.

한 집안의 으뜸신인 성주신은 천상과 지상을 연결짓는 매개체로서 천신의 모든 권한을 대행하는 신이다. 따라서 성주신의 본질은 천신이며, 성주신앙의 신앙적 본질 역시 인간에게 최대의 권력자인 천신을 가옥 내에 봉안함으로써 천신의 가호에 의해 생활상의 현실적인 모든 문제를 해결하려 했던 것이다. 이와 같이 성주신이 천신적 요소를 지닌 상위신으로서의 가신임을 미루어 볼 때 좌정 공간인 대청마루 역시 가장 위계가 높은 신성한 공간으로 인식되었음을 짐작할 수 있다.

<성주무가>의 내용 중에 "제비원 솔씨 받아 용문산에 던졌더니, 그 솔이 자라 크니 소부동이가 자라난다. 소부동이가 점점 자라 대부동이가 되었구나 … 청장목 되고 황장목 되고 도리기둥이 되었구나, 너집 성주는 초가성주, 나집성주는 와가성주 …."라는 대목이 있다. 즉 이 노래는 천계의 하강신(下降神)이 인간에게 솔을 심어 집 짓는 법을 마련해

주었다는 건축 문제에 중점을 두고 있는 것으로, 성주신의 출현 과정을 곧 건축 과정으로 인식하고 있음을 알 수 있다. 인간에게 있어서 최초의 건축 행위가 성주신과 관련이 있음을 뜻하는 것이며, 또한 가옥의 주재료로 소나무가 주로 쓰인다는 점에서 일맥상통한다고 할 수 있다. 이처럼 한국 전통주거의 대청마루는 천신이자 건축신(建築神)인 성주신이 자리하는 곳이며, 성주신에 대한 배례가 이루어지는 장소로써 신성한 공간으로 생각되어졌던 것이다.

삼신

안방은 식사, 취침 등 일상생활이 이루어지는 공간이다. 이는 주거공간에서 사물로도 표현되어 안방에는 천장이 만들어지고, 방을 에워싸는 상하와 사면에는 벽지가 붙여져 모든 구조체가 감추어지므로, 구조체가 노출되는 대청마루와 대조적이다. 이러한 대조적 성격은 이들 장소에 봉안되는 신 즉, 대청마루에 봉안되는 성주신과 안방에 봉안되는 삼신(三神)에 의해서도 표현되어진다. 안방에는 자녀의 출산·육아·성장 등을 관장하는 가신인 삼신이 존재한다고 믿어 안방 벽 또는 시렁 위에 삼신바가지나 삼신동이를 모시고 의례를 행하였다. 삼신은 "三神" 혹은 "産神"으로 표기하기도 하는데, 우리말에 태(胎)를 일러 '삼'이라고 하는 것이나, 탯줄을 삼줄이라고 부르는 것으로 미루어, 삼신은 태신(胎神)으로서 산신(産神)을 의미하는 것으로 이해하는 것이 바람직하다. 따라서 삼신의 좌정 공간인 안방은 여성의 전용공간과 출산을 하는 장소로 의미를 지니고 있다.

전통사회에서 여성이 기거하는 건물은 보통 안쪽 깊숙한 곳에, 남성의 공간은 바깥에 두는 것이 일종의 이상적인 배치였다. 예컨대 남향집의 경우 남성의 공간은 동쪽 또는 동남쪽에, 여성의 공간은 북쪽 또는 북서쪽에 위치하기 마련이었다. 이것은 남좌녀우(男左女右)라는 음택론(陰

宅論)과 일치하는 것으로, 왼쪽은 양이고 오른쪽은 음이라 하여 각각 남자와 여자를 상징하는 것이다. 또한 안방을 북쪽에 두는 것은 상징적 방향의 암시로서 북쪽은 수(水)의 방향, 즉 생명 잉태의 공간을 상징하기 때문에 혼인, 출산의 공간으로서 안방을 북쪽에 두는 것이라 할 수 있다. 이렇게 안방은 신과의 교류를 통해서 열려진 공간임과 동시에 함부로 침범할 수 없는 신성한 공간으로, 그 공간적 특성 즉 여성 공간으로 의미를 가지는 것이다.

조왕신

부엌은 안방 옆에 거의 붙어 있는 공간으로서 안방과 더불어 대표적인 여성공간이다. 부엌을 여성의 공간으로 인식하는 것은 방위의 개념에서도 보이고 있는데, 『삼국지(三國志)』의 위지(魏志) 동이전(洞夷傳)에 "집에 부엌을 설치하는데 대부분 집의 서쪽에 시설된다."는 기록이 있다. 이것은 앞서 살펴보았듯이 여성의 기거공간인 안채가 북서쪽에 위치하는 것과 같은 원리로, 이미 상고시대부터 부엌의 위치가 특정한 방위에 의해 결정되었음을 알 수 있다. 부엌에는 아궁이와 부뚜막을 관장하는 조왕신(竈王神)이 존재한다고 믿어 부뚜막 위에 조왕중발 또는 조왕의 초상을 걸어 그 공간을 신성시하였다. 조왕신은 화신(火神) 또는 재물신(財物神)으로도 인식되고 있는데, 조왕신이 화신으로 인식되고 있는 것은 아궁이에 불을 지핌으로써 방의 온도가 결정되기 때문이며, 재물신으로 인식되고 있는 것은 부엌에서 음식을 만들기 때문이라 할 수 있다.

조상신

우리나라에서 조상숭배의 관념이 보편화되기 시작한 시기는 중국 유학의 영향을 받은 고려 말기라고 할 수 있으며, 이 시기에 성리학이 수입되면서 주자(朱子)의 『가례(家禮)』가 조상숭배의 관념을 보편화시키는 데 결정적 역할을 하게 되었다. 조선시대에 이르러 치국이념이 성리학인 까닭에 주자의 가례는 상대적인 힘을 가지고 귀족에게 있어서 효(孝)와 경(敬)을 강조하게 되었고, 이러한 의미에서 조상은 이승에서 후손과 함께 존재할 수 있었다. 따라서 전통주거는 생자(生者)인 후계와 사자(死者)인 조상이 함께 거주하는 장소였다. 다시 말해 죽음의 공간인 사당(祠堂)이 삶의 공간인 살림집에 공존하게 된 것이며, 그 안에는 죽은 조상의 이름을 새긴 신주와 함께 후손을 보살펴 주는 가신인 조상신이 좌정되었다. 이처럼 인간의 주거공간 내에 조상신이 존재한다고 믿어져 사당 또는 안방 윗목에 쌀을 가득 채운 단지 혹은 주머니를 걸어두거나 사당 건축의 축소된 모형이라 할 수 있는 감실(龕室)을 모시고 의례를 행하였다. 이러한 감실 형태의 신체는 조선조 사당의 영향이라 할 수 있는 것으로 사당을 마련할 만한 경제적인 여유가 없는 가정에서 사당 대신 감실을 사용한 것으로 보인다.

조상신은 주로 한이 많거나 색다르게 살다가 돌아가신 분이 조상신으로 들어앉게 된다. 따라서 천신(天神)의 요소를 지닌 성주신과 달리 인신(人神)의 범주에 속하는 가택신이라 할 수 있다. 하지만 조상숭배가 어느 때보다 강조되었던 조선이라는 특정한 시대에서는 조상신이 성주신 이상으로 중요시되었다. 따라서 사당 터는 집을 지을 때 먼저 정하였고, 다른 건물보다 높은 자리에 세웠으며, 주위에 담을 두르고 출입문을 달았다. 사당은 죽은 자의 공간이기는 하나 조상신의 공간으로서 주거공간 내 안방, 부엌의 공간적 위계만큼이나 중요시되었다.

측신

전통사회에서 측간은 '뒷간'이나 '정랑' 등으로 불렸던 공간으로서 부엌의 반대편 또는 부엌과 멀리 떨어진 곳에 위치하였다. 측간은 부속건물 중 하나지만 대·소변을 보는 인간의 생리공간으로서 필수적이기 때문에 사주(四柱)에 포함되었다. 하지만 측간이라는 공간 특성상 주거공간 중에서 가장 더러운 곳이라 할 수 있으며, 또한 변소는 신체가 노출되는 개인공간으로서 서로 회피되어야 할 곳으로 인식되어졌다. 이러한 공간의 개념은 이곳에 거처하는 측식(厠神)의 성격에서도 잘 나타나고 있다.

측간을 관장하는 가택신으로서 측신은 대개 신체를 모시지 않는다. 대부분의 가택신이 집안의 평안을 위해 돌보는 선신(善神)인데 반해, 측신은 늙지 않는 첩신(妾神)으로 신경질적이고 노여움을 잘 타므로 건드리지 않는 것이 상책이라고 여겨졌다. 이는 전통주거의 측간이 갖는 깊고 어두움으로 인해 생기는 위험에 대한 대비를 신관념(神觀念)에 반영시킨 것으로 볼 수 있다.

우마신

소와 말, 특히 소는 농경사회에서 가장 긴요한 가축이었으며, 주생활의 수단으로써 크게 이용되었다. 따라서 짐승의 공간인 축사(畜舍)에도 공간적인 중요성이 부여되었다. 이에 따라 소와 말을 추위와 도둑 등으로부터 보호하기 위하여 축사는 주거 내에 만들어지게 되었다. 심지어 북부지역의 양통집에는 사람과 거의 같은 공간에 소와 말이 거주할 정도로 가까운 곳에 축사가 위치해 있다. 우리나라의 축사에는 소와 말의 건강과 무사를 담당하는 우마신(牛馬神 : 쇠구영신)이라 불리는 가택신이 있다고 믿어져, 이들 공간에조차 많은 의미와 신성성을 부여하였다. 이들 공간의 좌향은, 집의 좌향에 따라 방향성을 달리하기는 하나 일반적으로 동향에서 남향 사이에 배치되었고, 외양간에서 죽을 쑤는 모습이 보이는 쪽을 으뜸으로 쳤다. 따라서 부뚜막 건너편에 구유를 거는 함경도와 강원도의 외양간을 가장 이상적이라 할 수 있으며, 이것은 가택신앙적인 의미뿐만이 아닌 소와 말의 추위를 덜어주는 보호의 역할까지 고려한 배치라 할 수 있다.

🌸 수문신

대문은 세속적 공간인 외부세계에서 신성한 공간인 내부세계로 들어오는 열려진 개구부(開口部)로서 외부의 물리적 위협에 대한 방어적 역할을 할 뿐 아니라 잡귀나 염병 등과 같은 미신적 위협을 차단시켜주는 심리적 보호물이라 할 수 있다. 전통주거의 대문에는 문을 지켜주는 가택신으로서 수문신(守門神)이 존재한다고 믿어 엄나무 또는 범뼈, 말뼈와 같이 잡귀를 쫓는 능력이 있는 동물의 뼈를 걸어두거나 붉은 물감을 사용한 그림이나 글귀, 부적을 신체(神體)로 모셨다. 신라시대에 처용의 모습을 수문신으로 문에 그려 붙였다는 사실을 미루어 그 유래가 오래 되었음을 짐작할 수 있다. 하지만 수문신은 제주도와 서울을 제외한 농촌에서는 대문의 개념이 약할 뿐 아니라 대문이 따로 없는 집도 많기 때문에 거의 존재하지 않는 가택신이라 할 수 있다. 그에 반해, 제주도에서 중요시되는 가신 중 하나로 문전신(門前神)이 있다. 제주도의 문전신은 다른 지방의 문전신과는 다소 차이가 있는 것으로, 집의 상방 앞쪽 부분을 차지하는 문신과 뒤쪽 문을 차지하는 문신이 있는데 전자를 '앞문전', 또는 '일문저', 후자를 '뒷문전'이라고 한다. 이중 중요시되고 있는 것은 전자로서, '문전본풀이'라는 제차(祭次)로 모셔진다.

이와 같이 전통주거에서 대문은 물리적 차원에서의 방어기능뿐만 아니라 심리적 보호 차원의 시설물로 인식되었다. 홍만선의 『산림경제(山林經濟)』에서 문 세우는 날을 따로 잡는 일, 좌향을 보는 일, 그리고 문의 높이와 크기를 정하는 법을 상세히 적은 것도 이 때문이다. 즉 수문신으로 인해 생겨난 신성성은 대문에 장소적 질서를 부여한 것이다.

🌸 철룡신

장은 한국인의 식생활에서 가장 기초가 되는 식료품으로 대를 이어

가며 먹는 것이기에 잘 살펴야만 했다. 장독대는 인간의 주거 공간에서 주요 공간임과 동시에 가내의 평안과 무병을 담당하는 철룡신(天龍神)이 있다고 믿어져 신성시하였다. 원래 철룡이라는 말은 집 뒤의 터신 또는 집 뒤의 터를 뜻하는 것으로 장독대가 주로 뒤뜰에 위치했음을 알 수 있다. 이처럼 장독대에는 철룡신이 존재한다고 믿음으로써 신성공간으로서의 특성과 의미를 한층 심화시켰던 것이다.

용왕신

우물은 인간에게 필수적인 물을 공급해 주는 장소로서, 이 곳에 물을 마르지 않게 하는 용왕신(龍王神)이 있다고 믿었다. 그래서 정월 14일에 으레 용왕신에게 제례를 행하였다. 이는 좋은 물이 솟아나야 그것을 먹은 사람들이 무병하기에 다른 주거 공간과 더불어 주요한 시설물로 취급하였음을 의미한다. 따라서 이러한 공간의 중요성과 신성성은 거주자들에게 깊은 의미와 상징 그리고 방향성을 부여해 주었다. 전통사회에서 우물의 위치는 건물의 전후방향을 반드시 피해야 하고 우물과 부엌은 서로 마주보지 않아야 한다. 우물물의 방향은 남동쪽으로 내보내야 좋다고 했으며 우물물이 대문 앞으로 흘러 나가면 복이 나간다고 하여 금기시하였다. 예로부터 우물물의 향은 본산(本山)의 생왕(生旺)한 방향에 두어야 길한 것으로 여겼으며, 본산이 금체(金體)일 경우에는 서쪽에, 목체(木體)일 경우에는 동쪽에 위치시켰다. 민간신앙에서는 우물은 사해방(巳亥方)이라고 하여 남동쪽을 으뜸으로 여겼으며, 동향 및 북서쪽의 우물도 일체 재액이 면제받는 길한 방향으로 간주했다. 특히 정남향의 우물은 가장 불길한 우물로 터부시되었는데, 그 이유는 남쪽은 화(火)이므로 상극화(相剋火)가 되기 때문이다.

또한 우물고사를 지내기 전에는 반드시 우물에서 오물을 제거하고 지붕을 씌우거나 금줄을 쳐 당분간 물을 먹지 못하게 하였는데, 이는 위생상의 청결함까지를 고려한 것이라고 할 수 있다. 이러한 사실을 통해 볼 때 우물은 신앙적 의미와 상징, 청결함의 유지 그리고 위치와 방향을 가지고 있었으며 주거공간에 있어서 성스러운 공간 중 하나였던 것이다.

(3) 안택굿의 전승과 연행

전통적인 사고에서는 인간의 정주 공간에 가택신(家宅神)이 함께 머물고 있다고 믿었다. 그래서 분방한 상징으로 조작한 허술한 신체(神體)일지라도, 그들이 좌정하고 있는 고유의 공간마다 으레 개개의 신체를 모셨다. 지역에 따라서, 가문에 따라서 약간의 차이가 있지만, 안방이나 마루에다 성주, 조상, 삼신을 모셨고, 부엌에다 조왕을 모셨고, 뒤뜰에다 터주와 칠성을 모셨다. 또한 2월에는 음력 초하루에 내려왔다가 스무날에 올라간다는 영등할미도 모셨다. 물론 업에 대한 신앙도 있었다. 이렇게 애니미즘적인 정령신앙에 기초를 두고 삶의 과정에서 필연적으로 부수되는 여러 위기의 상황마다 수시로 가신과 조우하며 그들에게 정성을 다하였다. 그리고 일 년에 한 번씩은 무당을 매개로 하여 가신에 대한 종교의례를 거행함으로써 가정을 여러 신령의 보호와 축복을 받는 성역으로 가꾸고자 하였다. 그것이 안택(安宅)굿이다. 대물림의 제의 방식으로서 그 자체를 성의로 여겼고, 성의가 뜻밖의 결과를 낳을 수 있다고 믿었다.

그러나 안택굿을 비롯한 모든 가정신앙은 1970년대를 기점으로 급속하게 쇠퇴·소멸하기 시작했다. 전통신앙이 미신으로 치부되는 동시에 과학이나 의학이 널리 보급되면서, 가옥 구조의 변화라든가 아파트의 증가 등 주거환경의 변화로 말미암아 가택신의 존재 의미가 서서히 사라졌다. 특히 가택신을 대대로 섬겨왔던 고노들이 작고하면서 후대(특히 며느리)로 전승되지 않았다. 그래서 오늘날에는 뜻하지 않은 재화(災禍)가 발생하였을 때나, 가옥을 신축하였을 때나 농촌 및 산간벽지에서 간헐적으로 명맥만 유지되고 있다. 게다가 제의의 규모가 많이 축소되었거나, 선거리의 일부가 혼효되었거나 하는 변이를 거쳐 전승되고 있다. 원래 정월이나 시월을 전후한 시기에 행하던 정기제가 임시제로, 4~5개의 작은 굿거리들이 한데 어울려 이루어지던 큰굿이 몇몇 작은 굿거리의 조합으로, 난데없이 대감거리가 섞이는 잡탕의 제의로 변모한 것이다. 안택굿의 연행은 다음과 같다.

조왕굿

조왕굿은 안택굿의 첫 번째 거리로서 여느 개별거리에 비해 상대적으로 복합적인 양상을 보이고 있다. 우선 안택굿의 전체적인 진행에 예비하여 부정물림을 선행하고 있다. 부정물림은 일체의 제물을 포함한 가정의 정화를 도모하는 데 목적이 있다. 부정을 물려야만 해당 신격을 청배(請陪)할 수 있다는 무속적 관념의 소산으로서 청배와 축원의 예비 단계라고 할 수 있다. 부정물림은 의식의 시발이기 때문에 약간의 설렘과 긴장이 겹쳐져서 조금은 어수선한 분위기를 연출한다. 그러나 궁극적으로 <부정경(不淨經)>의 구송과 조무(助巫)의 모의행위로 집약된다. 경문 자체에 부정을 물릴 수 있는 주술력이 내재되어 있다는 믿음과 조무의 가시적인 모의행위로 인해 안택굿의 참여자들은 부정을 물렸다고 안도한다. 특히 부정을 물리는 주체로서 조무는 일종의 판토마임을 차분하게 수행함으로써 의식의 분위기를 확립시키는 데 결정적인 역할을 한다.

부정을 물린 후에, 주무(主巫)는 <조왕경(竈王經)>을 구송한다. 사설은 신명(神名)의 일관된 나열로 조합되어 있다. 신명의 나열은 청배의 대상을 아뢰는 관습적 장치로 볼 수 있다. 그러나 이러한 장치는 청배의 기능뿐만 아니라 축원의 기능도 함께 발휘한다. 더욱이 축원은 인간의 삶과 썩 밀착되어 있는 매우 실질적이며 구체적인 것들이다. 예컨대 "合家人衆摠安寧 內外吉昌竈王神"은 물질의 풍요를 관장하는 신격임을 알 수 있다. 그리고 주무는 무경의 구송 이외에 관객이 쉽게 이해할 수 있는 구어체 형식의 덕담을 던지며 연이어 소지를 올린다. 주무의 구송에 참여하지 못하던 재가는 이 과정에 이르러서야 비로소 의식에 참여하게 된다. 참여가 곧 정성의 발현이라고 인식하고 있기 때문에 재가는 한층 심리적 안정을 획득한다.

터주굿

터주굿은 안택굿의 두 번째 굿거리이다. 이 거리에서는 경우에 따라 터주 이외에 칠성(七星), 용왕(龍王), 산신(山神) 등을 함께 청배하여 축원하기도 한다. 인간의 터에 이들 신격이 더불어 좌정하고 있다는 믿음 때문이다. 특히 칠성은 인간의 수명을 관장하는 신격으로 숭앙되고 있기 때문에 가정에 환자가 있을 경우에 한해 안택굿에서 적극 포용한다. 또한 전통적인 주거 환경에서 우물[수도]은 터[마당이나 뒤뜰]에 위치하고 있으므로, 이 곳에 용왕이 좌정하고 있다고 믿는다. 그리고 산신은 원래 천상의 신령들이 하강하는 거룩한 공간, 즉 우주산(宇宙山)에 좌정하고 있는 신격이지만, 터를 소우주로 상정하여 터에도 산신이 좌정하고 있다고 믿는다. 산신의 보우를 받으려는 일종의 욕망으로 볼 수 있다. 이러한 믿음과 욕망으로 인해 터는 신령의 보호 아래 축복을 받는 성역으로 승화된다.

여기서는 터주와 산신을 청배하여 축원하고 있다. 청배는 주무의 〈산신경(山神經)〉과 〈당산경(堂山經)〉 구송으로 성취되며, 축원은 이들 신격을 전언의 대상으로 삼는 덕담으로 성취된다. 그러나 〈조왕경(竈王經)〉의 사설 구조와 마찬가지로 〈산신경〉과 〈당산경〉의 일관된 신명 나열이 곧 청배의 기능뿐만 아니라 축원의 기능도 함께 발휘하고 있다. 축원이 이중으로 반복되고 있는 것이다. 한편 〈터주덕담(土主德談)〉에 이어 〈명당경(明堂經)〉이 구송되기도 하는데, 무경에 의한 축원의 성취 방법이 〈토주경〉과 매우 흡사하다. 즉 집터에 의해 인간의 행과 불행

212

이 결정된다는 풍수사상의 영향이 두 사설 전반에 깊이 반영되어 있다. 이러한 친연성으로 말미암아 <명당경>이 터주굿에서 자연스럽게 통합되고 있다고 할 수 있다. 호명하는 신이나 명당이 곧 복락과 연결되어 있으며, 이들을 모시고 축원하는 과정에서 관객이 참여할 수 있는 통로가 열려 있기 때문에 축원의 효과가 배가될 것으로 여긴다.

성주굿

성주굿은 안택굿의 핵심거리다. 이 거리에서 가택신의 중추적인 존재라고 할 수 있는 성주(成造)와 제석(帝釋)과 조상(祖上)을 함께 청배하여 축원한다. 따라서 해당 신격에 상응하는 제물을 각기 마련하여 한데 진설하고, 해당 신격에 상응하는 무경을 순차적으로 달리 구송한다. 한 거리의 큰굿에 하위 세 거리의 굿이 결합된 형태라고 할 수 있다.

첫째거리로서 성주굿은 <성조경(成造經)>의 구송을 주조로 삼고 있다. 그런데 여느 무경이 청배와 축원을 동시에 성취하는 구조로 이루어진 데 반해, <성조경>은 청배와 축원이 분리된 형태를 취하고 있다. 축원은 여느 무경에서 보편적으로 드러나는 관습적 축원과 달리 그 내용이 매우 구체적이다. 즉 가족 구성원이 제각기 닥칠 수 있는, 그리고 가정에서 일어날 수 있는 가능한 모든 액운을 고스란히 제시하고, 아울러 이러한 액운이 성조신의 가호로써 극복되기를 기원하고 있다.

둘째거리로서 제석굿은 <제석경(帝釋經)>의 구송과 <제석풀이>의 구연을 주조로 삼고 있다. 안택굿에서 일반무가가 구연되는 유일한 거리이지만, 무당이 장삼이나 고깔, 가사 등을 입고 관객과 끊임없는 교호작용을 통해 복합적인 층위를 만들어내는 일반적인 굿거리와 달리 주무의 독경으로 일관한다. 그래도 사설이 제석신의 근본과 신으로서의 좌정 내력을 설명하는 이야기식의 구어체로 전개되고 있기 때문에 재가는 한문어투 사설이 전개되는 여느 거리에 비해 주무의 사설에 집중할 수 있다. 따라서 주무의 지시에 의한 참여가 아니라, 제단에 복전을 올리며 배례하는 등 자발적인 의지에 의한 참여가 이루어진다.

셋째거리로서 조상굿은 <조상해원(祖上解寃)>의 구송을 주조로 삼고 있다. 그런데 여느 무경의 구조와 달리 조상의 원을 풀어주는 동시에 그들의 천도를 기원하는 것으로 축원을 대신하고 있다. 조상신을 신의 영역에 포함되어 있는 전 인격체로 인식하고 있다는 증거로 볼 수 있다. 따라서 "육십갑자에 매어 있다."고 여기는 모든 조상의 원을 풀어 천도시키는 것이 곧 발복이라는 무속적 관념을 기저로 삼은 축원이 전개되고 있다. 이렇게 조상신을 감응시켜 그들을 청배하고, 조상에게는 천도를 자손에게는 부귀공명을 축원하고 있다. 그리고 재가는 조상신이 자손과 직접 또는 가장 근접하여 연계되어 있는 신격으로 인식하고 있기 때문에 주무의 의식 진행에서 보다 광범위한 공감을 획득할 수 있다. 주무와 재가가 일체화될 수 있는 감동의 장이 조성되고 있는 것이다.

🟤 대내림 및 성주봉안

대내림은 인간의 성의에 대한 신의 감응 여부를 확인하는 절차다. 여기서 신의 감응은 조무의 모의행위라고 할 수 있는 '성주대의 흔들림'으로 확인한다. 그리고 "성주의 운이 통하였느냐?"는 주무의 문복(問卜)에 대한 성주대의 흔들림을 '가정을 수호하겠다'는 성주신이 약속으로 이해한다. 따라서 무구(巫具)로서 성주대를 신과 인간 사이를 잇는 가교적 기호물이라고 할 수 있다. 또한 성주대에 의한 성주[대추나무의 곁가지]의 점지는 성주의 발현에 의한 것으로 굳게 믿고 있기 때문에 비록 상징에 불과한 행위일지라도 현상에 대한 불신은 정지된다. 한편 성주봉안은 성주와의 직접적인 교통 및 접촉에 의한 봉안을 전제하고 있기 때문에 성주의 신력(神力)이 무한히 발휘될 것이라는 믿음을 갖게 한다. 더욱이 성주를 봉안하기 전까지 여러 거리를 통해 청배와 축원을 반복하였기 때문에 재가의 확신은 더욱 강화된다. 재가의 믿음 속에서, 가정은 이제 성주가 좌정하고 있는, 그래서 성주의 보호와 축복을 받는 개별적이며 독립적인 신성구역이 된다.

🔵 내전풀이

내전풀이는 안택굿의 마지막 거리로서 가택신의 안정을 도모하는 동시에 수비[잡귀·잡신]를 본래의 좌정지로 돌려보내는 의식이다. 청배의 대상은 가정에 안착시키는 반면, 청배의 대상이 아닌 잡귀나 잡신은 위로하여 물리는 의식이라고 할 수 있다. 잡귀나 잡신의 위로는 '인간의 정성을 봉헌한다'는 의미로서 제물의 분식(分食)으로 이루어진다. 그런데 "○○○도 많이 먹고 가거라"는 주무의 지시적 전달을 통해 수비가 지고한 위치를 점한 신격이 아니라는 사실을 쉽게 짐작할 수 있다. 곧 수비는 풀어 먹여야 하는 존재이며, 반드시 물려야 하는 부정적인 존재인 것이다. 그러나 주술을 기한 축사(逐邪)의 방식을 고수하는 것이 아니라 신의 축복이 내린 제물의 공유로써 궁극적 목적을 성취하고 있다. 오로지 축원을 지향하는 안택굿의 특성에 기인한 결과로 볼 수 있다.

4. 민간신앙의 민족적 특징과 계승

민간신앙의 보편적인 의미를 민족적 특성이 강한 민속종교나 민속신앙으로 파악하는 것이 타당하다. 민속종교는 민족적 특성이 강한 종교이다. 다른 외래종교와 비교했을 때 전통성이 강하고 민족적 의식이 강하게 밀착되어 있는 종교이다. 그리고 미신으로 불릴 정도로 원시성이 강한 종교이며, 사회적으로 보아 신자나 신앙 종사자들이 지배계층이 아닌 서민 또는 대중이다. 지식인이나 지배자들은 사회 지배의 원리로 종교를 이용하기도 하지만, 민속종교는 민간인이 자신들의 생활 속에서 일어나는 문제를 해결하고 살아나가는 입장에서 받아들이고 키워온 종교이다. 그래서 여느 종교가 교조, 교리, 교단조직을 가지고 있는 것에 비해 민간신잉은 대부분 조직이 소규모이기나 원시적인 경우가 많다. 이러한 원리에 기초하여 민간신앙의 특성을 다음과 같이 설명할 수 있을 것이다.

첫째, 신앙의 대상이 되는 신이 다양하다는 점이다. 신앙의 대상으로서 천신(天神), 산신(山神) 등에서부터 귀신에 이르기까지 광범위한데, 산이나 바다, 우물, 돌 등 자연에 존재하는 수많은 정령을 비롯하여 동식물의 영혼, 집안 여러 곳에도 모두 귀신이 있다고 믿는 신앙이다. 여러 가지 신들 중에는 전지전능한 신이라기보다는 인간적인 제약이나 개성을 가진 신이 많다. 때로는 미신이라 하여도 불행한 상태에 있으면서 인간의 존경을 받지 못하고 그렇다고 크게 공포의 대상도 되지 않는 신들도 많다. 민간신앙의 의례는 오히려 이러한 신들과 깊은 관계를 맺고 있다.

둘째, 다른 외래종교와 부단한 습합을 통해서 상호 영향을 받았다는 점이다. 민간신앙은 다른 종교로부터 많은 경멸과 차별을 받기도 했지만, 다른 종교로부터 형식을 체계화하는 방법을 취하기도 하였다. 불교와의 습합, 유교와의 상호보완, 기독교와의 강신적 엑스터시(ecstasy) 기반 등이 바로 그것이다. 여기서 엑스터시는 감정이 고조되어 자기 자신을 잊고 무아도취(無我陶醉)의 상태가 되는 것을 한정해서 말한다.

셋째, 민간신앙은 구체적 생사화복(生死禍福)에 집착되어 있다는 점이다. 신이 추상적이라기보다는 구체적인 대상으로서 역할을 하게 된다. 원초적인 인간의 존재 의미나 죽음을 해결하려고 하기보다는 인간이 어떻게 장수하고 죽음을 피할 것인가 하는 현실에 대한 집착이 강하다. 그래서 신앙이나 의례도 현실적으로 이익을 추구하며, 주술적인 것이

216

대부분이다.

넷째, 민간신앙은 개인신앙이라기보다는 생활공동체의 신앙이라는 점이다. 가정의 신앙이거나 마을 전체의 신앙이지 개인을 위한 개인 단위의 신앙이 결코 아니다. 가령 가택신앙이 가장에게 비중을 두는 경우가 많지만 가장은 개인적인 의미보다는 집안 대표로서의 의미가 있다. 또 마을의 대표자나 제관이 제사를 행한다고 하여도 그를 위한 것이 아니며 제사로부터 오는 행운이나 악운도 대표자에게 한정되는 것이 아니라 전체 부락민이 함께 한다는 의식이 있다.

그렇다면 민간신앙은 21세기 문화의 시대에 어떤 가치가 있는가? 무엇보다 민간신앙은 사람들이, 자기가 살아 있을 때에도 잘 살고 싶다는 신앙공동체의 선언이요, 또한 잘 살기 위해 행하는 의례행위와 다를 바가 없다. 그리고 사람들이, 자기가 죽은 후에도 생전처럼 삶을 존속시키고 싶다는 신앙공동체의 선언이요, 또한 삶을 존속시키기 위한 의례행위이다. 이처럼 민간신앙은 사람들이 삶과 죽음에 대한 원초적 문화의식을 신앙공동체의 의례로 자기화하고 또한 전승시키고 있다는 점에서 그 의의가 크다고 하겠다.

특히 민간신앙의 민중의식은 현대적으로 계승시킬 필요가 있다. 그러나 민간신앙의 전승은 결코 쉬운 일이 아니다. 그것은 우리가 후손이나 후임자로서 조상이나 선임자의 뒤를 이어야 하기 때문이다. 그뿐만 아니라 디지털문화의 중심에서 민간신앙을 연속시키고, 지역의 전통문화답게 변이시키고, 21세기 문화대중으로부터 선택받게 하지 않으면 안 되기 때문이다. 이렇게 볼 때, 가택신앙에서는 여성들이 가족 개개인의 안전과 가업의 번창을 기원하면서 모성성(母性性)을 발휘하고, 희생성(犧牲性)을 계승시키는 점에 초점을 두어야 할 것이다. 마을신앙에서는 이를 현대생활에 맞는 건전한 방향으로 계승시키는 점에 주안을 두어야 할 것이다.

◐ 참고문헌

고대민족문화연구소 편, 『한국민속대관Ⅲ』, 고려대학교 민족문화연구소, 1982.

김선풍, 『한국시가의 민속학적 연구』, 형설출판사, 1981.

김의숙, 『한국민속제의와 음양오행』, 집문당, 1993.

민속학회 편, 『한국민속학의 이해』, 문학아카데미, 1994.

민족문화사, 「민간신앙」, 『한국민속대사전』, 민족문화사, 1991.

박계홍, 「민간신앙」, 『증보 한국민속학개론』, 형설출판사, 1992.

유광수 외, 『전통문화의 세계』, MJ 미디어, 2006.

이창식, 『마을축제 오리별신제』, 집문당, 2001.

이창식 외, 『민속학이란 무엇인가』, 청문각, 1996.

이창식 외, 『죽령국행제 조사연구』, 박이정, 2003.

최길성, 「민간신앙」, 『한국민족문화대백과사전Ⅷ』, 한국정신문화연구원, 1996.

표인주, 『한국인의 생활양식과 전통문화예술』, 민속원, 2004.

민중의 염원과 무속신앙 제7장

1. 한국무속의 역사적 전개

한국무속이란 이미 사라져 버린 고대종교(古代宗敎)도 아니며, 미개 민족의 단순한 원시종교(原始宗敎)도 아니다. 그것은 고대종교가 한국의 문화사와 함께 살아 온 것이며, 서구의 외래종교를 받아들인 현대 한국인의 문화와 사회 속에서도 민간신앙의 형태로 살아 있는 종교현상이다. 따라서 한국무속이란 고대 한국인의 신앙과 그 역사적 흐름, 그리고 현재 무속으로 알려져 있는 민간신앙의 현상 등을 포함한 포괄적 개념이다.

한국의 무속은 긴 문화사 속에서 많은 외래적 요소들과 혼합하면서 적지 않게 변화된 것으로 보인다. 제정일치시대에 제사의 주재자는 곧 무당이었다. 당시 무당은 정치적인 기능과 종교적인 기능을 동시에 수행하는 직능자였다. 무당은 군왕으로서 군(君)이었으며, 신과 교섭할 수 있는 초인적인 존재로서 영매(靈媒)였다. 삼한의 천군(天君)이나 신라 제 2대 남해(南海) 차차웅(次次雄)의 차차웅은 군(君), 왕(王), 무(巫)의 직능을 수행했던 종교적 주재자로 추정하고 있다. 한국무속은 공동체신앙과 달리 전문 사제자인 무당의 주재로 수행되는 민속신앙으로서 현실지향적인 종교라고 할 수 있다. 비록 기독교나 불교처럼 사회 변동에 적극적으로 대응하여 제사공동체의 조직화와 교리체계의 체계화를 이루지는 못했시만, 아직도 폭넓은 종교적 기반을 확보하고 있다.

한국무속의 종교적 기반은 하루아침에 형성된 것이 아니라 고대로부터 지속되어 온 것이다. 예컨대 한국무속의 초기적인 증거물로서 청동거울, 팔주령(八珠鈴 : 여덟 방향으로 갈라진 가지 끝에 방울이 달린 청동기 시대의 유물), 동검(銅劍) 등이 오늘날 명두(明斗·明圖 : 당이 자신의 수호신으로 삼고 위하는 거울), 방울, 신칼 등과 같은 종류라고 할 수 있다. 또한 오늘날 널리 사용되고 있는 무구(巫具)와 청동기시대 고조선의 건국신화에 나오는 천부인(天符印)이 그 맥을 같이 하고 있다.

고대 한국무속의 초기 모습은 부족국가시대의 제천의식(祭天儀式)에서 찾을 수 있다. 부족국가시대에도 인간은 삶의 풍요와 죽음의 공포로부터 벗어나기 위해 종교적 생활을 영위하였다. 부여의 영고(迎鼓)라든가, 고구려의 동맹(東盟), 예의 무천(舞天) 등으로 대표되는 제천의식이 그것이다. 이들 의례는 집단가무(集團歌舞)로써 국가의 안녕과 풍요와 삶의 안정을 기원하는 집단제의적인 행사였다. 이후 한국무속은 삼국시대를 거치면서 전문화된 무당에 의해 거행되는 의례로 발전하였다.

고구려에서는 왕의 자문에 응하는 무당을 사무(師巫)라고 하여, 왕은 국가의 중대사를 결정하기에 앞서 사무의 자문을 받았다. 백제에서는 전문적인 점성술가로서 일자(日者)를 두고 매사의 일을 일자에게 문의하여 결정하기도 하였다. 일자는 점복(占卜)과 무업(巫業)을 수행한 것으로 보인다. 또한 신라에서는 사성문제(四城門祭), 사천상제(四川上祭), 사대도제(四大道祭) 등과 같은 무사(巫祀)가 있었다. 뿐만 아니라, 『삼국사기(三國史記)』 잡지(雜誌) 제사조(祭祀條)에 "신라의 종묘제사를 살펴보니, 제 2대 남해왕

2년 봄에 혁거세의 묘를 처음으로 세우고 친누이 아노로 하여금 사시제를 지내게 하였다(按新羅宗廟之祭 第二代 南海王二年春 始立始祖赫居世廟 四時祭之以親妹阿老主祭)."라는 기록이 전한다. 제정이 분리되어 가는 발전 양상과 함께 여성의 사제권이 드러나고 있음을 확인할 수 있다. 이와 같이 삼국시대의 무당은 국무(國巫)의 성격을 띠고 있었고, 이들에 의해 국가적인 제의가 주도되었다. 특히 신라시대에 아로(阿老)가 시조신을 모시는 제의를 주관한 것으로 보아 여성 국무가 등장하였음을 시사해 준다.

고려의 무속은 당시의 기본 사상이었던 불교와 습합하면서 더욱 성행하였다. 심지어 공무를 수행토록 하며 도성 내에 국무당(國巫堂)을 두었으며, 점복을 국가적인 차원에서 다루기도 하였다. 뿐만 아니라 성황지신(城隍之神)에게 제사하고, 명산대천에 거국적인 제사를 올려 신의 가호를 빌었다. 고려시대의 무속은 이규보(李奎報)의 『동국이상국집(東國李相國集)』 속의 노무편(老巫篇)을 통해 확인할 수 있다. 즉 "뛰어서 몸을 날리니 머리는 대들보에 닿고, 무당은 스스로 천제석이라 이른다."는 기록이 전하는데, 이 내용은 12거리 중 제석거리에 해당되는 것이다. 오늘날 굿과 같은 구조성을 가졌던 것으로 볼 수 있다.

조선시대에는 무속이 음사(淫祀)라고 해서 배척의 대상이 되기도 했다. 당시 불교를 배척하고 유학을 숭상하는 정치지배이데올로기에 의해 지배층의 인물들이 무속을 음사로 규정한 것이었다. 무속을 음사로 규정하고, 여기에 종사하는 무당을 천민으로 강등시켰다. 그렇지만 이와 같은 여건 속에서 유학자들은 표면적으로는 무속을 부정적으로 바라보았지만, 실제로는 무속의 생활 속에서 완전히 벗어나지 못했다.

한편 제도적으로 무속을 부정적으로만 일관하지 않았음을 확인할 수 있다. 태조(太祖)가 동서활인원(東西活人院)을 두고 무당의 신분이나 무업(巫業) 특히 구병활동(救病活動)을 보장하기도 하였다. 세종 자신이 무격(巫覡)으로 하여금 열병을 다스리게 한 적도 있었다. 이것은 지배층이 가지고 있는 외적인 이념이나 정책과는 별도로 사회적 기층을 이루는 민간층이 가지고 있는 내적인 종교적 요구는 도리어 고대로부터 이어져 생활현장 깊숙이 자리했던 것으로 짐작된다.

구한말에 이르러서는 기독교의 수용과 더불어 신문물과 신학문을 습득한 지식인들이 무속을 미신타파의 명목으로 부정적으로 바라보게 되면서 한국무속이 왜소해지게 되었다. 일제시대에는 조선을 일본의 속국으로 삼기 위해 조선문화를 일본문화로 종속시키려는 문화이데올로기 탓에 한국무속을 비과학적인 미신으로 간주하여 타파의 대상으로 몰아세우기도 하였다. 특히 한국무속은 물론 마을신앙이나 풍물 등으로 마을의 공동체의식이 강하게 드러난 것은 일제히 탄압의 대상이 되었다.

한국무속은 통시적인 이해에서 확인할 수 있듯이, 부족국가시대에 무속의 종교적인 기반은 정치적인 지도자를 비롯해서 지배층과 기층민들이었으나, 조선의 유교라는 정치적인 지배이데올로기와 더불어 무속이 기층민들인 민간인들이 중심이 되었고, 그것도 기독교와 일제시대의 문화적인 왜곡 및 탄압으로 인해 종교적 기반이 흔들리기 시작하게 되었고, 오늘날의 무속은 사사로운 기복이나 점복을 수행하는 정도로 위축되어 있다 해도 과언이 아니다. 무당의 신분적 위상도 종교적인 기반의 변화에 따라 달라지는 것이 당연하다. 종교적인 기반이 포괄적인 계층을 수용했을 당시에는 무당이 존경과 추종의 대상이었는가 하면, 유교의 이념과 기독교 그리고 외세의 영향으로 인해 종교적 기반이 기층민들로 축소되면서 무당의 신분 또한 존경의 대상보다는 천대시하는 부정적인 대상이었음이 짐작된다.

2. 무당과 굿의 세계

(1) 무당의 세계

우리나라에는 크게 두 종류의 무당이 존재한다. 강신무(降神巫)와 세습무(世襲巫)가 그것이다. 강신무는 한강을 경계로 하여 북쪽에 주로 분포하고 있다. 강신무가 되는 데에는 성별, 연령, 사회적 신분 등이 전혀 영향을 미치지 않는다. 강신 현상, 곧 신병(神病)을 앓는 것과 입무제(入巫祭)인 내림굿을 하는 것이 무당이 되는 기본 조건이다. 내림굿을 한 다음에는 그 굿을 주재한 기성 무당의 도제(徒弟)가 되어서 무업(巫業)에 필요한 지식, 기술, 예능 등을 배운다.

세습무는 한강 남쪽지역과 한반도의 동쪽 해안을 따라 분포하고 있다. 강신무의 세계에서는 일부 남성이 섞여 있기는 하지만 무당의 대부분이 여성이다. 그러나 세습무의 세계에서는 절대적으로 여성만이 존재한다. 세습무의 문화권에서 남성은 굿을 주재하는 사제로서 기능을 하기보다 굿의 음악을 반주하거나 굿에 부수되는 연희(演戲)를 맡을 뿐이다.

1960~1970년대까지만 해도 세습무들 사이에는 무업을 독점적으로 행할 수 있는 독자적인 영역이 구분되어 있었다. 일정한 영역 내에서 무업의 수행권을 독점하고 있는 세습무를 흔히 '단골'이라고 불렀다. 그러나 오늘날에는 단골이나 단골판이 거의 사라져버렸다. 오히려 강신무 문화권에서 행해지는 마을굿에서 간혹 마을의 굿을 단골로 맡아 주관하는 강신무를 볼 수가 있다. 세습무는 예외 없이 무당의 가계(家系) 출신으로서 무당의 아들인 무악(巫樂) 전문가와 결혼하여 부부가 함께 무업에 종사하는 것이 일반적이다.

세습무와 강신무의 굿은 기본적인 차이가 있다. 강신무의 굿에서는 반드시 방울을 흔들면서 신의 자격으로 인간을 향해 말을 하는 부분이 포함된다. 이를 '공수'라고 한다. 세습무의 굿에서는 무당이 직접 신의 자격으로 말을 하는 부분이 없다. 그 대신 신에게 인간의 소원을 고하는 부분과 신의 뜻을 알아보는 방법이 강신무의 경우보다 다양하다. 전체적으로 강신무의 굿에서는 신탁(神託)이 중요한 비중을 차지하는 데 비해, 세습무의 굿에서는 신에게 바치는 노래와 춤과 놀이 등이 예술적으로 세련되어 있는 것이 특징이라고 할 수 있다.

한국에 분포하고 있는 무당은 그 유형에 따라 무당형, 단골형, 심방형, 명두형 등으로 나뉘어진다. 무당형은 무당 자신이 특별한 강신 체험을 겪은 후 내림굿[成巫儀式]을 통해 무당이 되어 가무로써 굿을 주관하고, 자신의 몸주신이 내려주는 영력(靈力)에 의해 점을 치며 예언한다. 이전에는 중부와 북부지역에 분포하고 있는 무당과 박수 등을 무당형으로 구분하였지만, 오늘날에는 전국적으로 고른 분포를 보이고 있다. 단골형은 혈통에 따라 대대로 사제권(司祭權)이 계승되어 인위적으로 무당이 된 세습무로서 기예를 배우고 익혀 신을 향해 일방적인 가무로써 굿을 주관한다. 호남지역과 영남지역에 널리 분포하고 있다. 진도의 씻김굿을 주관하는 단골네가 단골형의 대표적인 예이다. 특히 단골무는 세습과 아울러 학습 과정을 거친다는 특징과 단골판이라는 독자적인 영역을 소유한다는 특징이 있다. 심방형은 제주도지역에 주로 분포하며 무당형과 단골형의 중간형이라고 할 수 있다. 영력을 중시하며 신에 대한 인식이 확고하지만, 신이 직접 몸으로 강신하지 않고 굿을 할 때 무구(巫具)를 통해 신의 뜻을 물어 전달한다. 오늘날에는 강신무와의 혼합으로 점점 무당형으로 변모하고 있는 실정이다. 명두형은 어린아이의 죽은 혼신이 몸에 실려 점을 치는 강신무를 말한다. 어린아이의 목소리나 휘파람 소리 등으로 혼을 부르며 영력이 뛰어나지만, 굿을 주관하기는 어렵다. 전국에 걸쳐 산발적으로 분포하고 있으며 명두(明斗), 명도(明圖), 태주(泰斗), 동자(童子), 선녀(仙女) 등으로 불린다.

이외에도 오늘날에 여러 형태의 무당이 새로이 나타나는 현상이다. 불교와 습합을 통하여 보살형(菩薩形)과 법사형(法師形)이 생겨났고, 역술의 급속한 보급으로 역학과 무속을 함께 접목시키는 역술형(曆術形)이 등장하였다. 심지어는 기(氣)와 도(道)를 연구하는 사람들이 무속의 기반 위에서 무속행위를 하는 불분명한 무당이 등장하기도 하였다.

이상의 모든 무당은 각기 무신(巫神)을 모시고 있다. 무당 자신이 인간의 길흉화복에 직접 관여할 수 있는 능력이 없으므로 신탁(神託)을 통해 소원을 대신 비는 것이 한국무속의 특징이다. 한국무속에서 기원의 대상으로 좌정하고 있는 신령들의 명호(名號)와 역할에 대한 논의가 불가능할 정도로 한국무속에서 모셔지는 신의 수는 헤아릴 수가 없다. 삼십삼천(三十三天)의 하늘과 칠십이지(七十二地)의 땅을 관장하는 여러 신장(神將)들을 비롯하여, 한민족의 시조로서 단군(檀君), 불교의 제불보살(諸佛菩薩) 등은 한국무속 안에서 상계신(上界神)으로 자리잡은 지 오래이다. 산신(山神)과 용신(龍神)을 비롯한 중계(中界)의 신들은 인간과의 합일을 더욱 수월하게 해주는 가교 역할을 하기도 한다. 또한 인신(人神)의 위치를 차지하고 있는 각종 도사신령(道師神靈)과 대신(大神), 조상신(祖上神) 등 수없이 많은 신들이 존재하고 있다. 심지어는 뒷간과 굴뚝에도, 산천의 수목과 바위에도 신이 있다고 상정하여 정성을 게을리 하지 않았다. 모시는 신의 수가 너무 많아 '만신(萬神)'이라는 말이 나왔을 정도이다. 이처럼 우리의 무속신앙에는 모든 만생만물(萬生萬物)에 영이 깃들여 있다고 믿는 의식이 뚜렷하여 유일신을 강조하는 외래종교와 분명한 차이를 보이고 있다.

(2) **굿의 세계**

한국무속의 형태와 내용을 이해하기 위해서 가장 유리한 접근 방법은 바로 무속의 종교적 의례인 굿을 관찰하는 것이다. 무속의 특징은 대부분이 굿 속에 집약되어 있기 때문이다. 그러나 겉으로 드러나 보이는 굿의 모습이 그렇게 간단하거나 쉽사리 이해될 수 있을 만큼 논리 정연한 것은 물론 아니다. 지역, 무당의 유형, 굿의 동기와 목적 등의 차이에 따라서 굿은 수많은 종류로 복잡하게 분화되어 다른 모습과 방법으로 진행되기 때문이다. 따라서 먼저 알아두어야 할 것은 굿의 기본적인 구조와 방법 및 종류에 대한 지식이다. 그리고 굿의 방법에서의 근본적인 차이가 생기는 것은 무당의 종류와 밀접한 관계가 있는 것이기 때문에 무당의 종류에 대해서도 기초적인 지식이 필요하다.

굿의 종류

굿을 하는 데 필요한 비용을 대는 사람을 기주(祈主)라고 하는데, 기주의 종류에 따라 굿의 종류를 세 가지로 구분할 수 있다. 물론 세 종류 안에는 다시 여러 종류로 세분될 수 있는 굿들이 내재되어 있다. 첫째는 사가(私家)의 굿이다. 이를 흔히 '집굿'이라고 부르는데, 집굿에는 다시 살아 있는 사람들의 복락을 추구하는 굿과 죽은 사람들의 영혼을 천도시키기 위한 굿이 있다. 둘째는 부락집단 단위의 굿이다. 이를 흔히 '마을굿'이라고 부르는데, 한 마을의 주민 모두가 참여하는 것이 보통이다. 마을의 번영과 주민들의 안녕을 마을의 수호신을 비롯한 모든 무속의 신들에게 기원하는 집단적 축제라는 점이 마을굿의 특징이다. 마을굿은 대개 음력 10월에 행한다. 그러나 간혹 신년 초 또는 봄에 파종한 직후에 행하는 지역도 있다. 집굿과 마을굿은 강신무 지역이나 세습무 지역이나 불문하고 전국적으로 행해진다. 셋째는 강신무에 한정한 신굿이다. 강신무가 되기 위한 입무제(入巫祭)로서 내림굿과 일단 강신무가 된 다음 자기가 모시는 신들에게 바치는 무당의 집굿이라고 할 수 있는 진적굿을 모두 신굿이라고 부른다. 그러니까 신굿은 강신무 자신을 위한 굿이라고 할 수 있다.

굿의 구조

모든 굿은 이중적으로 공통된 구조를 갖고 있다. 굿 전체가 굿을 행할 장소를 깨끗이 정화하는 부분[淨化], 신을 부르는 부분[請神], 신에게 인간의 소원을 고하고 신의 대답을 듣는 부분[祝願], 신과 인간이 함께 즐기는 부분[娛神], 신을 돌려보내는 부분[送神] 등 다섯 대목으로 이루어진다. 그리고 각 부분들은 다시 이상의 다섯 대목으로 구성되어 있다. 즉 하나의 완전한 굿은 동일한 구조로 구성된 여러 개의 작은 굿들로 이루어지는 것이다. 그런데 작은 굿들의 배치 순서가 정화하는 내용의 굿은 앞쪽에, 중요한 신을 초청하여 인간과 만나고 놀게 하는 내용의 굿은 중간에, 정식으로 초대받지 못한 잡귀·잡신을 대접해서 놀게 한 뒤 돌려보내는 내용의 굿은 뒤쪽에 있게 된다. 이러한 굿의 구조는 거리로서 나타나는데, 정확한 체계는 서있지 않다. 즉 굿은 열두거리로 진행되는 것이 가장 일반적이기는 하지만, 현장의 상황에 따라 더 많은 거리로 행해지기도 하며, 생략되어지기도 한다. 그러나 위에서 살펴본 바와 같이 정화하는 부분, 신을 부르는 부분, 신에게 인간의 소원을 고하고 신의 대답을 듣는 부분, 신과 인간이 함께 즐기는 부분, 신을 돌려보내는 부분 등 다섯 대목은 반드시 존재한다.

굿의 목적

굿의 목적은 살아 있는 사람들의 안녕과 복락을 구하고 재난을 예방하거나 물리치려는 데 있다는 점에서 공통적이다. 설사 그것이 죽은 영혼의 천도를 위한 사령제(死靈祭)라 할지라도, 궁극의 목적은 사령이 현세적 삶의 공간에 계속 머물러 있으면 살아 있는 사람들에게는 재앙이 되기 때문이다. 따라서 망자로 하여금 삶의 세계에 대해 지니고 있는 모든 집착과 원한을 풀고 유감없이 죽음의 세계로 들어가게끔 해서 살아 있는 사람들을 보호하려는 것이다. 한국무속에서는 망자가 사령굿을 거침으로써만 자손을 보호할 수 있는 그 가정의 조상신(祖上神)으로 좌정할 수 있다고 믿는다.

마을굿이 집단공동체의 복락을 목적으로 한 축제임은 말할 필요가 없다. 그러니까 모든 굿은 가정 또는 부락이라고 하는 현세적 삶의 장소를 오염시키는 부정하고 사악한 기운을 추방하고 정화함으로써 그곳이 신이 깃들 수 있는 성역임을 확인하고, 그 성역에서 살고 있는 인간들과 그들의 삶이 균형을 잃지 않고 계속 번창할 수 있도록 신들이 약속하고 축복해 주게끔 하는 인간 중심적 제의이며 축제라고 말할 수 있다. 그래서 대부분의 굿에서, 특히 세습무들의 굿에서는 굿을 하는 장소와 굿을 하는 가족이나 마을 주민들 그리고 굿에 초대되는 신들의 유래에 대해 서술하고 찬양하는 장편의 서사적(敍事的)인 무가(巫歌)를 노래하는 것이 보통이다.

굿의 기능

굿을 통해 나타나는 가치관의 비중은 첫째 인간이고, 둘째 현실적 삶의 공간이다. 신들이나 무당은 놀라울 만큼 존중되지 않는다. 무당은 강신무의 경우 방울을 흔들면서 신의 자격으로 신의 말을 전할 때에만 인간 위에 군림할 뿐 그 순간만 지나면 철저하게 천대받는 계층이다. 신들의 경우, 특히 강신무의 굿에서는 대개가 조선시대의 관복(官服)을 입고 등장한다. 처음 등장할 때에는 자기 존재를 소개하고 위엄을 과시하며 인간들의 대접이 충분치 못함을 불평하거나 더 많은 것을 바치라고 강요한다. 그러나 인간들은 신을 설득하고 속여가면서 결국 인간들의 뜻대로 조종한다. 이러한 현상은 신이 인간 위에 군림하지 않고 인간과 동일한 지위에 있다는 것을 의미하는 것으로 무속의 인간중심적 사고를 표방하고 있다. 굿에서는 언제나 신들이 인간에게 자기로서 모든 약속과 축복을 전한 다음 인간들과 함께 즐기며 놀다가 아쉬운 마음으로 인간의 세계로부터 신의 세계로 돌아가게 마련이다. 인간이 신을 섬기기보다 신을 불러서 교제하고 부탁을 한 뒤에 환송하여 보내는 것이라고 할 수 있다. 신들과의 교유과정에서는 음악과 춤, 아첨과 웃음, 연극, 놀이 등의 다양한 오신(娛神)의 방법들이 동원된다. 한국문화 속에 현재까지 전승되고 있는 집단적 축제나 놀이들 중에서 가장 큰 비중을 차지하는 것이 바로 오신 부분에 포함되어 있는 것들이다.

이와 같이 굿은 공동체의 문화를 생산해내는 역할을 한다. 용신굿이라든지 도당굿 등 많은 굿이 공동체가 함께 준비하고 공동체의 안녕과 발전을 기원한다. 이러한 제의 절차에는 당연히 지역공동체를 하나로 묶어 세우는 의식이 포함되어 있으며, 이러한 굿을 통하여 자연스럽게 공동체라는 인식을 확보해나가는 것이다.

굿의 지역적 특징

한국의 굿은 중부와 북부지역의 강신무 계열의 굿과 남부지역의 세습무 계열의 굿으로 나눌 수 있다. 강신무는 굿을 할 때 신이 내려서 신격화함으로써 무당과 신이 일원화하는 데 반하여, 세습무는 신을 향한 일방적인 사제(司祭)로 신과 무당이 양립된 이원화 현상을 보인다. 이처럼 영력(靈力)의 유무를 기준으로 다음과 같은 제의양식(祭儀樣式)에서 차이가 발견된다.

세습무의 굿에는 신의 하강로(下降路)를 상징하는 신간(神竿)을 필수적인 조건으로 제장(祭場)에 설치한다. 제주도 심방굿의 시왕대(十王一, 十王竿)·수릿대·굿문기[門旗], 호남 단골굿의 곳대·명두대·혼대, 영남 무당굿의 처낭대[天王竿]·혼대가 모두 대형(大型)의 장간(長竿)으로서 제장에 세워진다. 그러나 중부와 북부지역 강신무의 굿에는 대체로 위와 같은 대형의 신간이 사용되지 않거나 간소화된 상태이다. 강신무는 강신이 자유롭게 이루어지기 때문에 굳이 성성(聖城)을 표시하는 신의 하강로인 신간을 제장에 세울 필요성이 없는 것이다. 그러나 세습무는 신을 강신시킬 영력이 없기 때문에 인위적으로 성성을 표시하는 신의 하강로를 상징하는 대형의 신간을 활용하는 것이다.

또 중부와 북부지역 강신무의 무복(巫服)은 각 굿거리마다 개개 신의 신복(神服)을 상징하는 무복이 따로 있어 개별 굿거리마다 무당 한 명이 12종 내지 20종의 무복을 갈아입는다. 그러나 남부지역 세습무의 경우는 무복이 2~3종 정도이며, 호남지역 단골의 경우는 무복이 퇴화해서 거의 사용하지 않는다. 이와 같은 강신무와 세습무의 무복 차이는 앞에서 본 신간과 정반대의 대조적인 현상이다. 강신무는 신의 영력을 얻기 위해 제의에서 자신을 신격화해야 되기 때문에 신복으로서의 무복이 발달하게 된 것이며, 세습무의 경우는 영력을 소지하거나 신격화할 필요성이 없이 제의를 주관하는 일방적인 사제이기 때문에 신복으로서의 무복이 소용되지 않게 되자 무복은 점차 의례복의 기능으로 전락되어 도태된 것이라고 할 수 있다.

굿의 가무(歌舞)를 보아도 강신무는 장구·징·꽹과리·제금 등의 타악기(打樂器)가 위주로 가무의 가락과 속도가 빠르다. 세습무는 강신무가 사용하는 타악기 외에 피리·젓대·호적 등의 취주악기(吹奏樂器)와 해금·가야금·아쟁 등의 현악기(絃樂器)가 반주되어 가무의 가락과 속도가 완만하다. 즉 북부지역의 강신무는 타악기 위주로 가무의 가락과 속도가 빠르면서 몹시 흥분된 도무(蹈舞)가 부각되며, 남부지역의 세습무는 타악기 외에 취주악기에 현악기까지 다양하게 동원하고 가무의 가락과 속도가 완만하다. 징·꽹과리·제금 등의 금속 타악기는 무의 심경(心境)을 자극하여 흥분상태로 몰아 엑스터시로 들어가 강신(降神)의 환상을 촉진시키므로 강신무가 금속 타악기를 위주로 하게 되고, 세습무의 무

악이 타악기 외에 관현악기까지 동원되는 것은 제의가 점차 의례화되
어 예술의 경지로 접근해 간 현상으로 볼 수 있다. 강신무는 영력을 가
지고 신과 직접 교통하지만, 영력이 없는 세습무는 제의의 격식에 주력
한 결과로 볼 수 있다. 세습무 중에도 제주도 심방의 경우는 영력을 중
요시하므로 무악의 가락이 빠른 타악기 위주이며, 강신무 중에도 경기
도 일원에서는 피리·젓대·해금이 사용되는 예외적 사실도 있다.

무당의 성별을 놓고 남부지역과 북부지역을 비교해 볼 때, 남부지역
은 남무(男巫)가 우세하고 북부지역은 여무(女巫)가 우세한 실정이다. 남
부의 세습무, 즉 제주의 경우는 심방이 무의 주류가 되고, 호남·영남
지역의 경우도 무당의 사제권이 남성 위주로 계승되면서 남성이 제의
진행 전체를 관할하고 굿의 마지막 순서인 거리풀이 과정에 사제로서
직접 등장한다. 그러나 중부·북부지역 강신무의 경우는 무당의 수적인
면이나 제의 주도권에 있어서 여성이 절대적이다. 간혹 남무인 박수가
있으나 수적인 면에서 아주 극소한 편이다.

충청도에서 전승되고 있는 앉은굿의 경우는 법사(法師)가 주재하는 굿
이다. 굿을 주재하는 무당이 점잖게 앉아서 무경(巫經)을 구송하기 때문
에 앉은굿[座經]이라고 한다. 그런데 앉은굿을 주재하는 충청도 법사는
강신무·세습무 유형론의 대립항을 넘나들고 있을 뿐만 아니라 강신
무·세습무 유형론에서는 전혀 포착되지 않은 양상까지 포착되고 있다.
예컨대 단출한 무복(巫服)이나 신의 의지를 묻고 확인하는 무구로서 신
간(神竿)의 사용은 세습무적 경향성을 띠고 있지만, 신에 대한 뚜렷한 인
식이나 주술을 강조하는 의례성은 강신무와 상통한다. 이렇게 강신무적
인 성향과 세습무적인 성향이 공존하는 동시에, 강신무·세습무 유형론
에서는 전혀 포착되지 않는 무악기의 미비, 춤의 부재, 직접적이며 주술
적인 모의 행위와 같은 양상을 보이기도 한다. 특히 강신 체험이나 세
습에 의해 성무 과정을 거치는 것이 아니라, 오로지 학습에 의해 무당

이 되는 경우도 흔하다.

강신무·세습무가 주도하는 일반적인 선굿은 무가권의 기본적인 제약을 극복할 수 없는 치명적인 한계를 내포하고는 있지만 연행에 있어 전국적인 확장을 보이고 있다. 그러나 법사가 주도하는 앉은굿은 충청도 지역권의 특징을 함축하고 있는 지역적 굿거리의 변모를 지니면서 대부분 사승관계에 의해 연행되는 독자적인 굿거리로 존재하고 있다. 앉은굿이 지역적으로, 독자적으로 전승되고 있다는 것은 연행의 방식이 지역적이며 독자적이라는 것을 의미한다. 무엇보다 연행의 외적 환경이라고 할 수 있는 무당의 무복, 무구, 무악기, 춤 등이 일반 선굿과 분명하게 변별된다.

강신무는 무복을 입고 무구를 사용하면서 무악에 맞추어 노래를 부르며 춤을 춘다. 무복은 조선시대의 관복, 군복, 승복 등에서 차용한 것으로 단순한 장식용이 아니라 신복(神服)이라고 불릴 정도로 신격을 복색으로 표현한다. 세습무는 쾌자나 장삼을 걸칠 뿐 강신무처럼 다양한 무복을 입지 않는다. 반면 법사는 흰 마고자에 조끼를 걸쳐 입고 머리에는 한지로 접은 고깔을 쓴다. 때에 따라서 두루마기를 걸치기도 한다. '석'이 바뀌어 청배하는 신격이나 기원하는 신격이 달라진다고 해도 무복을 갈아입지 않는다. 무복은 다만 상징적으로 '양반적인 성향'을 드러낼 뿐, 의례에서 무복이 차지하는 비중이나 의미는 전혀 없다고 할 수 있다.

강신무나 세습무나 무악기로서 흔히 장구나 바라를 사용한다. 굿의 규모에 따라서 대금, 피리, 해금 등이 가해지기도 한다. 장구는 춤뿐만 아니라 무가 등의 반주로 사용되며, 바라는 무당이 도무할 때 사용된다. 강신무나 세습무나 같은 무악기를 사용하고 있지만, 장단은 크게 차이가 난다. 강신무의 무악에서 가장 기본이 되는 것은 도무할 때 반주하는 속칭 '떵더꿍장단'이다. 떵더꿍장단은 굉음의 장단으로서 무당으로 하여금 무아지경의 상태로 들어가도록 유도한다. 세습무의 장단도 차츰 빠르고 격해지는 것은 사실이지만, 그것은 판을 흥겹게 만드는 데 목적이 있는 것이지 무아지경의 상태로 들어가도록 유도하는 것은 아니다. 반면 법사가 사용하는 무악기는 흔히 '고장(鼓杖)'으로 일컫는 북과 장구이다. '체(가루를 곱게 칠 때 쓰는 도구)'에다 북을 세로로 고정시켜 놓고, 오른손으로 북채를 잡고 친다. 북 왼쪽에는 헝겊을 십자 형태로 꼬아 만든 '징 받침'을 바닥에 놓고, 그 위에서 공명이 잘 되도록 징을 엎어 놓고 친다. 북과 징은 무경을 구송할 때 일종의 배경 소리를 내는 역할을 한다. 경을 구송할 때는 징 소리가 약하고, 경을 구송하는 사이사이 휴지기에는 징 소리를 크게 낸다. 북은 해당 신격을 청배하는 악기로서 의미를 가지며, 징은 역신이나 잡귀·잡신을 구축하는 악기로서 의미를 가진다. 북과 징으로 만들어내는 장단은 일정하지만, 현장의 제보에 의하면 크게 '독촉고장'과 '춤고장'으로 나뉜다고 한다. 독촉고장은 해당 신격의 강림을 재촉 내지 독려하는 장단이며, 춤고장은 신명을 돋아주는 장단이다.

강신무의 춤은 그것이 표출될 때, 어느 때는 발작하는 수준의 광란한 춤이 나오고, 어느 때는 신으로서의 권위나 위엄을 보이는 의젓한 춤이 나오는가 하면, 또한 간사하고 장난기가 있는 춤으로 변하기도 하는 등 변화가 매우 심하다. 세습무가 추는 춤은 일반적인 가무로서 그 정서에 축원적인 성격이 담겨 있으나, 어느 때는 굿의 목적과 다르게 속박을 벗어나 좀더 인간적인 춤, 즉 예술적 연희에 치중하는 춤을 추기도 한다. 반면 법사는 어떤 상황에서도 춤으로 광란하지 않는다. 북과 징만을 두드리며 점잖게 앉아서 무경을 구송한다. 무당의 춤을 행위전승이라고 할 수 있을 것인데, 앉은굿의 행위전승은 주술을 생명으로 삼고 있는 '귀신착수'나 '화전치기' 또는 '대수대명' 같은 것들이 고작이다. 그래서 굿 전체가 그저 담담하고 지루하며, 때로는 살벌하기도 하다.

3. 한국무속의 원형사고와 전통사상

(1) 한국무속의 원형사고

무속신앙은 원초적인 문화의식이 고정화된 의례로 표현되는 깃이라고 할 수 있다. 따라서 무속신앙의 문화원형적(文化原型的) 사고를 해명하는 작업은 한국문화의 저변 이해와 같은 맥으로서 소중한 일이다. 뿐만 아니라 원초적인 문화의식을 담고 있는 한국무속의 문화원형적 사고는 무속신앙의 근본이 된다. 이것은 무속신앙이 신앙공동체의 행동 지침이 되게 하는 이유이고, 또한 이것은 한국무속의 무형문화자원의 원형이 되게 하는 근거이기도 하다.

무속신앙의 대상이 되는 신은 자연신과 인간신이다. 자연신은 주로 일상생활과 밀접한 땅·물·산·하늘이며, 인간신은 종교적 인물보다 영웅이 지배적이다. 한국무속에서 다양하게 존재하는 신들은 생사·흥망·화복·질병 등 인간의 운명 전체를 지배하는 신격(神格)을 갖고 있다. 이 신들은 계층이 있고 분담된 직무가 있다. 예컨대 삼신(三神 : 産神)은 인간을 점지해서 내보내고, 칠성신(七星神)은 인간을 보살펴서 장수하게 하며, 성주신(成造神)·업신(業神)·대감신(大監神)·제석신(帝釋神) 등은 재물과 행운을 책임지고 맡아서 처리함에 따라 부귀와 흥망을 좌우하고, 저승의 시왕(十王)은 죽은 자를 다스린다. 사람들은 이들이 서로 합심하지 않으면 인간이 그 알력의 여파로 화를 입게 된다고 믿는다. 그래서 사람들은 행운·초복·제액·치병 등 당면한 현실적인 문제에 대해 신에게 제물을 바침으로써 그에 비례하는 신의 응답을 기대한다.

고대로부터 신이 창조한 우주는 천상계(天上界)·지상계(地上界)·지하계(地下界) 등으로 구성되어 있고, 삼라만상을 지배하는 신은 천상계에 거주한다고 믿어 왔다. 천상계는 지상계의 수직선상에 위치하고 있다.

이 수직적 우주관에 따라 한국무속에서는 자연물 중에서 특히 고산(高山)과 거목(巨木)을 신성시하며, 이 주위를 제의 장소로 선택한다. 그렇지 않고 평지에서 제의를 행할 경우에는 신간(神竿)을 높이 세워 그곳을 성역으로 설정한다. 고산·거목·신간을 통해 천상계의 신이 지상계에 강림한다고 믿기 때문이다.

한국무속에서는 인간의 본질인 영혼은 영원하며, 육신을 이탈할 수 있는 것이라고 이해한다. 인간의 삶은 육신에 영혼이 깃든 상태이고, 죽음은 영혼이 육신을 벗어난 상태이다. 따라서 죽음이란 영혼이 유한한 육신과 단절되어 영원으로 회귀하는 것이다. 존재의 근원인 '카오스(Khaos)로의 회귀'는 무속신앙 전반에 나타나는 근원적인 사고라고 할 수 있다.

무당은 보통 신병을 체험하고 몸주를 받아들인다. 이러한 강신 체험은 현실계의 가치체계를 거부하는 것으로써 현실계의 종말을 의미한다. '현실계의 종말'은 죽음을 의미하고, 이 죽음을 통해 무당은 현실계 밖에 있는 카오스로 돌입하게 되는 것이다. 카오스는 시작도 없고 끝도 없는 무공간·무시간의 영원계(永遠界)이다. 코스모스(Kosmos)에서 시공간을 소거하면 카오스로 회귀하고, 카오스에 시공간을 충족시키면 코스모스로 환원한다. 카오스가 영혼(靈魂)·영원(永遠)·성(聖)이라면, 코스모스는 육신(肉身)·순간(瞬間)·속(俗)이라고 할 수 있다. 따라서 영혼은 죽음을 통해 카오스로 회귀하여 불멸한다.

그렇다면 한국무속의 고유한 내세관은 무엇인가? 이를 분명히 말하는 것은 어렵다. 그러나 한국무속의 내세는 고유한 특징이 있다. 한국무속에서 내세는 죽으면 으레 가는 저승으로만 규정되어 있다. 죽어서 가는 곳이 그저 단순한 저승일 뿐이며, 현세의 선악이나 믿음이 내세를 규정한다는 식의 윤리나 심판의 내용도 게재되지 않는다. 또한 저승은 불교처럼 극락과 지옥으로 구분되어 있지 않고, 저승에서는 이승의 인연과 상관없는 새로운 생활을 하게 된다. 그렇다고 저승의 낙원적 성격을 강조하는 것도 아니다. 즉 현세적 삶이 내세를 규제하지 않는다. 이것은 외래종교와 구별되는 한국 고유의 종교적 특성이다. 현세적 믿음을 전제로 하는 외래종교는 한국 고유의 종교와 달리 윤리와 선악이 내세를 규제하는 심판의 척도가 되도록 하기 때문이다.

그리고 한국무속에서는 망자의 저승길에 심판의 과정이 나타나지 않는다. 대신 망자의 혼이 저승에 가기 위해서는 이승에서의 원(怨)과 한(恨)이 남아서는 안 된다고 믿는다. 만약 이승에서의 원한이 가셔지지 않은 혼령들이 있다면 반드시 저승에 들어가지 못한다고 믿는 것이다. 혼령은 원혼이 되어 이승을 떠돌고 있기 때문이다. 요컨대 인간은 영혼이 불멸하므로, 세상에 태어나서 수명을 다하면 내세로 소환된다. 인간은 죽음을 통해서 전지전능한 능력을 소유하게 된다. 이처럼 한국무속에서는 신앙을 통하지 않고서는 누구나 내세로 간다. 그러므로 한국무속의 내세관은 자연적인 것이고, 거기에는 종교적 구원의 관념이 희박하다. 즉 영혼이 자연의 운행처럼 자연스럽게 내세로 가는 것이다. 생전의 선악에 따라 극락과 지옥으로 간다는 인공적 징계성이 부여되지 않기 때문이다.

(2) 한국무속의 전통사상

무속사상은 한국문화에 뿌리를 두고 있다. 무당들은 제각기 생장하여 다른 시기와 장소에서 상이한 원인으로 무당이 되었다고 할지라도, 신앙형태에 여러 공통점을 지니고 있다. 다시 말해서, 무당들은 무업을 하는 지역과 굿의 맥이 동일하지 않고 상호간에 교류가 없다고 할지라도, 이들의 신앙 형태와 사고 패턴이 대동소이한 사실은 무속이 한국문화에 터하고 있음을 나타낸다. 우선 굿의 현장에서 연행되는 온갖 의례

행위와 내용, 그리고 굿에서 무당이 부르는 무가(巫歌)에서, 특히 신의 내력을 풀이하는 본풀이무가의 내용을 토대로 한국무속의 세계관과 인간관을 정리할 수 있다.

첫째, 이 세상은 처음부터 완성되어 있는 세계이다. 즉 한국무속에서 현세는 진화론적으로 생성·발전한 세계가 아니다. 존재의 세계와 무의 세계 또는 차안(此岸 : 현실세계)과 피안(彼岸 : 이상세계)으로 단절된 이중적 대립구조도 아니다. 그렇다고 현세와 내세가 평면적으로 연계되는 수평구조도 아니다. 산을 숭배하고 높은 곳을 찾고 나뭇가지를 통해 신을 강림하게 하는 등의 무속 절차나, 고대 신라 금관의 깃털과 나무 모양의 형태와 오늘날 무당의 머리에 꽂는 깃털 장식의 유사점으로 미루어 하늘과 땅의 우주적 구조를 고대 이래의 무속적 세계관으로 볼 수 있다.

둘째, 한국무속의 세계관 속에는 한국무속의 인간관이 함께 내재되어 있다. 즉 한국무속에서는 객관적 실체로서의 세계와 주관적 존재로서의 인간 존재를 별개의 존재로 분리해서 이해하지 않는다. 그러니까 '사람은 사람 이외의 존재들과 무관하게 독립된 존재다.'라는 따위의 생각이나 논리가 애당초부터 한국무속 안에는 없었다고 말할 수 있다. 따라서 개인으로서 '나'라는 개념도 없다고 할 수 있다. 언제 어느 곳에서도 '나'는 좁게는 혈연공동체의 한 부분으로서 개인이고, 넓게는 지역공동체의 구성원으로서 개인이다. 나아가서는 내가 살고 있는 이 세상의 환경 일체, 자연과 동식물은 물론 인간의 손으로 만든 온갖 물질적 대상들과 더 나아가서는 죽은 혼령들을 비롯한 온갖 종류의 신적 존재들, 그리고 그 모든 것들의 나에 대한 다양한 생각과 느낌, 정서, 염원까지도 포함하는 우주적 그물망과 연계되어서만 의미를 지닐 수 있는 것이 개인으로서 인간 존재의 삶이다.

국조신화의 대표라고 할 수 있는 단군신화의 내용에 등장하는 홍익

인간(弘益人間)의 '인간'은 사람만을 지칭하는 말이 아니다. 그것이 '사람 사는 세상'을 의미하는 넓은 개념의 말이라는 사실을 고려한다면, 우리 나라의 문화적 전통 속에는 원래부터 사람과 자연을 분리해서 이해하 려 하지 않았던 전통이 있었다고 할 수 있다. 사람이 사는 세상이어야 만 참세상이라고 보는 한국무속의 세계관과 인간관은 오늘의 시대상황 에서 교육적으로도 매우 중요한 의미를 지닌 관심사가 될 수 있다.

셋째, 한국무속에서는 '나는 어떤 존재인가' 하는 질문에 대해 포괄 적이고 입체적이며 다양한 방법으로 복합적인 내용의 대답을 제공한다. 그런데 그것은 명료하게 객관적으로 규정된 대답이 아니다. 노래, 연극, 가락, 장단, 춤사위, 신과 인간의 만남 같은 굿판의 역동적이고 복합적 인 상황 속에서의 체험을 통해 스스로 터득하고 깨닫게 되는 자기정체 감의 내용이 한국무속에서 가르쳐주는 인간관이며 세계관이다. 한국무 속의 인간관이 교육적 관심사로서 중요한 의미를 지니는 이유는 그 내 용과 전달 방법이다. 무속 현장의 역동적·복합적인 연행상황이 참여자 의 의식과 감성을 형성하도록 영향 미치는 방법론적 차원에서만이 아 니라 그러한 방법으로 전달하는 메시지로서의 무속적 인간관의 의미 또한 교육적으로 주의를 기울일만한 가치가 충분하다.

한국무속에서는 살아 있는 사람들의 세계와 죽은 혼령·귀신들의 세 계까지도 음양론적(陰陽論的)으로 이해한다. 삶의 세계가 양(陽)의 세계라 면 죽음의 세계는 음(陰)의 세계인 것이다. 두 세계는 분명히 상반되는 대칭적 세계이면서도 상보적 관계를 갖는 하나의 세계이기도 하다. 즉 음양론적으로 운행되는 우주적 질서 속에서 삶의 세계이고 죽음의 세 계인 것이다. 오직 굿판이라고 하는 신성한 무대가 설정될 경우에만 시 간·공간·세계·인간·신령 같은 모든 차원은 굿판을 통해 연출되는 인간의 현실적 삶의 현상계를 중심핵으로 삼아 동일한 시·공적 상황 속에 공존하게 된다. 굿판은 파괴된 음양의 질서를 재정리하여 균형과 조화의 관계를 회복하려는 제의적 행사가 벌어지는 신성한 시공간이라고 설명할 수 있다.

무속신앙적 음양론으로 볼 때는 고정불변의 원칙이나 가치, 질서 같은 것은 애당초 존재하지 않는다. 따라서 설사 그런 것들이 현존한다고 하더라도, 그 권위를 인정하거나 그 권위에 대해 완전히 승복할 수 없는 것이다. 모든 것은 상황 중심적이고 상대적이기 때문이다. 그러니까 한국무속의 가치관은 상대주의적이라고 할 수 있다. 한국무속에서는 절대적 가치를 인정하지 않는다. 아무리 좋은 가치일지라도 잠시 잠깐 놀다가는 것일 뿐이다. 권력·돈·건강·행불행·생사 같은 인생만사가 그러하다. 그렇기 때문에 한국무속의 음양론적 사고를 이해하지 못하는 이성적 합리주의의 기준으로는 도저히 납득할 수 없는, 심하게 표현하면 정신착란 같은 일관성 없고 표리부동하며 충동적인 것처럼 보이는 행동들로 가득 찬 곳이 굿판이라고까지 말할 수도 있다.

한국무속의 시간관은 직선적이지 않다는 점에서 이른바 서양문화 내지 기독교 문명권의 시간관과 매우 판이하다. 한국무속의 세계관에서 시간은 과거-현재-미래의 순서를 따라 직선적으로 연결되는 구조가 아니다. 한국무속에서 시간의 기준은 현재 중심적이고, 구조는 입체적이며, 시간의 내용과 질의 의미는 다분히 실존적이라고 말할 수 있다. 그렇기 때문에 서구문명의 영향을 받아 습득한 직선적 구조의 고전적 시간관념, 양적으로 측정 가능한 물리적 시간관의 기준으로는 한국무속의 시간관을 이해하는 데 한계가 있을 수밖에 없다. 굿판에서 연출되는 시간과 공간의 인식은 굿판이라는 현재적 상황을 핵심으로 한 입체적 구조라고 묘사할 수 있다. 무속신화에서도 굿판에서도 시·공은 분리해서 생각할 수 있는 현상이 결코 아니다. 시간의 진행은 공간과 더불어 이루어진다.

한국무속의 시·공간관에서 보면 시간적으로나 공간적으로나 이상향의 위치를 설정하기가 불가능하다. 그것을 과거로 설정하느냐 미래로 설정하느냐의 시간적 구분은 무의미하다. 선적 시간구조가 아니기 때문이다. 이상향을 어느 곳에다 설정할 것이냐 하는 것도 무의미한 문제가 된다. 평면적 공간 구조가 아니기 때문이다. 한국무속에서는 사람과 귀신을 불문하고 그리워해야 할 이상향의 위치는 현실세계뿐이다. 그런데 그 현실세계가 질서와 조화를 잃은 것이 굿판을 벌일 수밖에 없는 현재적 삶의 상황이라고 보는 것이다. 인간의 삶의 현실은 음양적 균형과 시공간적 우주 질서가 파괴된 이상향인 셈이다. 굿은 파괴된 균형과 질서를 원상으로 회복시킴으로써 현실을 이상향으로 만들기 위해 마련된 신성한 시·공적 상황인 것이다.

이러한 무속적 시·공간과 현세중심적 세계관은 놀랍게도 고대 국조신화의 세계관과 일치한다. 단군신화에 나오는 '탐구인세(探究人世)·홍익인간(弘益人間)·재세이화(在世理化)'의 개국이념이나, 박혁거세신화에 나오는 '광명이세(光明理世)'의 개국이념이 의미하는 바 '인간이 살고 있는 이 세상'을 가장 귀하게 여기는 현세 중심적 세계관의 핵심은 한국무속의 그것과 놀라울 정도로 일치한다고 말할 수 있다.

무속의 현장에서는 살아 있는 사람들 사이에 차등을 두지 않는다. 한국무속의 신들은 굿에 참여한 모든 사람들을 꼭 같은 정도로 대접한다. 굿판의 문화는 무계급성·무차별성이 특징이라고 말할 수 있다. 상하 차등이 없을 뿐 아니라 유교적 남녀 차별도 없는 것이 한국무속의 속성이다. 뿐만 아니라 살아 있는 사람과 죽은 영령들 간에도 단절적 차등이 없는 것이 한국무속의 특징이다. 산 사람과 죽은 사람은 언제라도 교감이 가능한 유대로 맺어져 있는 관계라고 믿는다. 단 그 관계가 원만하고 건강하며, 산 자와 마찬가지로 죽은 자도 만족할 수 있는 관계여야 한다는 것이 한국무속의 조화론적 관념이다. 살아 있는 사람과 죽은 이의 혼령과의 관계가 단절적일 수 없듯이, 인간과 그의 삶의 상황을 구성하는 일체와의 관계도 역시 단절적일 수가 없다.

한국무속의 이러한 조화론적 평등주의적 속성은, 따라서 굿판에서의 일상적 가치의 전도 현상으로 표현되기도 한다. 남녀유별(男女有別)·장유유서(長幼有序)·생자필멸(生者必滅)·반상차별(班常差別) 같은 위계질서, 서열질서, 자연질서를 부정하거나 거부 또는 파괴하는 행위가 한국무속 현장의 활기와 생명력을 강화해주는 요소이다. 요컨대 한국무속에서는 현실을 위계화하고, 서열화하면서 지배하는 온갖 종류의 권위와 힘들에 대해 승복하지 않으려는 저항적 자세가 해학·풍자·놀이·재담·위로와 축복 같은 제의적이면서도 연희적인 다양한 종류의 위장수법 밑에 숨어서 역동적 기능을 발휘하고 있다. 한마디로 인간 세계를 불평등하고 부조화적인 현실로 몰아가려는 지배세력에 대해서 순순히 승복하려들지 않는 것이 한국무속의 속성 중의 하나라고 할 수 있겠다.

한국무속이 과거의 지배문화로부터 끊임없이 탄압받으면서도 끈질기게 살아남을 수 있었던 비밀은 어디에 있을까. 가치관과 행동양식에서 지배문화가 자랑삼는 융통성 없는 이상주의나 원칙주의에 의해 결코 사로잡히려 들지 않는 한국무속 고유의 야성적 본능 속에 비밀이 감춰져 있다고 할 수 있다. 유교문화나 식민지문화가 그 전형일 터이지만, 과거의 지배 문화들은 현실적 삶의 행위를 규제하는 규범과 가치 체계에 있어 절대주의적이라는 점에서 공통된다. 그 절대주의는 현실에서는 실현하기가 거의 불가능한 이상적 가치와 교조적 원칙주의를 지배권을 강화하는 명분으로 삼기가 일쑤이다.

한국무속은 현실을 지배하는 이러한 원칙주의들의 권위를 거부하면서 원칙주의와 정반대되는 현실주의적인 방법을 행동 양식으로 고수해왔다. 한국무속의 생존 법칙은 현실주의적인 가치관과 행동양식이다. 나쁘게 표현하면 한국무속에서는 사람도, 귀신도, 무당도 행동양식에서 고귀한 이념이나 불변의 원칙 같은 것을 지키려들지 않는다. 변덕이 심하고, 충동적이며 때로는 격정적이고 떼를 잘 쓰는 것이 이들의 공통된 행동 특징이다. 절의·대의명분·윤리·강령·염치·이념·신앙·역사의식 같은 이른바 고급문화에 속하는 가치관이나 행동양식을 찾아보기 힘든 것이 굿판의 내용이다. 설사 그러한 고귀한 가치나 원리를 거론하는 경우가 간혹 있을지라도, 그러한 추상적 가치를 위해 삶의 현실을 희생하는 경우는 거의 없다고 할 수 있다. 쉽게 말해서 고귀한 가치나 명분 때문에 목숨을 바치려 들지 않는 것이 한국무속의 현실주의이다.

그 대신 한국무속은 현실 상황 속에서 가장 합리적인 선택을 취한다. 이상과 원칙을 기준으로 선택하는 것이 아니라 현실적 상황을 선택의 기준으로 삼는 것이다. 따라서 현실을 위협하는 다양한 종류의 힘, 가령 외적(外賊), 질병(疾病), 관권(官權)의 위협과 수탈 등과 만났을 때 무속적인 행동양식에서는 가능한 한 정면대결을 피하고 온갖 방법을 동원해가면서 타협과 절충을 시도한다. 한국무속의 현실주의적 가치관으로는 싸워서 이길 수 없는 힘들과는 경쟁이나 대결 대신에 화해하여 친해지는 것이 가장 현명한 선택이다.

한국무속에서는 갈등, 투쟁, 추방 같은 대결적 상황에서조차 위협하거나 제압하는 방법보다는 화해하고, 타협하며, 위로하는 상징적 절차를 반드시 포함한다. 서울·경기지역 마을굿의 군웅거리에서는 군웅신이 마을을 수호하기 위해 화살을 쏘아 사악한 힘들을 위협하고 추방할 때조차도 화살 끝에 떡 조각을 꽂아서 날려보낸다. 한국무속의 현실주의적 가치관과 행동양식이 잘 드러나는 예라고 하겠다.

4. 한국무속과 전통의 생활문화

무속이란 노래와 춤으로써 하늘과 땅, 신령과 인간이 하나로 융합되어 새로운 생명과 문화를 창조하는 원초적 종교현상이다. 한국의 전통 생활문화인 세시풍속을 구성하고 있는 기본요소는 천신신앙(天神信仰)과 지신신앙(地神信仰) 그리고 가무새신(歌舞賽神)이라고 하겠다. 이것은 곧 무속의 삼대요소에 속한다. 천신은 산신(山神)으로 표현되어 있고, 지신은 곡신(穀神)으로 표현되어 있으며, 가무는 농악(農樂)으로 표현되어 있다. 여기에 한국 기층의 생활철학과 생활문화의 기초가 있다.

(1) 산신문화

한국문화는 신화시대로부터 천신(天神)을 중심으로 형성되었다. 모든 신화는 천신의 아들이 산이나 숲에 강림한 이야기로부터 시작된다. 그리고 생활에 변동이 있을 때에는 무엇보다 먼저 천제(天祭)를 드렸다. 봄에 씨를 뿌리고 모를 낸 다음에 천제를 드렸고, 가을에 추수가 끝나면 또한 천신에게 감사를 드리고 축복을 비는 천제를 드렸다. 전쟁이 발생했을 때에도 역시 수호(守護)와 승리(勝利)를 위해 천신에게 천제를 드렸으며, 가물 때에는 기우제를 지냈다.

그러나 기층민들에게 있어 천신은 너무나 지고하였고 먼 존재였다. 가까이 모시고 섬길 수 있는 기능적인 신이 요청되었다. 그리하여 천신의 아들인 단군(檀君)은 산신이 되었고, 천제의 아들 주몽(朱蒙)은 신묘(神廟)의 고등신(高登神)이 되었다. 이들을 통해 하늘의 신은 기층민과 가까이 존재할 수 있게 되었다. 더욱 가까이는 집집마다 대청에 천신인 성조(成造)를 모심으로써 직접적인 관계를 갖게 되었다. 그러므로 산신, 조상신, 성조는 모두 천신의 계보에 속하는 신격(神格)들이다. 그리고 그 중 대표적인 신격이 산신이다. 이들은 마을과 개인을 수호하며 길흉화복을 주관하는 천신의 기능을 이어받은 신격들이다. 그러므로 마을에서는 산신에게 마을 공동의 제사를 드림으로써 평안과 축복을 누리게 되었으며, 또한 집집마다 성주와 조상에게 제사를 드림으로써 집안의 평안과 복을 누릴 수 있게 되었다.

정조차례와 보름의 동제로 시작되는 조상제(祖上祭)와 산신제(山神祭)는 일 년 내내 계속된다. 한식에 성묘하고 오월에는 또다시 산신제나 당굿을 한다. 이것은 옛날부터 오월 파종이 끝난 후에 드리던 천제(天祭)의 유풍이다. 유월 삼복(三伏) 중에는 약수터를 찾아 산신령에게 고사지내고, 칠월 중원에는 조상제를 지낸다. 팔월 추석에는 햇곡식을 조상에게 바치는 천신제례(薦新祭禮)를 지내며, 산소를 찾아 성묘한다. 시월 상달은 성주풀이의 달이며, 안택(安宅) 및 고사(告祀)의 달이다. 그리고 마을에서는 단군제(檀君祭)와 산신제를 지낸다. 말하자면 일 년을 두고 절기를 따라 시시때때로 천신에게 감사하며 축복을 비는 제사가 계속된다. 그리고 그 중심은 강림한 천신으로서 산신이요, 조상을 묻은 산의 신으로서 산신이다. 산신은 단순히 수호와 축복을 주관할 뿐만 아니라 생산을 또한 관장하는 농신(農神)이기도 하다. 산신은 때로는 산신(産神) 또는 삼신(三神)이라고 하여 생산신(生産神)을 뜻하기도 한다. 실로 한국문화는 천신문화(天神文化)요 산신문화(山神文化)라고 할 수 있다.

(2) 곡신문화

우리는 봄·가을 두 차례에 걸쳐서 안택(安宅)굿을 하며 고사(告祀)와 지신제(地神祭)를 지낸다. 이때 중요한 행사는 신단지의 묵은 곡식을 꺼내고 햇곡으로 갈아 넣는 데 있다. 곧 새로운 곡신(穀神)을 모심으로써 다음 해의 풍작과 행복을 기원하는 종교행사이다. 흔히 대청 한 구석이나 안방 벽장에 모시는 신단지는 때로는 세존(世尊)단지, 제석(帝釋)단지, 삼신(三神)단지, 대감(大監)단지, 성주(成造)단지, 용(龍)단지 등으로 부르고 있다. 그렇지만 그 내용은 생산신(生産神)으로서 곡신을 모신 신단지로 통일된다. 그러므로 신단지를 중심으로 한 생활문화를 곡신문화(穀神文化)라고 부를 수 있다.

신화시대로부터 천신은 재생한 여신을 맞이해서 새 생명과 문화를 창조해 왔다. 따라서 사람들은 천신과 함께 산신을 섬겨 왔다. 고구려에서는 두 개의 신당을 지어 놓고 하나는 천신의 아들 주몽을 모셨고, 또 하나는 생산의 여신 유화를 모셨다. 그런데 생산신의 특징은 죽었다가 다시 살아나는 재생에 있다. 그것은 땅 속에서 죽었다가 다시 새싹으로 재생하는 곡신으로 표현된다. 단군을 낳은 웅녀(熊女)나 주몽을 낳은 유화(柳花), 그리고 혁거세의 부인 알영(閼英)은 모두 생명의 빛이 없는 굴 속이나 물 속에 들어갔다가 재생함으로써 생산하게 되는 곡신적 존재였다.

곡신신앙(穀神信仰)은 곧 생명력에 대한 신앙이다. 생명력에 대한 신앙은 보다 풍부한 삶을 촉구하는 신앙으로 나타난다. 그것은 부귀와 장수에 대한 축원이며, 그 중에도 핵심적인 것이 장수이다. 민속으로는 장수 동물인 거북을 형상화하여 놀이로 만든 거북놀이가 있고, 민화로는 십장생도가 있으며, 절간마다 칠성각을 지어 놓고 풍요한 생산과 연명을 빌고 있다. 그리고 굿의 중심으로서 축원(祝願)은 대감에게 부귀를 비는 것과 제석에게 수복을 비는 것이다. 실로 한국문화는 수복문화(壽福文化)라고 해도 과언이 아니다. 이러한 수복을 주관하는 신이 곧 곡신이요, 그를 모신 것이 신단지이다.

(3) 농악문화

　정초의 각종 놀이와 동제나 지신밟기들은 농악을 동반하여 이루어진다. 말하자면 농악과 더불어 한 해의 생활이 시작되는 셈이다. 농사 때가 되어 모내기를 하고 김을 매기 위헤서는 공동작업을 하지 않으면 안 된다. 그런데 이러한 농번기의 공동작업인 두레나 품앗이는 바로 농악대의 조직과 결부된 농악작업이다. 바쁜 노동 기간일수록 농악이 더욱 동반되기 마련이다. 그러고 보면 전통사회에서는 일 년 내내 농악과 더불어 제를 지내고 농사를 지으며 놀이를 하고 산 셈이다. 이렇게 보면 한국문화를 또한 농악문화(農樂文化)라고 부를 수 있다.

　고대로부터 우리의 조상들은 봄·가을로 하늘에 제를 지냈는데, 그 방법은 노래와 춤이었다. 고려시대에도 봄이면 연등(燃燈), 가을이며 팔관회(八關會)를 열었는데, 거기에는 사선악부(四仙樂部)가 참석하여 노래와 춤으로써 제를 지냈다. 비단 상류층에서뿐만이 아니라 일반 대중들도 춘추로 풍악가무에 의해 산신제를 지내곤 했다. 바로 그 유풍이 오늘날까지 전승되고 있는 농악이다. 꽹과리·징·장구·북·소고·피리 등으로 구성된 악단이 무동(舞童)과 말뚝이와 함께 농기를 앞세우고 상쇠의 지휘로 축악(祝樂)을 연주하며 춤추고 돌아가는 것이 농악놀이이다. 그런데 이러한 농악놀이를 흔히 '매기굿'이라고 하듯이, 그것은 단순한 오락이 아니라 종교적 의미가 내재되어 있는 것이기도 하다. 오신(娛神)으로써 잡귀나 잡신을 몰아내고 축복을 비는 종교의례인 것이다. 한국 종교의례의 특색은 가무로써 진행한다는 데 있다. 옛날의 영고(迎鼓), 동맹(東盟), 무천(舞天), 소도제(蘇塗祭) 등은 한결같이 음주가무로써 하늘에 제 지내는 제천제례였다.

　농악은 단순히 한가한 때의 오락행사가 아니다. 모내기, 김매기 등 농번기의 공동작업과 병행되는 것이 농악이다. 농신(農神)을 즐겁게 하자는 것이며, 노동에 리듬을 주어 노동 자체를 유희로 바꾸자는 것이다. 노동과 놀이는 하나가 된다. 민중에게는 노동이 따로 있어 괴로운 시간이 되고, 한가한 시간이 따로 있어서 즐거운 시간이 되는 것이 아니다. 노동이 곧 즐거운 유희요, 공동작업의 터전이 행복의 터전이다. 노래와 춤은 신과 인간을 하나로 만들 뿐만 아니라 종교와 노동과 유희를 하나로 만든다. 노래하며 노동하는 농민의 생활문화, 노래와 춤으로써 제를 지내는 민중의 생활예술, 이것이 한국의 농악문화이다.

❂ 참고문헌

김영진, 「한국의 무속」, 『청대 춘추』 24집, 청주대학교, 1980.

김의숙, 『한국민속제의와 음양오행』, 집문당, 1993.

김인회, 『한국무속사상연구』, 집문당, 1987.

김인회, 「민속과 교육」, 『비교민속학』 25집, 비교민속학회, 2003.

김진욱, 「무속의 정신 연구」, 『전통문화연구』 6집, 조선대 전통문화연구소, 1999.

김태곤, 『한국무속연구』, 한국무속총서 Ⅳ, 집문당, 1981.

김태곤, 「무속의 역사」, 『한국민속사입문』, 지식산업사, 1996

서영대, 「무교·도교·풍수지리설」, 『한국사특강』, 서울대출판부, 1990.

안상경, 「앉은굿 무경 연구」, 충북대학교 박사학위 논문, 2006.

유동식, 『한국무교의 역사와 구조』, 연세대출판부, 1981.

윤사순, 『동양사상과 한국사상』, 을유문화사, 1984.

윤이흠, 『한국종교연구』, 집문당, 1986.

이은봉, 『한국고대종교사상』, 집문당, 1984.

이창식, 『충북의 민속문화』, 푸른사상, 2004.

이창식 외, 『충북의 무가·무경』, 충북학연구소, 2002.

정병호, 『한국의 춤』, 열화당, 1985.

조정호, 「한국의 무속사상」, 『전통문화연구』 2집, 용인대 전통문화연구소, 2003.

조흥윤, 『巫와 민족문화』, 민족문화사, 1990.

조흥윤, 『巫-한국 무의 역사와 현상』, 민족사, 1997.

최길성, 『새로 쓴 한국무속』, 아세아문화사, 1999.

M. Meguire, 김기대 역, 『종교사회학』, 민족사, 1994.

제8장

불교의 수용과 한국의 불교문화

1. 불교와 불교사상의 출발

불교는 기원 전 500년경에 인도의 가빌라국(迦毘羅國 : Kapila)의 태자 싯달다(悉達多 : sipdartha)가 생로병사의 번뇌에서 해탈하고자 오랫동안의 수도 끝에 각자(覺者 : 佛—Buddha)가 되어 창설한 종교이다. 불교는 인간존재의 고통과 번뇌의 원인을 욕망으로 보았으며, 욕망의 근원은 물심(物心)에 대한 애착에서 생기는 것으로, 만물은 고립·고정된 존재가 아니라 서로 인연을 가지고 성립된 존재로서, 인간 존재가 이들이 항상 변화하고 있음을 달관하면 스스로가 만드는 고뇌에서 해방되고(無我), 모든 은혜에 대하여 감사하는 생활, 고뇌를 초극한 자유의 경지, 즉 열반(涅槃 : Nirvana)에 들어갈 수 있음을 사성재(四聖諦)와 팔정도(八正道)의 개념을 가지고 설명하고 있다.

사성재란 고재(苦諦), 집재(集諦), 멸재(滅諦), 도재(道諦)를 말한다. 고재란 인간의 삶이 모두 고통이라는 것을 의미한다. 영원한 것은 존재하지 않을 뿐만 아니라 생로병사와 같은 변전(變轉)이 그치지 않기에, 이를 깨닫지 않으면 삶은 고통일 수밖에 없음을 말한다. 집제란 인간의 모든 고뇌와 번뇌는 무지와 애욕과 욕망에서 나오는 것으로 인간에게는 108가지 번뇌가 있다는 것이다. 멸제란 이와 같은 고뇌와 번뇌에서 벗어나는 해탈을 의미하며, 도제란 모든 고통을 멸하고 열반에 이르는 것을 의미한다.

팔성노란 성견(正見), 정사(正思 : 正思惟), 정어(正語), 정행(正行), 정명(正命), 정권(正勤 : 正精進), 정념(正念), 정정(正定)을 말한다. 정견은 사성제에 대한 올바른 지혜를 의미하며, 정사유는 사성제의 이치를 바르게 생각하는 것이며, 정어는 착하고 성실한 말을 할 뿐 사악하거나 허튼 말을 삼가는 것이며, 정행은 계율을 잘 지켜 살상하거나 도둑질을 하지 않고 애욕을 멀리하는 것이며, 정명은 올바른 생활을 하여 사사로운 이익을 멀리하는 것이며, 정근은 해탈을 위하여 한결같은 마음으로 정진하는 것이며, 정념은 올바른 생각을 순간이라도 잊지 않는 것이며, 정정은 마음을 올바르게 통일하여 열반을 선정(禪定)의 이상으로 하는 것을 의미한다.

불교는 처음 인도 중부지역을 중심으로 전파되고, 아쇼카왕(阿育王)의 귀의를 얻어 인도 국외로 퍼져 나가게 되었다. 그러나 불타의 입멸(入滅) 후 불교 교단은 진보파와 보수파로 대립하여 18부(部)라든가 20파(派)라든가 하는 파벌이 발생하였으나, 1세기를 전후하여 교조(敎祖) 시대의 자세로 돌아가기를 표방하는 정화운동이 일어나서, 그들은 스스로 대승(大乘)이라고 칭하고 종래의 부파(部派) 불교를 소승(小乘)이라 불렀으며, 새로운 경전(經典)을 편찬하였다. 이 무렵 희랍문화의 영향을 받아 불상이 제작되고, 종교의례나 사원건축이 급격히 변화·발전하였다. 대승, 소승의 불교는 서로 대립하여 전파 지역을 확대하였다. 대승불교는 서역의 남부 여러 나라와 중국, 한국, 일본 등에 전파되었으며, 소승불교는 스리랑카, 버어마, 타이 등 남방으로 퍼져 나갔다. 또 티베트에는 대승, 소승이 함께 전하여져 소위 라마교(喇嘛敎)의 교권(敎圈)을 한때는 몽고, 만주까지 확대하였다.

2. 한국불교의 역사적 전개

(1) 삼국시대의 불교

고구려의 불교는 한마디로 학술·외교불교라고 할 수 있다. 즉 고구려의 학승 등은 중국에 가서 경전을 배우고 연구함을 구법(求法)의 최상목표로 삼았으며, 중국의 승려를 지도할 수 있는 고승도 있었다. 그 대표로 장수왕(413~491) 때 태어난 승랑(僧朗)을 들 수 있다. 승랑은 중국에 들어가 삼론학(三論學)을 깊이 연구하여 학문적 체계를 완성함으로써 신삼론종(新三論宗)이라는 새로운 사상을 개척했다. 승랑은 중국 사상계를 지도한 최초의 인물로서 양무제(梁武帝) 11년(512)에 우수한 학승 10명을 지도하였으며 중국에서 일생을 마쳤다. 고구려 학승들은 중국만이 아니라 일본에도 건너가 불교학술과 예술면에 큰 공헌을 하였다. 즉 최초의 전교자인 혜편(惠便)을 위시해서 혜자(惠慈), 불교 예술가인 담징(曇徵), 일본 삼론학의 시조인 혜관(惠灌) 등이 그 예이다. 그리고 삼국통일 후 신라불교를 일으킨 고구려 승 혜량(惠亮)도 들 수 있다.

백제의 불교는 예술·외교불교라고 말할 수 있다. 즉 성왕 30년(552)에 처음으로 일본에 불교를 전래시켰으며 많은 승려와 불서를 일본에 보냈다. 특히 위덕왕(威德王) 24년(577)에는 고승들과 불공(佛工)들을 보냈고, 30년에는 일본왕이 고승을 파견하기를 요청하여 일라(日羅)를 파견하였다. 그 후 무왕 3년(602)에 관륵(觀勒)이 각종 역서(譯書)를 가지고 가서 일본 최초의 승정(僧正)이 되었다. 백제는 일본불교의 연원지가 되었으며, 아울러 탁월한 불교예술을 진작시켰다.

신라의 불교는 호국불교의 경향이 강하여 진흥왕(眞興王) 이후 신라는 불교정신에 입각하여 국민을 단합시키고 발전시켰던 바, 그 대표적인 것으로는 팔관재회(八關齋會), 백고강좌(百高講座), 9층탑 건립(九層塔建立), 사천왕사 건립(四天王寺建立) 등이 있으며 특히 세속오계 등은 모두 불교정신에 의해 민족을 단합하고 국가를 수호하기 위한 뜻을 담고 있다. 팔관재회는 불교를 배우기 위한 범국민적 집회였으며, 백고강좌는 인왕반야경(仁王般若經)의 호국적인 사상을 익히는 법회였으며, 황룡사 9층탑 건립은 자장(慈藏)이 중국에 가서 본국의 진성여왕의 여성으로서의 연약한 면을 보좌하고 국가 권위를 세울 것을 암시받고 돌아와 인접 9개국을 진압한다는 의미로 9층탑을 세웠다고 한다. 사천왕사(四天王寺) 또한 불교를 보호하는 동서남북의 사천왕이 호위함을 상징하는 것이었으며, 원광(圓光)의 세속오계는 호국의 표준이념이 되었다. 또한 원승(圓勝), 혜숙(惠宿), 혜공(惠空) 등 많은 고승들이 나와 능히 삼국을 통일할 수 있는 정신적 역량을 길러 왔다.

(2) 통일신라시대의 불교

통일신라시대의 불교는 크게 삼분할 수 있다. 첫째, 전성기로서 문무왕(재위 661~681)에서 혜공왕(재위 765~780) 때까지로 불교문화의 극치를 이룬 시기이다. 둘째, 침체기로서 선덕왕(재위 780~785) 때부터 헌덕왕(재위 809~826) 때까지로 불교가 국가사회에 별로 영향을 주지 못한 시기이다. 셋째, 선법전래기(禪法傳來期)로서 흥덕왕 원년(826)에서 신라 멸망기(935)까지의 시기이다.

전성기 시대에는 많은 고승들이 속출하였다. 그 대표적인 인물로는 원효(元曉), 의상(義湘), 원측(圓測) 등이 있다. 원효(617~686)는 문무왕(文武王) 원년인 661년, 당시 나이 45세 때 의상과 함께 당에 가던 도중 진법을 체험하고 도중에 돌아와 저술과 교화에 힘쓰다가 신문왕 6년(686)에 입적하였다. 그의 저술은 240여 권이라는 방대한 규모이며, 오늘날 20부 22권의 전집에 수록되어 있다. 그의 중심사상은 원융회통(圓融會通)으로 모든 사상을 깊이 연구하여 서로 상통하는 원리를 구현시킴이 그의 중심 과제였다.

의상(625~702)은 문무왕 원년에 당에 유학하여 지엄(智儼)의 문하에서 학명을 떨치고, 문무왕 11년(671)에 돌아와 부석사(浮石寺)를 건립하여 화엄교학의 중심 도장으로 삼았다. 이리하여 3,000여 제자가 운집하였으며 그 중에 뛰어난 제자 10인을 상문10덕(湘門十德)이라고 하였다. 원효는 교화·연구·저술에 힘쓴 반면, 의상은 후진교육·교단향상에 크게 이바지하였다. 원측(613~696)은 왕손으로서 15세에 당에 유학하여 고승들에게서 유식론(唯識論)을 배우고 범어 등 6개 국어에 능통했으며, 당 태종에게서 도첩(度牒)을 받고 유가론(瑜伽論)·유식론(唯識論)을 강의했다. 그는 규기(窺基)의 전통적 유식사상보다 앞선 대가였다.

이밖에도 성덕왕(재위 702~764) 때 혜초(惠超), 경덕왕(재위 742~764) 때 대현(大賢), 진표(眞表), 고구려 출신 승려 보덕(普德), 혜량(惠亮) 등의 고승들이 있었다.

(3) 고려시대의 불교

고려시대 불교는 5교9산(五敎九山)과 5교양종(五敎兩宗)으로 나눌 수 있다. 신라 원효(元曉) 이후의 불교 교파는 11종이 전하였으나, 서로 융통화회(融通和會)하다가 고려조에 와서 11종이 6종으로 정리되었다. 고려 숙종 6년(1101)에 세운 대각국사(大覺國師, 1055~1101)의 묘지(墓誌)에 보면 6종에는 계율종(戒律宗), 법상종(法相宗), 열반종(涅槃宗), 법성종(法性宗), 원융종(圓融宗), 선적종(禪寂宗) 등이 있는데, 이 중 선적종을 선종(禪宗)이라 하여 나누어 설명하기도 하였다.

선종을 구체적으로 살펴보면 신라 후기에 20여 개 선파(禪派)가 개창되었던 것을 나말여초에 정리하여 9산(九山)이라고 불렀다. 9산은 가지산(迦智山)의 도의(道義, 804~880), 실상산(實相山)의 홍척(828~ ?), 동리산(桐裡山)

의 혜철(惠哲, 785~861), 성주산(聖住山)의 무염(無染, 801~888), 사자산(獅子山)의 철감(哲鑑, 798~868), 희양산(曦陽山)의 진감(眞鑑, 774~850), 봉림산(鳳林山)의 현욱(玄昱, 787~868), 수미산(須彌山)의 이엄(利嚴, 866~932) 등을 말한다. 이리하여 6종(六宗) 혹은 5교9산(五敎九山)으로 통칭하였던 것이다. 그러나 대각구사(大覺國師) 이후에는 5교9산이 5교양종(五敎兩宗)으로 바뀌어졌나.

5교양종이란 고려 원종 때(1206)부터 조선 태종(1418) 때까지의 각 종파를 총칭한 것으로 사실상 7종이 성립된 시대이다. 대각국사가 송나라에 다녀온 후 중국에는 교종(敎宗)의 한 종파였던 천태종(天台宗)이 우리나라에서는 선종(禪宗)에 가까운 불교로 성립하게 된 것이다. 따라서 5교도 개명되었다. 계율종(戒律宗) → 남산종(南山宗), 법상종(法相宗) → 자은종(慈恩宗), 원융종(圓融宗) → 화엄종(華嚴宗), 법성종(法性宗) → 중도종(中道宗), 시흥종(始興宗) 등이다. 대각국사는 교종(敎宗)과 선종(禪宗)을 융통하되 교종의 입장을 떠나지 않았고, 보조국사(普照國師, 1158~1210)는 선(禪)의 입장에서 선·교의 일미(一味)를 제창함으로써 이 두 사상이 양종(兩宗)의 대조적 선풍을 이루게 되었다.

고려불교의 특기할 만한 사상가는 보조국사 지눌(知訥)인 바, 한국의 독자적 선사상을 개발하고 조계종을 중흥하고 새로운 면목을 세웠으며, 그후 혜심(慧諶), 진각(眞覺) 등 16국사(十六國師)가 사자(師資) 상승(相承)하였다. 고려말에는 태고(太古) 보우(普愚)가 9산선종(九山禪宗)을 통합하였으니, 이점에서 선계의 모든 승려들이 태고에 맥을 대었다. 그러나 태고 이전의 법맥과 태고 이후의 사계(嗣系) 문제는 아직 논란의 대상이 되고 있다.

(4) 조선시대의 불교

고려 말기의 불폐(佛弊)로 이해 조선시대에는 억불숭유(抑佛崇儒) 정책이 강조되어 많은 법난을 겪었다. 이에 따라 한창 번성하고 있던 제 불교의 모든 종단이 위축일로를 걷게 되어, 마침내 5교양종이 선교양종(禪敎兩宗)으로 바꾸어지게 되었다. 세종 6년(1424)에 7종을 폐합하여 선교양종으로 바꾸니, 이것은 왕명에 의한 것으로 조계종(曹溪宗)·천태종(天台宗)·총남종(摠南宗)을 선종으로, 화엄종(華嚴宗)·자은종(慈恩宗)·중신종(中神宗)·시흥종(始興宗)을 합하여 교종으로 폐합하고, 흥천사(興天寺)를 선종도회소(禪宗都會所)로, 흥덕사(興德寺)를 교종도회소(敎宗都會所)로 삼았다.

조선시대에도 많은 고승들이 속출했다. 무학(無學) 자초(自超, 1327~1405)를 비롯하여 호불론(護佛論)의 하나인 현정론(顯正論)을 제시한 함허(涵虛), 기화(己和, 1376~1433) 등이 있으며, 명종 때 문정왕후(文定王后)의 도움으로 허응당(虛應堂) 보우(普雨)는 불교부흥의 꿈을 실현시키려 했다. 특히 보우는 판선종사(判禪宗師)가 되어 도승법(度僧法)과 승과(僧科)를 시행한 결과 서산대사(西山大師) 휴정(休靜, 1520~1604), 사명대사(泗溟大師) 유정(惟政, 1544~1610)이 등용되어 각각 선·교양종판사가 되어 인재를 발굴, 억불정책 속에서도 계속 법맥을 유지시키며 발전시켜 왔다.

조계종이란 명칭은 6조(六祖) 혜능(慧能)이 거처했던 지명에서 연원한 바, 지눌이 육조단경(六祖壇經)에 힘입어 비록 6조하에 5가7종(五家七宗)이 분립된 이후이나, 범 종파적인 이름으로 조계종이라 한 것이다. 그 속에는 멀리 6조에 연원하는 한국 독자적 선사상을 내포하고 있다. 그러나 보조국사 지눌 자신이 선과 교를 아울러 공부하였듯이 반드시 선종에 매여 교종의 경전을 무시하지 않은 점이 그 특색이다. 특히 일제시대 초기에 한국불교를 원종(圓宗)의 일종으로 바꾸어 한국적 특색을 달리하려 할 때, 한용운·박한영·진진응·이능화 등은 한국불교가 원종이 될 수 없다고 하여 태고 이후 임제종맥(臨濟宗脈)을 받은 종파라고 밝혔다. 이때부터 더욱 한국불교는 반드시 조계종이어야만 하고 또한 조계종은 반드시 임제종(臨濟宗)이어야만 하는가의 문제점이 대두되어 한국불교 종지선양에 중대한 과제를 안겨주고 있다.

(5) 현대의 불교

현재 우리나라의 불교계는 돈점논쟁(頓漸論爭)이 조심스럽게 진행되고 있다. 돈점논쟁은 깨달음에 대한 지눌(智訥)의 돈오점수(頓悟漸修)와 성철(性澈)의 돈오돈수(頓悟頓修)와의 입장 차이에서 발생된 논쟁을 일컫는 말이다. 논쟁의 발단은 1981년 성철이 『선문정로(禪門正路)』에서 지눌의 돈오점수를 "독을 품은 나무가 뜰에서 자라니 베지 않을 수 없다(毒樹生庭不可不伐)."고 한 데서 시작된다. 이에 대해서 지눌의 맥을 잇는 보조사상연구회(普照思想硏究會)는 돈오점수에 대한 성철의 비판을 다시 비판하면서 지눌의 돈오점수설을 옹호한다. 그리고 해인총림(海印叢林) 측의 수행승들은 성철의 돈오돈수를 지지하며, 여기에서 양자의 입장을 종합하려는 입장이 나타나고 있다.

돈오점수는 깨달음은 일시에 이루어지지만 닦음은 일시에 이루어지지 않으므로, 수도자는 먼저 깨치고 그런 다음 오랜 세월을 두고 점차적으로 쌓아야 한다는 입장이다. 돈오는 불경 읽기를 통해서 오는 인격 내면의 질적인 변화로서 새로운 인격의 탄생이기는 하지만 완전하게 변화된 인격은 아니다. 그러므로 점수의 과정이 필요한 것이다. 점수는 돈오를 통해 시작된 인격의 질적인 비약을 증오(證悟), 즉 완전한 깨달음의 단계로 끌어올리는 과정이다.

이에 대해서 성철은 깨친 다음에 닦을 것이 있으면 그것은 진정한 깨침일 수 없는 잘못된 깨침이라고 한다. 그리고 잘못된 깨침에 의한 닦음은 잘못된 닦음 일뿐이기 때문에 지눌의 돈오점수는 옳지 못한 것이라고 한다. 성철의 돈오돈수는 깨침과 닦음은 일시에 이루어진다는 입장이다. 여기에서 깨달음은 진리에 대한 단순한 이해의 차원이 아니라 궁극적인 깨달음으로써 구경각(究竟覺)이다. 이렇게 볼 때 돈오점수는 진정한 깨달음이 아닌 것을 깨달음인 것으로 착각하게 하여 궁극적 깨달음을 방해하는 것일 뿐이다. 그러나 돈오돈수는 깨달음의 정의에 대한 설명은 될 수 있으나, 깨달음의 구체적인 방법은 결여되어 있다는 한계를 가진다. 일시에 모든 것을 깨닫게 되면 이타적 보살행에 대한 관심이 약화될 위험성이 있는 것이다. 다시 말해서 구체적 현실 속에서 고뇌하는 중생들의 깨달음을 위한 이론이 되기 힘들다는 것이다.

여기에서 양자의 긴장을 해소하기 위한 다각적인 방안이 필요하게 된다. 이러한 문제점에 대한 대안으로 박성배 교수는 돈오돈수적 점수설을 주장한다. 돈오를 근본으로 하는 돈오돈수설은 체(體)와 리(理)만을 지나치게 강조하므로, 용(用)과 사(事)를 중시하는 측면에서 점수를 받아들여야 한다는 것이다. 즉 돈오돈수는 사(事)로서의 깨침을 즉각적인 리(理)로서의 깨침의 간극을 통해 그 양자를 일치시키는 것이라고 보자는 말이다. 이는 돈오돈수는 깨침에 대한 태도를 분명히 제시하였지만 이타적 보살행이 약화된다는 문제점을 가지며, 돈오점수는 불교인의 삶의 폭을 넓혀줄 수는 있지만 그것 자체가 깨달음의 완전성을 보장해 줄 수는 없다는 뜻이다. 따라서 돈오돈수적 차원이 없는 깨침은 선문의 깨침이라 하기 힘들며, 점수가 배제된 돈오돈수도 실천적인 방법이 결여된 입장이라고 볼 수 있다. 또 깨친 다음에 진정한 보살행이 가능하다면, 이론과 실천이 별개의 것이 되고 만다. 그러므로 깨달음의 이론은 보리심과 자비심이라는 중생 구제의 측면이 항상 우선되어야 한다는 사실에 입각해서 전개되어야 할 것이다. 결국 "위로는 보리심을 구하고 아래로는 중생을 구원한다."는 입장이 관철될 수 있는 방향에서 현재 지눌과 성철의 입장의 간극을 메우기 위한 작업이 진행되고 있다고 할 수 있다.

3. 한국의 불교사상과 불교의례

(1) 한국의 불교사상

불교는 인긴 누구나 사성재(四聖諦)를 믿고 팔정도(八正道)를 행하면 해탈하여 열반에 들어갈 수 있다는 것이다. 그리고 삼라만상은 직접적인 원인으로서 인(因)과 간접적인 원인으로서 연(緣)이 한없이 얽혀 생성된 것인 바, 인이란 씨앗과 같은 것이며, 연은 토양·습도·일광과 같은 환경적 요소이다. 사람의 모든 행위는 이 인연 때문에 업(業 : Karm)이 생긴다는 것이다.

십이인연(十二因緣) 또는 십이연기(十二緣起)라고 하는 이 인연법(因緣法)은 석가모니가 보리수 아래에서 내관(內觀)하고 자증(自證)하였을 때의 사색방법이었다고 한다. 이러한 십이인연의 연기(緣起)의 이치에 따라 삼법인(三法印), 즉 고행무상(苦行無常), 제법무아(諸法無我), 열반적정(涅槃寂淨)을 말하는 바, 제행무상이란 세상의 모든 것이 덧없이 변한다는 것으로 모든 현상이 고정되거나 영원한 것이 없고, 인연에 의하여 계속 변화한다는 것이며, 제법무아란 만유의 모든 법은 실체가 없는데도 불구하고 사람들이 아(我)·아견(我見)·아집(我執)에 얽매어 있으니 이것을 부정한다는 것이며, 열반적정은 번뇌와 오염의 세계를 여의고 청정한 세계로 들어간다는 것으로 생사에서 윤회하는 고통을 벗어난 불교의 이상세계를 말한다. 사람이 삼라만상의 무상(無常)을 있는 그대로 볼 수 있는 무아(無我)의 경지에 도달할 수 있다면 십이연기에서 벗어나 108번뇌를 잊고 열반의 세계로 들어갈 수 있다는 것이다.

본래 불교는 외래종교이지만 우리나라에 들어와 오랜 세월을 거치는 동안 우리 고유의 사상과 융합되어 정통적인 우리의 사상으로 발전되어 왔다. 원효(元曉)의 화쟁(和諍), 의천(義天)의 원융(圓融), 지눌(知訥)의 정혜

쌍수(淨慧雙修)로 이어지는 동안 독특한 한국불교로 성장해온 것이다. 불교사상은 본체적인 유심사상(唯心思想)과 현상적인 인과응보의 사상이 그 바탕을 이루고 있다. 그러므로 우리 민족은 일찍이 선인선과(善因善果)요, 악인악과(惡因惡果)라는 것을 철저하게 믿어 왔고 또한 실천해 왔다.

먼저 개인으로서 지켜야 할 윤리로서는 계율(戒律)·계행(戒行)의 윤리가 있는 바, 계율이란 석가의 가르침대로 따라야 할 규정을 말하며, 계행이란 이 규범을 실천하는 것을 말하는 것으로 삼국시대에는 대부분의 사람이 수계(受戒)하고 봉불(奉佛)했다는 점으로 미루어 계행은 상당히 일반화되었을 것으로 보인다. 재가신자(在家信者)들이 지켰다는 오계(五戒)는 불살생(不殺生 : 살생하지 않는 것), 불투도(不偸盜 : 도둑질하지 않는 것), 불사음(不邪淫 : 음란한 짓을 하지 않는 것), 불망언(不忘言 : 거짓말하지 않는 것), 불음주(不飮酒 : 술을 마시지 않는 것) 등이다. 불음주를 제외한 사계(四戒)는 오늘날에도 모든 사람이 지켜야 할 계행으로 전승되고 있다.

다음으로 개인과 전체에 관한 윤리이다. 불교의 개인관, 개체관은 오늘의 개인주의, 개체주의를 극복하는 데 있어서 중요한 치료제가 된다. 아울러 불교의 전체관, 세계관은 오늘의 전체주의나 공산주의를 극복하는 데 있어서도 중요한 치료제가 된다. 불교에서는 십이인연(十二因緣)과 삼법인(三法印)이라는 것이 있어서 이 세상의 어떠한 것도 고정불변한 실체가 아니며, 그것은 잡다하고 복잡하게 얽힌 인연이라는 주장을 하고 있다. 인(因)은 마음이며, 연(緣)은 그 밖의 여러 가지 간접적인 계기와 관련이다. 위로의 관련은 부모와 조상과의 관련이며, 옆으로의 관련은 동세대인과 친소(親疎)의 관련이며, 아래로의 관련은 동료나 선후배, 그리고 제자와의 관련이다. 그것을 애증(愛憎)의 관계, 또는 은수(恩讐)의 관계로 만드는 것은 마음이다. "하나가 곧 전체요 전체가 곧 하나이다. 하나 속에 전체가 있고, 전체 속에 하나가 있다(一卽一切 一切卽一 一中一切 一切一中)."는 말을 상기해야 할 것이다.

전체[總相]는 하나[別相] 없이 이루어지는 것이 아니며, 하나는 전체 없이 이루어지는 것이 아니므로, 전체는 하나의 동질성을 가진 것이어야 한다. 그러자면 개개의 특수성이 인정되어야 한다. 반대로 하나의 특수성은 전체의 동질성과 일치하는 것이 되어야 한다. 전체는 나아가 그 완전한 싱취를 개개의 것의 희생, 자기희생 없이는 기할 수가 없으며, 그 반대도 마찬가지다. 우리는 개체적인 외양을 띠고 있다. 그리고 또 국가니 민족이니 하는 것은 또 다른 하나의 객관적인 대상으로 생각되기 쉬우나 불교는 그것이 아니라는 것을 우리에게 가르쳐주고 있다. 즉 개인이 곧 국가와 민족이며, 국가와 민족이 곧 개인인 것이다. 개인 안에 국가와 민족이 있는 것이며, 국가와 민족 안에 개인과 개체가 있다는 것이다. 이 전체란 비단 국가나 민족에만 국한시킬 것이 아니라 가정과 지역사화, 나아가 전체 인류와 우주에까지 확대해서 적용시켜야 하는 것이다. 이것이 불교가 지향하는 개인 또는 개체와 전체와의 윤리이다.

가정은 성(性)을 매개로 하는 남녀의 결합에서 생긴 혈연을 토대로 하여 영위되는 하나의 공동체이다. 성은 자비희사(慈悲喜捨)의 실천수단일 경우 조금도 부정되지 않다는 것이 불교의 관점이다. 그러나 사람이 성의 노예가 될 때에 거기에 전개되는 남녀관계는 공동체적 화합의 예에서 제외되지 않을 수 없는 것이 또한 불교의 입장이다. 성을 매개로 결합된 부부의 인간적 목적은 두 사람의 완성에 있으며, 가정의 화합은 국가와 민족의 화합이란 보다 높은 차원의 가치에 순응해야 하고, 그것은 더 나아가 인류 전체의 우주자연 속에서의 화합에 이르기까지 일치해 들어가는 방향으로 유도되는 것이 바람직한 것이다.

그렇기 때문에 부모와 자식간의 효가 강조되고, 조상과 자손간의 제의가 부정되지 않으며, 부부간의 신의가 존중되는 것이다. 그러나 그 모든 것은 천리(天理)에 일치되고, 물리(物理)에 일치되는 것이 되어야 한다.

의(義)와 선(善)은 바로 이 천리와 물리를 가르치는 바를 깊이 통찰했을 때 거기에서 분명해진다는 것이 불교적 입장이다. 그것은 끊임없이 지(止)와 관(觀)의 연마로써만 가능하다고 가르치고 있으므로 지관(止觀), 즉 선정(禪定)에 의한 마음의 정화는 가정윤리에 있어서도 제외될 수 없는 덕목인 것이다.

불교에서는 통치자의 이상형을 인왕(仁王)이나 금광명최승왕(金光明最勝王)이니 하고 불렀는가 하면, 전륜성왕(轉輪聖王)이라고도 하였다. 이 말은 법륜(法輪) 즉 진리의 수레바퀴를 굴리는 자라는 뜻을 가지고 있다. 아무런 사심도 없이 오직 공명심에만 불타는 사람을 인왕(忍往)이라고도 하여 무생법인(無生法忍)을 얻은 분으로 모든 사람이 그에게로 가는 중심이라는 뜻이다. 정치는 정법(正法)으로 인간의 집단생활을 다스리는 일이다. 그러므로 당리당략(黨利黨略)과 이기적 사심(私心)으로 가득 찬 정치가, 권모술수나 독재전횡의 수법만이 유일한 방편인 정치가, 선공후사(先公後私)나 멸사봉공(滅私奉公)을 잊은 채 선사후공(先私奉公)이나 멸공이사(滅公利私)를 일삼는 정치가, 이들은 불교의 정법으로서 추호도 용납될 수 없는 정치가형이며 인간형이라고 할 수 있다.

문(文)과 무(武)는 자(慈)와 비(悲)를 대신하는 말이다. 즉 문은 자심(慈心) 발로이고, 선의 권장과 고무를 의미하며, 무는 피아현정(彼我顯正)의 방편으로서 정당화되고 있다. 정치는 문(文)·무(武) 양면의 방편을 필요로 하지만 거기에 머무르는 것이 아니다. 자(慈)와 비(悲)를 더욱 한층 완전하게 하는 덕목으로서 희(喜)와 사(捨)가 있다. 이것이 바로 이해와 협력, 총화를 낳게 하는 지도자의 숨은 지도력이다. 불교적 견해에 있어서 무자각한 오합지중(烏合之衆)의 다수결은 무의미하다.

불교는 정치도 경제도 베풀어주는 행위를 요구하고 있다. 법을 가르쳐주고, 보장해 주고 지켜주는 것, 그것은 교육의 일이기만 한 것이 아니다. 정치의 일이며, 경제의 일이기도 하다. 재화에 대한 집착, 지위나 명예에 대한 집착을 해서는 안 된다. 정치인과 경제인은 윤리적으로 옳아야 하며, 의례와 규칙을 지켜야 하며, 양심을 속이지 않아야 하며, 선하게 살아야 한다. 불의, 부정, 부조리로 일신의 영달을 꾀해서는 안 된다. 남의 고통을 자신의 고통으로 받아들이고, 남의 불행 위에 자신만의 행복을 구축하지 말아야 할 것이며, 남의 슬픔을 외면하지 말아야 한다. 불교의 정법(正法)은 이것을 정치인과 경제인에게 가르치고 있는 것이다.

(2) 한국의 불교의식

불교에서 행하는 종교의식들은 매우 복잡한 절차와 경문(經文)들로 구성되어 있어 일반인이 이해하기가 쉽지 않다. 불교 신자들도 일상적인 조석예불(朝夕禮佛)이나 법회의식(法會儀式)에는 적극적으로 참여하지만, 다른 의식에서는 이를 집전하는 승려의 인도에 따라 수동적으로 행하는 경우가 많다.

불교의식은 크게 ① 예경의식(禮敬儀式), ② 공양의식(供養儀式), ③ 수행의식(修行儀式), ④ 점안·이운의식(點眼·移運儀式), ⑤ 장례·천도의식(葬禮·薦度儀式), ⑥ 재의식(齋儀式), ⑦ 법회의식(法會儀式) 등으로 나눌 수 있다. 그리고 각각은 또 세부적으로 나뉘어진다. 예경의식에는 도량석(道場釋)과 조석예불(朝夕禮佛)이 있고, 공양의식에는 불공(佛供)과 진언권공(眞言勸供), 각단불공(各壇佛供) 등이 있으며, 수행의식에는 수계식(受戒式)과 결제(結制) 및 해제의식(解制儀式), 강원상강례(講院上講禮)가 있다. 또한 장례·천도의식에는 시다림(尸陀林)과 다비식(茶毘式), 그리고 각종 천도재(薦度齋)가 있고, 재의식에는 영산재(靈山齋), 수륙재(水陸齋), 예수재(豫修齋) 등이 있다. 이러한 불교의식은 대체로 매우 복잡한 절차와 경문들로 구성되어 있기 때문에, 전문적으로 해당 의례를 집전할 수 있는 승려가 아니면 이해하기가 어렵다.

따라서 여기서는 현대사회를 사는 일반인들이 가장 쉽게 접할 수 있는 도량석과 조석예불, 그리고 불교신자들의 삶에 가장 깊이 뿌리내리고 있는 다비식과 천도재에 한정해서 그 대략을 살펴보도록 하겠다.

도량석

도량석(道場釋)은 사찰에서 예불을 행하기 전에 도량을 청정하게 하기 위해 행하는 의식이다. 도량이란 불도를 수행하는 장소, 즉 절이나 포교당, 또는 암자를 말한다. 대개 절에는 사원청규(寺院淸規)가 있어 대중들이 일정한 규칙에 따라 생활을 한다. 보통 저녁 10시에 취침하고, 새벽 3시에 기상한다. 잘 때는 취침종을 울리고 아침에는 도량석을 해서 잠을 깨우는 것이다.

부전스님이 먼저 일어나 큰 법당에 향과 촛불을 켜고 삼배를 한 뒤 법당 앞으로 나와 목탁을 낮은 소리로부터 점차 높은 소리로 올렸다 내리는 것을 세 번하고 목탁에 맞추어 <천수경(千手經)>, <사대주(四大呪)>, <약찬게(略纂偈)>, <참회게(懺悔偈)>, <참선곡(參禪曲)> 등을 필요에 따라 택하여 독송하면서 도량을 돈다. 법당을 돌아서 염불을 마칠 즈음에는 법당 앞 정면에 이르게 된다. 이때 목탁을 세 번 내리치고 마친다. 절 안의 대중들은 도량석을 듣고 모두 일어나 예불 준비를 한다.

도량석은 하루의 일과 중에서 도량 내에서 행하는 최초의 의식으로 도량을 맑게 하고, 도량 안팎의 호법신장(護法神將)이 예불심을 일으키게 되어 모든 잡귀를 몰아내며 주위의 짐승과 미물에 이르기까지 피해를 입지 않도록 안전한 장소로 들어가게 하는 자비의 뜻도 있다. 한국의 불교사원에서는 보통 새벽 3시에 도량석을 한다.

조석예불(朝夕禮佛)은 사찰에서 아침과 저녁에 부처님께 예배하는 의식으로 수행의 공식적인 시작이며 하루를 반성하고 마감하는 의식이다. 사찰의 모든 대중은 이 의식에 꼭 참석해야 한다. 구체적인 절차를 살펴보면 다음과 같다.

아침예불 때에 도량석을 돌 동안 대중은 모두 일어나 세면을 하고 법당에 들어가 우선 불전에 삼배를 드리고 조용히 앉는다. 도량석이 끝나는 것과 함께 낮은 소리로부터 종송(鍾頌)이 시작되고 이어서 사물(四物)이 울린다. 대개 북을 치고 대종을 아침 28회, 저녁 33회 타종하고 목어(木魚)와 운판(雲版)을 친다. 부처님을 모신 불단의 상단에 예불할 때에는 차나 옥수(玉水)를 공양하고 다게례(茶偈禮)를 한다. 아침예불에는 차를 올리는 다게례를 행하고, 저녁예불에는 향을 올리는 오분향례(五分香禮)를 행하는 것이 원칙이지만, 요즘에는 아침예불에도 오분향례를 행하는 경우가 많다. 오분향례란 부처님이 갖추신 다섯 가지 공덕을 찬탄하는 의식인데, 향을 피워 공양을 올리면서 그 공덕을 다섯 가지 향에 비견하여 찬탄하는 의식이다.

다게례나 오분향례를 마친 다음에 온 대중이 함께 예불문(禮佛文)에 맞추어 삼보(三寶)에 귀의한다는 장엄한 예불을 드리게 된다. 예불문의 첫 문구인 "지심귀명례(至心歸命禮)"는 지극한 마음으로 자기의 생명을 던져 귀의하는 예절이라는 뜻이다. 그 다음 예불문의 세부적인 내용은 삼보에 귀의하고, 문수보살(文殊菩薩), 보현보살(普賢菩薩), 지장보살(地藏菩薩)에 귀의하고, 전등(傳燈)해 온 일체의 선지식(善知識)들께 귀의하며, 그 덕을 찬탄하고 원을 세우며, 온 중생에 회향(廻向)하는 것으로 되어 있다. 이어 <축원문(祝願文)>을 낭독하게 된다. 불단의 바로 아랫단인 중단(中壇)에는 대개 <반야심경(般若心經)>을 독송하여 끝나게 된다. 이후는 각 사찰에 맞게 참선(參禪)과 정근(正勤) 등의 일정을 진행한다.

다비식

다비식(茶毘式)은 불교의 장례의식 중에서 특히 화장의식(火葬儀式)을 가리키는 말이다. 대개 불교의 장례식을 통칭할 때 쓰인다. 다비식의 진행 과정을 살펴보면 다음과 같다. 먼저 나무와 숯, 가마니 등으로 화장장(火葬場)을 만들고 거기에 관을 올려놓은 뒤 <거화편(炬火篇)>을 독송한다. "이 불은 삼독의 불이 아니라 여래일등삼매(如來一燈三昧)의 불이니 … 이 빛을 보고 자성의 광명을 돌이켜 무생을 깨달으라"는 구절이다. 불은 5월과 9월에는 서쪽부터 거화(擧火)하고, 2월과 6월과 10월에는 북쪽부터 놓으며, 3월과 7월과 11월에는 동쪽에서, 그리고 4월과 8월과 12월에는 남쪽에서부터 놓는다. 불이 타면 아미타불(阿彌陀佛)을 모신 미타단(彌陀壇)에서 불공을 드리고 영가를 일단 봉송한 뒤에 위패를 만들어 창의(唱衣)한다.

시신이 어느 정도 타면 뼈를 뒤집으며 기골편(起骨篇)을 하고 완전히 다 타서 불이 꺼지면 재 속에서 뼈를 수습하며 습골편(拾骨篇)을 하고, 뼈를 부수면서 쇄골편(碎骨篇)을 하고, 마지막 재를 날리면서 산골편(散骨篇)을 한다. "한번 뒤집으니 허망한 몸뚱이가 마음대로 구르며 찬바람을 일으킨다. 취해도 얻지 못하고 버려도 얻지 못하니 이것이 무엇인가. 뜨거운 불 속에 한줌의 황금뼈를 이제 쇳소리가 쩡그렁하며 뼈들을 부수어 청산 녹수에 뿌리노니 불생불멸의 심성만이 천지를 덮고도 남음이 있습니다." 이렇게 법문을 외우면서 환귀본토진언(還歸本土眞言)인 "옴 바자나 사다모"를 외며 마지막으로 연꽃 모양의 보련대(寶蓮臺)에 오르도록 권한다.

천도재

천도재(薦度齋)는 망자의 영혼을 극락으로 보내기 위한 의식이다. 주로 독경(讀經), 각종 법회(法會), 시식(施食), 불공(佛供) 등으로 행해지며, 그 종류도 49재(四十九齋), 100일재(百日齋), 소상(小祥), 대상(大祥) 등 정기적인 천도재와 물과 육지에서 헤매고 있는 외로운 혼령들에게 법과 음식을 베풀어 구제하는 수륙재(水陸齋), 특별히 필요에 따라 시설하는 부정기적인 천도재 등이 있다. 정기적인 재의 경우 7일부터 49재와 100일재, 소상, 대상을 합하여 10번을 하는데 이는 명부시왕(冥府十王)에게 심판을 받는다는 명부왕 신앙에 근거한 것이다. 이중에서도 49재를 가장 중시하는 것은 명부시왕 중에서 가장 대표적인 염라대왕(閻羅大王)이 49일째 되는 날 심판하기 때문이라고 한다.

천도재는 의식절차에 따라서 상주권공재(常住勸供齋), 각배재(各拜齋), 영산재(靈山齋) 등으로 나눌 수 있다. 가장 일반적인 것이 상주권공이고, 여기에 명부신앙 의례를 첨가한 것이 각배재이며, 법화신앙(法華信仰)을 가미한 것이 영산재라고 보면 된다. 절차는 시련(侍輦)에서 영가를 맞아 들이고, 재의식에 앞서 영가에게 법문을 설법하는 단계인 대령(對靈)에서는 영가를 간단히 대접하여 예배케 한다. 관욕(灌浴)에서 불보살(佛菩薩)을 맞이하기 위하여 영가를 목욕시키고 신중작법(神衆作法)으로 불법의 도량을 잘 수호하도록 모든 신중들을 맞아들인다. 상단권공(上壇勸供)에서 불단에 공양드리고 법식을 베풀어 받게 한다. 다음은 봉송(奉送)의 차례이니, 주인공 영가와 모든 외로운 영혼들이 법다운 공양을 하고 법문을 들었으니. 이제 극락세계로 떠나야 할 것임을 알리는 절차이다. 각 시식으로 영가를 대접하고 봉송편에서 불보살을 배송하고 소대(燒臺)의 위패를 불사름으로써 영가를 배송한다. 위패를 태울 때에는 삼보에 귀의하여 염불과 독경의 공덕으로 이런 저런 인연과 속세의 번뇌를 끊고 무릇 극락왕생하도록 축원하고 법문을 들려주어 왕생을 기원한다. 이어 <회향게(回向偈)>를 외게 되면 모든 의식은 끝난다.

4. 한국불교의 역사·문화적 특징

기원전 5세기경에 인도에서 발생한 불교가 중국 대륙을 거쳐 한국에 전래된 것은 대략 4세기 중반의 일이다. 종교적인 신앙뿐만 아니라 종합적인 문화 체제로서의 성격을 동시에 지닌 불교가 이 땅에 전래된 이후, 그것은 기존의 문화와 서로 교섭·융합하면서 고유한 한민족의 불교를 형성해 왔다. 그만큼 불교는 한민족에게 있어 문화 발전의 모체가 되었고, 그 정신사적 경험에 절대적인 영향을 끼쳐 왔다.

한국불교는 인도의 불교 그대로가 아닌 것은 물론, 중국으로부터 수용하였지만 결코 중국불교의 연장도 아니다. 한국불교는 붓다 석가모니의 깨달음과 가르침으로부터 출발하여 인도와 중국이라는 각기 다른 토양 속에서 자양을 섭취하고 다시 한국에 전해져 그 풍토 속에서 성숙해 온 한민족 특유의 불교인 것이다. 따라서 한국불교는 인도 및 서역이나 중국 각 민족의 불교와 분명히 다른 특성을 지니고 있다. 그것은 다음과 같이 크게 세 가지로 요약해서 말할 수 있다.

첫째, 문화수용의 포용성이다. 이는 불교가 한국 고유문화와 교섭하는 과정에서, 처음부터 그것을 충분히 수용하고 섭화(攝化)함으로써 갈등과 대립이 아닌 조화와 공존의 관계를 보여 왔음을 의미한다. 한국의 고유문화와 외래한 불교와의 상호 교섭은 전래 초기에 완고한 샤머니즘적 문화와 이를 바탕으로 한 정치적 보수성으로 인하여 순교자의 발생까지 겪어야 했던 신라의 경우처럼, 더러 예외가 인정되기는 한다. 그러나 전래 초기부터 지금까지 양자는 전반적으로 매우 유연함과 평화로움 속에서 서로 동화되어 왔다. 이를 불교의 입장에서 본다면, 불교가 고유문화를 충분히 수용하면서도 오히려 그것에 새로운 의미와 가치를 부여하는 방향에서 섭화해 왔다고 말할 수 있다. 결국 한국의 고유문화는 불교라는 높은 문화 세계와 만남으로써 그 의미와 가치가 한층 고양되었고, 반면에 불교는 이를 통해 더욱 토착력을 지닐 수 있게 된 셈이다. 이 같은 현상은 본래 교조주의적(敎條主義的) 자만성이나 배타적 우월감을 갖지 않는 불교 자체의 성격에서 기인한 것임에 틀림없다. 그러나 그것은 또한 불교를 고유문화와 조화롭게 접목시켜 간 한민족의 포용적 문화수용의 태도를 반증해 주는 것이기도 하다.

둘째, 애민애국(愛民愛國)의 호국성이다. 종교와 국가의 서로 다른 목적이나 이념의 차이에도 불구하고 어느 시대나 종교가 국가의 현실적 목적에 부응해 간 흔적은 쉽게 찾아볼 수 있다. 이 점에 있어서는 한국불교 또한 예외가 아니다. 그러나 한국불교의 국가적 현실참여와 부응의 정도는 다른 나라에서는 유례를 찾아보기 어려울 만큼 매우 적극적이고 다양하다. 즉 한국불교는 종교적 목적과 이념을 추구하는 가운데서도 특히 국가의 발전과 민족의 안위에 언제나 큰 관심을 기울여 왔고, 또 구체적인 역할을 담당해 왔다. 불교가 왕권의 강화 및 고대국가 체계의 확립에 적지 않은 영향을 끼쳤던 사실은 그 초기적 유형에 해당한다. 이후 국민정신의 계도(啓導)를 포함하여 문화 향상의 기여는 물론 놀랍게도 승려들에 의한 대대적인 구국(救國)의 군사활동에 이르기까지, 한국불교는 국가의 모든 현실에 폭넓게 참여하고 역할하는 적극성을 보여 왔다.

셋째, 통불교적(通佛敎的) 원융성이다. 이는 불교 안에서 서로 부딪칠 수 있는 사상적 문제를 완전하게 극복하고, 나아가 이론과 실천을 하나의 체계로써 융회(融會)시켜 왔음을 의미한다. 일찍이 육당 최남선은 "서역불교가 서론적(緖論的)이라면, 중국불교는 각론적(各論的)이며, 한국불교야말로 최후의 결론적(結論的)인 불교"라고 말한 바 있다. 육당의 지적은 한국불교에 대한 한민족의 자부심을 그대로 드러내 보인 것이기도 하다. 한국인들은 깨달음의 종교, 그리고 지혜와 자비의 가르침인 불교가 한국에 이르러 그 최고의 이상이 구현된 것이라고 자긍하고 있는 것이다.

통불교적 원융성은 일찍부터 한국의 불교 사상가들에 의해 개척되어 왔고, 실천적 지도자들에 의해 계승되어 왔다. 그 중에서도 서로 다른 교의(敎義)의 대립과 상반된 가치문제를 보다 높은 단계에서 하나로 융회(融會)시켰던 신라시대 원효(元曉)의 이른바 화쟁사상(和諍思想)은 그 출발점이자 귀착점이 되고 있다. 원효의 사상과 입장은 이후 한국불교의 전개에 큰 영향을 주었다. 천태종(天台宗)을 개창하고 교단적 일체화를 시도했던 의천(義天)의 교관겸수(敎觀兼修), 선(禪)과 교(敎)의 대립을 참신한 이론에 의하여 동일한 체계로 묶어 그 실천운동을 폈던 지눌(智訥)의 정혜쌍수(定慧雙修) 등은 바로 그러한 사상적 전통의 계승이라고 할 만하다. 후대에 교학(敎學)·염불(念佛)·참선(參禪)이 동시에 수용되는 현상도 맥락을 함께 한다.

이상과 같은 특성들을 지녀 온 한국불교는, 그 역사적 전개가 순탄했던 것은 아니다. 전래 이래 교학사상(敎學思想)의 연구 개척과 찬연한 불교문화의 발현으로 민족의 역사를 선도하던 7~9세기의 통일신라기 불교시대가 있었는가 하면, 온전히 국교로서의 지위를 구가하던 10~13세기의 고려 불교시대도 있었다. 그런가 하면, 성리학을 지배이념으로 채택했던 조선조에서는 14세기 말부터 거의 500년에 달하는 긴 세월 동안 가혹한 억불(抑佛)의 정책적 탄압과 소외를 견뎌 내기도 하였다. 오랜 역사의 질곡을 헤쳐 온 오늘의 한국불교는 고유한 정신전통과 함께 그 특성을 바탕으로 현대사회 속에서 다양하게 기능하고 있으며, 또한 자체 변혁의 시도를 통하여 꾸준히 미래의 세기를 대비해 하고 있는 것이다.

◉ 참고문헌

동국대불교문화연구원 편, 『새로운 정신문화의 창조와 불교』, 우리출판사, 1994.

안계현, 『한국불교사상사연구』, 동국대학교출판부, 1983.

이봉춘, 『불교의 역사』, 민족사, 1998.

이송근, 『전통문화와 미래사회』, 대구대학교출판부, 1998.

이승근 외, 『전통문화와 미래사회』, 대구대학교출판부, 1998.

이재창, 『한국불교사의 제문제』, 우리출판사, 1993.

이창식 외, 『불교민속학의 세계』, 집문당, 1993.

장충식, 『한국 불교미술 연구』, 시공사, 2004.

정의행, 『우리 민중불교사의 복원』, 한마당, 1991.

조성대, 「한국불교사상의 재조명」, 『한국행정사학지』11집, 한국행정사학회, 2002.

차용준, 『전통문화의 이해』4권, 전주대학교출판부, 2000.

鎌田茂雄, 신현숙 역, 『한국불교사』, 민족사, 1988.

유교의 수용과 한국의 유교문화 제9장

1. 한국 유교의 역사적 전개

(1) 상고시대의 유교

한국사상(韓國思想)에 대해 논할 때 삼국시대에는 불교를, 조선시대에는 유교를 흔히 언명하지만, 실제로 유교가 전래된 것은 그보다 훨씬 이르다. 한국 유교의 시원에 대한 견해는 대체로 세 가지로 요약할 수 있다. 첫째, 기원전 12세기경 은(殷)나라가 망하자 기자(箕子)가 고조선(古朝鮮)으로 와서 홍범구주(洪範九疇)의 원리에 따라 8조금법(八條禁法)으로 우리 사회를 교화하였다는 이른바 기자동래설(箕子東來說)이다. 비록 역사적 사실성에 의문이 있지만, 이 견해는 한국 유교의 전통적 자부심을 확고히 해주었다. 둘째, 고조선과 인접한 전국시대 연(燕)나라를 통해 한자와 문물이 전래되면서 유교사상도 함께 전래되었다는 견해이다. 중국사료와 문헌을 통해 입증될 수 있다. 셋째, 삼국의 발생을 전후하여 한사군(漢四郡, B. C. 108~A. D. 313)이 설치되면서 중국문물의 유입과 더불어 유교사상이 도입되었다는 견해이다. 한반도의 유적과 유물을 통하여 확인될 수 있는 주장이다.

(2) 삼국시대의 유교

공자의 사상으로 집대성된 유교사상이 부분적으로 전래한 시기는 기원전 3세기의 위만조선(衛滿朝鮮)과 한사군(漢四郡) 시대로 추정되며, 공자의 경학사상(經學思想)이 본격적으로 수입되고 활용된 것은 삼국시대이다. 삼국 가운데 중국과 인접한 고구려는 먼저 중국문화를 수용·발전시키기에 적합한 위치에 있었다. 다음으로 백제가 해상으로 중국과 통행함으로써 유교를 비롯한 여러 문물·사상을 받아들여 발전시켰다. 신라는 한반도의 동남방에 돌아앉아 중국과는 거리가 있었기 때문에 유교문화 역시 고구려와 백제를 통해 간접적으로 전달되었다.

고구려는 재래의 고유한 풍속과 전통을 존속시키면서 대국으로 성장한 고국(故國)이었다. 이미 위만 시대와 한사군이 설치되었던 시기부터 중국문화와 유교사상이 전승되어왔기 때문에 고구려는 초창기부터 유교가 상당한 규모로 활용되고 있었으며, 노장(老莊)의 자연사상(自然思想)도 혼입되어 있었을 것으로 보인다. 중기 이후로는 불교가 수입되어 유·불이 병행했으며, 후기에는 종교화한 도교를 들여다가 장려하는 등 유·불·도가 병립하였다.

고구려의 유교를 자세히 알려주는 자료는 없지만, 다음 몇 가지 사실을 고찰함으로써 유교가 국가·사회적으로 당대인들의 기본 교양을 형성하는 데 매우 중요하게 기능하고 있음을 알 수 있다. 첫째, 거듭된 사서(史書)의 편찬이다. 고구려의 사서 편찬은 한문 문장을 수준 높게 구사하는 방대한 저작과 유교 경전을 비롯한 중국문화를 능히 이해하고 활용할 수 있는 조건을 구비하고 있었음을 보여준다. 둘째, 교육제도의 정립이다. 고구려는 유교 경전의 교육을 기본으로 하는 교육체제를 널리 갖추고 있었으며, 고구려의 실정과 정신에 맞는 교육을 실시하였다. 구체적인 예로, 소수림왕(小獸林王) 2년(372)에 대학(大學)을 세워 자제를 교육하였다. 대학의 교수내용은 경(經)・사(史)・제자백가(諸子百家)・문장(文章) 등이었는데, 유교 경전이 가장 중심이 되었다고 보인다. 셋째, 유교 경전의 이해와 활용이다. 경학(經學)을 기본으로 하는 중국문화의 습득은 개인 생활의 문화적 요소가 되었고, 국가이념과 체계를 정립하는 데 필수적 조건이 되었다.

(3) 고려시대의 유교

수많은 내우외환에도 불구하고 고려가 국난을 극복하고 약 500년 동안 발전할 수 있었던 것은 삼국시대 이래의 축적된 문화의 계승과 중국과의 교류를 통해서였다. 고려는 유교적 요소를 계승하고 당・송의 외래문화를 받아들여 국가에 필수적으로 요구되는 정치・교육・윤리・학술・문화 등을 기구화, 조직화, 기능화하였다. 고려 말에 주자학(朱子學)이 전래되어 기능하기 이전의 유교는 불교・도교 및 그 밖의 토속신앙과 갈등을 빚지 않고 공존・교섭・혼합되는 현상을 보였다. 그러나 송대(宋代) 성리학(性理學)이 전래되면서 신진사류(新進士類)의 현실의식과 유불도관(儒佛道觀)은 점차 비판적으로 변하였다.

태조(太祖)는 고려의 창업에 즈음하여 사상적으로 당시 분열과 분파의 형세를 보이던 종파사상(宗派思想)을 폭넓게 받아들이고 이질적 요소들을 상보적으로 인식하였다. 그는 불교적 신앙과 교리・도교적 습속과 민간신앙・유교적 이념 등을 통합해 민심을 수습하고 국가 발전의 토대로 삼았다. 고려시대의 헌장이라 일컬어지는 십훈요(十訓要)의 3・4・7・9・10조는 유교사상에 입각한 것으로 정치의 이념을 유교에서 구한 것을 알 수 있다. 태조의 유교적 문치주의(文治主義)는 4대 광종(光宗)과 6대 성종(成宗)으로까지 계승・발전된다. 광종은 과거제도(科擧制度)를 설치하고 백관의 공복을 제정하였으며, 성종대의 유교정치는 성종의 유교적

이상주의와 최승로(崔承老)의 유교적 합리주의가 결합해 이루어진 것이다. 사직단(社稷壇)과 종묘(宗廟)가 세워지고 학교제도가 완비되는 등 유교 국가의 체모가 형성되었다. 8대 현종(顯宗) 때에는 태조 이후 7대에 이르는 국사(國史)의 편찬에 착수하게 될 뿐만 아니라, 수차례의 거란 침략으로 나라가 전쟁 상태에 있었음에도 불구하고 고려의 유교문화는 국가적 차원에서 진흥되고 체제가 잡혀갔다. 사학의 발달과 국가적 차원의 관학 진흥책에 힘입어 수많은 학자와 저술들이 배출되는 속에서 유교 교육을 상위에 놓아 중시했던 인식 태도를 볼 수 있다.

무인정권 시대에는 이전에 왕성했던 고려의 문풍(文風)이 위축되고 쇠미해졌다. 이 시기의 대표적 문사로 이인로(李仁老)·이규보(李奎報)·최자(崔滋) 등을 들 수 있다. 이들은 고급 관료로서 벼슬한 적도 있었지만, 유교정신에 투철한 경세제민(經世濟民)의 의기에 찬 유자라기보다 유교적 교양을 갖추고 한문에 능숙한 문인이요 묵객이었다. 즉 빼어난 문장가였지만 경술(經術)보다는 사장(詞章)을 숭상했던 풍조를 벗어날 수 없었다. 이후 원과의 관계가 아물어감에 따라 왕실과 더불어 관인 지식층의 연경 왕래의 길이 트여 문화교류가 다시 이루어지는 중요한 계기가 되었다. 이런 배경에서 당시 중국에서 영향을 미치고 있던 정주학(程朱學)이 원경(元京)을 통해 고려에 수입되었다. 우리나라에 주자학을 최초로 전래해온 안향(安珦)은 국학의 침체를 개탄하고 유교를 중흥시키고자 하였다. 고려 말의 주자학파는 당시의 불교에 대해 비판적, 배척적 위치에 있었고, 사장(詞章) 위주의 말학(末學)으로부터 경학을 중시하고 근본을 회복하고자 하였으며, 화이론적 역사관을 적용하고 새로운 국제 관계를 정립함으로써 고려의 국권 회복을 도모하였다.

고려 말에 가까워질수록 신진사류들은 군왕으로 하여금 유교 경학을 토대로 주자학적 수련에 의해 정사를 펼치도록 추진하였다. 이는 불교를 좋아하는 군주의 입지를 유교로 전환시키는 것이었다. 또 중앙과 지방에 학교를 세우고 확장·강화함으로써 유교사상에 투철한 인재를 양성하고자 하였다. 재래의 의례·복식 그리고 법제 면에서 불교식과 몽고풍이 혼합되었던 것을 『가례(家禮)』를 통해 유교식으로 변경하였다. 전제(田制)의 개혁과 유교의 인정(仁政)의 관련성이다.

(4) 조선시대의 유교

조선왕조는 유교, 곧 성리학의 철학적 이론과 정통론의 신념으로 무장된 도학(道學)을 국가이념으로 받아들이고, 불교에 대한 억압정책, 곧 억불양유(抑佛揚儒) 정책을 폈다. 조선 초기를 관통하며 역대 임금들은 유교이념에 입각하여 사회제도를 전면적으로 광범하게 개혁하였다. 세종(世宗) 때에는 유교적 국가의례와 제도를 정비하였으며, 유교적 교화체계를 조직적으로 정비하여 유교사회의 기틀을 확립하였다.

조선 초기의 유학자들은 공신(功臣)과 관료의 기존 세력인 훈구파(勳舊派)와 도학정신의 실천에 진력하는 신진 세력인 사림파(士林派) 사이에 대립을 보여 여러 차례 사림파의 사류들이 희생당하는 사화가 일어났다. 정몽주(鄭夢周)나 길재(吉再)처럼 고려왕조에 충절을 지키거나 사육신(死六臣), 생육신(生六臣)처럼 세조의 왕위 찬탈에 항거하여 절의를 숭상하였던 사림파는 조선시대 유교의 이념적 성격을 형성하였다.

조선 중기인 16세기에는 도학의 이상정치가인 조광조(趙光祖) 등 사림파에 의해 유교정치가 추구되다가 실패하였지만, 결국 사류들이 정치의 담당자가 되는 사림정치시대를 열었다. 사류들이 정치의 주체가 되자 이들 사이에 분열이 일어나 당파의 분열로 연결됨으로써 조선 후기 사회의 체질을 형성하였던 것도 사실이다. 이때부터 소수서원(紹修書院)을 비롯하여 서원 설립이 활발해져서 향촌의 유림활동이 확산되었고, 지역사회에서는 향약(鄕約)이 시행되면서 향촌 질서의 유교적 교화가 심화되었다. 이 시대에 성리학의 이론적 논쟁이 인간의 심성문제를 중심으로 활발히 전개되면서 성리학의 놀라운 발전을 이루었다. 이황(李滉), 이이(李珥)에 이르러 사단칠정(四端七情) 문제의 논쟁은 조선조 유학의 대표적인 성리학 논쟁으로 학문적인 큰 업적으로 평가된다.

조선 후기에는 가정의례를 중심으로 예학(禮學)의 발진과 성리학적 논쟁의 확대와 청나라를 배척하는 의리론(義理論)으로서 화이론(華夷論)의 강화에 따라 정통 도학이 강력하게 영향력을 발휘하였다. 그러나 성리학의 사변적 공허성과 의리론의 비실리적 명분주의에 대해 성찰을 하면서 현실 사회제도의 개혁과 실용성을 중시하는 새로운 학풍으로서 실학(實學)이 이용후생(利用厚生)을 표방하였다. 18세기 초에는 양명학[陽明學 : 心學]을 신념으로 하는 양명학파(陽明學派)가 형성되었다. 당시 새로 들어온 서구문물[西學]을 수용하면서 천주교 신앙운동이 발생하자, 도학파는 이것을 이단사설(異端邪說)로 배척하고 정부는 형벌로 금압하였다. 이처럼 조선 후기는 다양한 신념들이 서로 비판과 갈등을 일으키는 다원적 상황 속에 놓이게 되었다. 19세기에 들어서면서 외척의 세도정치(勢道政治)가 전개되자 사림들의 역할은 위축되고 유교사회의 내부적 타락과 혼란이 일어났다.

조선시대 초기에는 조정의 적극적인 장려로 불교에 염증을 느낀 인심이 공맹사상(孔孟思想)을 높이는 경향으로 전환되어 갔고, 정치변동에 따라서 절의(節義) 문제가 유교의 중요한 문제로 다루어지게 되었다. 관학(官學)으로 입신 출세를 목표로 삼던 유풍은 사화로 인해 사라져 갔고, 반면에 유교의 철학인 성리학(性理學)이 대두되어 유교의 이론이 체계화되었다. 서경덕(徐敬德)·이언적(李彦迪)·이황(李滉)·이이(李珥)는 이때의 학자이다. 4단7정론(四端七情論)이라든가 인심도심설(人心道心說)이 당시의 핵심 문제이기도 했다. 그러나 지나친 이론으로 흘러 부질없는 분석만 일삼는 폐단이 발발하자, 종래의 학풍이 예학(禮學) 중심으로 바뀌어 갔다.

중국에서는 공허한 이론을 배척하며 양명학(陽明學)이 등장하여 환영받았으나, 한국에서는 전래 초기부터 정주학(程朱學) 중심의 학풍에 그 세를 얻지 못하였다. 당쟁이 거듭되면서 민중의 피폐는 심화되어 갔고, 이 해결을 실현시켜 주는 새로운 이론이 요청되었다. 이에 실학(實學)에 관심을 기울이기 시작하였다. 이용후생(利用厚生)의 도와 경세제민(經世濟民)에 힘쓰면서 공맹의 왕도정신(王道情神)을 본받자는 주장이었다. 유형원(柳馨遠)·정약용(丁若鏞)·이익(李瀷)은 이 계열의 학자들이다. 이들의 주장은 조정에 받아들여지지 않고 서학(西學)의 감염을 혐오하는 정부의 탄압으로 다시 성리학 연구의 방향으로 전환되어 갔다. 이러한 분위기 속에서 사칠이기설(四七理氣說)을 중심으로 이기호발설(理氣互發說)과 기발이승설(氣發理乘說)로 나뉘어서 서로 견해를 달리하는 학파가 형성되었다. 뿐만 아니라 두 주장을 절충하는 절충학파도 나오기에 이르렀다. 이황을 조종으로 하는 조목(趙穆)·정구(鄭逑)·유성룡(柳成龍)·김성일(金誠一) 계통, 이이를 조종으로 하는 송시열(宋時烈)·한원진(韓元震)·임성주(任聖周) 계통, 김창협(金昌協)·오희상(吳熙常)의 계통은 이기설의 세 흐름을 형성하였다.

조선의 유교는 철학이 중심이었고, 철학은 하나의 학문이 아니라 실제 행동으로 민중을 움직이기도 한 특성을 보이고 있다. 국정의 부패를 규탄하는 유생들의 상소라든가 국권을 침해당했을 때 항거하는 의로운 행동을 보여준 것은 한국 유교사(儒敎史)의 진면목이라고도 할 수 있을 것이다.

(5) 근·현대의 유교

19세기 말 서양열강과 일본의 침략위협이 높아지면서 도학자는 가장 강경한 저항논리로써 위정척사론(衛正斥邪論)을 제기하여 쇄국정책(鎖國政

策)을 뒷받침하였다. 한말 도학자들은 침략자에 대한 배척이론의 강화와 의병운동의 전개 사이에 다양한 유학활동을 펼쳤다. 그러나 조선은 무력의 위협 앞에서 마침내 개항을 하였으며, 프랑스와 통상조약을 계기로 신교(新敎)의 자유를 허용하게 되었다. 1896년 명성황후 시해사건 이후 유학자들은 전국적으로 의병운동을 전개하여 일제의 침략에 대항하였다.

국권피탈 이후 일제는 문화정책(文化政策)이라는 미명 아래 친일 유학자를 이용하여 성균관(成均館)을 경학원(經學院)으로 격하시켜 한국 유교의 맥을 단절시키고자 하였다. 또한 명륜전문학교(明倫專門學校)를 부설하여 황도유교(皇道儒敎)를 선전하는 등 기형적인 교육을 실시하였다. 이에 국가 종교로서 유교 체계가 허물어졌다. 그러나 일제의 가혹한 식민지 통치 아래서도 도학파 사류들은 의리론적 신념에 의해 의병운동을 일으켜 항거하거나 단발령, 창씨개명, 일본어 사용 등 일제의 동화정책에 비타협적 저항을 전개함으로써 전통수호의 보수적 태도를 지녔다. 일부 유학자들은 새로운 사조를 수용하고 유교개혁을 추구하여, 1910년대 박은식(朴殷植)과 장지연(張志淵) 등은 대동교(大同敎)를 조직하였고, 1920년대 이병헌(李炳憲)은 공교운동(孔敎運動)을 전개하였다. 그러나 이들은 보수적 유학자들과 서민 대중의 호응을 받지 못하여 실패하고 말았다.

1945년 광복 이후 전국 유림의 총의로 경학원을 성균관으로 환원시키고, 1946년 전국 유림의 결합체인 유도회(儒道會)를 결성함과 동시에 성균관대학교를 창설하여 유학정신에 바탕을 둔 교육을 실시하였다.

2. 한국 유교사상의 전개와 원리

(1) 한국 유교사상의 전개

현전하는 문헌의 한계에서, 삼국시대 이전의 한국사상에 대해서는 언급이 불가능하다. 다만 한문의 전래와 함께 유교사상이 유입되었을 것으로 미루어 짐작하고 있다. 한국 유교에 대한 최초의 기록은 고구려 소수림왕(小獸林王) 2년(372)에 태학(太學)을 세워 자제를 교육하였다는 것이다. 또한 고구려는 지방 곳곳에 경당(局堂)을 두어 청년들에게 유교 경전(經典)과 궁술(弓術)을 연마시켰다. 이것은 유교의 경전과 6례(六禮)로써 국민교육을 실시하였음을 의미한다. 백제도 거의 같은 시기인 근초고왕(近肖古王) 때 박사 왕인(王仁)이 일본으로 『논어(論語)』와 『천자문(千字文)』을 전수하였다는 사실로 보아, 유교 경전을 연구하는 기관이 설치되었을 뿐만 아니라 유학사상이 널리 보급되었음을 짐작할 수 있다.

신라는 신문왕(神文王) 2년(682)에 국학(國學)을 설립하였다. 교과 내용은 오경(五經)이 중심이었으며, 『논어』와 『효경(孝經)』도 필수였다. 또한 설총(薛聰)은 이두(吏讀)로써 9경(九經)을 훈해(訓解)하였다. 이미 진흥왕(眞興王) 때 화랑제도를 창설함에 있어서 "효제충신은 나라 다스림의 대요(敎之以孝悌忠信 亦理國之大要他)"라고 하여 유교이념을 근본으로 삼았다. 화랑들이 연마한 것은 임신서기석(壬申誓記石)에서 확인할 수 있듯이, 유교경전이었다. 또한 진흥왕순수비(眞興王巡狩碑)에 나오는 "몸을 닦아 백성을 편안케 한다(修己以安百姓)."라는 『논어』의 구절이나, '충신정성(忠信情性)·위국진절(爲國盡節)' 등의 용어가 나오는 것은 치국의 이념으로 유교사상이 기초가 되었음을 보여주는 사례이다.

이처럼 유교사상은 삼국시대에 이미 오경사상(五經思想)을 중심으로 정치의 이념이 되었으며, 국민을 교육하는 원리가 되었다. 원래 유교에서는 효(孝)의 관념을 중시하거니와 삼국시대에 국가의 체제가 정비되어감에 따라 그 기반을 확고히 할 뿐 아니라, 국력을 신장하고 국가를 수호한다는 필요성에 의하여 효[孝於家]와 더불어 충[忠於家]의 의미가 더욱 강조되었다. 충과 효는 삼국시대로부터 내려온 한국 유교의 보편적 정신이라고 할 수 있다.

신라 말기의 어지러운 난국을 타개하고 통일국가를 형성한 고려 태조(太祖)는 국가의 창업이 불력(佛力)과 삼한산천(三韓山川)의 도움으로 된 것이라 여겨 불교를 장려하고 토속적인 신앙과 도교적인 풍수설을 숭상하였다. 그러나 실제적인 통치이념에서는 태조십훈요(太祖十訓要)의 끝 부분에서 확인할 수 있는 것처럼 유교사상에서 구하였다. 경사(經史)를 널리 보고, 후대의 왕들에게 인정(仁政)을 베풀 것을 유언으로 남겼다. 서경(西京)에 학교를 세운 것도 유교를 이념으로 인재를 교육하려는 의도라고 하겠다. 성종(成宗) 때에 이르러서는 국자감(國子監)을 세우고 경학박사(經學博士)를 두었으며, 최승로(崔承老)의 진언[時熱二十八條]에 따라 국정을 쇄신하였다.

광종(光宗) 때부터는 과거를 시행함으로써 문풍(文風)이 일어났으나, 사장시부(詞章時賦)에 관한 제술(製述)을 명경(明經)보다 치중함으로써 경학의 연구는 미약한 상태였다. 그후 문종(文宗) 때에는 구재(九齋)를 비롯한 사학(私學)이 성행하여 최충(崔沖)의 이른바 십이도(十二徒)가 일어나고, 경사(經史)를 중심으로 연구하는 학풍이 생겼다. 그러나 최충 이후 200여 년간 유교는 부진한 상태였고, 대부분이 시부(詩賦)를 위주로 한 문장학(文章學)에만 치중하였다.

당시에는 유가(儒家)라고 해도 순수하게 유학만 연구한 것이 아니라, 중국 당대(唐代)의 경향과 같이 유·불·도가 혼합된 상태였다. 그리하여 고려 말에 이르러, 건국이래 겪어온 혼란과 문화적인 침체를 타개할 수 있는 새로운 개혁이 요청되었고, 이에 부응하여 일어난 것이 유교의 혁신운동이다. 충렬왕(忠烈王) 때에 송대(宋代)의 성리학(性理學)이 수입되었다. 성리학이란 중국에 있어서 한(漢)·당(唐)의 도불시대(道佛時代)를 거쳐 그것에 대항하여 새롭게 조직·편성된 유학의 이론체세였다.

합리적이며 강한 자주정신을 가진 성리학은 새로운 기풍을 일으키게 되었다. 안향(安珦)의 문묘개수(文廟改修)와 주자서(朱子書)의 도입, 그리고 후진의 교육이 발흥하여 성균관을 중심으로 백이정(白頤正), 우탁(禹倬)과 같은 유학자를 내었고, 이제현(李齊賢)·이색(李穡)에 이어 정몽주(鄭夢周)·정도전(鄭道傳)과 같은 사류(士類)를 배출하였다. 성리학은 인간의 본성과 존재의 원리를 탐구하는 학문으로서, 종래의 불교사상(佛敎思想)이나 도가사상(道家思想)에서 추구하였던 형이상학적 요구를 대신할 수 있는 것이었다. 또한 주자학(朱子學)은 외적으로 사회적인 제도와 규범의 원리가 되는 것으로서 일종의 비판철학이며, 역사철학의 구실을 하였다.

공민왕(恭愍王) 이후로는 신진사류(新進士類)에 의하여 원(元)의 정치적 억압에서 벗어나 자주성을 확보하려는 의도에서 배원친명사상(排元親明思想)이 주창되었고, 불교의 세속화(世俗化)나 이원화(利源化)에 대한 강력한 배척운동이 일어났다. 토지제도의 문란으로 인한 경제적 파탄은 사전(私田)의 철폐라는 혁명적 조처를 단행케 하였다. 사회적으로는 친족혼(親族婚)을 폐지하고, 상례와 제례에 있어서 『주자가례(朱子家禮)』에 의한 유교의식을 따르도록 하는 등 일련의 개혁운동이 일어났다.

조선시대의 유교사상은 먼저 세종(世宗)의 학술사상(學術思想)으로 만개하였다. 세종은 궁중에 최고 학술기관인 집현전(集賢殿)을 두고 유교를 중심으로 한 동양의 전통문화를 창의적으로 개발하여 위대한 문화를 창조하였다. 훈민정음(訓民正音)은 유학에서 말하는 태극(太極)·음양(陰陽)·오행(五行)·삼재(三才)·하도(河圖) 등의 역리(易理)를 기본으로 하여 제작된 것이며, 대소간의(大小簡儀)·천구의(天球儀)·혼천의(渾天儀)·자격루(自擊漏)·측우기(測雨器)와 같은 천문(天文) 및 역상(易象)에 관한 발명은 『서경(書經)』과 『역경(易經)』의 원리에 근거하여 새롭게 발명된 과학적인 업적이었다. 박연(朴堧)을 중심으로 한 악률(樂律)의 정리도 기본원리는 역리에 의한 것이었다. 또한 세종은 국민교육의 지침으로서 삼강행실(三綱行實)을 만들어 널리 보급하는 등 유교사상을 응용함으로써 고도의 학술문화를 이룩하였다.

세조의 왕위찬탈에 있어 유교사상은 절의정신(節義精神)으로 나타났으며, 이러한 정신은 역대로 존숭되어 왔다. 그 후 훈구파(勳舊波)와 신진사류(新進士類)가 대립하다가 급기야 무오사화(戊午士禍)와 갑자사화(甲子士禍)가 발생하였다. 이때 다시 절의정신이 재현되었는데, 이것은 현실주의인 훈구 관료와 정의를 주창하고 불의를 배격하는 신진한 사림 사이의 충돌이었다.

조광조(趙光祖)는 한국 도학사상의 증조로서 지치주의(至治主義)를 내세워 일세를 풍미하였다. 도학(道學)은 고려 말의 이학(理學)의 조(祖)라고 일컫는 정몽주(鄭夢周)로부터 길재(吉再) · 김숙자(金叔滋) · 김종직(金宗直) · 김굉필(金宏弼)로 학통이 이어졌으며, 조광조에 이르러 다시 크게 일어났다. 도학이란 성리지학(性理之學)과 의리지학(義理之學)을 내용으로 하는 내성외왕(內聖外王)의 실천적인 학문이었다. 순정(淳正)한 유교를 표방한 조광조는 도교기관인 소격서(昭格署)를 혁파하고 현량과(賢良科)를 두어 청류(淸流)를 조정에 포열(布列)하였으며, 향약(鄕約)을 실시케 하는 등 새로운 형태의 지치(至治)를 지향하였다. 그러나 그의 과감한 혁신은 훈구파를 중심으로 한 보수세력의 반격으로 다시 기묘사화(己卯士禍)가 일어났고, 이어 을사사화(乙巳士禍)가 일어남으로써 일시에 사라졌다. 그러나 이러한 정신은 후대에 불의에 맞서 죽음으로 항거하는 의사상(義思想)의 근원이 되어 국가를 보존하는 원동력이 되었다.

명종(明宗) · 선조대(宣祖代)에 이르러서 성리학은 전성기를 맞는다. 거듭되는 사화로 사림은 내적으로 성장하게 되었으며, 고도한 학문적 성취를 이루었다. 이때 서경덕(徐敬德) · 이황(李滉) 그리고 이이(李珥) 등 대유

(大儒)가 출현하였다. 이들은 도덕이 높은 학자들로서 한국유학사상 획기적인 업적을 남겼을 뿐 아니라, 사회적·역사적으로 지대한 영향을 끼쳤다. 서경덕은 기론자(氣論子)로서 중국의 장횡거(張橫渠)나 소강절(邵康節) 계통의 학설을 계승하였지만, 거기에 머무르지 않고 자신의 체험과 창견(創見)을 바탕으로 한국 유교의 독창적인 이론을 전개하였다.

이황은 이우위설(理優位說)의 입장이었다. 이(理)와 기(氣)는 호발(互發)하는 것이라 하여 이원적(二元的)으로 파악하고, '이'는 순선(純善)한 것이요, '기'는 타성(他性)을 가진 것으로써 인욕(人慾)으로 떨어지기 쉬운 것으로 보아 양자의 혼동을 경계하였다. 당시 부조리한 사회에 있어서 선과 악, 정의와 불의를 엄격하게 갈라야 할 것이요, 그리하여 불의에 빠지지 않아야 한다는 이황의 이원론적인 이론 경향은 당연하게 보인다. 이황의 학문적 방법은 전진적인 것이었으며, 종합과 분석의 방법을 아울러 사용하였다. 이황은 인간의 성장과 성숙을 학의 목표로, 경(敬)은 치학(治學)의 요체로서 각성된 자아의 핵심으로 보았다.

이이는 이기이원론(理氣二元論)을 기본 이념으로 하는 성리학에서, 우주 만물의 존재 근원을 기(氣)로 보았다. 즉 기만이 능동성을 가지고 발동할 수 있으므로 모든 현상은 기가 움직이는 데 따라 다르게 나타나며, 이(理)는 단순히 기를 주재하는 보편적 원리에 불과하다는 주장이다. 이를테면 사람의 의식이나 감정은 외부로부터의 자극에 의해 심성 내부에 존재하는 기가 동하여 이루어지는 것이므로, 심성 내부의 기질을 선한 것으로 변화시키면 자연히 인간의 선한 본성이 드러나게 된다고 보았다. 따라서 심성론(心性論)의 주요 논제인 사단칠정(四端七情)을 설명함에 있어 사단과 칠정은 모두 기가 발동하여 된 것이며, 사단은 칠정 가운데 선한 측면만을 가리키는 개념에 불과하다고 주장하였다.

도학사상(道學思想)과 성리사상(性理思想)은 사회적으로 인도(人道)를 고취하고 정치적으로 왕도(王道)를 실현시키려는 줄기찬 노력으로 점철되었다. 유교사상은 내우외환이 있을 때마다 의리정신(義理情神)과 충열정신(忠烈情神)으로 나타났다. 예컨대 임진왜란 때에는 조헌(趙憲) 등의 의병활동으로, 병자호란 때에는 김상헌(金尙憲)·삼학사(三學士)와 같은 자주의식으로, 내지 송시열(宋時烈)의 북벌사상(北伐思想)으로, 구한말에 있어서는 유인석(柳麟錫)·최익현(崔益鉉) 등을 위시하여 전국의 의병운동으로 나타났다. 성리학은 퇴계와 이이의 전성기를 거쳐 김장생(金長生)·김집(金集) 부자를 중심으로 예학(禮學)의 발달을 보았다. 그리고 예송(禮訟)과 같은 심각한 문제로 발전하였거니와, 이간(李柬)·한원진(韓元震)을 필두로 한 인물성동부동(人物性同不同)을 둘러싼 호락론(湖洛論)이 전개되었다.

한편 중국 명대(明代)에 성행하던 양명학(陽明學)은 한국 성리학의 전성기인 선조 연간에 전래된 것으로 보인다. 간이직절(簡易直截)한 이론과 지행합일(知行合一)을 표방하는 양명학은 선학(禪學)의 요소가 있다고 하여, 퇴계의 전습록논변(傳習錄論辯) 등 주자학을 정통으로 하는 유학자들에 의하여 배격되었으므로 공공연한 연구활동은 불가능하였다. 인조(仁祖) 당시에 있어서 최명길(崔鳴吉)·장유(張維) 등이 양명학을 연수(研修)하였고, 후에 정제두(鄭齊斗)의 본격적인 연구와 함께 양명학은 심화되었으며, 그의 탁월한 논설은 한국 양명학의 정수를 이루었다.

조선 중·후반에 전개된 실학사상(實學思想)도 유교의 한 형태였다. 성리학은 이기성정론(理氣性情論)과 같이 사변적(思辨的) 이론철학으로 기울었을 뿐 아니라, 인간의 내면적 심성과 윤리문제를 주제로 하였던 만큼 사회·경제적인 현실문제에 대한 보강을 필요로 하였다. 특히 임진·병자 양난을 겪은 후에 당쟁으로 인한 정치적 혼란과 민생의 피폐는 이용후생(利用厚生)과 경세치용(經世致用)을 내용으로 하는 실학의 이념을 보다 절실하게 하였다. 이 사상은 청(淸)의 고증학(考證學)과 실사구시(實事求是)의 학풍, 그리고 그리스도교의 전입(轉入)과 서구 과학사상의 영향을 받아 더욱 발달하였다.

(2) 한국 유교사상의 원리

유교사상(儒敎思想)은 한대(漢代)에 공자를 성인으로, 유학을 성교(聖敎)로 추앙하여 탄생한 일종의 정치성과 종교성을 띤 이념을 의미한다. 엄격한 의미에서 철학사상으로서 유가사상(儒家思想) 또는 유학(儒學)과 구별된다. 우리나라에 유교사상이 전래된 시기를 현전하는 문헌자료의 현실에서 정확히 밝힐 수가 없다. 기원전 3세기 무렵 위만조선(衛滿朝鮮)으로부터 한사군(漢四郡)이 설치되는 과정에서 유교사상이 부분적으로 전래되었고, 삼국시대에 이르러 공자의 경학사상(經學思想)이 본격적으로 받아들여지고 활용되었던 것으로 보인다. 초기에 유교가 널리 보급되기 이전에는 대체로 고래의 모습을 유지하였으나, 점차 유교가 생활 속에 자리를 잡고 그 영향이 깊어질수록 다양한 변화를 보이면서 가치관·생활양식·법률제도 등을 형성하는 데 큰 영향을 미치게 되었다. 삼국 가운데 고구려는 중국과 인접해 있어 가장 먼저 중국문화와 접촉하여 수용·발전시켰으며, 백제가 해상을 통해 중국과 교류함으로써 유교 및 여러 문물·사상을 받아들여 발전시켰다. 그러나 신라는 지정학적으로 중국과의 교류가 어려웠기 때문에 고구려나 백제를 통해 간접적으로 중국문화를 받아들였다.

인의 원리

인(仁)은 유교사상의 최고 원리이다. 공자는 "인이라는 것은 사람이다(仁者人也)."라고 말하였다. 이때 '사람'은 개체실물(個體實物)을 지칭하고, 인은 이 개체자가 본구(本具)한 덕성, 즉 인도(人道)를 말한다. 인도는 금수(禽獸)와 구별되는 인간의 본성으로서 인간이 마땅히 걸어야 할 큰 길이다. 그래서 주자(朱子)는 인(仁)이란 "사람이 사람되는 까닭의 원리(人之所以爲仁之理)"라고 말하였다. 유교에서는 인(仁)의 구체적인 내용으로 사랑을 들고 있다. 그래서 공자는 그의 제자 번지(樊遲)가 인(仁)에 관하여 물었을 때 "사람을 사랑하는 것(愛人)"이라고 답변하였다. 인(仁)은 원리이고 사랑[愛]은 실천요목으로 이해할 수 있다. 원리는 보편성을 띠어야 하므로, 인간에게 고루 적용되는 준칙이 요구된다.

이 준칙으로 공자는 서(恕)의 관념을 제기한다. 서(恕)는 자기를 미루어 다른 사람을 이해하는 것으로 적극·소극의 두 면이 있다. "자기가 원하지 않는 일을 다른 사람에게 베풀어서는 안 된다(己所不欲勿施於人)."는 것은 소극적인 준칙이고, "자기가 자립코자 하듯이 다른 이를 세워주고 자기가 이루고자 하듯이 다른 이를 이루게 도와라(己欲立而立人 己欲達而達人)."는 것은 적극적인 준칙이다. 이러한 서(恕)의 사상은 맹목적이 아니라 자기완성이 선행되어야 가능하다. 이 자기완성은 곧 충(忠)이다. 충(忠)이란 "자기의 성실성을 완전히 다하는 것(盡己之謂忠)"으로 윤리행위의 전제가 된다. 『대학(大學)』에서 충(忠)의 관념은 '격물(格物), 치지(致知), 성의(誠意), 정심(正心)'으로, 서(恕)의 관념은 '제가(齊家), 치국(治國), 평천하(平天下)'로 구체화되었다. 그래서 자기인격의 완성은 다른 이의 인격완성과 뗄 수 없는 관계로 맺어지고 개별성의 원리가 보편성의 원리로 승화한다.

효제의 원리

효제(孝悌)의 관념은 유교의 근본이 되는 덕목으로서 공자에 의하여 그 내용이 심화된 이래 동양사회에 막대한 영향을 주어 왔다. 공자는 "효(孝)와 제(悌)는 인(仁)을 행하는 근본이다(孝悌也者其爲仁之本興)."라고 말하였고 『효경(孝經)』은 "무릇 효(孝)는 덕(德)의 근본이다. 모든 가르침이 여기에서 시작된다(夫孝德之本也 敎之所由生)."라고 말하였다. 효도의 시작은 부모를 섬기는 데에서 출발하며 조상숭배(祖上崇拜)는 물론 천지숭배(天地崇拜)까지 거슬러 올라간다. 부모를 섬기는 까닭은 자신의 신체를 부모로부터 받았기 때문이며, 이것은 부모의 부모인 먼 조상까지 이어져 마침내 만물을 낳은 천지를 섬기는 이유가 된다. 효도가 경천사상(敬天思想)과 결합하는 연유가 여기에 있다.

먼저 효의 실천 장소는 혈연공동체인 가정이 중심이 된다. 핏줄이 맺어 있는 곳에서 자식이 부모를, 아우가 형을 섬김으로써 인(仁)의 내용인 사랑을 경험할 수 있다. 이 경험을 확충하여 사랑으로 충만한 사회를 이룩하려는 것이 유교의 충서사상(忠恕思想)이다. 효제(孝悌)는 임금이나 사대부, 백성의 가정 어디에나 해당하는 덕목이다. 따라서 백성이 이를 가지고 임금을 섬기면 충성이 된다. 그래서 효제 관념은 단순한 가정윤리의 의의를 넘어 사회규범으로서 의의를 지니고 있다.

우리나라는 삼국시대부터 『논어(論語)』나 『효경(孝經)』을 필수교양 과목으로 중요시하였다. 『삼국유사(三國遺事)』를 보더라도 불교설화가 많은 비중을 차지하고 있고, 그 중에서도 효행에 관련된 일화가 점철되어 있음을 볼 때, 그것이 얼마나 민간의 일상생활 속에 깊이 침투되어 있었는가를 알 수 있다. 고려 말엽 권부(權溥)가 지은 『효행록(孝行錄)』은 효행설화를 최초로 집대성한 것이다. 이러한 효 사상은 조선사회에 들어와 지배층에까지 깊이 파고들어 상부층의 정치적 대립으로 파급되는 경우가 있었다. 첫째, 연산군의 갑자사화(甲子士禍)이다. 임금의 얼굴에 손톱자국을 냄으로써 폐위되어 사사(賜死)된 생모를 연산군이 복위시켜 종묘(宗廟)에 배사(配祀)하려다가, 신하들과 마찰을 빚어 무참한 사화로 확대되었던 사실은 개인적인 효성과 대의명분의 대립이 원인이었다. 둘째, 효종의 국상을 당하여 모후(母后) 조대비(趙大妃)의 복제를 문제삼아 서인 측은 기년복(朞服年)을 주장하고, 남인 측은 3년복(三年服)을 주장하여 대립하다가, 효종비의 상에 다시 이 문제가 재연되어 남인 측이 정권을 잡는 계기가 되었다. 효제 관념은 이러한 폐해를 낳기도 하였지만, 많은 효자와 효녀를 배출하고 가정의 화목을 촉진하였으며 사회의 질서를 유지시키는 데 크게 공헌하였다.

예의 원리

예(禮)는 본래 "하늘에 제사를 지내고 하늘의 계시를 받아 이를 실천한다(禮履也所以事神致福也)."는 자의(字意)가 있다. 원래 중국의 고대인은 하늘을 만물의 창조자이며 우주의 주재자로서 의지를 소유한 것으로 보았다. 그래서 하늘의 뜻에 따르면 길(吉)하고 이를 어기면 흉(凶)하다고 믿었다. 예(禮)로써 하늘에 제사를 지내고 천명(天命)을 받아 이를 지키고 따르려 한 까닭이 여기에 있다.

그러나 인간의 지혜가 발달함에 따라 하늘에 따르기만 하면 복(福)을 받는다는 생각은 감퇴되고 사회적인 필요성에 따라 예법(禮法)을 제정하였다. 순자(荀子)는 "예의 기원은 무엇이냐? 사람은 태어나면서부터 욕구하는 바가 있으며, 욕구하는 것을 채우지 못하는 경우에도 욕구를 버리지 못한다. 그리고 도량분계(度量分界) 없이 무한히 욕구를 좇으면 서로 쟁탈하지 않을 수 없다. 쟁탈하면 혼란해지고 혼란하면 궁(窮)하게 된다. 선왕은 그렇듯 혼란해지는 것을 꺼리어 예의를 제정하여 질서분계(秩序分界)를 세우고 또한 인간의 욕망을 적절히 살리면서 아울러 인간의 욕구하는 바를 적절히 충족시켜주려 한다."라고 말하였다. 이는 예(禮)를 사회의 질서 유지의 필요성에 의하여 제정한다는 것을 의미한다. 이러한 예(禮)는 사회의 전례(典禮), 윤리적인 예절의 함의(涵義)가 있다.

우리나라에서는 상고시대부터 8교(八敎)로써 예법을 삼아 백성을 다스려 왔다고 하지만 확실히 고증할 수 없고, 유교 전래에 따라 예제(禮制)가 확립되었던 것으로 추정된다. 삼국시대 이래로 원구(圓丘)·방택(方澤)을 설치하여 천지제(天地祭)를 지내고 사직(社稷)·종묘(宗廟)에서 시조에 대한 제례를 행하여 왔다. 그리고 일반서민 사회에서 널리 행하여진 관(冠)·혼(婚)·상(喪)·제(祭) 등은 시대의 변천에 따라 다소의 개변은 있었으나 대체로 『주자가례(朱子家禮)』에 준거하였다.

사단 · 칠정의 원리

　사단(四端)은 인간의 본성에서 우러나오는 마음씨 즉 선천적이며 도덕적 능력을 말하며, 칠정(七情)은 인간의 본성이 사물을 접하면서 표현되는 인간의 자연적인 감정을 말한다. 사단은 『맹자(孟子)』의 공손추(公孫丑) 상편에 나오는 말로 불쌍히 여기는 마음[측은지심 : 惻隱之心], 자신의 불의를 부끄러워하고 남의 불의를 미워하는 마음[수오지심 : 羞惡之心], 양보하는 마음[사양지심 : 辭讓之心], 잘잘못을 분별하여 가리는 마음[시비지심 : 是非之心]의 네 가지 도덕적 감정을 말한다. 그리고 칠정은 『예기(禮記)』의 예운(禮運)에 나오는 말로 기쁨[喜] · 노여움[怒] · 슬픔[哀] · 두려움[懼] · 사랑[愛] · 미움[惡] · 욕망[欲] 등의 인간의 일곱 가지 자연적 감정을 가리킨다.

　원래 사단은 인(仁) · 의(義) · 예(禮) · 지(智)의 덕목과 관련된 윤리적 범주에, 칠정은 인간의 감정을 총칭하는 인성론의 범주에 각각 속하여 서로 다른 맥락에서 사용되던 말이었다. 그러나 송대(宋代)에 성리학이 일어나면서부터 이 두 개념은 인간 심성이 발현되는 과정에서 도덕적 성격을 띠는 것과 그렇지 못한 것을 각각 나타내는 상반된 의미로 인식되어 대조되는 개념으로 쓰이게 되었다. 곧 성리학에서는 하늘의 이치와 사람의 심성(心性)이 일치한다고 하는 천인합일(天人合一)의 명제 아래, 우주 자연의 생성과 변화를 설명하기 위한 이론적 바탕으로 이기론(理氣論)을 발달시켰고, 다시 이를 근거로 하여 인간 심성의 발생 과정과 그 작용을 탐구함으로써 인간의 도덕적 실천의 철학적 근거를 해명하고자 하였는데, 이 과정에서 사단 칠정의 문제가 자연스럽게 부각되었다.

　중국에서 사단칠정의 문제는, 성리학의 이기심성론(理氣心性論)의 탐구에 있어 하나의 과제로 다루어지기는 했어도, 태극론(太極論)과 같은 우주론에 비해 그다지 비중 있게 다루어지지는 않았다. 그러나 우리나라에서는 사단과 칠정의 발생 과정을 이기론적(二氣論的)으로 해명하는 문제가 중요한 관심사로 떠올랐으며 이것은 대규모 논쟁으로까지 전개되었다. 이 논쟁은 이황(李滉)과 기대승(奇大升) 사이에서 처음 발생하였고, 나중에 이이(李珥)와 성혼(成渾) 사이에서 다시 논의됨으로써 새로운 국면의 논생으로 전개되었나. 이 과정에서 주된 생점이 되었던 것은 사난이 이(理)에 속하는가 아니면 기(氣)에 속하는가 하는 문제와 이(理)가 과연 발동할 수 있는가 없는가 하는 두 가지 문제였다. 16세기 말에 발생하였던 이 논쟁은 당대의 저명한 성리학자들에 의해 주도되었을 뿐만 아니라 이후 학계 전체의 문제로 확대되어 19세기 말에서 20세기 초에 이르기까지 거의 모든 성리학자가 이 문제를 다루었을 정도로 한국 유교의 전개 과정에 절대적 영향을 미쳤다.

이·기의 원리

중국에서는 일찍부터 기(氣)의 개념을 사용하여 사물의 존재와 운동을 설명했는데, 기라는 포괄적 개념이나 음양(陰陽)·오행(五行)이라는 좀더 구체적인 개념으로 사물의 발생과 변화를 설명하고 다양한 사물을 분류, 체계화했다. 송나라 때 성리학이 성립하면서 이(理) 개념이 이러한 설명에서 중요한 자리를 차지하게 되었고, 이에 따라 이와 기를 유기적으로 결합한 이기론(理氣論)이 확립되었다. 유교적인 관점에서 이의 개념을 정립하고 이와 기를 결합한 이론체계를 세우기 시작한 인물로는 주돈이(周敦頤)를 들 수 있으며, 실제로 성리학에서 이라는 개념을 정립하고 이를 바탕으로 이기론을 체계화한 사람은 이정자(二程子 : 정호·정이 형제)라고 할 수 있다.

정호(程顥)는 '천리(天理)'라는 개념을 통해 한편에서는 이가 자연법칙을 가리키며 또 한편에서는 정치적 질서 및 윤리도덕을 가리키는 것이라고 하였다. 정이(程頤)는 '이일분수(理一分殊)', '성즉리(性卽理)' 등의 명제를 통해 이기론적 세계관의 기본 틀을 확립했다. 주희(朱熹)는 이러한 철학적 성과를 계승하는 한편 장재(張載)의 기철학과 인성론을 재해석하여 이기론에 바탕을 둔 성리학의 이론체계를 완성했다.

성리학은 자연·인간·사회의 존재와 운동을 이와 기의 개념으로 설명한다. 기가 모이고 흩어지는 것에 의해 우주만물이 생성·소멸하며, 그런 점에서 기는 만물을 구성하는 요소이다. 한편 이는 만물생성의 근원이 되는 정신적 실재로서 기의 존재근거이며, 동시에 만물에 내재하는 원리로서 기의 운동법칙이 되기도 한다. 성리학에서 이와 기의 상호관계를 설명하는 대표적인 명제로 "이와 기는 서로 떠날 수 없으나, 서로 섞이지도 않는다(理氣不相離 理氣不相雜)."는 말을 들 수 있다.

우리나라에서는 고려 말 주자학의 영향으로 이기론이 등장한 이후 조선시대에 서경덕(徐敬德)의 태허설(太虛說), 이언적(李彦迪)의 태극설(太極說)을 거쳐 이황(李滉)·이이(李珥) 등에 의해 보편적 사회사상으로 자리잡았다. 특히 이를 더욱 중요시한 이황은 이와 기의 차별성, 즉 이기불상잡(理氣不相雜)을 강조하는 주리론(主理論)을 편든 데 반해, 이이는 이를 객관적 실재라기보다는 기의 법칙성으로 이해하여 이와 기의 통일성, 즉 이기불상리(理氣不相離)를 강조하는 주기론(主氣論)을 전개하여, 이후 성리학의 커다란 두 흐름으로 계승·발전되었다.

3. 한국 유교의례의 유형과 내용

유교문화권에서는 초월적인 대상에 대한 제사만 아니라 봉건적 위계질서 속에서 인간상호간의 관계를 규정하는 의례가 일찍부터 발전하였다. 그리고 복잡다단한 예의 절차와 그 의미를 탐구하는 예학이 발달하여 예는 실천성을 넘어서서 형이상학적 궁극 관념으로까지 발전하였다. 유교적 의미에서 예는 '천지(天地)의 절문(節文)'으로서 성인이 천지의 질서를 보고 만든 것이다. 그러므로 예의 실천은 초월적인 대상과의 만남이며, 동시에 천리를 체득하는 길이었다.

유교의례는 크게 국가의례와 민간의례로 나누어 볼 수 있다. 전자는 일반적으로 길례(吉禮), 흉례(凶禮), 군례(軍禮), 빈례(賓禮)라는 오례(五禮)의 틀 내에서 정리되고, 후자의 경우는 관례(冠禮), 혼례(婚禮), 상례(喪禮), 제례(祭禮)라는 사례(四禮)의 틀에서 발전하였다. 오례가 국가중심의 의례라면 사례는 가족과 친족집단 내에서 행하는 통과의례를 말한다. 이 둘 다 고려시대부터 이미 수용되었지만 전통적인 요소와 불교, 도교, 유교 등이 혼재해 있었던 당시에는 유교의례의 시행은 미비하였으며 혼합적인 요소가 많았다. 조선에 이르러 유교에 대한 이해와 깊이와 건국의 명분 등으로 인해 유교의례에 대한 관심이 높아지고 또 보다 철저하게 시행되었다.

(1) 국가의례

조선시대 국가의 사전체제(祀典體制)는 『세종실록(世宗實錄)』의 오례(五禮)에서 처음으로 체계화되었다. 여기에 포함된 의례 중 주요한 것을 들어보면 다음과 같다. 토지신과 곡신을 모시는 제사직의(祭社稷儀), 선왕의 신위를 모시는 향종묘의(享宗廟儀), 풍운뢰우와 산천 및 성황을 모시는 사풍운뇌우성황의(祀風雲雷雨城隍儀), 사령성의(祀靈星儀), 제악해독의(祭嶽海瀆儀), 향선농의(享先農儀), 향선잠의(享先蠶儀), 문선왕(文宣王) 공자를 모시는 석존의(釋奠儀), 역대 시조를 모시는 향조선단군의(享朝鮮檀君儀), 말[馬]과 연관된 마조(馬祖)·선목(先牧)·마보(馬步)·마사의(馬社儀), 수신(水神)인 현명씨(玄冥氏)을 모시는 향사한의(享司寒儀) 등이다. 그리고 기우제(祈雨祭)인

우사(雩祀)와 기청제(祈晴祭)인 영제(禜祭)가 있다.

이러한 의례는 악해독과 역대시조묘를 제외하면 수도 한양에서 행하여졌다. 백악산(百岳山) 아래 경복궁을 중심으로 좌우에 종묘(宗廟)와 사직(社稷)이 있으며, 성균관에 문묘(文廟)가 있다. 그 외에도 도성 밖 교외에 단을 설치하여 제향을 드렸다. 남교(南郊)에 풍운뇌우성황산천단(風雲雷雨城隍山川壇)·영성단(靈星壇) 등이 있었고, 동교(東郊)에 선농단(先農壇)·선잠단(先蠶壇)·선목단(先牧壇)·마조단(馬祖壇)·마사단(馬社壇)·우사단(雩祀壇) 등이 있었다.

이러한 사전체제는 매우 복잡하고 다양한 형태를 띠고 있는 것 같으나 당시에 나름의 분류체계가 있었다. 먼저 유교의 전통적인 분류체계로 제사 대상을 천(天)·지(地)·인(人) 등 삼재(三才)에 따라 분류하는 것이다. 하늘과 별을 비롯하여 하늘에서 일어난다고 생각한 바람, 구름, 비 등을 천신(天神)이라 하고, 땅과 산천 등을 지기(地祇)로 하고, 죽은 사람의 경우에는 인귀(人鬼)라고 하여 제사 대상을 구별하였다. 제사의 대상에 따라 제사의 명칭도 사(祀)·제(祭)·향(享)으로 구분하였다. 천신을 모신 제단에는 요(燎 : 화톳불)를 설치하여 축문과 폐백을 태우는 반면, 지신과 인귀를 모신 제단이나 묘에는 예(瘞 : 궤)를 설치하여 묻었다. 그리고 해와 독의 경우 축문과 폐백을 물에 띄웠다.

또 한편, 이러한 제사들은 모두 대등한 지위를 가지고 있는 것이 아니라 대사(大祀)·중사(中祀)·소사(小祀)의 3등급으로 나누어진다. 국가를 상징하는 사직과 왕조의 정통성을 나타내는 종묘는 대사로서 최고의 지위를 차지하고 있었으며, 그 이하 천신의 풍운뇌우, 지기의 악·해·독, 인귀의 선농·선잠·우사·문선왕·역대시조 등은 중사에 속하였으며, 나머지는 소사에 포함되었다. 이러한 신위의 등위에 따라서 제물이나 의례의 절차 등이 다르게 적용되었다.

성종 때 오면 오례(五禮)의 미흡한 부분을 수정·보완하여 『국조오례의(國朝五禮儀)』를 새로 편찬하게 된다. 이때 길례조(吉禮條)에 새로 추가된 제례로 왕실의 영녕전(永寧殿)·문소전(文昭殿)과 관련한 의례와 포제(酺祭)·독제(纛祭)·여제(厲祭) 등이 있다. 그리고 오례 단계에서는 강조되지 않은 주(州)와 현(縣)의 제의가 나타난다. 제주현명대산천의(祭州縣名大山川儀)·제주현제의(祭州縣祭儀) 등이 그것이다. 이러한 편성은 국가적 예교체계가 안정된 지방제도의 확립을 기반으로 서울뿐만 아니라 지방에까지 확산·심화되는 것을 반영한 것이라고 할 수 있다. 또한 사대부들의 지위 향상과 성리학의 심화로 인해 사대부(士大夫)·서인사중월시향의(庶人四仲月時享儀)가 새로이 편성되었다. 『국조오례의』에서 확정된 국가의 사전체제는 조선후기까지 그 기본적인 틀을 유지하면서 단지 부분적인 수정만이 이루어진다.

한편 임진왜란은 전국의 단과 묘를 파괴시켰으며, 병자호란은 예교국가를 자부하는 조선 사대부들에게 치욕을 안겨주었다. 그러나 적극적인 사회경제적 대응과 주자학적 명분론을 통해서 사회적 위기를 극복해 나갔다. 특히 병자호란 이후 북벌론(北伐論)과 소중화의식(小中華儀式)은 비록 공식적인 사전체제에 포함되지는 못했지만, 1704년에 천자의 제사를 받드는 대보단(大報壇)의 설치를 통해서 나타났다.

영조 때에는 『국조오례의』에 누락되었거나 미비한 점을 보완하여 동왕 20년(1744)에 『국조속오례의(國朝續五禮儀)』를, 동왕 27년(1751)에 『국조속오례의보(國朝續五禮儀補)』를 편찬하였다. 『국조오례의』의 경우, 길례조에 종묘와 영녕전을 비롯하여 영희전(永禧殿), 장녕전(長寧殿), 행릉(幸陵) 등 왕실에 관한 의례가 늘어났으며, 악해독·선농단·우사단에서의 친향기우제(親享祈雨祭)와 친경의례(親耕儀禮)가 추가되었다. 기우제와 농경의례에 대한 관심이 높아진 것은 17세기 소빙기 현상과 연관이 있는 것으로 보인다. 한 세기 동안 계속된 가뭄과 흉년, 전염병 등으로 한반도 인구의 200~300만 명이 감소했던 상황을 겪으면서 그 중요성을 더했다고 할 수 있다.

사전체제에 기본적인 변화를 준 것은 1897년 대한제국의 성립이다. 이해 4월 1일 구남별궁(舊南別宮)에 원구단(圜丘壇)을 축조케 하여 10월 12일 황제즉위식을 그곳에서 거행하고 대한제국을 선포하였다. 황제국으로서의 변화는 제후국으로서 마련된 조선시대 사전체제에 변화를 가져오지 않을 수 없었다. 무엇보다도 조선 초기에 많은 논란 가운데 사전체제에서 제외된 원구단의 제천의례가 사전체제의 최고를 차지하게 되었다. 그리고 원구단과 종묘의 의례에 천자의 예인 팔일무(八佾舞)를 쓰게 하였으며, 사직단의 지위도 태사(太社)·태직(太稷)으로 바꾸었다.

융회 2년(1980)에 국가 사전체제를 근대적인 형태로 바꾸는 칙령이 반포되었다. 이날 반포된 칙령에는 제의의 횟수를 원구는 1년에 1차, 사직은 1년에 2차, 종묘는 1년에 4차, 문묘는 1년에 2차로 규정하고 있다. 그리고 선농단과 선잠단의 신위는 사직에 향사하고 해당 기지는 국가에 이속하였으며 산천단·산천악독우사단·사한단·여단·성황당·마조단 등은 제사를 폐지하고 그 기지 역시 국유에 이속시켰다. 그리하여 사전체제가 근대적인 형태로 탈바꿈할 수 있는 모습을 보였지만, 국가의 주권을 잃어가는 상황 속에서 그 개혁의 의미는 곧 퇴색해버렸다.

국가의 사전체제 중에서 가장 중요한 것은 대사(大祀)에 속하는 사직(社稷)과 종묘(宗廟)이다. 중국의 천자나 제후는 전통적으로 사직과 종묘를 세워 국가의 상징으로 삼았다. 사직이 지역신의 개념을 통해서 국가를 상징한다면 종묘는 왕가의 혈통을 통해서 국가를 나타내고 있다. 위계적인 사전체제에 의해 천자는 사직과 종묘보다 상위인 천지에 제사드릴 수 있었지만, 제후의 경우에는 사직이 최고의 제사로 된다. 우리나라의 경우 고려시대에 제천의례를 행하는 원구단(圜丘壇)이 있었다. 그러나 조선 초기에는 제후국으로 원구단을 폐지해야 한다는 명분과 전통적인 의례이므로 유지해야 한다는 주장이 맞서다가 끝내 전자의 입장에서 사전체제가 정비되었다. 원구단은 대한제국의 성립과 함께 다시 세워진다.

사직은 토지신인 사(社)와 곡식신인 직(稷)을 일컫는 말이다. 둘은 동서로 각각 따로 단을 갖추었다. 사에는 후토씨(后土氏), 직에는 후직씨(后稷氏)를 함께 모신다. 종묘는 역대 왕과 왕비 그리고 추존왕과 왕비의 신위를 모신 곳이다. 종묘는 천자칠묘(天子七廟), 제후오묘(諸侯五廟)라는 원칙에 따라 태조(太祖)와 사대(四代) 선조까지 정전(正殿)에 모시고 원조(遠祖)는 영녕전(永寧殿)에 옮겨 모셨다. 그러나 공덕이 높은 선왕의 신위는 불천위(不遷位)로 정전에 계속 모셨다. 신위의 배치는 중국의 전통적인 소목(昭穆 : 신위의 왼쪽 줄을 소, 오른쪽 줄을 목이라고 함) 배열과 달리 서쪽을 높은 쪽으로 하여 차례로 모셨다. 현재 정전에는 태조 이하 19의 선왕 신위가 모셔져 있으며, 영녕전에는 추존왕의 신위를 포함하여 15위가 모셔져 있다.

문묘(文廟)는 문선왕 공자를 중심으로 유학에 공이 있는 성현들을 모신 사당으로 성균관 및 향교에 설치하였다. 학교에 문묘를 설치함은 성현의 공에 보답하고 학문의 지향하는 바를 보여주기 위한 것이다. 이것은 곧 국가의 통치이념을 밝히는 것이기도 하였다.

조선시대 문묘에 배향된 성현과 신위의 위치는 정전(正殿)인 대성전(大成殿)에 대성지성문성왕(大成至聖文成王) 공자를 중앙에 모시고 그 앞쪽 좌우에 사성(四聖)을 배향하고, 사성 뒤에 10철(十哲)과 송조(宋朝)의 6현(六賢)을 종향하였다. 그리고 동무와 서무에 10철 이외의 공자 62제자와 중국 현인 및 우리나라 18현을 종사하였다. 중국문묘와 달리 성리학의 본령인 송조 6현(주돈이·정호·정이·소옹·장재·주희)을 대성전 10철의 대열에 승격시킨 것이나 육구연·왕수인·진헌장 등의 양명학자를 문묘종사에서 제외시킨 것은 조선 유교의 성리학 일변도를 잘 대변한다. 또한 조선의 문묘종사는 학문의 전수보다는 절의라는 도학적 가치에 더 높은 비중을 두어서 결정하였다.

문묘에서 행하는 제례를 특히 '석전(釋奠)'이라고 한다. 음력 2월과 8월 첫 정일(丁日)에 성균관과 지방의 향교에서 일제히 드린다. 중사(中祀)에 해당하는 종묘 석전제는 10변(籩)과 10두(豆)를 사용한다. 지방 향교의 경우 8변 8두의 제기를 사용한다. 형식적으로 흐를 우려가 많은 국가의 의례 중에서 문묘는 도학을 내면화시키려는 사대부들에 의해서 그 의미가 끊이지 않고 살아 있었다. 지식인이었던 사대부들은 문묘를 통해서 도통의식(道統意識)을 심화시키고 전국적인 단위로 일제히 거행되는 문묘 석전제를 통해 상호동질성을 확인하였다.

중사(中祀)에 해당하는 선농(先農)과 선잠(先蠶)은 같이 언급되는 경우가 많은데, 이것은 제의의 성격이 비슷하기 때문이다. 이 두 제의는 먼저 인간 생활에 긴요한 것을 가르쳐 준 신에게 감사드리는 의례이다. 선농단은 백성에게 농사짓는 일을 처음 가르쳤다는 신농씨(神農氏)와 주나라 때 농사일을 맡은 후직(后稷)의 신위를 모신 단이다. 선잠단은 잠신(蠶神)인 서릉씨(西陵氏)를 모신다. 둘째는 한 해의 농사와 길쌈이 잘 되기를 비는 기원의 의미가 있다. 잠칩(蠶蟄) 뒤 해일(亥日)에 지내는 선농제는 한 해의 농사를 시작하면서 풍년을 기원하는 것이다. 늦은 봄에 드리는 선잠제 역시 한 해 길쌈이 잘 되기를 기원한다. 셋째는 백성에게 농사와 길쌈을 권장하는 의미가 있다. 선농제와 선잠제는 제향으로 끝나는 것이 아니라 친경(親耕)과 친잠(親蠶)의 의례가 따르는 것이 일반적이다. 이것은 한 해 농사철이 다가오고 길쌈을 시작할 때가 되었음을 백성에게 알리고 임금과 왕비가 직접 행함으로써 백성이 이를 본받도록 하기 위한 것이다.

한편 농경의례는 아니지만 군사 및 일상생활에 긴요한 말[馬]과 연관된 제의로 소사(小祀)에 해당하는 선목제(先牧祭)가 있다. 이것은 처음 말을 기른 사람에게 드리는 제사이다. 말과 관련된 제의로 선목제 이외에 거마(車馬)를 맡아보는 별신인 천사방성(天駟房星)에게 제사드리는 마조(馬祖), 말을 해치는 신에게 드리는 마보(馬步), 말을 처음 탄 사람을 제사지내는 마사(馬社)가 있다. 이 네 개의 제단은 동교(東郊)에 있었다고 한다.

자연의 변덕스러운 변화에 삶의 많은 부분을 노출시키면서 살아야 했던 전통사회에서 자연재해란 항상 공포와 고통의 대상이었다. 봄 가뭄, 여름 홍수, 이른 서리, 지진, 전염병 등 다양한 자연재해는 기본적인 생활 조건을 파괴하고 직접적으로 인간의 생명을 앗아가기도 하였다. 이러한 자연재해가 있을 때면 사람들은 종교적인 의례를 통해서 재난이 사라지기를 기원하고 개인과 사회를 안정시키고 재난을 당한 사람들을 위무하였다. 특히 조선시대 국가는 이러한 의례들을 불교나 무속의 종교지도자에게 맡기지 않고 유교를 기반으로 한 국가의 사전체제로 편입시켜 초월적인 힘에 대한 통제력을 전유하였다. 이러한 사정으로 인해 재난시 서울에서는 국가 주관의 여러 제사들이 행하여졌다.

농업국이었던 우리나라에서 재난 중 농사와 관련된 것이 가장 많았다. 가뭄·홍수·황충 등은 모두 농사에 큰 피해를 주었다. 이 중 가뭄의 피해가 가장 컸다. 음력 4월에서 7월 사이에 가뭄은 거의 연중행사로 여겨질 만큼 자주 닥쳤으며, 이에 따라 비를 비는 기우제가 성행하였다. 기우제는 종묘·사직을 비롯하여 여러 곳에서 다양한 방법으로 행하여졌다. 한 번 드리고 그만 두는 것이 아니라 비가 올 때까지 계속 행하여졌다. 유교의례뿐만 아니라 민간신앙적인 것도 포함되어 있다. 다양한 의례들을 국가에서 일정한 차서(次序)를 정하여 시행한 것은 조선 중기 이후이다. 숙종 때 예조판서 민진후가 전교를 받들어 대신들과 의논하여 차례를 정하였는데 12단계로 되어 있다. 12단계의 차서는 대략 악해독→산천·우사·풍운뇌우→사직→종묘의 순서로 되어 있다. 1차로 기우제를 거행하는 큰 산이나 강은 구름이나 바람을 일으키는 곳이라 여겼기 때문이며, 한강에 호랑이 머리를 담그는 것은 호랑이의 피를 뿌려 부정하게 하면 용신이 이를 깨끗하게 씻어내기 위해서 큰 비를 내릴 것이라고 여겼기 때문이다. 동자기도(童子祈禱)나 토룡제(土龍祭) 역시 오랫동안 이어져 온 민간신앙이었다. 조선시대 국가는 이러한 민간 요소들을 재난 앞에서는 완전히 제거할 수 없었다.

비가 오지 않는 것도 문제이지만 장마철에 오랫동안 비가 내려 농사를 망치는 경우도 문제였다. 이렇게 장기간 비가 오는 경우에도 기청제(祈晴祭)인 영제를 산천신에게 드렸다. 영제는 도성 사문루(四門樓) 위에서 행하였으며, 당하3품관을 보내어 3일을 연달아 행하고, 그래도 날이 개지 않으면 세 차례로 한정하여 또 사문에서 행하였다. 한편 겨울에 따뜻하여 얼음이 얼지 않거나 눈이 내리지 않는 것 역시 재난으로 여겼다. 오랫동안 눈이 오지 않는 경우 1차는 종묘·사직·북교에서, 2차는 풍운뇌우단·산천·우사단·삼각산·목멱산·한강에서 기설제(祈雪祭)를 행하였다.

이 같은 기상재난 이외에 해충이 성하여 농작물에 피해를 주는 경우에는 포신에게 제사를 드렸다. 포신은 사람과 사물에 재해를 입히는 신이라고 한다. 그리고 나라에 여역에 크게 유행할 때에는 여제를 드렸다. 여역은 콜레라, 장티푸스와 같은 전염병을 일컫는 것이다. 여제는 이러한 전염병이 성황과 무사귀신(無祀鬼神)에 의해서 발생한 것으로 여겨 그들의 억울함을 씻어주고 원통함을 풀어주는 제사이다. 제사를 드릴 때에는 제삿날 3일 전에 남교 성황당에서 발고제(發告祭)를 드리고 본 제사는 북단에서 성황신좌를 단 위에 남향하고 무사귀신의 신위는 단 아래 좌우로 설치한다. 이때 놓이는 무사귀신은 '전쟁으로 칼날에 죽은 자', '수화(水火)와 도적을 만나 죽은 자', '남에게 재물을 빼앗기고 핍박을 당하여 죽은 자', '남에게 처첩을 강탈당하고 죽은 자', '형벌을 당하여 억울하게 죽은 자', '천재와 돌림병으로 죽은 자'의 신위를 왼쪽에 두고, '맹주와 독충의 해침을 당하여 죽은 자', '위급한 일로 인하여 스스로

목매어 죽은 자', '벼락을 맞아 죽은 자', '떨어져 죽은 자', '죽어서 후
사가 없는 자'의 신위를 오른 쪽에 둔다.

(2) 민간의례

　오례(五禮)가 국가적 차원에서 시행되어 온 유교의례였음에 반해, 민
간의 유교의례는 주로 유교의 담당계층이라 할 수 있는 사대부들의 생
활의례라 할 수 있다. 유교 관련 민간의례는 무엇보다 관혼상제(冠婚喪
祭)를 중심으로 한 통과의례로 요약할 수 있다. 곧 국가의례가 오례 중
심으로 운영되었다면, 민간의례는 사례(四禮)가 주된 내용을 이루고 있
다고 하겠다. 조선시대 이후 유학자들은 『주자가례(朱子家禮)』를 기준으
로 사례를 봉행하였으며, 이는 조선 후기로 가면서 서민들에게까지 확
산되었다.

　그러나 조선이 유교국가였다고 해도 모든 통과의례가 유교적 절차에
의해 이루어졌다고 할 수는 없으며, 시기별로 또 각 의례별로 편차를
보이고 있다. 예를 들어 혼례의 경우 중국식 의례에서 핵심적인 요소라
고 할 수 있는 친영(親迎)의 예(禮)는 조선 말기에 이르기까지 극히 일부
의 예외를 제외하고는 거의 한국적 혼례 속에 포함되지 않았으며, 데릴
사위제도 같은 한국 고대사회의 유풍 또한 오랫동안 지속되었다. 이에
비해 관례와 제례에 있어서는 불교식 의식 절차가 유교식 의식 절차로
변모하는 것이 상대적으로 단시일 내에 용이하게 이루어졌다고 할 수
가 있다.

　오늘날 관혼상제의 사례 가운데 관례는 완전히 없어졌으며, 혼례와
상례는 기독교·불교 등 여타 종교의례로 대체되거나 그렇지 않은 경
우라고 해도 대폭 서구적·도시적 의례 절차로 바뀌는 등 전통적인 유
교의례가 거의 사라진 것이 현실이다. 다만 제례만은 대체로 간소화되

기는 하였지만 여전히 많은 가정에서 전통적인 절차에 따라 봉행되고 있다고 할 수 있다.

4. 유교문화의 전통과 한국인의 삶

한국 유교는 각 시대에서 중국의 유교사상을 수용하였지만, 한(漢)·당대(唐代)의 실천적 규범이 삼국시대 이후 국가를 경영하는 기본원리가 되었고 대중의 생활규범으로 정착되었다. 그 기본 형식은 효의 규범을 기초로 하는 가족공동체의 결속이 국가나 사회체제를 지탱하는 도덕적 기반을 이루었으며, 유교문화의 국가로서 확고한 전통을 형성하였다. 그 후 고려 말에 도학―성리학이 수용되면서 정통의식(正統儀式)과 의리론(義理論)은 사실상 조선 말기까지 지속되었던 가치기준이요 사회조직의 원동력이 되어 왔다. 중국의 경우 성리학의 정밀한 해석과 엄격한 정통성의 강조는 송대(宋代) 성리학이 원(元)·명대(明代)를 거치면서 상당한 이론적 변화가 일어났지만, 조선시대의 성리학은 엄격히 주자(朱子)를 기준으로 하고, 퇴계(退溪) 이황(李滉)과 율곡(栗谷) 이이(李珥)를 두 원류로 하는 학맥이 형성되어, 그 성리설(性理說)의 정통의식과 학통의 엄격한 계승이 이루어졌다는 점에서 중요한 특징적 면모가 드러난다.

또한 한국사회는 의례문화의 전통이 확립되고 엄격히 실천되면서 '예의(禮義)'를 국가적 기본이념으로 표방하였던 사회이다. 『주자가례(朱子家禮)』가 도입된 이후 그 실천의 철저함과 해석의 다양함에 따라 '가가례(家家禮)'로 번쇄함에 빠져들었지만, 그 의례 중시의 전통은 한국문화의 독특한 양상을 보여준다. 또한 의례문화의 형식주의에 젖은 폐단은 한국문화의 부정적 그늘의 중요한 부분을 차지한다. 이처럼 엄격한 의례문화가 신분적 질서를 고착시키는 부정적 측면을 지닌 반면에 조선왕조를 오랜 세월동안 안정하게 유지시켜주는 데 기능하였던 긍정적 측면도 있다. 그러나 오늘날 한국사회에서 유교의례의 유산은 이미 종파적 문화가 아니라 한국인의 공통적 문화 기반을 이루고 있는 것이 사실이다.

한국의 선비문화는 의리와 강직성으로 국가적 위기에 침략자에 대한 저항의식을 발휘하고, 평소에는 모든 빈곤과 시련을 견디고 부귀의 유혹을 물리치며 자기수양의 경(敬)을 실천하는 엄격한 수도자적(修道者的) 문화를 이루고 있으며, 특히 시(詩)와 서화(書畵)·악(樂)의 예술에서 단아하고 품격 높은 선비문화를 실현하여 한국문화의 맑고 곧은 기상과 지적 세계를 확립하였다.

한국의 유교문화는 정통성의 엄격성과 정통성을 요구하면서 불교(佛敎)·노장(老莊)·서학(西學) 등 다른 종파와 사상에 대해 철저하게 비판하는 벽이단(闢異端)의 전통이 있다. 심지어 같은 성리학의 전통에서도 이론이 다르면 이단(異端)·사설(邪說)로 배척하고 주자의 경전과 한 마디만 달라도 사문난적(斯文亂賊)으로 모는 폐쇄성은 한국의 유교문화가 지닌 가장 큰 특징의 하나요, 그만큼 유교전통을 엄격히 수호해 왔지만, 동시에 새로운 사상조류를 수용하고 적응하지 못하여 문화적 경직성이 심화되고 사회적 폐쇄성에 빠지는 경향이 있는 것도 사실이다.

유교문화는 한국사회의 기반에 자리잡은 가장 오래되고 뿌리 깊은 전통이다. 한국의 유교문화는 한국인의 다양한 삶의 양상과 문화형식 속에 배어들어 왔고, 오늘의 한국인들에게도 자각적으로나 잠재적으로 광범하게 작용하고 있다. 우리의 신앙이 불교·기독교 등 어떤 종파에 속하든지 간에 그 심층을 관찰해 보면, 우리 시대 한국인의 가치관, 사유방식, 생활양식이 유교적인 것으로 드러나는 것이 사실이다. 밖에서 외국인의 눈으로 보면 북한의 사회주의 체제도 '유교적 사회주의'라고 일컬을 것이요, 그 동안 한국의 문민정부가 추구해 온 개혁정치도 '유교적 개혁'으로 비쳐질 것이다. 안에서 보아도 최근 한국인의 종교의식 조사에 따르면, 종파의 차이를 넘어서 대부분의 한국인이 유교적 규범과 가치관을 받아들이고 있다는 사실을 지적한다. 그만큼 유교의 다양한 가치의식이 한국인의 삶과 사회 현상에 전반적으로 침투되어 있음을 말해준다.

◎ 참고문헌

금장태, 『한국유교의 재조명, 전망사』, 1982.

금장태, 『한국유교의 이해, 민족문화사』, 1989.

금장태, 「한국 유교문화의 특징」, 『한국학논집』 27집, 한양대 한국학연구소, 1995.

금장태, 『유교사상과 종교적 세계』, 한국학술정보, 2004.

김태길, 『유교적 전통과 현대 한국』, 철학과현실사, 2001.

김호덕, 「유교의례의 내용과 역사적 전개과정」, 『한국종교연구회회보』 7집, 한국
　　　종교연구회, 1996.

이창식 외, 『제천의병과 전통문화』, 제천문화원, 1997.

장기근, 『유교사상과 도덕정치』, 명문당, 2003.

정진일, 『(우리의 전통윤리) 유교윤리』, 박영사, 2005.

정진일, 『유교의 이해』, 형설출판사, 1997.

차용준, 『전통문화의 이해』 4권, 전주대학교출판부, 2000.

최영진, 『유교사상의 본질과 현재성』, 성균관대 유교문화연구소, 2002.

한국정신문화연구원 편, 『유교문화의 보편성과 특수성』, 한국정신문화연구원,
　　　1994.

황의동, 『유교와 현대의 대화』, 예문서원, 2002.

도교의 수용과 한국의 도교문화 제10장

1. 도교의 실체와 형성 과정

도교의 성립 과정과 그것이 목적하는 바를 요약하면 대체로 다음과 같이 말할 수 있다. 도교는 고대의 민간신앙을 기반으로 하여 신선설(神仙說)을 그 중심에 두고, 도가(道家)·역리(易理)·음양(陰陽)·오행(五行)·참위(讖緯)·의술(醫術)·점성(占星) 등의 논법 내지 이론과 무속적인 신앙을 보태고, 그것을 불교의 체재와 조직을 흉내내서 뭉뚱그려진, 그리고 불로장생(不老長生)을 주요한 목적으로 삼고 현세의 이익을 추구하는 것으로 특징 지워진 종교이다. 곧 도교는 여러 민간신앙을 수용하여 집합한 포용적이 사상으로 말하자면, 신선사상과 노자의 도가사상 그리고 참위사상이 합해진 폭넓은 민간신앙의 종교라고 할 수 있다. 특히 도교는 이 중에서도 신선사상을 핵심으로 하고 있다. 신선사상은 3세기 무렵 중국의 산악사상(山岳思想)에서 생겨났던 민간신앙이다. 신선사상에 도가의 지인(至人)·진인(眞人)·신인(神人) 등 불사신의 사상이 결합되고, 또한 무술(巫術)·주술(呪術)·참위(讖緯)·자연숭배사상 등이 가미되어 도교의 기반을 세웠다.

도교는 중국 통치자들의 이념과 부합하여 계속 민간신앙으로 수용되어 갔다. 한 예로 전설의 임금인 황제(黃帝)와 노자(老子)를 초인으로 생각한 황노신앙(黃老信仰)이 수용되었다. 또한 방술(方術)이나 참위설도 황노사상의 수용에서 비롯된 결과이다. 도교에 수용된 민간신앙은 나름의 특성을 가지고 발전을 계속하였다. 또한 도교의 신인 서왕모(西王母)와 태을진인(太乙眞人) 그리고 부적(符籍) 등의 민간사상도 참위사상에서 비롯되어 도교에 수용된 것으로 보고 있다. 이러한 여러 갈래의 사상이 바탕이 되었던 도교는 처음 태평교(太平敎)와 오두미교(五斗米敎)로 일컬어지며 발전했다. 이 중 태평교는 후한(後漢) 순제(順帝, 재위 125~144) 때 우길(于吉)이 곡양(曲陽)에서 『태평청령서(太平淸領書)』를 얻어 이를 바탕으로 한 종교집단이다.

태평교는 부적과 주술로 병을 치료한다며 신도를 모았다. 우길의 뒤를 이은 장각(張角)이 신도를 모으고, 앞으로 황천(黃天)의 세상이 올 것이라고 백성을 유혹하여 신도들을 이끌었다. 장각이 자기를 따르던 신도에게 황천의 세상을 이룩하기 위해서 황건(黃巾)을 씌우고 후한의 왕실을 타도하는 종교적 반란을 일으켰으니, 바로 후한 때 황건적의 난이다. 오두미교는 후한 환(桓)·영제(靈帝) 때 사천성의 황학산(黃鶴山)을 성지로 삼아서 장릉(張陵)이 일으킨 교도이다. 오두미교도 기본 경전은 노자의 『도덕경(道德經)』이었다. 오두미교는 장릉(張陵 : 天師) → 장형(張衡 : 嗣師) → 장노(張魯 : 系師)로 그 종주가 세습으로 이어졌다. 장릉을 천사라고 칭한 데서 오두미교를 천사교(天師敎)라고도 한다.

이러한 태평교와 천사교가 조형(祖型)이 되어 도교가 형성되었다. 또한 천사교를 이어서 도교의 폐단을 찾아내서 이를 철저히 개혁하려는 신천사교(新天師敎)가 일어났다. 신천사교는 태상노군(太上老君)으로부터 천사(天師)의 지위를 수여 받았다는 북위(北魏)의 구겸지(寇謙之, 365~448)에 의하여 세워졌다. 신천사교는 신선설(神仙說)을 중심으로 하여 불노장생을 목적으로 삼고, 신선이 되기 위해서 양생법(養生法)을 채택했다. 신천사교는 오두미교와 천사교의 폐단을 제거하는 한편 불교와 유교의 요소도 수용하여 무극지존(無極至尊)을 최고신으로 하는 명실상부한 도교로 자리를 굳혔다. 그후 최호(崔浩)가 북위 태무제(太武帝, 424~452)의 귀의(歸依)를 얻어내어 국교로 삼았다. 이 도교는 당나라에서도 국가적 종교로 튼튼히 그 자리를 잡았다.

도교는 이렇게 제도적인 국가의 비호보다는 민간 속에서 애호되며 민간신앙으로서 자리를 잡으며 성장해 왔다. 노자를 종주로 잡고 노장사상을 근본으로 삼고 있으나, 필요한 경우에 불교나 유교와 무속은 물론이고 전통적인 민간신앙 속에서 자리잡고 있는 장점은 가리지 않고 수용하였다. 도교는 처음 불교나 유교에 비해서 세력이 미약하였으나, 점차 많은 신도를 규합하고 어지러운 세상에서 안주처로 표방하여 발전을 거듭했다. 결국 도교는 앞에서도 지적했듯이 태평교, 오두미교, 천사교, 신천사교의 과정을 밟으며 북위 때 이르러 마침내 국교로서 자리를 굳히는 큰 종단이 이룩되었다.

도교의 우주관은 이해하기 어려울 만큼 복잡하다. 곧 우주인 천계(天界)는 욕계(欲界)·색계(色界)·무색계(無色界)인 삼계(三界)로 나누고 있으니, 불교의 우주관을 모방한 셈이다. 이 삼계 안에 28천(二十八天), 삼계 밖에 또 8천(八天)이 있다는 것이다. 또한 도교는 우주에 수많은 신들이 존재한다고 믿었다. 도교는 말하자면 희랍신화와 같은 천상 위주의 다신교라고 할 수 있다. 도교의 신들은 최고의 신으로서 원시천존(元始天尊)이 좌정하고 있으며, 노자는 태상노군(太上老君)으로 칭하며 숭배했다. 이외에도 현천상제(玄天上帝 : 북극성), 북두신군(北斗神君 : 북두칠성), 문창제군(文昌帝君 : 문창성), 서왕모(西王母), 옥황(玉皇), 성황신(城隍神), 문신(門神), 용왕(龍王), 팔선(八仙) 등 다양한 신들이 숭배되었다. 이들 도교의 신들은 직위의 순서나 맡은 역할이 확실히 정해진 것이 아니다. 백성들은 그들의 어려움에 따라 적당한 신을 선택하고 의지하고 구원을 청했다.

현실에서 충분한 소망과 만족을 얻지 못한 백성들은 자연스럽게 초자연적인 여러 신들을 믿고 의지하며 구원을 희구하며 삶을 영위하였다. 그리고 그들은 이러한 신들이 자신들을 수호하는 배후자로 여기고, 그들은 자신들보다 훨씬 높은 곳에 거처하며 전능한 능력을 가진 초인으로 믿었다. 그래시 인간이 마음대로 갈 수 없는 끝을 알 수 없는 하늘이나 깊이를 모르는 물 속, 그리고 높은 산정(山頂)을 신들의 좌정지로 여겼다. 그 높은 거처가 도교에서 말한 신이 살고 있는 신의 세계인 것이다. 오늘날 한국의 산에서 가장 높은 봉우리의 이름은 대부분 천황봉(天皇峰)이거나 천왕봉(天王峰)이다. 이것은 분명히 도교의 영향이며, 이 도교가 본래 선악사상에 근본을 두고 있다는 증거이기도 하다.

2. 한국도교의 역사적 전개

(1) 삼국시대의 도교

한국도교의 시발은 영류왕 7년(624)에 당(唐)의 고조가 고구려에 도사(道士)를 파견하여 천존상(天尊像)을 보내고 『도덕경(道德經)』을 강론하게 한 일이다. 이전에도 중국의 오두미도(五斗米道)를 고구려인들이 신앙했다는 기록은 있으나, 자세한 내용은 알 수 없다. 보장왕 2년(643)에는 연개소문이 도교를 들여와 천하의 도술을 다 갖추어야 한다는 건의를 하여 당으로부터 숙달(叔達) 등의 도사와 『도덕경』을 들여오고, 도교를 유교나 불교보다 우위에 둠으로써 고구려의 지배적인 종교가 되었다. 이로 인해 승려 보덕(普德)이 백제 땅이던 완산주(完山州)의 고대산(孤大山)으로 이주하는 등 불교 측의 거센 반발이 일기도 했다.

신라에서는 김유신이나 그의 증손인 김암(金巖)이 도교적 방술에 능통했

다는 기록이 있으나, 이보다는 신라 하대 유당학인(留唐學人)들에 의한 수련
도교(修練道敎)의 유입이 보다 중시된다. 도교가 극성하던 당에 유학한 신라
하대의 지식인들 중 김가기(金可紀), 최승우(崔承祐), 승려 자혜(慈惠)는 천사(天
師) 신원지(申元之)의 알선으로 종리권(鍾離權)으로부터 여러 도서(道書)와 구
결(口訣)을 전수받고 수련하여 단(丹)을 이루었다. 이중 김가기는 중국의 도
교전적인 『속선전(續仙傳)』에 의하면 신라로 돌아오지 않고 당에서 백주등
선(白晝登仙)했다고 하며, 유당학인인 최치원과 이청(李淸)에게 구결을 전수
했다. 최승우와 자혜는 신라에 돌아와 후인들에게 도요(道要)를 전수했다.

이로써 한국에 처음으로 중국의 수련적인 도교가 전해져 이후의 도
맥(道脈)을 형성했고, 이러한 한국 도맥의 서술은 조선 중엽에 한무외(韓
無畏)가 저술한 『해동전도록(海東傳道錄)』에 의한 것으로 그 실제적인 전승
과 내용은 신빙성이 약하다.

(2) 고려시대의 도교

고려시대에는 일반적으로 왕실의 복덕을 기원하는 국가의례 중심의
과의(科儀) 도교가 성했다. 기록으로는 현종 때부터 재초(齋醮)가 행해졌
다고 하나 가장 성행한 것은 예종 때이다. 예종은 송(宋) 휘종(徽宗) 치하
의 문물제도를 거의 받아들였는데, 휘종은 도교 애호가였다. 예종의 대
표적인 도교 숭상 사례가 복원궁(福源宮)의 건립과 30여 회에 걸친 재초
의 시행이다. 복원궁 건립은 고려시대 최대의 도교 연구자인 이중약(李
仲若)의 건의에 따라 건립되었다. 이중약은 어려서부터 『도장(道藏)』을 즐
겨 읽었을 뿐만 아니라 각종 도서를 읽고 수도생활을 했으며, 도교적
의술도 연구했다고 한다.

고려시대의 도교는 국가와 왕실의 소재초복(消災招福)을 기원하는 의례
중심의 도교로서 수련적 도교에 대한 기록은 거의 발견되지 않는다. 그

러나 단순히 국가의례 중심의 과의적 도교였던 것만은 아니며, 의학의 발전과 수경신(守庚申)과 같은 민간 풍습의 형성 등 이후의 일상생활에 미친 영향이 컸다.

(3) 조선시대의 도교

조선시대에 와서 고려시대의 과의적 도교는 초기에 왕실의 비호 아래 어느 정도 명맥을 유지했으나, 성리학적 이념과 의례를 절대시하는 유림의 득세 이후 쇠퇴의 길을 걷게 되었다. 대표적인 예로 감히 제후의 나라에서 천지에 대해 제사를 지내는 재초를 거행할 수 없다는 조광조(趙光祖) 등 신진 사림의 끈질긴 요구에 따라 중종 13년(1518)에 재초 담당 관청인 소격서(昭格署)가 혁파되었다.

조선시대에 가장 중요한 도교적 흐름은 수련도교이다. 이를 가장 잘 보여주는 저술은 한무외(韓无畏)의 『해동전도록(海東傳道錄)』이다. 한무외는 이 저술에서 조선의 도맥이 태상노군(太上老君)―위백양(魏伯陽)―종리권(鍾離權)―최승우(崔承祐)・자혜(慈惠)―최치원(崔致遠)・이청(李淸)・명오(明悟)・김시습(金時習)―서경덕(徐敬德)・홍유손(洪裕孫)―곽치허(郭致虛)를 거쳐 자신으로 이어졌다고 주장하고 있다. 여기서 태상노군은 노자(老子)를 가리키며, 위백양은 후한(後漢) 사람으로 연단(煉丹) 중심의 당 도교에 『주역』과 황노(黃老), 즉 황제와 노자의 도를 배합하여 그 이론적 성격을 강화하는 한편 도교의 양생법(養生法)을 강조한 『참동계(參同契)』의 저자이다. 종리권은 금대(金代)에 성립된 전진교(全眞敎)의 종조(宗祖)인 여동빈(呂洞賓)에게 도를 전한 인물로 금단도(金丹道), 이른바 본성적 단학(丹學)의 시조로 여겨지는 인물이다.

이처럼 조선 중엽의 저술에서 주장되고 있는 도맥은 실재한 것이라기보다는 당시 도가적 수련에 심취한 지식인들의 가탁(假託)일 가능성이 높다. 이는 이들 도맥에 등장하는 인물들 중 신라 하대와 조선시대 사이의 실존인물이 없다는 점에서 명백해진다. 즉 자의적으로 배치한 것이다. 이는 보다 합리적이고 수련지향적인 전진교 계통의 도교를 받아들인 이 시기 지식인들이 유교적 도통론(道統論)에 대항하여 자신들의 계통을 밝힐 필요성을 느낀 데 기인한 것이다. 그러나 이 시기 이후 조선에서 수련도교나 도교적 은둔생활의 기풍이 형성되고 그것이 오늘에까지 이어지고 있다는 점에서 이들의 저술이나 의식은 큰 의미를 지닌다.

이후 조선에서의 단학의 도맥이 분명하게 밝혀져 있지 않다. 그러나 도교와 연관된 인물 등의 각종 이적(異蹟)을 기술한 홍만종(洪萬宗)의 『해동이적(海東異蹟)』이나 도교 관계의 각종 변증설(辯證說)을 수록한 이규경(李圭景)의 『오주연문장전산고(五洲衍文長箋散稿)』 등 도교 관계 저술들이 연이은 것으로 보아 지식층의 관심이 지대했고, 그러한 생활양식이나 수련법이 꾸준히 맥을 이어갔음을 알 수 있다.

조선시대의 도교는 이외에도 민간신앙이나 의학 및 민간풍습에도 많은 영향을 미쳤다. 도교가 민간신앙에 미친 가장 큰 영향은 성수신앙(星宿信仰)이다. 이는 특히 북극성을 중심으로 한 신앙으로서 고려시대의 팔성당(八聖堂)에서 보듯이 도교적 성수신앙과 고유한 산악숭배가 결합된 조선 특유의 신앙을 형성하였다. 또 민간에서 가신(家神)의 하나로 숭배되는 칠성은 바로 이 도교적 성수신앙의 직접적인 영향이다.

수련적 도교는 본디 예방의학적인 양생법이기에 조선시대의 성리학자들도 지대한 관심을 기울였으며, 그 결과 유명한 허준(許浚)의 『동의보감(東醫寶鑑)』에는 도교적인 양생법과 세계관이 깊숙한 영향을 미쳤다. 또 도교 계통의 위경(僞經)인 〈옥추경(玉樞經)〉은 질병을 낫게 해준다는 내용 때문에 민간은 물론 불교에서도 널리 읽혀졌다. 한편 유·불·도 3교를 배합하여 선행을 권장하는 선서(善書)가 조선 초기부터 대한제국기까지 널리 보급되었는데, 그중 선행[功]과 악행[過]을 각각 점수로 매기는 공과격(功過格)이 널리 유포되어 민간의 생활윤리를 앙양하는 데 일조를 했다.

(4) 근·현대의 도교

근·현대에 들어와서는 조선 중엽부터 성행하였던 맹인(盲人)의 도술적(道術的) 복점(卜占)과 독경업(讀經業)이 널리 민간에 신봉되어, 연례행사로서 안택(安宅)을 빌고 단체행사로서 미을 단위의 동제(洞祭), 당산제(堂山祭), 성황제(城隍祭) 등이 합하여졌다. 이는 모두 노천제(露天祭) 형식을 본떠 중국의 교사(郊祀)나 왕실의 초제를 방불케 한다. 뿐만 아니라 각종 신흥종교에서도 도교적 의식과 수행을 채용하는 곳이 많고, 불교 사찰에서도 칠성원군(七星元君)을 모시는 칠성각(七星閣)이 있음은 주목된다. 일관도(一貫道)의 대한도덕회(大韓道德會)에서는 중국 고대의 도교의식인 구오대례법(九五大禮法)을 그대로 봉행함이 특이하다.

3. 한국도교의 특징과 민간신앙

중국의 도교는 민간신앙의 요소를 대거 수용하였기 때문에 민간신앙과 도교의 신격이 뚜렷하게 구별되지 않는다. 우리나라의 경우도 이와 유사하다고 볼 수 있으나, 도교 교단이 형성되지 않은 만큼 도교적 제신이 오히려 무속 등의 민간신앙에 수용되어 있다. 도교적 제신이 우리나라에 전래된 것은 고구려 말 오두미도(五斗米道)의 전승으로 소급할 수 있다. 그때 도교의 최고신인 원시천존(元始天尊)에 대한 신앙이 함께 전래되었다. 그러나 원시천존에 대한 신앙은 일반화되지 못하였으며, 당시 도교 의식에 따라 산천에 제사를 드렸다는 기록으로 보아, 중국도교에서 형성된 산신(山神)이나 수신(水神)에 대한 신앙이 함께 전래되었을 가능성이 높다.

도교적 제신에 대한 신앙이 우리나라에 본격적으로 소개된 것은 고려시대로서 왕실에서 도교식 제사를 올리면서부터이다. 이때 태일(太一), 칠성(七星), 노인성(老人星) 등 다양한 신격이 소개되었다. 조선조에 접어들어서도 소격서(昭格署)에서 도교식 재초의식(齋醮儀式)을 다수 거행하였는데, 이때 찾아볼 수 있는 신격은 옥황상제(玉皇上帝), 태상노군(太上老君), 보화천존(普化天尊), 칠성(七星), 북극성(北極星) 등이다. 그리고 조선 중기 이후 소격서가 혁파되면서 이들 신격이 무속 등 민간신앙에 흡수되었다.

이 중 특히 옥황상제가 민간에서 최고의 신으로 숭앙되었다. 옥황상제란 호칭은 중국도교에서 주로 송대 이후 널리 유포된 명칭으로서 중국 고대의 제(帝), 또는 상제(上帝)에서 유래된 명칭이다. 옥황상제란 엄밀히 말해 도교의 최고신은 아니지만, 인간의 길흉화복을 관장한다는 면에서 대중성을 지니게 되었다. 우리나라의 경우는 옥황상제를 거의 최고신과 같은 위치에서 숭배하였다.

이외 민간신앙에서 흔히 찾을 수 있는 도교적 신격은 성황(城隍)·칠성(七星)·조왕(竈王) 등이다. 세 가지 신의 신앙이 우리나라 어디를 가나 흔히 발견되는 보편적인 민간신앙 형태여서, 도교가 한국인의 정신적 기층 속에 얼마나 깊이 자리 잡고 있는가를 측정할 수 있는 한 요소가 될 수 있다고 말할 정도이다. 외형상의 명칭이 도교의 신이라고 해도 민간신앙에서 도교의 신을 변화 없이 그대로 받아들이지는 않은 것으로 보이나, 그 영향관계는 부인하기 어렵다. 성황당[서낭당]은 국내 어디를 가나 마을 입구 또는 고개 마루 길옆에 자리 잡고 있는 보편적인 신당신앙(神堂信仰)이며, 칠성은 민간에서 누구나 수명장수신(壽命長壽神)으로 신앙하는 신이며, 조왕은 민가의 부엌 부뚜막 뒤에 자리 잡고 있으면서 주부들의 소망을 성취시켜 주는 신이라고 믿어, 주부들이 매일 아침 정화수를 바치며 소망을 빌었다.

성황신앙은 중국 북재(北齋) 때부터 시작되어 송대 이후 널리 퍼진 것으로서 팔사(八蜡)의 7번째 신인 수용(水庸)을 방호의 수호적 의미로 제사하기 시작한 데서 신격으로 숭배된 것이다. 이와 같은 중국의 성황신앙이 한국으로 들어온 것은 고려 문종 때로 보인다. 이 성황신앙은 재래의 ‘서낭’ 신앙의 마을 수호 기능과 기능상으로 유사한 데다 신앙형태가 같고, ‘서낭’과 ‘성황’의 발음이 또한 서로 유사해 명칭상의 혼선을 가져와 ‘서낭’과 ‘성황’으로 불리어지기나 표기된 것이라는 견해가 있다.

칠성은 최고신을 대신하여 인간의 길흉화복을 주재하는 역할을 지닌 것으로 믿어졌다. 즉 최고신은 침묵하는데 북두칠성이 구체적인 명령을 실천하여 상서로움과 재앙을 담당한다는 믿음 즉 사명신(司命神)의 역할을 담당하는 것으로 믿어졌다. 칠성은 명을 길게 이어 준다는 장수신(長壽神)으로 신앙되어, 무속에서도 굿할 때 ‘칠성굿’이 한 거리로 들어가고 어느 지역에서나 기자(祈子)와 육아(育兒)를 위한 치성에서 칠성신에게 제를 올린다. 북두칠성에 관해 인간의 수명과 부귀·생사·화복을 주관하는 신이라 믿고, 조선의 왕실과 소격서를 중심으로 제를 올렸는데, 그와 같은 칠성신의 장수 기능이 민간으로 점차 확산된 것으로 볼 수 있다. 칠성신앙은 불교에서도 수용하였으므로 도교적인 것이라고 만 할 수 없으나, 중국에서 오래 전부터 칠성이 신앙되었음을 고려하면 그 뿌리가 도교적임은 부인하기 어렵다.

조왕신앙은 중국에서 도교와 민간신앙의 조왕신앙이 습합되어 도교의 한국 전래와 함께 들어왔을 가능성이 높다. 그러나 한국의 재래 민간신앙 속에 불[火] 신앙이 있어서 화신(火神)이 무속에서 신앙되고, 또 불이 제의에서 물과 함께 주요한 구실을 하고 있는 것을 보면 화신으로 부엌에 모셔지는 조왕신앙은 한국에서도 원래부터 불을 사용하는 부엌에 있었던 재래 민간신앙의 한 형태로도 볼 수 있다. 이와 같은 조왕신앙이 도교의 조왕과 습합될 수 있었다면 그것은 한국 재래의 조왕신앙에 후기적으로 도교의 조왕신앙이 습합되었을 가능성이 있다. 중국의 송대에 조왕은 옥황상제에 대한 신앙과 결부되었다. 매년 연말에 옥황상제에게 각 개인의 선악을 보고하면 옥황상제는 이것에 바탕을 두고 다음 해의 화복을 결정한다는 것으로써, 이에 조왕은 각 가정에 거처하면서 인간의 선악행위를 감찰하는 사과신적(司過神的) 위치를 지니게 되어 두려움의 대상으로 화하였다. 이러한 믿음은 우리나라의 민간에도 그대로 이어졌다.

옥황상제·칠성·성황·조왕 이외에도 북극성(北極星)·태을성(太乙星)·자미성(紫微星)·남극노인성(南極老人星)·문창성(文昌星)·견우직녀성(牽牛織女星) 등의 성신신앙을 비롯하여 산신·용신 등의 신앙도 민간에 널리 유포되었다. 또한 임진왜란 이후로 널리 확산된 도교적 신앙현상으로서 주목할 것이 관제신앙(關帝信仰)이다. 관제란 촉한의 명장 관운장의 신격화된 명칭으로서 그가 설했다는 『각세진경(覺世眞經)』이란 경이 성립될 정도로 널리 신앙되었다. 무속에 기원을 둔 민간도교에서는 현실 역사에서의 패배자, 희생자를 신격으로 추존하여 해원시키는 무속원리를 구현시킨다. 관운장에 대한 신격화는 가장 전형적인 경우라고 볼 수 있다. 관제신앙이 확산된 것은 당시 조정의 장려정책이 영향을 끼치기도 했지만, 해원을 지향하는 무속적 원리에 부합한 것이 주된 요인이라 할만하다.

도교적 신앙의 중요한 특징은 일신(一神)과 다신(多神)이 복합된 가운데 최고신보다는 많은 다신들이 신앙되는 점이다. 본래 도교적 신론 자체가 민간신앙을 수용하면서 성립된 데 연유한 탓으로 볼 수 있다. 오히려 최고신은 논리적 전제로 요청된 느낌이 강하다. 우리나라의 민간신앙에서 발견되는 도교적 신격도 그러한 맥락 속에서 이해할 수 있다. 다만 옥황상제의 신앙이 널리 유포된 것은 전통적 경천신앙(敬天信仰)과 관련이 있다. 인간 가운데 뛰어난 인물들이 죽어서 신으로 받들어지는 과정 역시 도교적 신론의 체계와 유사하다. 도교적 신론에서는 수련과정을 거쳐 도달한 신선과 높은 위계의 신들간의 간격이 모호하며 서로 동일시하는 경향도 보이기 때문이다. 관운장과 같이 역사적으로 뛰어난 인물이 도교적 신에 포함되는 것도 흔히 볼 수 있는 현상이다.

◉ 참고문헌

김낙필, 「도교와 한국민속」, 『비교민속학』제24집, 비교민속학회, 2003.

김성기, 「한국도교의 형성과 실상」, 『전통문화연구』6집, 조선대 전통문화연구소,
　　　 1999.

김태곤, 「민속신앙과 도교적 경향」, 『한국사상사대계』5권, 한국정신문화연구원,
　　　 1992.

이강수, 『도가사상의 연구』, 고려대학교 민족문화연구소, 1984.

이능화, 이종은 역, 『조선도교사』, 보성문화사, 1977.

이창식 외, 『충북의 무가·무경』, 충북학연구소, 2002.

酒井忠夫 외, 최준식 역, 『도교란 무엇인가』, 민음사, 1990.

차주환, 『한국의 도교사상』, 서울대학교 출판부, 1983.

한국도교사상연구회 편, 『도교사상의 한국적 전개』, 아시아문화사, 1989.

제11장

공동체의 삶과 구비문학

1. 구비문학의 정의와 일반적 특성

(1) 구비문학의 뜻과 갈래

흘러간 옛말과 소리들은 한(恨)과 흥(興)을 주면서 민간전승(民間傳承)하는데, 그것에는 이야기인 설화를 비롯하여 민요·무가·판소리·민속극·속담·수수께끼·속신어 등이 있다. 설화는 사랑방의 이야기꾼들이나 할머니로부터 이웃이나 손자로 전승되는 옛날이야기이며, 민요는 서민들의 애환이 섞인 소리다. 무가는 청배나 공수를 읊조리며 불러대는 무당의 창(唱)이다. 광대들이 전문적으로 놀이판에서 부르는 소리는 판소리이고, 판에서 가면을 쓰거나 인형으로 노는 놀이가 민속극이며, 비유적인 언어를 사용하여 날카로운 풍자와 엄숙한 교훈을 주는 것은 속담이다. 그리고 설정한 문제에 상상력과 지식을 동원하여 풀어보는 것이 수수께끼이며, 금기·예조·주술성이 들어 있는 민간신앙적 언어가 속신어(俗信語)다.

이들을 통틀어 국문학에서는 구전문학(口傳文學) 혹은 구비문학(口碑文

學, oral literature)이라 하고, 민속학에서는 구비전승(口碑傳承) 또는 민속문학(民俗文學)이라 한다. 그리고 달리 민속문예·민간문학·적층(積層)문학·표박(漂泊)문학 등으로도 부른다. 구전문학과 구비문학은 표현 수단이 문자가 아닌 말이며, 말로써 전승되기 때문에 생긴 명칭이다. 민속문학은 향유층인 민간인의 삶의 역사가 생생히 담겼기에 향유자 및 내용의 측면에서 붙인 이름이며, 민간문학은 민간에서 창작되는 구두창작 곧 특수계층의 작가가 아닌 일반 민중에 의하여 창조·전승되는 서민의 창작물이라 하여 붙인 명칭이다. 적층문학은 수백 수천 년 동안 시대에서 시대를 넘어 누적되어 온 문학적 유산이라는 뜻에서 붙여진 것이고, 표박문학은 시대와 장소를 넘어 사방에 싹을 내는 유동성(流動性)이 강한 특성을 지녔기에 붙인 명칭이다.

이상의 명칭 중에서 일반적으로 쓰고 있는 것이 구비문학(oral literature, mundiche dichtung)이다. 결국 구비문학은 말로 새겨진 문학이다. 이는 글로 된 문학인 기록문학(written literature, schriftliche dichtung)과 상대되는 것인데, 말로써 전승하는 문학이로되 그 생명의 영구성(永久性)에 가치를 두고 붙인 명칭이다. 근래에 대표적인 학술용어로 정착되었고 중국의 속문학 또는 민간문학, 일본 구승문예학 등과 같은 개념이다.

구비문학의 갈래에는 설화·민요·무가·판소리·민속극·속담·수수께끼·속신어 등이 있다. 설화에는 신화·전설·민담이 있다. 민요는 사설·곡조·기능으로 성립되는데, 노동요·의식요·유희요 등으로 나뉜다. 무가는 굿을 할 때 부르는 무당의 노래로서 신들의 일생담인 서사무가를 비롯하여 서정무가·교술무가·희곡무가 등이 있다. 판소리는 광대가 부르는 장편의 서사문학으로서 열두 마당이 있는데, 여기서 고소설인 판소리계 소설이 생겨났다. 민속극에는 가면극과 인형극(꼭두각시극)이 있으며, 속담에는 교도형·희롱형·지시형 등 삶에 지혜와 흥을 주는 여러 유형이 있다. 수수께끼에는 일반적인 문답식 형태 외에도

스무고개와 파자(破字)놀이 등이 있다. 그리고 속신어에는 금기어·길조
어·주술어 등이 있다.

　이상의 구비문학은 이야기와 노래 및 행위로써 전승하지만 기본적인
표현 방식은 언어이다. 그러나 덕담이나 욕설 등은 전승하는 언어이기
는 하지만 문학이 요구하는 비유나 상징이 결여되어 있으므로 구비문
학에서 제외된다. 반면에 금기어(禁忌語)나 길조어(吉兆語)와 같은 속신어
(俗信語)는 부분적으로 비문학성을 지니나 내용에 상당한 상징성과 비유
성를 지녔기에 구비단문문학에 포함시킨다.

(2) 구비문학의 특성

　문학은 교양과 즐거움을 준다는 두 가지의 큰 기능을 지니고 있다.
사람들은 문학을 통해서 지혜와 지식을 넓히는 교육적 효과를 얻을 수
있을 뿐 아니라, 즐거움을 통해 정서의 순화를 도모할 수 있다. 이러한
점으로 보아 구비문학도 여타의 문학과 다를 바 없다. 그러나 구비문학
은 문헌에 기록되어 전하는 상층계급의 문학이나 당대의 지식인들에
의해 창작된 문학과는 달리 다음과 같은 몇 가지의 특수한 성질을 지니
고 있다.

　첫째, 구비문학은 말로 전승(傳承)하는 문학이다. 문학은 언어를 표현
수단으로 하는 언어예술이다. 따라서 구비문학과 기록문학은 언어예술
이라는 점에서는 같으나 전자는 말이 표현수단이고, 후자는 문자(글)가
표현수단이라는 점이 서로 다르다. 말로 된 구비문학은 어디까지나 말
로 존재하며 말로 전승한다. 그것은 말로 존재하기 때문에 시간적이며,
일회기적(一回起的)이다. 그 상태로 존속될 수 없고 오직 전승이 가능할
뿐이며, 말로 전승하기 때문에 내용의 변질과 구성의 변화를 자연스럽
게 수반한다.

둘째, 구비문학은 구연성(口演性)과 현장성(現場性)을 지닌 문학이다. 구연(oral presentation)이란 어떤 상황 속에서 음성의 변화·표정·몸짓 등을 사용하여 말로 나타내므로 거기에는 구체적인 상황이 있다. 기록문학도 구연될 수는 있으나 그것은 단지 가능한 전달방식의 하나일 뿐이지 구비문학처럼 필요불가결한 것은 아니다. 구연은 일상적인 말을 그냥 하는 차원이 아니라 거기에는 말로 하되 억양의 고저나 음색이 다를 수 있고, 또 창으로 하는 구연방식도 있으며, 대화체로 하는 것도 있다. 같은 장르라 하더라도 구연자에 따라 구연방식과 구연상황이 달라서 작품의 감흥이나 내용까지도 다르게 된다. 이런 면에서 일단 문자로 기재된 구비자료는 구연성이 사라지므로 구비문학이되 구비문학으로서의 가치는 줄어든다.

한편 구비문학의 구연자들은 들어서 기억하고 있는 것을 말로 드러내고자 하는데, 기억력의 한계나 의도에 따라 구성이 달리 나타나게 마련이다. 실제로 구연자는 자기가 들은 대로의 윤곽에다가 보태기도 하고 또 새로 고쳐서 끼워 넣기도 한다. 이때 보태고 고치는 것은 구연자의 개성이나 의식에 따라 결정되는 것이니 일단은 창작으로서의 성격을 지닌다. 그렇더라도 그 작품은 최대 공약수적인 공통의 틀만 전승되고, 또다시 다른 구연자에 따라 가감되고 부분적으로 창작된다.

셋째, 구비문학은 내용의 단순성(單純性)과 형식의 간결성(簡潔性)을 지닌 문학이다. 구비문학은 기억을 통하여 구두로 전승되는 문학이기 때문에 우선 그 형식이 간결하다. 간결하지 않고서는 기억의 한계 때문에 전해주고 이어받는 데에 변형이 생기게 된다. 구비문학에 있어서 내용의 변질이나 여러 이형태(異形態)의 출현은 복잡한 형식이나 기억력의 한계에서 비롯한 것도 많다. 구전시키려다가 내용을 잊었을 때는 나름대로 창작하여 첨삭하고 각색하거나 아예 윤색하는 경우도 생긴다.

그렇다고 구비문학이 모두 간결한 것은 아니다. 속담이나 수수께끼가 단순하고 민요와 설화도 대체로 단순하나, 서사무가나 판소리 등은 분량이 길어서 한번에 완창(完唱)하여 내기가 힘이 들 정도로 복잡하다. 그렇더라도 그것의 구성은 소설이나 희곡처럼 입체적 구조를 지닌 것이 아니라 대체로 평면적인 구조를 지니고 있어서 간결하다고 하겠다. 이렇게 간결한 구조를 지닌 구비문학이기에 내용 또한 대체로 단순하다. 내용이 복잡하면 전승하기에 어려우므로 단순성은 필연적이다. 그렇다고 해서 내용이나 주제가 수준이 낮고 철학성이 없다는 것은 아니다. 그 중에는 당대를 비판해야 되기 때문에 고도의 비유와 상징으로 포장하고 있어서 문학적 내지는 역사적 진실을 찾아내어 이해하기가 극히 어려운 것도 있다.

넷째, 구비문학은 역사적인 창조물로서 민중의 역사 곧 민속(民俗)이다. 구비문학의 세계란 얼핏 보면 전혀 진실성이나 현실성이 없는 허구로 보인다. 그러나 사실은 그 이야기들을 형성시키고 변이시킨 사회적·역사적인 배경과 밀접한 관계를 맺고 있으므로 역사 자체이거나 역사적 창조물이다. 다시 말해서 문학이 허구적 틀에 속하는 것은 의심의 여지가 없으나 애당초 그 이야기의 어딘가에는 현실적·현장적 사건이 끼어들기 일쑤이므로 역사성이 짙다. 그리고 그 사건이란 당대인들에게 관심의 소재로 기능할 수 있는 것으로서 일단 조건에 맞추어 생성된 구비문학은 비록 끊임없는 변이를 거치기는 하나 끈질기게 생명을 유지하면서 후대에까지 전승한다.

문학 중에서도 구비문학은 생생한 민중의 역사인 민속을 포용한 문학이므로 역사와의 관계가 밀접하다. 특히 설화와 같은 구비문학은 이야기의 출현 시기, 사건과 인물에 대한 역사적 정보, 주변과 연루된 세계상의 구현, 나아가 그것을 증거하여 주는 구체적 물증이나 흔적까지 제시하여 때에 따라서는 역사 그 자체에 버금가는 사료(史料)가 되기도 한다. 그것은 구비문학의 구조가 많은 부분에 있어서 분명히 허구임에 틀림없으나 그 바탕은 현실을 묘사하고 진실을 담으려는 의도성에서 출발하기 때문이다.

이런 의미에서 역사와 더불어 전개되어 온 구비문학의 단계는 단순히 과거사실에 대한 흥미위주만의 이야기가 아니라 역사적 사실에 대한 민중의 복합적인 반응이고, 민중의식이 진보적으로 변화하여 온 사취이며, 봉건사회가 근대사회로 변모하는 과정을 드러낸 드라마이기도 하다. 따라서 구비문학은 문학사적으로만 의의가 있는 것이 아니고, 한국의 역사를 깊이 있게 이해하는 데 있어서 적지 않게 기여하며, 문헌자료 위주의 역사학이 간과하기 쉬운 측면을 보강하는 자료가 된다.

다섯째, 구비문학은 민중의 공동작(共同作)이다. 국문학은 향유층에 따라서 갈래가 달라지는데, 양반문학과 서민문학이 그것이다. 한 예로 고려의 경기체가는 양반문학, 장가인 속요는 서민문학으로 규정되고 있다. 전자인 <한림별곡>, <관동별곡>, <죽계별곡> 등은 양반층의 문학이고, 후자인 <청산별곡>, <서경별곡>, <가시리>, <동동> 등은 일반 서민층의 문학이다. 전자는 처음부터 개인의 창작으로서 문자로 정착되었지만 후자는 작자를 모른 채 공동작으로 구전되다가 문헌에 기재되었다.

여기서 서민층의 문학 곧 민중문학이 구비문학이다. 민중이라는 주체가 삶의 현장에서 민요를 부르고, 설화를 이야기하며, 민속극을 즐겨왔다. 양반 지식층의 기록문학은 생활 자체와는 구별되는 지식이고 품위가 있는 교양이기에 문학한다는 의식과 함께 창작되나, 구비문학은 이처럼 생활과 구별되지 않을 뿐 아니라 문학한다는 의식이 없이 민중에 의해 창작된다. 물론 어느 이야기나 노래가 최초로 만들어졌을 때는 개인의 독창성이 전적으로 개입하였을 것이다. 그러나 그것이 보편적인 작품으로 형성되기까지에는 숱한 사람들의 의견이 첨삭되는 과정을 거쳤을 것이고, 또 이런 과정이 반복되면서 기본틀이 형성되는 것이다.

　구비문학은 다수의 민중들이 참여하기 때문에 지배계층이나 상류층의 의식이 아닌 민간인들 곧 민중의 한(恨)과 흥(興) 그리고 신명이 자연스레 용해되어 있어서 그것을 통하여 민중의 삶의 실태를 볼 수 있음은 물론이고 그들이 지녀온 의식이나 진보된 생각들과도 만날 수가 있다. 달거리체인 <동동>에서는 세시풍속과 그것을 통한 정서를 볼 수 있고, <청산별곡>에서는 현실적인 질곡과 그것을 타개하기 위해 설정된 이상세계 속에서 방황하는 민중들의 현실인식을 볼 수가 있다. <아기장수설화>는 이상국을 건설하여 줄 민중의 영웅을 기대하는 민중의식을 반영하고, 수많은 <효자설화>는 효(孝)에 대한 고정관념의 표출이며, 각종 <민속극>은 양반에 대한 민중의 승리를 함축하고 있다.

　이렇게 구비문학은 민중의 삶터와 가장 가까운 거리에서 형성되고, 또 그러한 현장에서 향유되어 온 이야기이기 때문에 민중의 생각들이 가장 쉽게 투영되어 있다. 그리고 거기에는 민중적인 의식이 개입되면서 민중의 승리로 귀결되거나 민중이 민족의 주체가 되어야 한다는 의식이 강하게 반영되어 있다. 지금 우리는 알게 모르게 문학 창작의 주체가 되어 구비문학을 창조하거나 전승하고 있으며 아울러 향유자로서 존재하고 있는 것이다.

　여섯째, 구비문학은 가장 한국적(韓國的)인 정체성이 짙은 문학이다. 구비문학은 한민족의 주체인 다수 민중의 공동작이기에 우리 민족의 삶이 충실히 표출되어 있는 문학이다. 그것은 또한 민중의 정서가 그대로 함축되어 있는 문학이기에 가장 한국적이라고 말할 수 있다. 구비문학은 양반층의 기록문학이 민족적 성격을 도외시하고 중국의 문학양식과 취향을 추종할 때에도 초동급부(樵童汲婦)들은 시(詩)나 부(賦)에 대해 아는 바 없이 자신의 생활과 정감을 진솔하게 노래하고 이야기하였으니, 이것이야말로 민족적인 것이 아닐 수 없으며 이러한 민족적인 성격은 외래양식을 향한 추종과 예속을 극복할 수 있는 동력이 되었다.

2. 구비문학의 유형과 세계관

(1) 설화의 뜻과 분류

설화(說話)란 간단히 말해서 '이야기'이다. 그러나 단순히 발화(發話)를 뜻하는 '말'이나 '사설(辭說)'이 아니라 일정한 구조를 지닌, 말로 전달하는 꾸며낸 이야기이다. 다시 말해서 설화는 허구적이며 서사적인 체계를 갖춘 문학적 이야기이다. 따라서 신변잡담이나 역사적 사실은 설화의 범주에 들지 못한다. 그런데 '설화'는 대개 '옛날이야기'라고 하여 과거시간이라는 관념에 갇혀있는 어휘로 통용된다. 그래서 현실성이 없는 구태의연한 만담(漫談)으로 이해하는 측면도 있다. 그러나 지금의 시간도 지나면 금방 과거가 된다. 따라서 지금의 이야기도 금방 옛이야기로 되어 버린다. 옛날이야기는 현재와 오늘의 이야기이며, 내일의 미래 이야기이다. 설화의 개념을 보다 명확히 이해하기 위해서 설화의 몇 가지 특성을 살펴보자.

첫째, 설화는 구전(口傳)된다. 설화는 시간과 공간을 초월하여 입에서 입으로 전승한다. 이러한 구전성으로 인하여 본래의 이야기에 첨삭이 이루어지면서 지속적으로 변화한다. 따라서 설화는 한 유형(類型, type)의 이야기라도 화자에 따라 조금씩 그 내용이 다를 수 있다. 이때 각각 다르게 이야기되어지는 이야기 하나하나를 각편(各篇, version)이라고 한다. 각편들은 나름대로 독자성을 지니고 있지만 한 유형의 뿌리에서 탄생하여 분가(分家)한 가족으로서의 존재이다. 구전된 설화를 기록하면 문헌설화(文獻說話)가 된다. 문헌설화는 현장에서의 구전성과 구연성이 없다. 그러나 문헌으로써 전승하고 이것을 전승하는 과정에서 구연성이 다시 재연되므로 구비설화로 인정한다.

둘째, 설화는 산문으로 되어 있다. 설화는 노래가 아닌 말에 의해 전달되는 이야기이므로 산문적이다. 때로는 이야기의 어느 부분에 율문으로 된 노래가 들어가지만 규칙적인 율격을 지니지 않은 보통의 말로써 구연된다. 또 서정주의 ≪질마재신화≫에 들어 있는 <신부>에서 보듯이 설화를 율문으로 표현한 것이 없지는 않으나 그 본령은 어디까지나 산문이다.

셋째, 설화는 구연(口演)의 기회에 제한이 없다. 설화는 이야기를 말하고 들을 수 있는 분위기만 되면 언제, 어느 때나 쉽게 구연할 수 있다. 구비문학의 갈래 가운데 특정한 기회에 구연하는 노동요·무가·판소리·민속극 등과는 입장이 다르다.

넷째, 설화의 화자는 자격에 제한이 없다. 설화를 구연하는 화자는 판소리·무가·민속극에서 보듯이 특별히 수련을 쌓아야 담당할 수 있는 자격이나 능력이 없어도 구연이 가능하다. 들은 이야기를 옮길 수 있는 기억력의 소유자라면 누구나 전달자가 될 수 있는 것이 설화의 화자이다.

설화는 3분법으로 하위분류해서 신화(神話), 전설(傳說), 민담(民譚)으로 나눈다. 현재 세계적으로 통용되고 있는 이 삼분법은 영국의 C. S. Burne이 1914년에 myth, legend, folktale로 분류하면서 비롯하였다. 인류학자인 Malinowski는 1926년의 논문에서 myths, legend, fairy-tale로 분류한 바 있다. 일본에서는 신화, 전설, 석화(昔話) 또는 신화, 전설, 민화(民話)로 나누는데 민담을 석화 또는 민화라고 하는 점이 다르다. 손진태는 "민족설화는 신화, 전설, 우화, 소화, 잡화의 총칭"이라고 하였으며, 조윤제는 신화, 전설, 설화로 분류하였다. 이상일은 신화는 전설이나 민담 이전의 양식으로 논의해야 한다고 주장하고 신화를 설화의 류개념으로 설정하였다. 그리고 설화의 종개념으로 정통민담, 준민담류(우스개 및 일화 기타), 전설로 삼분하였다.

그런데 보편적인 3분법인 신화, 전설, 민담에 있어서도 경계를 서로 넘나들고 상호 전환되기도 해서 분명하게 선을 긋기가 어려운 경우가 있다. 예를 들면 홍수(洪水)에 관한 어느 이야기가 홍수신화도 되고 때로는 홍수전설도 된다. 홍수이야기가 어느 한 지역의 지명과 관련되어 나타날 때는 전설의 성격을 띠지만 인류의 멸망과 기원 등의 내용을 포함하면 신화가 된다. 또 <해와 달이 된 오누이>는 이야기가 해와 달이 생긴 내력을 설명하는 점에 있어서는 신화이다. 그러나 하늘로 오르려던 호랑이가 동아줄이 끊어지는 바람에 땅에 떨어져 죽으면서 흘린 피가 수숫대에 묻어 지금도 수숫대가 빨갛다는 증거물을 제시하는 점에서는 전설의 성격을 지니고 있다. 그리고 오누이가 하느님께 빌어 도움을 받아 해와 달이 되는, 흥미본위의 해피엔드로 나타나는 경우로 보면 민담에 가깝다. 어떤 이야기는 이렇게 분류상의 애매함을 지니지만 그래도 이 삼분법적 분류를 최선으로 여겨 널리 활용되고 있다. 설화의 하위 분류인 신화, 전설, 민담은 각기 어떤 특징이 있으며, 상호간에 어떤 차이점이 나타나는가? 그 차이점을 6가지 면으로 살펴보자.

전승자의 태도

신화의 전승자는, 신화의 세계는 일상적 경험과 합리성을 넘어서 존재한다고 믿음으로써 신화를 진실하고 신성한 것으로 인식한다. 따라서 역사학자들이 <단군신화>를 어떻게 해석하든간에 거기에 구애받지 않고 개천절을 국경일로, 홍익인간의 이념을 교육목표로 삼고 있는 것이다. 전설은 전승자가 신성하다고는 생각하지 않으나 진실하다고 믿고 실제로 있었던 일이라고 주장하는 이야기이다. 그때 진실성을 의심받으면 이야기에 제시된 증거물로써 뒷받침한다. 민담의 전승자는 민담이 흥미를 본위로 해서 꾸며졌기에 신성하다거나 진실하다고 생각하지 않는다. "옛날 옛적 호랑이 담배 먹던 시절에……"로 시작할 때부터 진실성을 상실한다. 그러나 민담은 재미와 함께 교훈적인 뜻을 담고 있다.

시간과 장소

신화는 일상적인 경험으로는 측정할 수 없는 어느 아득한 태초의 옛날과 신성한 장소를 무대로 해서 사건이 전개된다. 신성한 장소란 <김수로신화>의 구지봉, <단군신화>의 태백산 아사달, 그리스 신화의 올림포스, 중국의 곤륜산, 유대의 에덴동산 등을 이른다. 신화의 신성성은 그러한 장소와 시간이 지니고 있는 신성함의 발로이다. 전설은 구체적인 시간과 장소를 제시함으로써 진실성을 뒷받침한다. 이를테면 전설은 "조선시대 영조임금 때 경상도 밀양땅 부사에게 딸 하나가 있었는데……" 식으로 전개되는 것이 보통이다. 여기서 보듯이 구체적인 시간과 장소가 등장함으로써 한결 현실감을 주고 진짜라는 인식을 갖게 한다. 예컨대 <장자못전설>에서 장자못은 화자가 사는 마을에 있는 저수지로서 막연한 장소가 아니라 바로 옆에 존재하는 구체적인 장소다. 민담은 "옛날에 어드런 마을이 있는디, 앞집에는 가난하게 살고 뒷집에는 부자로 살더랍니다."에서 보는 것처럼 시간과 장소가 막연하고 추상적이다. 여기서 '옛날'과 '어드런(어떤) 마을은 지금 화자가 있는 곳이 아닌, 그가 경험해 보지 못한 장소이다. 이렇게 시간과 공간의 한계에 매이지 않기 때문에 작품의 세계가 자유롭게 전개되는 특징을 지닌다.

증거물

신화의 증거물은 매우 포괄적이다. 천지개벽신화에서는 '천지', 건국신화에서는 '국가'가 증거물이다. <단군신화>의 경우에는 '한민족은 단군의 자손'이라는 의식이 증거물이다. 전설은 신화와는 달리 특정한 개별적 증거물을 갖는다. 전설의 증거물로는 자연물, 인공물, 또는 인물일 수 있는데, 전설은 이러한 증거물을 토대로 이야기가 꾸며진다. 산이나 바위에 관한 전설에 있어서 일반적인 산이나 바위는 증거물로서의 자격이 없고 이야기의 대상이 되는 특정한 산이나 바위가 증거물이 된다. 이때의 증거물은 전설을 떠나서도 알려질 수 있는 것이라야 한다. 만약 전설이 증거물을 잃으면 '민담'으로 전환된다. 민담은 이야기 자체로 완결되므로 구체적인 증거물의 제시나 입증이 필요하지 않다. 간혹 민담에 증거물이 제시되는데 그 경우에도 아주 포괄적이며 흥미를 유발하기 위해서 첨부한 것일 뿐이다.

주인공

신화의 주인공은 신(神)이거나, 초월적인 능력을 발휘하는 존재이다. 건국신화의 주인공은 인간이지만 신적인 능력을 지닌 존재로서 등장한다. 전설의 주인공은 시대나 지역의 제한을 받는 역사적인 인물이거나 사물자체가 주인공이 된다. 그리고 전설의 주인공은 신화의 주인공보다 왜소하며 예기치 못한 사건을 성공적으로 극복하지 못하는 경향이 짙다. 민담의 주인공은 일상적인 인간이 대부분이다. 그러나 이들은 난관에 봉착했을 때도 끈기, 우직, 행운, 우연, 지혜, 조력자의 도움으로 극복하고 운명을 개척하여 나간다.

전승의 범위

신화의 전승은 씨족, 부족, 민족의 범위에서 이루어진다. 성씨(姓氏)신화는 씨족에서 전승하고, 민족신화는 민족적으로 전승한다. 민족신화가 세계신화로 전파되는 경우도 있다. 그리스·로마신화나 이스라엘의 구약신화가 그 예이다. 물론 이 경우에는 신성성이나 진실성이 약화된다. 그러나 종교적인 믿음을 기반으로 전승할 때는 오히려 강화되는 경향이 있다. 전설의 전승은 증거물이 제시되므로 지역적인 범위에 머문다. 증거물이 전국적으로 알려져 있어서 전국적·민족적 전설로 되어 있는 경우도 있다. 그러나 어느 특정한 지역에서 전승하는 것이 일반적이다.

민담의 전승 범위는 지역이나 민족에 국한되지 않고 범세계적으로 분포되어 있다. 전승은 공동적이 아니라 개인적으로 이루어진다. 따라서 <이솝이야기>처럼 다른 나라의 민담이라고 하더라도 흥미롭다면 약간의 수정을 가하여 우리의 민담으로 향유할 수 있다.

세계관

신화의 세계는 신령스런 능력을 지닌 존재가 세계의 질서와 문화를 창조하므로 숭고미를 지닌다. 따라서 전승집단의 행동반경을 지배하는 구심력으로서의 신앙이 요청되고, 나아가 집단의 대동단결을 도모하여 준다. 전설은 전승 범위에서 알 수 있듯이 지역을 기반으로 전승하기 때문에 지역적 유대감을 고취하여 준다. 그러나 주인공이 예기치 못한 사태에서 좌절하므로 운명론적 비극성에 이른다. 민담은 주인공이 예기치 못한 사태를 만나 좌절하기 직전에 조력자의 도움으로 사태를 극복하고 운명을 개척한다. 따라서 민담은 낙천적이며 희망적인 세계의 모습을 보여준다.

(2) 민요의 분류와 변천

민요의 특성과 분류

민요는 노래이면서 소리이다. 민요가 불리는 현장에서는 노래보다 '소리'라고 한다. 소리는 민요의 현장에서 널리 쓰이는데, 이 말은 단순히 율동으로 노래한다는 뜻만이 아닌 원초적인 데서부터 나온 신명풀이와 한풀이라는 뜻을 함축하는 듯하다. 노래는 그 성격이 매우 다양하다. 노래나 소리는 이들이 구비전승의 작은 갈래로서 음악적인 율동으로 이루어져 있다는 공통점을 지니면서 실제로 어떤 노래인가 하는 데서는 아주 다른 점이 있다. 따라서 민요란 일반 민중 속에서 저절로 전승되는 민속시가(民俗詩歌)를 두루 일컫는다.

민요의 정의도 민요가 다른 무가, 판소리, 고사풀이, 잡가와 구분했을 때 더욱 뚜렷하게 드러난다. 무가는 무당이 부르는 것이고, 판소리는 광대가 부르는 것인데 민요는 보통 누구나 부르는 것이다. 민요의 비전문적인 성격은 그만큼 민중의 취향에 부합된다는 것이며 일상생활에서 하는 일이나 행사와 밀접하게 관련되어 있다는 것을 말해 준다. 민요는 노래의 보편적인 형태를 지니고, 무가나 판소리는 노래의 전문적인 형태라고 할 수 있다.

민요는 전국 어디서나 들을 수 있고 누구나 부를 수 있기 때문에 민속학 또는 구비전승의 율문(律文) 갈래 중에서 가장 보편적이고 일반적인 노래의 자질을 지니고 있다. 노래 부르기 자체는 표현이고 또 광의의 비유이거나 꾸며진 사건으로 이어지는데다가 음악적인 리듬이 더 첨가되므로 심리적으로 격양되는 그 무엇이 있다. 격양된 정서는 일상생활의 경험을 새롭게 인식하는 계기가 되고, 부를 때의 정서적 감흥에서 일상의 삶에서 느끼지 못했던 강렬한 정신교감을 가지게 된다. 이렇게 민요를 부르거나 듣는 삶은 민요의 다양한 측면에서 안에 숨어 있는 뜻도 표출하고 현실의 이모저모에 대하여 즉흥적으로 반응하기도 한다. 민요는 그 자체를 둘러싸고 있는 다양한 요소에 따라 구비전승의 다양한 특질을 두루 보여주는 것이다. 따라서 민요는 기층집단의 민중들 속에서 저절로 자생하는 삶의 소리, 생명의 소리, 신명의 소리인 것이다.

민요는 설화와는 달리 노래이기에 음악이면서 문학이고, 문학 갈래로는 구비율문이다. 특정한 개인의 창작이거나 아니거나 창작자가 문제되지 않는다. 특별한 수련을 거치지 않고서도 배울 수 있을 만큼 기억력의 부담이 적고 단순하다. 사설이나 창곡이 지역에 따라 노래 부르는 사람의 취향에 맞게 달라지고, 노래 부를 때의 즉흥성에 따라 매우 다양하다. 이처럼 민요는 문학이고 음악이며 동시에 민속이다. 문학으로서 민요는 민속문학의 한 영역이며 일정한 율격을 지닌 구비시가의 특징을 지니고 있다. 음악으로서 민요는 민중이 즐기는 민속음악의 토착갈래이고 전문 노래꾼이 부르는 것과 구분된다. 민속으로서의 민요는 구비전승(口碑傳承)의 하나로 생활사와 관련이 있고 집단적인 주술문을 통하여 연행되는 점에서 독자적이다. 민요는 이 셋의 유기적 결합으로 존재하는 것인데 셋을 따로 떼어서 말할 수 있는 것은 아니다. 이 셋을 동시에 고려할 때 살아 있는 민요를 만날 수 있고 그럴 때만이 민요를 입체적으로 이해할 수 있다.

민요의 민속적 특징은 구비전승으로서 민중의 생업이나 세시풍속놀이, 통과의례 등과 맞물려 있다는 것이다. 그만큼 민중의 생활에 밀착되어 있어 민중의 정서적 감정이 여느 양식보다 풍부하다. 이는 민요의 기능과 상관되는 것인데 민요가 전통 사회에서 존재하는 이유도 되며 동시에 민중에 의해 공동작으로 생산된다는 측면도 강조한 것이다. 두레나 공동의례 그리고 대동놀이와 같은 집단적인 행위를 통하여 불리는 기회가 많은 것도 지적할 수 있다. 민요의 이런 존재양상은 민요사회에서 민요가 생산되고 수용되면서 그 사회조직과 문화양식을 반영한다는 뜻도 된다. 민요사회에서의 민요 위상은 전통적인 생활에 일정한 민속적 기능으로 자리잡고 있어 민중의 민속예술이고 역사적 산물이라는 데에 있다.

민요의 음악적 특징은 누구나 공감하는 노랫가락에 실려서 불린다는 것이다. 전통적 노래 방식에 적합하도록 그 율격이나 형식이 다듬어져 있다. 그만큼 민중의 생활 취향에 가까운 창악(唱樂)이므로 누구나 즐기는 노래이다. 또 민요의 창곡이 지역에 따라 나타나므로 향토성이 짙다. 이를 민요권(民謠圈)으로 말할 수 있다. 경기민요, 남도민요, 강원민요, 영남민요, 제주민요 등으로 나눌 수 있을 정도의 각기 독자적인 성향을 띠고 있다. 예컨대 경기민요는 <산타령>, <창부타령>, <한강수타령>처럼 맑고 경쾌하여 부드러운 느낌을 주고, 남도민요는 <농부가>, <진도아리랑>처럼 발성 자체가 굵고 꺾는 소리가 비장한 느낌을 준다. 서도민요의 <수심가>, 함경민요의 <애원성>, 강원민요의 <정선아라리>, 경상민요의 <메나리>, 제주민요의 <오돌또기> 등은 각각 지역적 스토리를 바탕으로 저마다 색다른 정취를 자아내고 있다.

민요의 문학적 특징은 사설에 국한된 것이지만 구전성과 서정성을 표출한다는 것이다. 사설은 율문시가의 형식적 기본형을 보여주는 모체이다. 사설은 가창구조에 의해 시처럼 행이 있고, 연(聯)이 있다. 연은 주로 후렴이 개입되는 분절체 형식이 있고, 구분되지 않은 연속체로서 짧은 것에서부터 긴 것까지 다양하게 존재한다. 어휘의 반복과 대립, 공식구 표현, 처음과 맺는 방식 등이 시적 구조를 이루는 데 유기적으로 결합되어 있다. 민요와 보편적인 갈래인 서정민요에 관한 서정시적 소리꾼의 변형인 시적 자아를 중심으로 정서 표출 방식을 유형화하여 보여준다. 소리꾼은 삶의 현장과 자연의 심상을 끌어와 비유 또는 상징, 주제 실현 등에 대하여 어떻게 표현하는가를 문학의 본질로서 감상할 수 있다. 이밖에 서사민요나 덕담, 문답민요, 동요 등도 서사문학적 성격이나 언어놀이의 문학적 효과를 자연스럽게 표현한다. 이처럼 민요의 구비문학적 가치는 정서적 정화나 동화를 민중이 직접 경험함으로써 공동체적 정신교감을 이루는 구실을 하는 데 있다. 민요는 일반적으로 다음과 같이 분류한다.

노동요

노동요는 일의 지루함을 잊고 일의 효율을 극대화하기 위해서 부르는데, 흔히 '작업요' 또는 '일노래'라고 한다. 노동요가 불리는 현장에는 노래가 일의 진행을 도와주는 구실을 하고 있다. 전통사회에서 노동이

거의 전 영역에 걸쳐 구축되어 있었고, 노동의 방식에 따라서 서로 다른 방식으로 존재하였다. 누구나 노동의 현장에서 어떠한 노래든지 부를 수 있겠으나, 민요 가운데서도 오랫동안 집단적으로 전승되어온 노래만을 한정해서 노동요라고 칭하고 있다.

노동요는 민중의 일터에서 노동의 효과적인 진행을 위하여 필요하다. 행동통일을 하면서 일사분란하게 움직이며 일을 진행해야 하는 경우에 노래가 일의 효율성을 높이는 역할을 한다. 목도메기의 '영차 영차'나 보리타작의 '에호 에호'라는 소리를 통해 일정한 손발을 맞추므로 일의 효과를 가져 올 수 있다. 노동요의 본디 모습은 이처럼 단순한 율동에서 시작했으나 점차 사설이 길어졌으리라 생각된다. 길쌈삼기나 물레질, 절구질 등 혼자서 반복적으로 행하는 일에서도 손놀림에 따라 노래를 부른다. 이때는 후렴구 있는 노래가 아니고 대체로 노래의 가락을 반복하며, 사설 자체는 노래 부르는 이의 취향에 따라 달라질 수 있다.

노동요에 있어서는 동작의 수행과 노래의 연행이 동시에 이루어지기 때문에 행위와 노래가 분리되지 않으며 어느 한쪽이 다른 한쪽에 우선한다고 말하기는 어렵다. 노동요가 불리는 현장을 보면 일의 형태와 관련 동작에 따라 노래 사설이 연장되면서 배분된다. 그러나 노래의 율동과 노동의 동작이 반드시 일치하지 않는 경우도 있다. 모내기나 삼삼기 할 때 여러 사람이 한 자리에서 일하지만 각자 임의대로 손을 놀릴 따름이지 동시에 손놀림이 일치하지는 않는다. 일꾼들은 노래를 관습적으로 전제하면서 같이 일하는 즐거움을 노래 사설로 삼는다. 노동요는 일터에서 일꾼에게 일의 육체적 고됨을 덜어주는 구실을 할뿐만 아니라 정신적인 면까지 고양시키는 측면이 있다.

의식요

의식요란 의식(儀式)을 거행하면서 부르는 민요를 말한다. 의식요에는 주로 사람의 일생에 따르는 통과의례와 일 년 동안의 세시명절에 따르는 세시의례를 거행하면서 부르는 것이 있다. 의식을 거행하면서 부르는 민요 중에는 의식 자체가 지닌 세분화의 성향으로 말미암아 기능상 복합적인 성격을 지니는 것들이 있다. 예컨대 <지신밟기노래>나 <다리밟기노래>는 지신을 누르고 새해 축원하는 행사에 불리는 민요이지만, 정월 보름을 전후하여 풍년을 점치고 춤출 때 노래한다는 유희적인 취향을 지니고 있다. 그렇지만 의식요에 국한하여 말할 경우 무엇보다 세시의식과 장례의식이 대표되므로 민간신앙과 밀접한 노래를 말한다.

의식요의 부르기는 의식의 일부로 주술적 측면이나 기타 의식 진행상의 목적 실현을 위하여 하는 것이다. 의식을 거행하면서 부르는 노래에는 무가나 불가(佛歌)가 있는데, 이 또한 넓은 의미에서는 의식요라 할 수 있다. 그런데 무가나 불가가 종교적 특수 집단의 노래인데 반해, 민요로서의 의식요는 비전문적인 민중의 노래라는 점에서 차이가 있다. 다만 민요 중 무가 <성주풀이>에서 민요화한 것이나 불가 <회심곡>에서 민요화한 <상여노래>는 의식요인 것이다. 이런 점에서 의식요의 작은 갈래는 의식의 변별성에 따라 세시의식요, 장례의식요, 신앙의식요로 나누어진다.

유희요

유희요는 놀이를 하면서 놀이의 진행을 위해 혹은 놀이에다 즐거움을 보태기 위해 부르는 노래다. 놀이는 삶을 살아가는 과정에서 현실의 어려움을 극복하고 삶에 활기와 즐거움을 준다는 기능을 지니고 있다. 놀이는 단순히 쉰다는 의미를 떠나서 노동력 재생산을 위한 필수적인 수단으로 파악된다. 이러한 놀이에 노래는 삶의 재미와 즐거움을 극대화시키면서 놀이하는 주체의 세계관을 드러내는 구실을 한다. 놀이를 통해 공동체 구성원끼리 거리를 좁히고 화합을 다지는데, 이때 노래는 이들 간의 유대감을 최대화하는 수단이기도 하다.

놀이라고 해서 모두 노래를 동반하는 것은 아니지만, 놀이의 성격에 따라 노래를 동반하는 것이 있고 그렇지 않은 것이 있다. 그렇지만 우리 전통사회에서의 놀이에는 진행 과정에서 언제나 노래가 빠지지 않았고, 노래 부르기는 그 자체로서 놀이의 범주에 드는 것이다. 노래 부르기는 소극적인 의미로서만 파악할 것이 아니라 놀이의 속성인 심심풀이로서 정서 교감과 흥의 발현이 구체화된 것으로 보아야 한다.

유희요는 놀이의 양상과 놀이가 언제 이루어지는가에 따라 세시풍속과 관련하여 주기적으로 연행되는 세시유희요와 일상적으로 생성되는 일상유희요로 크게 나눌 수 있다. 그만큼 세시유희요는 세시의 본질인 민속적 의미를 강하게 드러내고 있다. 곧 풍요와 다산을 예측하거나 감사하는 것에서부터 재미와 흥미를 추구하는 형태까지 넓게 보이고 있다. 반면에 일상유희요는 놀이의 방식과 그 목적에 따라 경합유희요, 언어유희요, 가창유희요로 나눌 수 있다. 세시유희요에 닿아 있으면서 일상유희요의 성격을 보이는 가무유희요도 작은 갈래로 설정할 수 있다. 경합유희요는 겨루기나 다툼이 개입되는 놀이에 따른 노래이다. 언어유희요는 겨루기나 다툼이 개입되는 놀이에 따른 노래이다. 언어유희요는 일정한 대상이 없으면서 노래의 사설 곧 말놀이 자체가 놀이의 수단으로 진행되는 경우이다. 가창유희요는 이른바 비기능요라고 말하는 유흥민요인데, 본디 기능을 갖고 있지 않으나 일정한 기능이 없어 술 마시고 춤추면서 어울려 노는 판에 특별한 절차를 무시하고 임의대로 부르는 노래이다. 이는 민요의 현장에서 기능 간의 넘나듦에 따라 자연스럽게 불리는 것이므로 노래 부르기 자체가 놀이의 속성에 부합되는 것이다. 가무유희요는 흔히 여성유희요로서 춤과 어울리는 소리노래인 것이다.

유희요는 놀이의 주체에 따라 아동유희요, 남성유희요, 여성유희요로도 나눌 수 있는데, 남성유희요와 여성유희요는 앞에서 말한 바와 같으며 다만 아동유희요가 성인유희요에 비해 놀이 비중을 더 갖는다는 점에서 놀이 차원에서 새롭게 인식해야 한다. 아동들의 놀이는 대부분이 노래를 필요로 했다. 흔히 동요(童謠)라고 일컫는 것이 아동유희요에 해당한다. 아동들의 경우 놀이를 하면서 지내는 시간이 전체 생활의 대부분을 차지하는 만큼 노래 부르기 자체는 놀이이면서 교육적인 활동인 것이다.

민요의 역사적 변천

민요는 지금도 불리고 있지만 인류가 집단생활의 조짐을 나타낼 때부터 생겨났다. 문자 발생의 이전에 인류의 생활사 시작과 함께 생성된 것이다. 본디 원시 종합예술의 한 형태로 존재하던 것이 갈래별로 분화되면서 '노래'라는 고유의 영역이 확보되었다. 본능적인 노래 부르기의 방식은 원시인일수록 많았다. 사냥을 하거나 농사를 지으면서 같이 움직이고, 수고를 덜면서 기쁨을 나누고, 성과를 기대하는 노래 부르기가 초기부터 필요하였다.

이런 전통은 구석기, 신석기 시대에서 부족국가 시대까지도 거의 그대로 이어져 오면서 점차 문자기록에까지 나아간 것이다. 상고시대인 부족국가에는 각기 고유의 제천의식(祭天儀式)이 있었다. 부여, 고구려, 동예, 삼한 등에서 국중대회를 하면서 큰잔치를 벌였다는 데서 민요의 구실을 찾을 수 있다. 실제로 남녀가 무리지어 노래 부르고 춤추었다 하고, 이 시기의 농경생활상 생산노동을 집단으로 할 때 자연스럽게 민요의 구실이 요구되었을 것이다. 실제로 남녀가 무리지어 노래 부르고 춤추었다 하고, 고인돌을 운반하면서 또는 흙을 파면서 단순한 소리를 반복하면서 긴소리도 주고받았다고 하는 데서 노래의 문화적 행위가 이루어진 것이다. 상고시대의 민요는 이처럼 '음주가무'에 뭉뚱그려 존재하고 신을 즐겁게 하고자 하는 제의적(祭儀的) 원초관념과 오신적(娛神的) 성향이 두드러지게 나타났을 듯하다. 그러다가 고구려, 백제, 신라가 통치체제를 정비하고, 제도권에서 음악문화를 공식화해 나감에 따라 민요의 실상이 달라졌다. 예악사상이 위정자들에게 새롭게 인식되자 민요 중에서 일부는 궁중악곡으로 수렴됨으로써 관련내용이 문자화되었다. 궁중악곡으로 채택되지 못한 나머지 대부분 민요는 민중의 생활 속에서 끈질기게 전승되었다. 그렇지만 상대시대나 삼국시대의 문헌자료에 대한 부족현상으로 그 모습을 구체적으로 알 수는 없다. 그 대부분은 어떤 내용인지 알기 어렵고, <정읍사>만은 후대까지 전승된 사설이 한글로 표기되었다. 예컨대 고구려의 <내원성가>, <명주가>, <연양가>, 백제의 <지리산>, <선운산>, <방등산>, 그리고 신라의 <도솔가>, <회소곡(會蘇曲)> 및 ≪삼국사기≫ '악지(樂志)'에 열거한 것들이 있다. 이들 노래들은 대개 사설이 전하지 않고 관련 설화를 통해서 부분적인 내용만을 알 수 있을 뿐이다.

<구지가>나 방아타령인 <대악>의 기록으로 보아, 신라시대의 민요에는 집단적인 주술의 노래와 개인적인 서정의 노래가 두루 있었다고 보여 진다. 이 안에는 주술적·제의적 면이 엿보인다. 향가의 초기 형태로 알려진 <풍요>는 민간에서 전승되는 순수한 민요의 모습인데, 진흙을 운반하면서 불상을 만들 때 불렀다는 점에서 의식과 노동의 현장에서 널리 이런 노래가 불렸다는 사실을 상기시켜 주고 있다. 이 시기의 민요로 특이한 사실은 불교의 전파와 관련된 노래가 민중들에게 불려졌다는 것이다. 원효가 널리 유행시킨 <무애가> 등이 그것이다. 일반 민중들에게 불교를 전교하기 위한 방법으로서 노래를 이용하였음을 알 수 있다.

삼국시대, 통일신라시대의 민요적 전통은 고려 초기에 그대로 이어졌으리라 생각된다. 통일신라에서 고려시대로 넘어오면서 상층에서는 중

국문화를 적극 수용하여 문학에서는 귀족적 성격의 한시(漢詩)를, 음악에서는 당악(唐樂)을 정착시키고 다시 아악을 들여오자 상하층 문화의 간격이 현저히 벌어지고 민요가 새롭게 부가될 수 있는 여건이 크게 제한되었다. 이러한 원인으로 말미암아 고려시대의 민요는 극히 적은 편이다. 그린데 고리 후기에 이르러서는 그나마 민간에서 부르넌 노래가 궁정으로 들어가 이른바 교방가요(敎坊歌謠)로서 모습을 탈바꿈한 까닭에 이 시기의 노래의 성격을 알 수 있다. 궁중의 속악정재에서 불리는 속악가사(俗樂歌詞)를 이루었으니, <청산별곡>, <상저가>, <동동>, <서경별곡>, <가시리> 등이 그것이다. 이들 자료를 직접적인 민요 그 자체로 보는 데는 무리가 있으나, 곡조와 사설 양면에서 민요적인 구조와 형태를 확인할 수 있게 한다.

고려 전기에는 민요의 수집과 이해에 소홀히 하였지만 고려 후기에는 일부 지식인들이 민중의 삶에 관심을 표방함으로써 민요에 관련된 기록을 남겼다. 일연을 비롯하여 이제현, 민사평, 안축, 이곡, 최해 등이 그들이다. 이제현과 민사평의 이른바 ≪소악부≫의 민요 한역화 사례를 통해 비록 한자로 기록하였지만 당대 민요의 상황을 알 수 있다. 이제현의 ≪소악부≫ 중 제주도 민요를 채록하고 있는데, "밭둑의 보리 거꾸로 열리거나 말거나 / 언덕의 삼 잎 두 갈래로 찢어지거나 말거나 / 옹기와 하얀 쌀 가득가득 싣고서 / 북풍에 두둥실 뱃사공 오기만 기다리네(從敎壟麥倒離枝, 亦任兵麻生兩山支, 滿載靑瓷兼白米, 北風船子望來時)"에서 보듯 당대 제주도 민중의 풍자적 의식과 사상 감정을 확인할 수 있고 시대의 변화를 확인할 수 있다. 또 이 시기에 <보현사>, <장암>, <목책요>, <아야가> 등 정치의 실상을 꼬집는 참요가 널리 유행하였다.

조선 전기에는 세종을 비롯한 역대 군왕의 민심파악을 위한 민요 채집이 이루어졌고, 이는 오로지 유교적인 이념에서 나왔기 때문에 순수한 민요 조사와는 거리가 있었다. 조선왕조는 성리학을 지배적인 이념으로 내세워 전대 문화를 정리하면서, 속악가사의 곡조를 계속 이용하여, 사설은 민요와 점차 멀어지게 되었다. 아악도 재정리하여 예악을 확립하고자 하였으며, 나라의 권위를 상징하는 시가문학인 악장(樂章)과 같은 갈래를 마련하였고, 그 결과 본디 민요의 사설도 민요 그것이 아닌 방향으로 변개되었다.

민요를 수집하여 정치에 참고한 것은 민심의 동향을 파악하고 교화의 정도를 가늠하는 데 있었다. 세종 때 박연(朴堧)은 음악에 조예가 있어 나라에서 악의 정리에 힘써야 한다는 상소를 올리고 민요의 수집에 관심을 기울였다. 세조 때 세조 자신이 농가(農歌)에 관심을 기울여 강릉에서 농부에게 노래를 시키기도 하였다. 강희맹은 농가 중에서 뽑은 <선농구> 14수로 시를 엮었는데, 이는 민요의 현장감이 보인 점에서 그 의의가 크다. 또한 <선농구>의 발문을 살펴보면 강희맹이 민요의 맛과 형식을 살리기 위해 얼마나 애를 썼는가 하는 점도 엿볼 수 있다. <선농구>에서 보여준 민요의 수집 방식은 후대에 좋은 전례가 되었으며 한시로서의 익재의 ≪소악부≫와 마찬가지로 훌륭한 예술로서 인정받았다. 또 이 시기에 기생들이 부르던 노래도 한역된 것이 전하고 <모내기노래>라고 전하는 민요 한 수가 여러 문헌에 보인다. "옛적의 이러하면 형용(形容)이 나마실가 수심이 실이 돼야 구뷔구뷔 매쳐이셔. 아모리 푸르려 하되 끗간대를 물래라"는 시의 형식으로 남아 있지만 서울 청파역 부근에서 농사를 짓는 농민이 주로 불렀다고 한다. 이외에 아이들이 부르는 동요 가운데 정치적 변화의 조짐을 알리는 참요가 있다고 믿어서 기록한 것도 있다.

조선후기에는 여느 구비전승도 그러하듯이 이 시기의 민요가 전대와 다른 양상으로 나타난다. 사회변동과 문화구조가 조선전기와 크게 달라지면서 민요가 사회에 적극적인 구실을 하였다. 민요 사회에서 민중의 역량이 커지고, 지식인들의 문화인식이 달라지고, 더구나 민중의식의 각성이 민요와 같은 구비전승을 통해 온전히 표현되었다. 달라진 민요의 여건을 민속악의 발흥과 국문시가의 활발한 진작 그리고 한시에서 민요적 취향이 나타난 데 영향을 미쳤고, 민요 자체가 조선 후기 시가의 독자적 양식을 마련하는 데까지 이바지하였다. 민요의 자료는 사대부가 지은 문집에 참요, 노동요, 만가, 자장가 형태로 한역되어 전하고 소설이나 가사 및 판소리에 삽입되어 국문으로 전해지기도 한다. 문인 중에서 민요를 제재로 한시(漢詩)를 짓거나 민요적 취향을 보인 악부시(樂府詩)를 쓴 이가 있다. 정약용이나 이옥, 이학규가 그 대표적인 인물이다. 이들은 민요를 한시를 통해 조선적인 것을 추구하고 민요의 문학적 자질을 적극적으로 수용한 것이다.

참요는 전대와 비슷한 관심으로 나타났지만 조선후기의 사회변동과 맥락을 같이 하여 오히려 풍자성이 강화되었다. 이는 장희빈과 인현왕후의 역사적 사건을 예리하게 비판하고 있는 "미나리는 사철이요 / 장다리는 한철이라"를 비롯하여 <남산요>, <슬프곤>, <홍경래요>, <녹두새요> 등 많은 각편들이 쏟아져 나왔다. 동요 부르기에 기대면서 은유적 장치를 통해 앞으로 일어날 사태를 예견하거나 당대의 비리를 꼬집기도 한다. <모내기노래>, <산유화> 등의 노동요는 농사짓는 현장에서 불리는 것을 채록한 것이다. 그러면서 삶에 뒤틀린 사연과 역사적 전설도 사설에 수용하여 나타내고 있다. 어느 특정한 지역에서 일정한 생활상의 기능과 함께 전승되던 민요가 그 곳을 일탈하여 널리 전파되고, 고정된 기능에서 벗어나 유흥적으로 불리게 된 사실은 커다란 변화이다. 교통이 열리고 지역 간의 교류가 빈번해지자, 지방의 노래가 전국적으로 불리는 노래 항목으로 등장하게 되고, 반대로 서울의 <서울아리랑>을 어디에서도 부르게 되었다. 진도지방의 <진도아리랑>이 서울에서 불리고, 함경도의 <어랑타령>이 남쪽지방까지 불려졌다. 사당패나 창우집단(唱優集團)과 같은 전문적인 소리패가 민요를 이동시키는 데

큰 역할을 했다. 무가였던 <노래가락>, 노동요였던 <뱃노래>, <오돌
또기>가 놀면서 부르는 유흥민요로 바뀐 사실이 이를 입증한다.

이러한 민요의 유통과정에서 조선 후기에 민요의 변종인 잡가(雜歌)라
고 지칭되는 구비시가가 등장하게 된다. 비록 민요의 범위는 벗어났지
만 그 본질은 민요의 연행방식에 닮아 있다. 조선후기 상업자본의 활성
화와 시장의 확장은 민요를 전문적으로 부르는 소리꾼을 요구하게 되
었고, 이를 민요의 사회사적 측면에서 보면 전문적인 놀이패의 등장은
당대의 필연적인 문화현상인 것이다. <산타령>은 선소리패라는 놀이패
가 맡아서 부르는 흥미로운 공연물로 나타난 것이다. 서울지방의 <십
이잡가>를 통하여 음악적인 세련성과 문학적 수식을 보탠 측면을 발견
할 수 있다. 전문 소리꾼의 촉진을 통해 전통적인 민요를 그대로 부르
는 것을 '옛날 노래 부르기'라 하고, 새로운 종목으로 부르는 것을 '중
년 소리 부르기'라고 말하였다. 조선 후기의 다층적인 노래문화는 잡가
뿐만 아니라 다양한 변종의 구비갈래를 보여준다. 13세기에서 20세기
초에 널리 불린 <경복궁타령>, <노들강변>, <도라지타령> 등의 각편
들은 새로운 공연물로 나타났거나 누가 지은 신민요이다. 이들 신민요
는 노동의 현장과 멀리 이탈하여 떠도는 모습이 되었지만 당대의 세태
를 잘 반영하여 드러내주고 있다.

조선후기 이후 민요가 가진 비판적인 기능은 일제강점기에 들어서
일제에 대한 항거의 의지를 표현하는 구실로 바뀐다. 전통사회의 노
래는 본디 가지고 있던 민족 정서를 집약하여 보여주다가 주권 상실
의 현실성 때문에 훼손, 굴절 상태로 나타난다. 현실에 대한 당대 민
중의 비극적인 인식이 긍정적으로는 저항의지로 나타났지만, 부정적
으로 식민 사관의 개입에 의해 감상적 비애감으로 민요의 가치가 전
도하게 되는 면도 드러났다. 민요의 부정적인 인식은 그 이후에도 줄
기차게 영향을 미쳤고 최근에 와서 민요의 본질적인 측면이 온전하게

드러나고 있다.

더구나 1920년대 이른바 민요시 운동도 민중의 주체적 역량을 간파하지 못한 채 지식인의 막연한 낭만주의 세계관에 편승하여 민요를 수용함으로써 실험 차원에 머물고 말았다는 사실에서도 이러한 사실을 확연히 알 수 있다. 김억, 김소월, 홍시용, 김동환 등에 의해 민요의 표현과 정서를 받아들여 민요시를 이룩하자는 시도는 당대의 민요만큼 적극적인 저항의지도 표현하지 못하고, 그렇다고 민요적 발상을 통해 현대시의 깊이를 더했다고 보기도 어렵다. 이 시기에 그나마 국학운동의 차원에서 민요가 수집되고, 민요에 관련된 글이 나왔다는 사실은 주목할 만하다. 일본에서 건너온 상업주의의 산물인 유행가 또는 대중가요가 보급되고, 다른 한편에선 전통사회의 생활양식마저 달라지는 시기에 민요를 정리하고자 한 노력은 대단하다고 할 수 있다. 이처럼 민요의 역사는 단순한 노래의 사실을 기술하는 데 있는 것이 아니라 노래의 사회사를 창조적으로 말해주는 영역임을 알 수 있다.

(3) 무가의 특성과 의의

무가는 언어의 기능적인 측면에서 볼 때 청배·공수·축원·오신 등으로 나누어진다. 청배(請拜)는 신의 강림을 비는 무가로 사제자인 무당이 신내림을 비는 언어로 되어 있다. 서두에서의 축원과 개개의 신을 청하는 청배 및 서사무가가 여기에 속한다. 공수는 강림한 신이 무당의 입을 통해 소원을 비는 사람들에게 사설을 한다는 점이 특징이다. 따라서 이때의 경어체는 청배나 축원이 극존칭으로 되어 있는 데 비해 '해라체'의 반말로 되어 있다. 축원에는 천도·치병·기복 등 여러 가지가 있다. 오신(娛神)에는 노랫가락·대감타령·창부타령 그리고 강릉단오굿에서 가창되는 등노래·꽃노래 등이 포함된다.

좀더 구체적으로 말해서 무당은 굿의 마당에서 제물을 헌공하고 악사의 장단에 맞추어 본풀이를 가창한다. 그것은 "어느 달 며칠, 어느 마을의 누가, 무슨 사유로 이 굿을 시작하여, 어떤 제차를 거쳐, 무슨 본풀이의 차례가 되었기로 본풀이를 올립니다."라는 내용의 사설을 노래하고 본풀이로 이어진다. 그 서두는 대개 "옛날 옛적…" 식으로 시작하여, 주인공의 출생·성장·고행·성공·결연 등 영웅의 일생처럼 파란만장한 생애를 구술하고 드디어 신(神)으로서의 직능을 차지하여 좌정하는 것으로 결말을 맺는다. 이렇게 본풀이가 다 끝나면 "무슨 본풀이를 다 올렸습니다. 어떻게 하여 주십시오"라는 축원으로 넘어간다.

제의 과정 중에서 이렇게 무가를 노래하고 축원을 하는 이유는 지금 축원하는 사항을 유리하게 지배하고 처리한 신의 과거 행적을 신화를 통하여 명확히 증거를 댐으로써 신이 그 축원을 들어줄 수밖에 없도록 하려는 데서 기인한 것으로 풀이된다. 따라서 무가는 축원하는 사항의 성취라는 공리적(功利的)인 기능을 주로 하고, 자연과 인문사상(人文思想)에 대한 지식을 부여하며, 아울러 생활상의 행동을 통제함과 동시에 심미적 쾌락을 주는 부차적인 기능도 지니고 있다.

한편 무가는 예술의 장르 중 언어예술이며, 이를 문학적으로 분류하면 교술무가·서정무가·서사무가·희곡무가로 나누어진다. 교술무가는 축원무가류가 대부분을 차지하는데, <지두서>·<조상해원풀이>·<망자풀이> 등이 여기에 속한다. 서정무가는 <창부타령>이나 <꽃노래>와 같은 민요풍의 가요로서 대부분의 오신무가가 이에 해당한다. 서사무가는 청배의 기능을 지니고 있는 무속신화로서 신이 되어 좌정하기까지의 과정을 전달하는 것이므로 청중에게 흥미와 재미를 준다. 우리나라의 대표적 서사무가에는 전국적으로 분포된 <제석본풀이>와 <바리공주>가 있고, 동해안의 <심청>, 전라도의 <칠성풀이>·<장자풀이>, 제주도의 <세경본풀이>와 <천지왕본풀이> 등이 있다. 희곡무가는 굿놀이에서 구연되는 무극(巫劇)의 대본적인 성격을 지닌 것으로서 제주도의 <영감본풀이>·<세경본풀이>, 경기도 양주의 <소놀이굿>, 동해안의 <거리굿>·<도리강관원놀이> 등에서 찾아볼 수 있다.

무가의 기원은 고대 부족사회의 무속제전인 영고·동맹·무천과 같은 '제천의식'에서 찾을 수 있을 것이다. 제천의식은 오늘날의 대동굿이나 별신굿 등과 같은 부족공동체의 무속제전이었다. 오늘의 굿놀이에서 무가가 가창되듯이 예전의 제전에서도 천신에게 축원하고 신의 행적을 가창한 무가가 있었을 것이다. 그리고 불교와 유교가 전래된 뒤 무속적 제전은 국가적인 행사의 자리에서 밀려나 마을이나 가정 단위의 행사로 하락하여 축소되었으므로 무가도 쇠퇴하고 변모하였을 것이다. 그런 연유로 천지창조신화와 국조신화가 쇠퇴하고 그 대신 가정이나 마을의 수호신에 대한 신화가 풍성하게 되었으며, 개인의 복을 비는 축원무가가 발달한 것으로 보인다.

그런데 무가에는 유교와 불교의 영향을 받아 불경이나 유교경전에 있는 문구들이 많이 삽입되었고, 부처·보살 등의 불교신과 옥황상제·오방신장과 같은 도교신들이 또한 무속신으로 편입되어 있다. 그렇더라도 무속의 중심적인 신격들과 그들의 역할기능은 달라지지 않았으며, 또한 무속 고유의 현세중심적인 사고체계도 변하지 않았으므로 무가는 우리 민족의 의식세계를 잘 반영하고 있는 귀중한 문화유산이다.

무가는 무당이라는 전문직업인이 그의 무업을 수행하면서 가창하는 구비전승물이다. 무업은 직업이기는 해도 신성한 신사(神事)이기 때문에 무가는 아무 때 아무 곳에서나 함부로 불리지 않고 반드시 제의의 현장에서만 가창된다. 그래서 배우거나 채록하는 데 어려움이 따른다. 그리고 무가는 전체적으로 단조롭고 길이가 길어서, 설화나 민요처럼 일반 대중이 접근할 수 있는 갈래가 아니다. '무(巫)'라는 전문직업인이 아니면 전승에 참여하기가 어렵다. 그런 점에서 무가는 아래에서 논의한 바와 같이 민중적 구비물(口碑物)이기는 해도 나름대로의 한계와 몇 가지의 특질을 지니고 있다.

첫째, 무가는 무속제의에서 가창되는 구비전승물이다. 무가는 제의의 현장에서만 가창된다. 그것은 민요나 설화처럼 때와 장소에 관계없이 구연할 수 있는 것이 아니다. 무가를 가창하면 신이 강림하기 때문에 반드시 제의의 마당에서만 가창된다. 따라서 무가는 제의의 구비전승물이다. 그리고 구비물이기는 해도 민요처럼 창곡으로 전승한다. 무가의 선율은 대개 그 지역의 민요곡을 배경으로 하고 있으며, 서사무가와 같은 장편무가는 4음보격으로 되어 있어서 부르기 쉽고 듣기 좋게 짜여 있다. 특히 서사무가의 내용은 영웅설화와 같으나 설화가 산문전승인 데 비하여 무가는 율문전승이다.

무속제의에서 읊어지는 것으로서 무속의 경전인 무경(巫經)이 있다. 이것은 주로 귀신을 위협해서 축출하고자 하여 신통의 나열, 신병의 결집, 귀신의 포박 등을 내용으로 하고 있는 기록물이다. 그러므로 신을 즐겁게 해서 노여움을 풀게 함으로써 재앙을 멀리하고 복을 불러들이고자 하여 덕담, 찬신, 신의 유래담 및 축원으로 되어 있는 무가와 서로 다를 뿐 아니라 문학성에 있어서도 무경은 그 내용이 벽사진경(辟邪進慶)에만 한정되어 있기 때문에 본풀이와 서정적인 민요가 삽입되어 있으나 무가에는 미치지 못한다.

둘째, 무가는 신성성(神聖性)이 있다. 무가는 신을 대상으로 한 무당의 노래이며, 무당이 부르지만 신의 뜻을 노래한 것이다. 설화를 비롯한 민요와 판소리 등의 청자는 모두가 인간이다. 인간이 그것을 듣고 즐거워한다. 그러나 무가에서는 신에게 교술·청배·축원한다. 그러면 신이 그것을 듣고 공수를 내리거나 즐거워한다. 무의(巫儀)에도 관객이 있으나 그들은 직접적인 청자가 아니고 단지 구경꾼일 뿐이다. 그래서 여타의 구비물은 창자(화자)와 청자(구경꾼)의 관계만이 성립하나 무가는 창자(무당)·청자(신)·관객(구경꾼)이라는 관계가 성립한다. 무가는 이렇게 신을 대상으로 하는 신성한 문학이기에 함부로 부를 수 없다는 금기가 있다. 그래서 그것은 세속에 있으나 세속에서 벗어나 있는 신성한 세계의 문학이다.

셋째, 무가는 주술성(呪術性)이 있다. 그래서 향유자들은 무가를 가창하거나 굿에 참여하면 신령을 움직여 제화초복을 초래한다고 믿는다. 무속은 다른 고급종교보다 주술성이 강한 신앙체계이다. 주술이란 어떤 초자연적인 능력 곧 전이성(轉移性)과 전염성(轉染性)을 갖는 힘이며, 해(害)와 이(利)를 주는 힘, 그리고 이상성(異常性)과 비례하는 불가사의한 힘의 주력(呪力)을 조작하여 소원을 달성하고자 하는 의도와 방법을 말한다. 따라서 주술은 그 자체에 능력이 있다고 믿는 주문이나 의식을 사용하여 행해지는 것이어서 초자연적이고 초월적인 신불(神佛)에게 귀의하고자 하는 종교와는 다르다. 그런 이유로 인하여 종교는 대상에 귀의하고 주술은 대상을 조작한다고 말한다.

무가는 바로 이런 주술성을 지니고 있으므로, 굿판에서 부르면 <해가사>와 <원가> 등에서 볼 수 있는 바와 같이 제의의 대상인 신령을 움직여 소망을 성취할 수 있다고 믿는다. 무가의 주술적 효과가 표면으로 드러나는 것 중에서 가장 두드러진 예가 강신(降神)이다. 무가는 신과 교통할 수 있을 뿐 아니라 그 자체에도 잡귀를 물리칠 수 있는 힘이 있다고 인식되어 있다. 그래서 축귀문(逐鬼文)을 낭송하기만 해도 효과를 거둔다고 믿는다.

그런데 무가는 이렇게 주술성을 지니고 있기에 동시에 문학성이 결여되는 단점도 있다. 주술은 누구나 아는 평범한 언어보다도 의미의 해득이 어려운 신비로운 언어가 더욱 효과적이라고 인식되어 있다. 그래서 주력을 강화하기 위해, 예를 들면 해득하기 어려운 한문과 범어로 이루어진 <천수경>과 같은 불교의 경문을 무경에다 삽입하고 있다. 따라서 신비로운 주술적 경문에서는 의미의 예술인 문학의 본성을 찾기가 어렵다.

넷째, 무가는 오락성이 있다. 무가는 주술성과 신성성을 특성으로 지닌 문학이므로 초월적이고 신성하지만 현대의 무의에서는 점차 구경꾼의 존재에 관심을 두는 입장이므로 그들을 즐겁게 해 줄 오락적인 무가가 만들어지고 있다. 특히 신의 강림을 통해서 공수를 주는 강신무의 무가보다는 무의의 집행 그 자체를 업으로 삼는 세습무의 경우에 이 오락성이 강하게 나타난다. 그것은 굿을 '굿놀이'라고 하는 데서도 알 수 있다. 그리고 치병이나 천도굿과 같은 절박한 상황의 무가보다도 재수굿이나 상업경기의 활성화를 위한 정기적 별신굿에서 불리는 무가가 오락성이 강하다. 무가는 흥미위주의 민간가요 및 성적인 묘사가 삽입되어 있고 또 익살과 재담을 곁들이므로 신성성과 주술성은 상대적으로 약화된다. 반면에 무가의 문학성과 예술성을 높이는 데는 기여한다.

다섯째, 무가는 전승이 제한적이다. 무가는 무당을 천시하는 사회풍조가 있고 또 외경하는 신과의 만남이므로 함부로 배워 부를 수 없다는 금기적 심정이 작용하기 때문에 일반인은 접근하기가 어려운 구비물이다. 그뿐만 아니라 무가는 단편적이고 평이한 내용 및 간결한 구조를 지닌 설화나 민요보다는 분량이 많고 내용도 난삽한 것이 있어서 전승이 어렵다. 따라서 무가는 무의를 직업으로 삼는 무당만이 전승할 수 있고, 판소리처럼 특수한 사제관계를 통해서만 전승된다. 무가의 전승은 강신무의 경우에는 신딸이 신어머니를 통해서 집중적으로 전수받고, 세습무인 경우는 한 집안이 모두 무계(巫系)이기 때문에 집안 어른의 교육으로 이루어진다. 이런 점으로 해서 무가의 전승은 대중적이지 못하고 무당이라는 특수한 직업계층의 전유물이라는 특성을 갖는다. 그럼에도 불구하고 무가는 그 향유층이 역시 민중이라는 점에서 여타의 민속문학과 동일하다.

(4) 판소리의 명칭과 전개

판소리는 조선 후기에 산출된 민중 예술의 하나로, 민중의 삶을 구체
적으로 반영시켜 노래한 서민예술이다. 판소리는 판소리라는 명칭 외에
도 여러 가지로 불리어 왔다. 곧 잡가, 타령, 본사가(本事歌), 광대소리, 남
도소리, 창극조, 가극, 창악, 창조(唱調), 극가(劇歌) 등이 그것이다. 이처럼
다양한 명칭이 있게 된 것은 판소리가 그 성립 초기부터 완벽한 형태로
정립되지 못한 상황에서 미처 고정된 명칭을 갖지 못하였고, 이에 따라
당시나 그 이후의 문헌이나 향유층에 의한 명칭의 통일이 이루어지지
못했기 때문이다. 그러나 현재는 판소리라는 용어가 일률적으로 사용되
고 있다.

판소리란 '판'과 '소리'가 합쳐진 합성어다. 이때 '소리'는 노래, 곧
성악을 나타내는 말이라는 점에서 이의가 없으나, '판'이라는 말에 대해
서는 의미의 해석에 이론이 많아 이를 어떤 의미로 보느냐에 따라 판소
리란 용어의 정의를 다르게 생각할 수 있다. 여기에는 대개 세 가지의
서로 다른 해석이 제기되고 있다. 첫째, '노름판', '씨름판', '굿판' 등에
서와 같은 의미로 일정한 장소나 무대를 지칭하는 말로 보는 경우로 이
때 판소리는 '일정한 장소에서 불리는 노래'라는 의미가 된다. 이는 가
장 보편적인 해석이다. 둘째는 판을 신나는 판, 이기는 판 등에서처럼
어떤 상황이나 국면을 나타내는 말로 보는 경우로 이때 판소리는 '특수
한 상황을 노래로 엮어 부르는 음악'이라는 뜻이 된다. 셋째는 판을 중
국음악의 영향으로 보는 경우다. 곧 판(板)은 중국에서 악조를 의미하는
용어로서 판창(板唱)에서 판소리가 유래하였다고 보는 견해로 여기서 판
소리는 '악조를 짜서 노래로 부르는 소리'라는 의미가 된다.

오늘날의 판소리는 19세기 말까지 전라도와 충청도를 중심으로 성행
하였으며, 많은 명창들도 이들 지역에서 배출되었다. 판소리의 형성을

정확히 집어낼 만한 문헌은 매우 드물고 지금까지 나온 여러 학설 역시 가설에 지나지 않는다. 판소리를 하는 사람을 일반적으로 '광대'라 하는데 ≪고려사≫에 그 명칭이 보이므로 연원을 신라대의 화랑으로 잡기도 하나 확실하지는 않다. 다만 오늘날과 같은 형태로 형성된 것은 조선 숙종조 이전으로 볼 수 있는데 이미 당시에 판소리 열두 마당이 불렸다는 사실이 이를 방증한다.

판소리는 처음에 창자들의 대부분이 천민에 속했으며 청자들도 평민 계급이 주류를 이루었음을 볼 때 어느 정도 초기 형성의 면모를 가늠할 수 있다. 그러나 18세기 말에 들어서면서 청중 층의 중요한 변화를 갖게 된다. 그것은 주로 평민층으로 구성되었던 청자들이 양반, 관료, 부호로 넓어지고 승격되었다는 사실이다. 이러한 변화에 따라 이 무렵에는 훌륭한 명창의 경우 일반 재인이나 광대와 다른 대우를 받게 되었다. 19세기 초에 쓰여진 송만재(宋晩載)의 ≪관우희(觀優戱)≫에 "판소리 광대들은 호남에서 가장 많이 나는데 스스로 말하길 우리도 또한 과거보러 왔다 한다."고 하였다. 이른바 판소리 창자가 당시 양반층에게 호평을 얻는 것은 과거에 등과하는 것과 같은 의미를 지녔음을 알 수 있다.

판소리는 민속예술이자 구비문학이어서 그 기원과 역사를 증거할 만한 자료가 많지 않다. 따라서 판소리의 형성시기와 그 이후의 역사적 전개과정에 대한 상세한 논의가 매우 어려운 것이 사실이다. 지금까지 이에 대한 학계의 견해가 분분한 채 누구도 명확하고 객관성 있는 학설을 제시하지 못하는 것은 이 때문이다. 여기서는 편의상 그 역사적 전개를 100년 단위로 하여 5기로 나누고, 각 시기마다의 판소리적 상황, 작품과 문헌, 명창과 그 활동을 중심으로 판소리의 전개양상을 살피기로 한다.

형성기(? ~17말)

이 시기에 판소리는 최초로 그 형태가 형성되었을 것으로 보인다. 이 같은 사실을 증거할 만한 근거가 없음에도 불구하고 이 시기를 그렇게 보는 것은 다음 시기에 논의될 18세기 중엽의 유진한(柳振漢)의 한문본 「춘향가」가 벌써 상당히 충실한 내용을 가지고 있고, 유진한이 양반문 인임에도 민중예술인 판소리를 듣고 작품화할 정도로 어느 정도 보급 되었다는 사실에서다. 또 여기에 「배비장타령」의 존재가 나타나고 있는 바, 이는 당시 판소리의 종목이 춘향가만이 아니었음을 말해주고 있다. 즉 이와 같은 상황에 이르기까지에는 오랫동안의 준비과정이 필요했다 고 보아, 이 시기를 판소리의 모태가 이루어진 형성기로 볼 수 있다.

이 시기 판소리는 판소리로서의 완전한 독자성을 지니지 못한 채 민 속연희류 판놀음의 한 형태로 머물렀을 가능성이 크다. 그리고 해학적 내용의 짧막한 전래설화의 창화단계로, 전적으로 민중적 바탕을 지닌 모습이었을 것이다. 그러다가 이 시기 후반에 이르러 어느 정도 독자성 을 띠면서 12마당 중 극히 일부의 형성이 비롯되었을 것으로 보인다. 이때의 창자는 알 수 없다. 다만 초창기 창자로 전설적으로 거명되는 하은담이나 최선달, 또는 그들의 선배가 되는 창자들이었을 추측만 가 능할 뿐이다.

발전기(18C)

이 시기 초기에 판소리는 독자적 형태를 갖추게 되고, 12마당이 형 성되기 시작하여 말기에는 대체로 거의 완성되었을 것이다. 또 전문적 인 명창이 등장하여 후기에 이르면 소위 전기 8명창의 활약이 나타나 기 시작하며, 음악적으로도 세련되어 더늠의 형성과 창제(唱制)의 분화 가 서서히 이루어졌을 것이다. 이 시기 판소리에 두드러진 사실은 유진한(1711~1791)의 만화본(晩華本) <가사춘향가이백구(歌詞春香歌二百句)>의 출현이다. 그가 전라도 지방의 여행에서 들은 판소리를 한시로 엮은 이 작품은 1754년에 이루어진 것으로 밝혀졌다. 특히 그가 이 작품으로 인하여 양반계층의 비난을 받았다는 사실은 당시 아직도 판소리가 민중층의 범부 안에 있었음을 나타내는 것이어서 주목된다. 또 1750년에 지은 신광수(1712~1755)의 <제원창선(題遠昌扇)>과 유만공이 1783년에 지었다는 <세시풍요(歲時風謠)> 등 지식층이 판소리를 읊은 한시가 전하여 이 시기의 상황을 알게 한다. 이 시기 초에 활약이 추정되는 창자는 하은담·최선달 외에 우춘대를 들 수 있고, 후기에 이르러 권삼득(1771~1841), 황해천, 모흥갑 등 전기 8명창 일부의 초창기 활동이 있었을 것이다.

🔴 전성기(19C)

이 시기는 판소리가 크게 전성하였던 시기였다. 우선 12마당이 모두 연창되었고, 창제의 분화로 동편제·서편제 등 유파의 특성이 완성되었으며, 장단·악조·더늠 등 음악성이 완숙의 단계에 이르게 되었다. 또 판소리의 애호층이 확대되어 특히 양반·유식층의 청중, 후원자, 참여자가 크게 늘어났다. 이에 따라 판소리 내용 자체에도 양반적 요소, 지식층의 의식지향의 첨가에 따르는 변화가 일어나게 되었다. 대원군·고종 등 임금의 판소리 애호, 명창들의 고위 관직 획득, 명성이 높아짐에 따른 소득의 증가와 극진한 대우 등 명창들의 사회적·경제적 지위가 크게 향상되기도 하였다.

이와 같은 판소리의 사회적 확산에 따라 지식층의 판소리 감상시라 할 관극시(觀劇詩)류가 또한 다수 지어져 당시의 판소리 연구에 귀중한 자료가 되고 있다. 송만재(1788~1851)의 <관우희(觀優戲, 1843년작)>, 이유원(1814~1888)의 <관극팔령팔수(觀劇八令八首)>, 윤달선의 <광한루악부(廣

寒樓樂府, 1852년작)>, 신위의 <관극시(觀劇詩, 1826년작)>, 이건창(1852~1898)의 <부심청가(賦沈淸歌)> 등이 그 대표적인 것들이고, 판소리 관계의 중요한 기록을 전하는 정현석의 ≪교방제보(敎坊諸譜, 1872년작)≫, ≪갑신완문(甲申完文, 1824년)≫, ≪정해소지(丁亥所志, 1826년)≫가 나온 것도 이때이며, 조재삼(1801~1834)이 그의 ≪송남잡지(松南雜識)≫에서 판소리에 관한 언급을 남긴 것도 이 시기 초반이었다.

전성기 판소리에서 빼놓을 수 없는 인물이 신재효(1812~1884)의 출현이다. 전북 고창 태생의 중인 출신으로 호를 동리(桐里)라 했던 그는 판소리 이론가·후원자·교육자·개작자로 판소리 발전에 크게 기여하여 오위장(五偉將) 벼슬까지 하였고, 전래의 12마당 중 6마당의 사설을 정리하는 등의 공적을 남겼다. 그의 문하에서 이날치·박만순·김세종·정창업·김창록 등과 진채선·허금파 등의 여류명창을 배출시켰고, 또한 <치산가>, <호남가>, <광대가>, <오섬가>, <도리화가> 등의 단가와 가사 등 26편의 작품을 직접 창작하기도 하였다.

이 시기 중엽에 고소설 독자층의 확대에 따라 판소리계 소설이 방각본으로 간행되어(경판 ≪토생전≫이 1848년에 간행됨) 독서물로 바뀌어 가는 계기를 맞기도 하였고, 이 시기 후기에 이르러는 12마당 중의 일부가 퇴화되어 창 자체가 실전되는 위축의 조짐이 나타나기도 하였다.

위축기(1900~1960년)

이 시기는 전통문화의 순조로운 계승과 발전이 어려웠던 역사적 격변기였고, 문화적 전환기였다. 이로 인하여 판소리 또한 위축과 쇠퇴의 상황에 처했던 시기였다. 우선 판소리 자체에 있어서도 전성기 중반 이후, 지나치게 귀족화·양반화 되는 한편 흥행 위주로 상품화되면서 대중적 기반을 상실해 갔고, 이에 따라 12마당 중 절반에 가까운 판소리가 서서히 퇴화되고 그 창이 실전(失傳)되는 운명을 맞고 있었다. 여기에 개화기 이후 전래된 서양음악·서양연극의 당시 연예계에 대한 영향도 부정적으로 작용하였다. 이와 함께 당시 일제 당국의 전통예술 탄압은 물론 판소리의 창극(唱劇)화, 명창들의 토막판소리 SP판 레코드의 보급 등도 정상적인 판소리의 발전에 장애가 되었던 것이 사실이었다. 즉 김창환·송만갑·이동백 등이 중심이 되었던 협률사(協律社, 1902~1906)와 이를 이은 원각사(1908~1909)에서 주로 공연되었던 창극은 배역을 나누어 분창(分唱)하는 연극적인 형태로, 1인창으로 이루어지는 판소리의 본질을 훼손시키는 것이어서 일시 판소리 보급에는 기여했으나 전통적 판소리의 발전에는 저해 요인이 되었다. 또한 판소리 부분창을 모아 녹음한 SP판의 보급도 그 인기는 대단하였지만, 창자·고수·청중이 일체화되어 이루어지는 판소리의 생동감 있는 현장성의 결여, 완창으로 지속되는 서사적 스토리의 단절이 불가피한 축음기(유성기)의 특성 때문에 같은 결과를 가져올 수밖에 없었다.

보존·재생기(1960~)

이 시기 초, 한국전쟁 이후의 혼란이 안정되는 가운데 정치·경제·문화·사회 등 각 부면에 새로운 기운이 일어나면서, 전통문화에 대한 자각과 인식이 또한 새롭게 대두하였다. 이에 따라 판소리도 보존(保存)과 재생(再生)이란 두 축을 바탕으로 일정한 활기를 찾게 되었다. 판소리의 이러한 활기는 대체로 보존적·교육적·연구적·재생 및 창작적·보급적 차원에서 일어났다. 즉 판소리와 창자가 중요무형문화재(1964 춘향가, 1968 심청가, 1970 수궁가, 1971 적벽가, 흥보가) 인간문화재의 지정으로 국가적 인정과 보호, 재정적 도움을 받아 그 보존에 새로운 국면을 맞게 되었고, 각 음악대학의 국악과 개설(1954 덕성여대, 1959 서울대), 국악예술학교(1960) 개교, 국악중학교(1972)의 개교, 각종 국악단체에서의 판소리 강습의 활성화로 판소리의 교육과 새로운 창자의 양성이 가능하게 되었으며, 국악에 대한 학문적 관심이 제고되면서 판소리 또한 새로운 각광을 받아 연구인의 수가 차츰 늘어가기 시작하였다. 또한 대사습놀이의 활성화, 각종 국악경연대회의 개최나 각 방송·언론기관들의 국악상 제정, 국악발표회 후원과 선전 등도 이 시기 판소리에 대한 국민적 인식과 대중적 보급에 크게 기여하였다.

한편 판소리의 위축기에서 벗어나 이 시기를 판소리의 재생이라는 차원에서 논할 수 있는 것은 그 후반기 시도되었던 실전(失傳) 판소리의 부활과 창작 판소리의 출현 때문이다. 즉 실전 7마당 중 <변강쇠가>, <배비장타령>, <옹고집타령>, <장끼타령>, <숙영낭자전> 등 5마당이 박동진에 의하여 불리어졌고, 윤봉길 의사의 의거를 다룬 <열사가(烈士歌)>, 성경이나 역사적 사건 등을 판소리화한 창작 판소리의 등장은 전에 없던 일로 판소리사상 특기할 일이었다. 판소리가 마당극이란 변형된 양식으로 변모 흡수되기도 하고, 1984년 판소리학회가 창립되어 공연과 연구에 활기를 띠게 된 것도 이 시기였고, 1993년 판소리 영화 <서편제>가 흥행에 성공하여 판소리에 대한 인식과 보급에도 새로운 전기를 마련하게 된 것도 그 의미가 크다고 할 수 있다. 또한 창은 물론 사설마저도 실종되어 아쉬움을 남겼던 2마당, 즉 <무숙이타령(왈자타령)>과 <강릉매화타령>이 1991년 김종철에 의하여 <게우사>, 1992년 김헌선에 의하여 <매화가>로 각각 발굴 소개된 것은 실로 획기적인 일이었다.

(5) 민속극의 전승양상

민속극(民俗劇)의 사전적 정의는 '가면극, 탈춤, 탈놀이 등으로 불리는 민간전승의 연극'이다. 그런데 개념의 범주를 확대할 경우에는, 인형극[꼭두각시놀음]이나 농경의례 형태의 제주도 입춘굿놀이, 경기도 양주의

소놀이굿이나 농악대 잡색놀음, 그리고 무속의례 형태의 동해안별신탈
놀음굿, 남사당패놀이의 한 종목인 덧뵈기도 민속극의 범주에 포함시
킬 수 있다. 한편 ≪구비문학개설≫에서는 민속극을 "민간전승으로서
① 가장한 배우가 ② 지배적인 행위로 된 사건을 대화와 몸짓으로 표현
하는 ③ 다른 무엇에 의존하지 않고 독립적으로 공연될 수 있는 예술"
이라고 정의하였다. 그리고 강용권은 "국가나 관 또는 상층에 대한 일
반 민중[백성·농민]의 공동체에서 역사적 과정을 통하여 형성·전승되
어 온 민간의 습속을 내용으로 한 토속적 연극"이라고 정의하였다.

  민속극은 민중의식이 강렬하게 표출되고, 보다 신앙적이고, 민중의
소박한 심성과 생활이 적나라하게 투영된 민속예술이라고 할 수 있다.
특히 민속극은 흡인력이 대단히 강한 민속문화의 한 갈래이다. 단순히
눈으로 보고 입으로 전하는 고정체가 아니라, 가면이나 인형으로 가장
하고 대화나 몸짓으로 전달하는 표현 방식이 생동감 넘친다. 또한 독립
적인 전승마당으로 대중극의 양상을 띠고 있기 때문에 대다수 서민들
의 생활과 의식이 예술적으로 투영되어 있다. 민속극을 통해 확인할 수
있는 전통사회나 시대상황이 비록 오늘날의 사회 상황과 다르다고 해
도, 그 속에 담겨있는 전형적인 인물에 대한 풍자와 비판, 갈등의 구조
는 진정 교훈이 아닐 수 없다.

  이러한 연유로 1970년대에 접어서 대학뿐만 아니라 사회 전반에 걸
쳐 '전통문화의 계승'이라는 명제 아래 탈춤을 배우고 연구하는 사람들
이 폭발적으로 늘어났다. 50~60년대를 풍미했던 빈곤의 질곡으로부터
어느 정도 벗어나, 경제가 성장하면서 정신적인 문화에 대한 향수의 욕
구가 소위 탈춤문화에 쏠렸던 것이다. 따라서 탈춤을 모르면 문화인이
아닌 듯한 시선을 받았다. 그래서 대학가에는 탈춤반이, 사회단체에서
는 탈춤강습회가 우후죽순격으로 생겨났다. 때마침 각종 가면극 이론서
들이 속출하여 탈춤에 대한 사회적 관심과 학문적 열의에 불을 붙였다.

한국 전통극에 대한 남다른 관심은 서양연극에 몰두해왔던 기존 연극계에도 적잖은 영향을 주었을 뿐만 아니라 젊은 학자들이 대거 민속극을 연구 대상으로 삼는 백화쟁명의 시대를 몰고 왔다. 민속극에 대한 관심은 실로 열정적인 것이었다. 결과 우리의 전통문화에 대한 자연스러운 재해석과 평가가 수반되어 학문적인 진보와 개선을 가셔왔다. 이러한 현상은 80년대에 접어서 사회·정치 문제와 직·간접적인 관련을 맺으며 민중시대극으로 새롭게 전환되는 계기가 되었다.

1930년대에 일었던 민족문화운동의 일환으로 우리 민속극에 매진했던 관련 학자와 예인들이 경험하지 못했던 두 방향, 즉 탈춤의 사회적인 환대와 민중극의 전환이라는 상황에서 오늘날의 민속극이 새로운 방향을 찾고 있는 듯하다. 예전의 전통을 고수하느냐, 아니면 시대에 부합하는 민중극으로 전환해야 하느냐는 갈등에 봉착하면서, 민속극의 연구와 행보에 관심이 집중되고 있다. 그러나 학문적 관심은 옛것을 익혀 새것을 아는 자세로 일관해야 한다고 믿는다. 전통에 대한 정확한 이해와 해석이 전제되지 않은 섣부른 재창조는 전통문화를 대하는 바른 자세가 아니기 때문이다.

민속극 중 가면극은 가면[탈]을 쓰고 춤과 대사의 형식으로 극적인 내용을 표출하는 극예술이다. 그리고 가면은 등장인물의 성격이나 동물 또는 신격(神格)의 특징을 잘 포착하여 직접적으로 표현하고 있기 때문에 조형예술품으로서 가치가 매우 높다. 탈은 애초 원시적인 제천의식에서 사용되었을 만큼 오랜 기간동안 주술적인 위력을 발휘했지만, 예능 가면으로 발전하면서 주술력이 사라지게 되었다. 가면은 벽사가면, 수렵가면, 영혼가면, 의술가면, 전쟁가면 등 다양한 종류가 있는데, 가면극에서 사용하는 가면은 대부분 예능적인 기능이 뛰어난 것들이다.

《고려사》 열전 전영보전(全英甫傳)에, "우리나라 말에 가면을 쓰고 희롱하는 자를 광대라고 한다."는 기록이다. 이를 통해 가면을 쓰고 연희하는 사람을 고려시대부터 이미 '광대(廣大)'라고 하였음을 확인할 수 있다. 또한 고려속요인 <쌍화점>에 등장하는 "죠고맛감 삿기 광대"라는 구절이 있으며, ≪시용향악보≫에 수록되어 있는 <나례가>에도 "광대"라는 용어가 등장한다. 한편 가면극의 형성을, 3세기경에 한반도의 문화상을 단편적으로 기록한 ≪삼국지≫ 위지 동이전을 통해 유추하기도 한다. 기록에 의하면, 마한에서는 5월에 씨를 뿌리고 난 후와 10월에 농사를 끝낸 후에, 농사짓는 사람들이 손발을 맞추면서 높이 뛰기도 하고 낮게 뛰기도 하는 춤을 추었다고 한다. 영고라는 명칭을 통해 하늘에 제사를 지내고 신을 맞이하면서 북을 치고 풍악을 울렸던 모습을 엿볼 수 있다. 국중대회(國中大會)로 불리었던 이 행사는 농사가 잘 되게 해달라고 굿을 하면서 노래 부르고 춤을 춘 의식이면서, 국가의 단합을 위한 정치적인 기능도 수행했을 것으로 추정된다. 결국 이러한 제천의식은 풍농을 기원하는 주술·종교적인 행사였고, 여기에서 원시종합예술이 태동하였음을 이해할 수 있다. 그리고 이러한 원시종합예술 행사에서 가면도 사용했을 것으로 보인다.

　오늘날 전승되고 있는 가면극은 서낭신제계통극과 산대도감계통극으로 대별된다. 서낭신제계통극으로 강릉관노가면극, 하회별신굿놀이, 동해안별신탈놀음굿 등이 전승되고 있으며, 산대도감계통극으로 경기지역의 양주·송파산대놀이, 해서지역의 봉산·강령·은율탈춤, 영남지역의 통영·고성·가산오광대와 수영·동래야류 등이 전승되고 있다. 이들 전승의 분포 양상은 네 영역권으로 나눌 수 있다. ① 황해도의 해서탈춤권, ② 경기도의 산대놀이권, ③ 강원·경북의 서낭제탈놀이권, ④ 경남해안 일대의 야류·오광대놀이권 등이다. 그런데 이밖에 ⑤ 함경도의 북청사자놀이가 네 영역권과 관계없이 전승되고 있다.

(6) 구비단문의 유형

구비단문(口碑短文)에는 속담(俗談), 수수께끼, 속신어(俗信語) 등이 포함된
다. 속담은 풍자·비판·교훈 등을 간직한 짧은 구절을 말한다. 이언(俚
言), 속언(俗言), 상언(常言), 상담(常談)이리고도 한다. 속담을 어의대로 해석
하면, '민중 사이에서 전해 내려오는 옛말'이 된다. 즉 '속(俗)'이란 '민
속'이니 '습속'이니 하는 용례에서 알 수 있듯이 민중의 일상생활 공간
을 의미한다. 속담에서 '속'은 이러한 일상생활 공간에서 얻어진 삶의
지혜나 예지가 응축된 것이라는 의미를 내포하고 있다. 그리고 '담(談)'
은 이야기이되 비교적 짤막한 이야기로서 비유적 표현을 담고 있는 점
이 특징이다. 이렇게 볼 때, 속담이란 민중의 일상생활 공간에서 체득된
삶의 지혜나 예지가 비유적으로 서술된 비교적 짤막한 길이의 이야기
로서 교훈적 의미를 전달하기 위한 혹은 풍자의 효과를 나타내기 위한
관용적 표현물이라고 할 수 있다.

속담은 민중의 지혜를 담은 그릇으로 겉으로 드러난 지식과 안으로 드
러난 지식을 동시에 지니고 있어서 듣는 사람을 긴장시키고 깨우쳐 준
다. 우리나라에서 '속담'이란 용어가 처음으로 등장하는 자료는 ≪어우야
담(於于野談)≫ 및 ≪동문유해(同文類解)≫이다. 그러나 속담의 이칭은 훨씬
오래 전부터 사용되었다. 예컨대 ≪삼국유사(三國遺事)≫ '욱면비념불사승
(郁面婢念佛四昇)' 조항에 이언(俚言)으로서 "내 일 바빠 한댁[大家] 방아 서두
른다."라는 표현이 있으며, 조선 초기의 ≪박통사언해(朴通事諺解)≫에는
상언(常言)이라는 용어가 사용되고 있다. 이를 통해 삼국시대부터 이미
상당수의 속담이 일반화되어 전승되고 있었음을 짐작할 수 있다.

그런데 어떤 표현이 하나의 속담으로 발생하기 위해서는 여러 단계
를 거쳐야 한다. 우선 속담은 한 개인의 비유의 발언에서 비롯한다. 그
것은 처음부터 마음속에 품고 있던 기발한 착상에서 나올 수도 있고,

그저 우연히 어구가 새로운 사례에 다시 적용될 때에 그것을 이해한 언중이 그 묘사의 적절함에 경이와 쾌감을 느껴 크게 공감을 얻지 못하는 한 그 어구는 속담으로 정착되지 못한다. 또한 공감이 되었다 하여도 그 어구는 아직 좀더 다듬어져야 할 여지가 있을 뿐 아니라, 계속해서 다시 인용이 될 만큼 사회적 보편성을 그 의미 내용이 갖추고 있어야 한다. 그래서 그것이 처음 사용되었을 때보다는 더 다듬어지면서 공감을 느끼는 언어 대중에 의해 거듭하여 인용되었을 때, 그것은 속담의 자격을 갖추고 언어사회에 정착한다.

수수께끼는 어떤 사물에 대하여 바로 말하지 않고 빗대어서 말하여 그 사물의 뜻이나 이름을 알아맞히는 일종의 놀이이다. '수수적기(강원도 강릉)', '식끼저름(경상도 동래)', '숭키잽기(전북 남원)' 등 지역에 따라 명칭이 다르다. 이외 '수수재끼·수수잡기·수수작기·말지러미·말잡기·식기지름·수께질검·수리치기·옛수제끼기·준추새끼잡기·야바구·지지적굼·수리짓기·수리적금·깍퉁이·껑퉁이' 등으로 다양하게 불리어진다. 한자로는 유사(庾辭) 또는 미어(謎語)로 표기한다.

수수께끼의 어원에 관한 견해로서는 '수소(황소) + 걷기(목숨을 걸고 싸우다)'에서부터 유래했다는 민간어원설과 '헤아릴 시(猜) + 글 시(詩) + 격조 격(格) 곧 글자로 헤아려 아는 격담이라는 시시격(猜詩格)에서 나온 말'이라는 김동진의 한자어유래설이 있으나 설득력을 얻지 못하고 있다. 한편 이재선은 ≪박통사언해(朴通事諺解)≫에서 확인되는 '슈지엣말'이라는 용례를 통해 수수께끼의 어원을 설명하고 있다. '슈지(접두어) + 겻구기(접미어 : 경연의 뜻)'에서 수수께끼가 형성되었다는 것이다. 그리고 김선풍은 이재선의 어원적 접근을 바탕으로, '술수(述數 : 언어의 술수꾼) + 꺾기(설문자의 물음을 꺾는 행위) → 수수꺼끼 → 수수께끼'라는 도식으로 수수께끼의 어원을 밝히고 있다. 그러나 어디까지나 학설일 뿐, 수수께끼에 대한 어원은 아직 밝혀지지 않았다.

수수께끼의 역사는 다른 구비문학 장르에 못지않게 장구한 것으로 생각된다. 구전 수수께끼는 그만 두고라도 현존 문헌에 기록된 어떤 자료들은 서력기원을 훨씬 상회할 수 있는 증거를 보여주고 있다. 가령 대표적인 것으로 구약성서를 들 수 있는데, 그 중에는 '삼손의 수수께끼'를 비롯한 여러 자료들이 포함되어 있다. 유명한 희랍신화의 '스핑크스와 오디푸스'의 수수께끼, 곧 "처음에는 네 발로 걷고, 다음에는 두 발로 걷고, 마지막으로는 세 발로 걷는 것이 무엇이냐?"와 같은 것도 매우 오래된 수수께끼 중의 하나이다.

한편 수수께끼가 수록되어 있는 우리나라 현존 최고의 문헌은 ≪삼국유사≫라 할 수 있다. 이 책의 권1 사금갑조(射琴匣條)에 "열어보면 두 사람이 죽고, 열어 보지 않으면 한 사람이 죽는다."라는 까마귀의 봉서가 지닌 수수께끼를 일관(日官)이 풀어서 임금을 살린 이야기라든지, 같은 책의 태종 춘추공(太宗 春秋公) 기사에 소정방이 신라에 보낸 의미 불명의 그림을 원효가 반절(反切)로 풀이한 이야기가 그 대표적인 예이다. 이러한 단편들에서 당시 자료의 전모는 알 수 없을지라도 이 장르의 역사적 유구함이 입증된다.

속신어는 인간생활의 시작과 더불어 발생하여 온, 기초적이며 광범위한 생활문화의 한 양식이다. 그것은 종교나 신앙보다는 소극적이고 또 체계적이지 못한 양식이지만 그것이 미치고 있는 범위는 훨씬 광범위하다. 속신어를 현대인의 안목으로 볼 때 비과학적이고 비합리적이라고 생각되기 쉬운 요소를 지니고 있는 것이 많다. 그러나 어떤 것은 합리적이고 과학적인 근거를 가지고 있다는 데에 그 중요성이 있다.

속신어의 종류에는 금기어·주술어·예조어·점복어 등이 있다. 이들은 상호간에 밀접한 관련을 지니고 있어서 구별이 쉽지 않으나 대체로 점복와 주술어는 재앙에 대처하기 위한 적극적 기술, 예조어와 금기어는 소극적 지식으로 볼 수 있다. 그리고 예조어와 점복어는 미래를 예지하고 대처하는 지식과 기술이고, 금기어・주술어은 불행의 결과를 예방, 처리하는 지식과 기술이다. 또 예조어는 점복어의 기초가 되고, 금기어는 주술어의 사전 조치에 해당한다. 그리고 여기에 풍수지리와 민간의료를 포함시킨다. 풍수는 미래의 번영과 행복을 예비하려는 적극적 기술이요, 민간의료는 현재의 질병을 퇴치하려는 적극적인 기술이다. 이들 둘은 상당히 합리적인 지식을 바탕으로 하여 이루어진 민속이다.

3. 한국문학에서의 구비문학 위상

우리나라에는 세 부류의 문학이 있어 왔다. 그것은 표현수단에 따른 것으로서 말로 된 구비문학, 한글로 된 한글문학, 한문으로 된 한문학(漢文學)이다. 종래의 국문학적 관심은 이들 가운데 한글문학에 있었고, 연구도 그것을 위주로 전개하여 왔다. 그런 이유로 해서 한문학과 구비문학이 상대적으로 소홀히 다루어져 왔다. 그러나 한글문학은 한문학에서 큰 영향을 받았고, 또 구비문학에서 그 소재를 찾았다. 그리고 귀족적 편견에서 구비문학을 '천(賤)하다'고 하면서도 한문학으로는 기대하기 어려운 민족적인 장르나 형식을 거기에서 발견하고, 이를 세련화하는 과정에서 국어로 기록된 한글문학이 성립되었으며, 또 조선조 후기의 평민문학(平民文學)도 바로 이 구비문학에 기반을 두고 성장하였다.

이러한 과정에서 구비문학의 중요성에 대한 자각이 있었다. 서포 김만중(金萬重, 1637~1692)은 그의 ≪서포만필(西浦漫筆)≫에서 "나무하는 아이와 물 긷는 아낙네의 소리 질러 화답하는 노래는 비록 속되다고는 할지언정 그 어느 편이 진(眞)이고, 어느 편이 가(假)인 것을 논한다면 소위

학사와 대부의 시(詩)니 부(賦)니 하는 것들은 한자리에서 논의할 바가 되지 못한다."고 하였다. 그리고 실학자들의 속담 수집 사업에 앞서 선구자적 역할을 한 홍만종(洪萬宗, 1643~1725)은 그의 저작인 ≪순오지(旬五誌)≫에서 "속담은 아이들과 아낙네들도 다 잘 아는 항간의 방언으로 만들어졌으면서도 현상의 본질을 꿰뚫고 있기 때문에 사회생활의 이모저모에 대해서 보편적인 타당성을 지닌다."고 하면서, 속담은 깊은 철학적 내용을 가지고 있는 만큼 그것이 통속적인 조선말로 만들어졌다고 해서 소홀히 여겨서는 안 된다는 결론을 내렸다.

연암(燕巖) 박지원(朴趾源, 1737~1805)의 이른바 <조선지풍론(朝鮮之風論)>과 다산(茶山) 정약용(丁若鏞, 1762~1836)의 <조선시론(朝鮮詩論)>도 결국은 이러한 자각의 일환이다. 연암은 "우리나라가 비록 변두리이기는 하나 그래도 나라가 적지 않고, 신라·고려가 소박하나 좋은 풍속이 많았다. 그런 만큼 방언을 문자로 옮기고 민요를 운율에 맞추기만 하면 문장이 이루어지고 진기(眞機)가 발현된다. 중국 것을 답습하지 않고 남의 것을 차용하지 않아도 현재 조선에 있는 그대로를 가지고 온갖 것들을 표현할 수가 있다."고 하였다. 다산은 시문에서 중국의 것만을 용사(用事)하는 사대적 누속(陋俗)을 버리고 선인들의 저서와 우리의 문자에서 사실을 채취하여 지방의 일을 고구하여 이를 용사할 것을 주장하였고, 중국식이 아닌 오로지 우리의 입맛에 맞는 시작(詩作)을 하면서 "나는 조선 사람이기에 기꺼이 조선시를 쓴다(我是朝鮮人 甘作朝鮮詩)."는 '조선시선언'을 하였던 것이다.

구비문학의 국문학적 위치는 민중의 역사와 더불어 변천하여 온 구비문학의 장구한 생명력을 통해서도 살펴볼 수 있다. 우리의 국문학사는 위에서 언급한 세 부류의 문학적 영역의 관계가 변천하는 데 따라 몇 단계의 시대적 구분이 가능하다.

362

제1기	문자가 없어서 구비문학만이 있던 시대
제2기	한문이 전래되어 지식층이 이를 사용하여 한문문학을 하면서 동시에 구비문학의 일부를 한자로 기록하고, 향가와 같은 차자(借字)문학이 등장한 시대
제3기	상류층에 한문의 사용이 보편화되어 상층의 한문문학이 성(盛)하고, 하층에는 구비문학도 번성하던 시대
제4기	한글이 창제되어 한문문학·한글문학·구비문학이 병존한 시대
제5기	신분제도적 사회체제가 무너지고, 한글의 보편화가 이루어지면서 한글기록문학이 크게 확대되며, 한문학이 새로운 변화를 보이고, 구비문학의 영역이 확대되는 시대
제6기	한문학이 쇠퇴하고, 한글문학이 전문창작인에 의해 정립되는 시대, 그리고 구비문학의 위상이 새로이 인식되는 시대

이렇게 구분지어 볼 때 국문학의 근원이자 바탕은 구비문학이다. 제1·2기는 통일신라시대까지, 제3기는 고려시대가 주축이다. 제4·5기는 조선시대의 흐름과 일치함을 알 수 있다. 구비문학의 태동은 곧 국문학의 시작이며, 구비문학은 한문학과 한글문학이 형성된 뒤에도 함께 공존하여 왔다. 그리고 그것은 다수의 민중이 향유하는 기층문학(基層文學)으로 존재하여 왔다.

한문문학은 한문을 아는 소수의 상류층 곧 귀족·관료·지식인들에 의해 형성되었는데, 전반적으로 그러한 사회계층의 성향과 더불어 발전하였으므로 대중화될 수 없는 폐쇄성을 지니고 있었다. 따라서 한문문학은 우리의 문학임에는 틀림없으나 주로 상류층에 국한된 작가나 독자층의 의식과 경험을 표현하는 데 치중하였다. 한글로 된 한글기록문학은 구비문학과 한문문학이라는 두 영역 사이에서 형성되었다. 이런 점을 단적으로 파악해서 "한글문학은 구비문학과 한문학 사이에서 태어난 튀기"라고 말한다. 그런 까닭에 한글문학의 연구는 두 영역과의 관련성을 무시한 채 그것만을 따로 떼어서 연구하기에는 한계를 느낄 때가 종종 있다. 이를테면 소설의 발달 과정은 설화·무가·판소리 등의 구비문학과 관련성이 있고, 한문소설이나 한문으로 된 가전체(假傳體) 및 야담류(野談類) 등과도 관계가 있기 때문이다.

한 국문학사를 보면 구비전승하는 구비문학은 기록문학인 한글문학이나 한문학으로 다수 전환되었다. 그러면서도 엄청난 양의 구비물(口碑物)을 다 기록화할 수 없을 뿐 아니라 기재된 것이라 할지라도 여전히 민간전승되었다. 서사민요·서사무가·판소리 중에서 판소리만이 소설화되고 나머지는 구전하는 데에 머물렀다. 민속극은 기록문학으로 전환되지 않았으며, 이와 대응하는 기록문학의 장르도 없었다. 이것은 정적(靜的)인 것을 숭상하는 귀족문화의 성격으로 인하여 극작가의 출현을 보지 못했다든가, 민속극이 지배층을 비판하는 대표적인 장르이기 때문일 것이다. 이외에도 속담과 수수께끼는 한문이나 한글로 기재되는 경우는 있어도 그것이 기록문학일 수 없는 것은 이들이 질문자와 대답하는 자 사이에 말놀이로 구연되지 않으면 존재가치가 줄어들기 때문이다.

구비문학은 어디까지나 구전하는 문학이므로 기록문학으로 전환하지 않아도 그 나름의 의의를 지니면서 참다운 가치를 발휘한다. 그것은 손쉽게 문학의 효용성인 교훈과 쾌락을 주며, 구연을 통하여 문학적 실감을 배가한다. 그리고 구비문학은 왕조 중심의 역사에서 소외되었던 민중의 역사로서, 또는 당대 여론(輿論)의 결집체라는 문학외적(文學外的)인 가치를 포함하므로 한국문학상에서 차지하는 위치야말로 참으로 높고도 크다. 그런데 오늘에 이르러서 구비문학이 전에 겪지 못했던 심각한 상황에 놓여 있으므로 구비문학의 문학적 위상이 흔들리는 위기에 처해 있다고들 말한다. 그것은 오늘날 듣고 즐기는 새로운 매체인 방송·영화·음반 등으로 말미암아 개인의 창작이 주류를 이루고 있는데다가 아울러 개인적인 생활을 추구하는 현대인들이기에 민중이라는 공동체적 향유층이 적어져 간다는 데서 그 원인을 찾을 수 있다.

그러나 이러한 현상이 지속될지라도 구비문학은 결코 소멸하지는 않는다. 왜냐하면 처음부터 일부러 뿌리지 않아도 싹을 내며, 가꾸지 않아도 스스로 자생하는 것이 구비문학의 특질이기 때문이다. 지금 구비문학은 다른 방식으로 싹을 내어 생명력을 키우고 있다. 애초부터 거의 공동작이던 구비문학이 나중에 기재화(記載化)나 기록화 되던 전범에서 벗어나 지금은 개인의 창작으로서의 기록문학이 개인과 기록을 떠나 구전으로 전승하는 민중문학으로서의 구비문학으로 변신하고 있는 것이다. 곧 <최불암시리즈>, <사오정시리즈>, <Y.S.는 못말려>, <여고괴담>, <UFO이야기> 등이 그것이다.

◎ 참고문헌

강등학 외, 『한국구비문학의 이해』, 월인, 2000.

김병국 외, 『판소리의 바탕과 아름다움』, 인동, 1986.

김선풍 외, 『민속문학이란 무엇인가』, 집문당, 1993.

김인회, 『한국무속사상연구』, 집문당, 1980.

김의숙, 『한국민속제의와 음양오행』, 집문당, 1993.

김태곤, 『한국의 무속신화』, 집문당, 1985.

서대석, 『한국무가의 연구』, 문학사상사, 1980.

서연호, 『한국 가면극 연구』, 월인, 2002.

이창식, 『한국의 유희민요』, 집문당, 1999.

이창식 외, 『구비문학이란 무엇인가』, 푸른사상, 2004.

전경욱, 『한국가면극』, 열화당, 1998.

조희웅, 『한국설화의 유형적 연구』, 한국연구원, 1983.

최운식, 『한국설화연구』, 집문당, 1991.

최창렬, 『우리 속담 연구』, 일지사, 1999.

황경자, 『속담의 의미와 기능』, 태학사, 2002.

제12장

전통문화의 문화산업과 문화콘텐츠

1. 전통문화의 콘텐츠와 문화원형

전통문화의 세계화는 지금 여기의 대표 화두가 되었다. 민족문화의 정체성(正體性)을 바탕으로 한 원형자질은 무한한 창조작업의 잠재력 자산이다. 전통문화와 관련된 지역문화에 대한 콘텐츠화는 지자제 실시 이후 21세기에 핵심과제로 등장하고 있다. 문화콘텐츠(culture contents)가 세상을 바꾸어가는 분위기인 동시에 문화산업 강국의 주요 전략부문으로 등장하고 있다. 전통문화에 대한 지적 감각과 지적재산권이 날로 강조되고 있는 실정이다.

취향문화(趣向文化)시대 중심 분야로 문화산업이 자리하고 있다. 항부론 또는 국부론이라는 이름으로 그야말로 총성 없는 경쟁력의 최전선 항목으로 떠올라 문화산업의 개발에 총력을 기울이고 있다. 현대 문화산업은 인문학의 상상력과 기술공학이 만나는 접점대의 분야이기도 하다. 이러한 문화콘텐츠도 상이한 둘이 단순히 합치하는 것이 아니라 오히려 상생(相生)으로 조절되어야 할 영역이다. 문화콘텐츠기술 역시 IT영역만으로 성공할 수 없다.

전통문화에 대한 민속학적 정의 내리기가 쉽지 않듯이 지역문화산업에 대한 설명이 선명하게 정리되지 않는다. 다만 이 분야가 전통문화산업 개발의 요체에 있듯이 모색과 전망이 무엇보다 요청되는 것이다. 전통문화에 대한 문화산업의 위상은 지금 여기에 가치 있다는 점에서 계속 문제적 인식과 논쟁거리의 현실담론이 있어야 한다. 문화산업론의 범주 역시 진행형 인식론에서 지속적으로 이해되어야 한다.

정보화 사회의 인기 있는 신개척 산업분야가 된 것은 틀림없다. 문화경제적 감각과 인문학적 안목이 디지털 시대에 여전히 힘을 얻을 터이다. 특히 디지로그 세대에는 문화의 힘과 상상력 감성이 고부가 가치를 만들어낸다. 기존 지역문화에 대한 법고창신(法古創新)도 절실하지만, 정보화시대의 문화공감에 대한 형상화의 인식과 실천작업이 가장 목마르기 때문이다. 더구나 전통문화의 본질적 이해를 바탕으로 21세기에 걸맞은 문화창조의 감각이 더욱 요구된다.

문화권을 고려하여 지방정부의 전통문화 활성화 정책을 논의할 수 있다. 전통문화 창출의 아이디어 실천 대응력을 역동적으로 통찰해야 한다. 전통문화와 관련한 문화산업에 대한 창출과 교육 역시 여기에 승부수를 던져야 한다. 문화산업의 핵으로 떠오른 것이 문화콘텐츠 개발분야다. 문화콘텐츠는 단순히 대본짜기가 아니다. 문화에 대한 산업적 특성에 맞춰 기획, 생산, 유통, 소비, 향수의 지속 등과 연계하여 보다 나은 재료활용과 아이템을 개발한다는 뜻이 담지되어 있다.

그러나 이 화두 역시 시작의 진행형 범주이므로 섣부른 예측은 곤란하다. 한국문화콘텐츠진흥원이 앞서 주도하고 있는데 현재로서는 콘텐츠 관련 분야에 대한 기초적 소양과 문화 관심 권역에 대한 경쟁력 있는 지적 업그레이드가 필요하다. 기존 인문사회학 분야가 콘텐츠와 접목함으로써 변신을 시도하고 있는 것도 이러한 패러다임의 변화에 일단이다.

우리 전통문화의 핵심인 정신문화는 불교와 유교가 전래되기 이전, 천지인(天地人)사상과 홍익정신이 유래한 단군신화와 천부경에 근거를 두고 있다. 천부경은 우리 민족의 경전이며, 민족의 경전이 있다는 것은 그 민족이 우주관, 세계관, 인간관을 가지고 있는 민족이며, 문화의 뿌리가 깊다는 것을 의미한다. 천부경을 보았을 때의 감동과 놀라움의 정신적 요소가 있다. 깨달음의 과정에서 개인적으로 체험한 모든 것이 천부경 속에 고스란히 표현되어 있었고, 그 자체가 우리 선조의 깨달음의 깊이와 넓이를 말해 주고 있었기 때문이다.

단군신화의 홍익인간에 대한 통찰이 필요하다. 천부경은 우주의 생성·진화·완성의 원리, 대립과 경쟁의 이원론적인 세계관을 극복할 수 있는 조화와 상생의 철학을 여든 한자의 짧은 글에 담고 있다. 원래 한국의 고대문자인 녹도문자로 기록되어 고대로부터 전승된 것인데, 신라의 대학자인 고운 최치원이 한문으로 번역하여 오늘에 이르렀다고 전한다. 천부경은 모든 것은 하나에서 시작되어 하나로 돌아가되 그 하나는 시작도 끝도 없으며, 사람 안에 하늘과 땅과 사람이 모두 들어 있다는 가르침을 담고 있다. 이러한 천부경의 가르침은 단군의 홍익인간 이화세계로 다시 구체화되어 공동체적으로 실천할 수 있는 생활철학이 되었다.

홍익인간이라는 건국이념에는 단군이 어느날 갑자기 혼자 만들어낸 것이 아니라, 그 전부터 전해 내려오던 한민족의 광명사상이 집약된 정신이다. 이는 "하늘과 땅과 사람이 하나요, 모든 것은 하나에서 나와 하나로 돌아가니, 세상에 났으면 널리 인간을 이롭게 하는 삶을 살다가 하나로 돌아가는 것이 우주의 이치"라는 큰 깨달음 속에서 나온 것이다. 이제 더 많은 사람들이 천부경을 통해 우리 민족의 깊은 뿌리를 알고, 그 안에 담긴 정신이 얼마나 심원한지를 깨달아야 한다. 경전이 있

는 문화민족으로서의 긍지를 가져야 한다. 나아가 천부경을 알리는 문
화운동이 일어나, 민족의 통일과 평화, 그리고 인류를 향한 조화와 상
생의 기운이 일어나, 민족의 통일과 평화, 그리고 인류를 향한 조화와
상생의 기운이 일어나면, 홍익인간 이화세계와 선민의식도 실현될 것
이다.

전통문화의 논의에서 조선학이 한국학으로 인식되는 과정에 많은 논
란이 있어왔다. 일제강점기에 조선학은 조선의 정통문물과 정신을 드높
여 민족적 이슈를 찾고자 하였다. 반대로 황국식민학은 지배의 효율성
을 가져오기 위해 실태조사라는 이름으로 방대한 실증적 연구를 진척
시켰다. 한국학은 이런 모순 속에 싹텄다. 근대적 요소라는 화두 때문에
전통과 근대가 충돌하는 경우가 생겨 1980년대 이전까지 한국학은 확
고한 실학적 분위기를 만들지 못했다. 조선의 장점도 근대의 콤플렉스
로 인식되어 실학의 유효성이 떨어졌다. 조선의 원형적 가치가 폄하되
고 왜곡되는 과정에 서구의 과학적 논리가 힘을 얻었다. 인문학의 위기
를 초래하는 계기가 되었다.

실제로 우리 것 가르치기는 딴전 피우기로 나타나고 서구 일색의 문
명교육이 안방을 차지하였다. 이 얼마나 모순된 시대에 살았던가. 요컨
대 우리는 이제 변명을 멈추고 한국인으로 자부심을 갖고 싶어하고, 또
권위와 저항 너머에서 실물적 지식과 정보를 알고 싶어한다. 학문의 분
야는 다양하고 쓸모 또한 예측을 불허한다. 조선조의 고급문화를 예로
들 수 있다. 20세기가 되면서부터 유교의 사대부 문화는 적극적 평가를
받지 못하고 평가되었다. 선비들이란 변변한 직업도 없이 공리공론에
몰두하느라 민생에 절실한 경제나 기술, 사회개혁에는 젬병으로, 무책
임했던 사람들로 낙인찍혀 왔던 것이다.

왼쪽에는 실학이 근대화에 대한 실패를 묻고, 오른쪽에는 민중이 권
위적 억압에 대한 책임을 다그쳐 조선의 유교 문화는 오랫동안 '짜부'

신세였다. 뿐인가. 왕실은 더하다. 지금도 왕실 문화의 중요성을 말하면 인상을 쓰는 사람이 한둘이 아니다. 그러니 개발한 콘텐츠도 빈약하기 이를 데 없다. 그러나 시대가 달라졌지 않은가. 유교나 왕실의 책임은 20세기 100년이면 충분하다. 삶은 계속된다. 앞길을 헤쳐나가기 위해, 새 요구에 부응하기위해 과거 돌아보기를 멈출 줄 알아야 한다.

예로 그 짜부라진 틈새에서 찾아낸 귀한 콘텐츠가 영화와 드라마로 부활해 아시아를 감동시키고 있는 것을 보라. 그 콘텐츠 개발과 연구는 이제 시작이다. 전통의 광맥을 탈이념적으로 탐사하는 대규모 프로젝트 가 있어야 한다. 이 일에 문화관광부와 교육부가 함께 손을 잡고 협력 했으면 좋겠다. 연구 없이 고급 콘텐츠는 만들어지지 않고, 콘텐츠로 소 통되지 않는 연구는 불모지나 다름없다.

문화콘텐츠의 창작은 전통문화의 내재적 가치를 오늘날 실학적으로 살려내는 것이다. 인문학적 고유성과 첨단 디지털기술이 세련되게 관계 망을 형성해야 한다. 문화콘텐츠의 고급화가 우리 전통문화의 세계화와 맞물려 있다. 한국 고유의 트렌드를 비빔밥처럼 다양한 콘텐츠를 조화 롭게 상생시켜 더욱 발전시켜야 할 필요가 있다. 한류확산에는 대중문 화 수출, 파생상품 수출, 일반상품 시너지 효과 수출, 국가 브랜드 이미 지 제고 등이 나타난다. 그 바탕에 한국의 전통문화가 있다.

대부분 사람들은 우리의 전통문화하면 판소리, 사물놀이, 전통무예 등 오감으로 듣고 볼 수 있는 문화를 떠올리거나 무속현상을 연상한다. 전통적인 철학이 무엇이냐고 하면 불교와 유교를 이야기한다. 한국인의 뇌에 전통문화가 이렇게 인식돼 있다면, 외국인들이 우리의 전통문화에 대해 어떻게 생각할지 굳이 설명할 필요가 없다. 우리가 불교문화나 유 교문화를 우리의 전통문화로 소개하면, 외국인들은 그것은 한국의 문화 가 아니고 외래문화라고 이야기한다. 전통문화는 그 민족의 고유한 정 신과 철학이라는 것이 세계인이 인정하는 상식이기 때문이다.

다른 나라의 역사교과서가 '한국은 고유한 전통문화가 없고, 중국문화와 일본문화의 아류'라고 한 것이 그런 상황을 여실히 보여주고 있다. 토착문화 이외의 우리는 불교문화와 유교문화, 기독교문화를 비롯한 외부에서 들어온 사상과 현상들은 그 역사가 아무리 오래되었다 해도 우리의 전통문화라고 할 때 '창조'의 적극적 해석이 있이야 한다. 응전과 대응, 수용과 혁신 이런 측면을 읽어내야 전통문화의 힘을 만날 수 있다.

외래문화는 전통문화의 토양 위에서 조화를 이루며 그 민족의 문화적 발전에 함께 이바지하는 것이지 전통문화의 자리를 대체할 수는 없는 것이기 때문이다. 전통문화의 핵심은 그 민족이나 국가의 고유한 정신, 즉 민족의 중심 가치이자 중심철학이다. 우리는 지난2처년 동안 수많은 강대국의 침략과 지배 속에서 끊임없는 문화침투를 당해왔다. 역사의 곡절 속에서 우리 민족의 본래 정신과 가치를 잃어버리고 만 것이다. 특히 36년간 이어진 일본의 식민지배는 우리의 고유한 문화를 잃게 하고, 문화적으로 식민화시켰다.

영토와 주권, 경제적 이권을 가져간 것으로 만족하지 못하고 우리의 말과 글은 물론, 성씨까지 빼앗아 간 것이다. 이처럼 정신을 부정하고 뿌리를 부정하는 우민화 식민정책은 국조 단군을 곰의 자손으로 단군조선의 역사를 신화로 만들어 버렸다. 이러한 역사왜곡은 우리 민족의 정신적인 전통을 말살시키기 위한 식민노예화의 마지막 종착점이었던 것이다.

이러한 역사 때문에 한국인의 뇌 속에는 전통문화와 외래문화가 혼재되어 있다. 반세기 전 일제의 식민지 지배에서는 벗어났지만 해방 이후 바로 서구 기독교문화의 영향권으로 들어가면서 우리의 전통문화는 아직 복원되지 못하고 있다. 우리의 뇌에서 전통문화와 외래문화부터 구분해야 한다. 역사적 시련 속에서 우리 전통문화의 맥이 끊어졌다면 그것을 찾아 복원해야 한다. 작은 불씨라도 살려내야 하는 것이다.

민족의 주체성과 창조성은 전통문화에서 나온다. 전통문화가 없는 민족은 주체적이고 창조적으로 발전할 수 없으며 그 미래도 항상 불안할 수밖에 없다. 자긍심과 자존감이 없는 사람이 자신의 미래를 스스로 창조할 수 없는 것과 같은 이치다. 전통문화의 복원은 홍익정신의 복원이고 한민족 철학의 핵심인 천부경의 복원이며 한민족 역사의 구심인 국조 단군의 복원이다. 전통문화의 중심에서 이루어질 때, 한민족의 문화원류가 살아나 문화콘텐츠 강국으로서의 우리의 미래를 창조하는데 빛을 더할 것이다.

전통문화 융합상품인 컬덕(culture + product)을 활성화시켜야 한다. 일본에 이승엽 김치를 상품화해 판매하면 소비자의 눈길과 그 맛의 원천을 확대할 수 있다. 전통문화에 내재된 문화인자의 활용도를 높여야 한다. 생활문화로 실천력을 끌어올리기 위해 전통문화유산의 내재적 가치를 찾아 상품기획으로 연결해야 한다.

2. 전통문화의 재인식과 현재성

우리 것을 모두 전통문화의 범주로 처리해서는 안 된다. 전통문화의 정통성을 고려하여 비판적 재인식이 있어야 한다. 서구적 합리주의 때문에 우리의 전통문화가 미신 또는 부질없는 것으로 취급되기 일쑤였다. 미래지향적 안목과 그 깊이의 성찰을 제대로 하지 못했다. 너무 똑똑하여 일찍 버린 것이다.

가난한 두 광대 장생과 공길은 그들 놀이패 대장의 행패를 못 참고 다투다 대장을 죽이게 되자 도망쳐서 한양으로 올라간다. 그 곳에서 또 다른 광대 일행을 만나게 되고 서로 마음이 맞는 그들은 광대패를 만들어 놀이판을 벌인다. 그들은 왕과 녹수를 비판하는 놀이판을 벌이다가 의금부로 끌려간다. 의금부에서 장생은 비록 왕을 비판하긴 했지만 왕이 웃으면 비판이 아니라고 하며 자신들이 왕을 웃겨보겠다는 제안을 한다.

왕의 앞에서 놀이판을 벌이지만 막상 왕과 녹수―왕이 총애하는 여인으로 질투가 많다―앞에 서니 떨려 모두들 제대로 재주를 못 부린다. 그때 공길의 재치로 왕이 웃게 되고 공길이 맘에 든 왕은 광대들을 궁에 머물게 하여 놀이판을 즐긴다. 또한 왕은 공길을 맘에 들어 해서 따로 불러 공길의 인형극을 즐기곤 합니다. 두 번째, 세 번째 놀이판 때문에 흥분한 왕이 신하들과 후궁들을 죽이게 되자 신하들은 광대들을 내쫓고 왕의 총애를 받는 공길을 죽이려 한다. 왕의 보호로 공길이는 살게 된다. 뒤이어 녹수의 질투로 공길이를 모함하지만 장생이 대신 뒤집어써서 옥에 갇히고 눈이 멀게 된다.

왕의 부덕한 정치에 불만을 품은 신하들이 모반을 일으킨 와중 장생이 궁궐에서 줄타기를 하며 왕을 비판한다. 공길 역시 줄 위로 올라가고 장생과 공길은 그 위에서 자신들의 한 서린 이야기를 사설로 풀며 다음에 태어나면 또 광대로 태어나겠다는 이야기를 하며 줄을 뛰어오른다.

역사의 사실과 상상력의 픽션으로 만든 내용이다. 영화 '왕의 남자'가 개봉 67일 만에 '태극기 휘날리며'(11,746,135명)의 흥행신기록을 경신하였다. 충무로에서 불문율처럼 전해져 온 '동성애 소재나 사극은 흥행이 힘들다'는 징크스를 깨버린 이 영화의 성공 요인은 여러 가지가 있겠으나 모든 연령대가 공감할 수 있는 다양한 이야기를 담아냈다는 점이 가장 큰 이유라고 말한다. 우리 역사와 광대놀이라는 전통문화를 소재로 해 멜로드라마와 정치풍자극으로 풀어낸 '왕의 남자'를 보며 전통문화의 화두에 대해 다시 한 번 생각해보게 된다.

전통이라는 말은 그동안 우리 땅에서 제대로 된 평가를 받지 못한 것이 사실이다. ‘전통문화’하면 고리타분한 것으로 받아들여져 버려야 할 대상으로 치부되어온 적도 있으니 말이다. 전통음악의 한 장르인 판소리는 2004년 유네스코에서 무형의 세계문화유산으로 선정할 만큼 예술성이 뛰어난 음악이지만 우리나라에서는 판소리를 소재로 한 영화 ‘서편제’가 만들어지기 전까지는 외면 받아왔다. 이제 잔소리는 한국의 대표 전통문화로 세계화의 길을 가고 있다.

영화 ‘서편제’를 통해서 판소리가, 그리고 영화 ‘왕의 남자’를 통해서 남사당의 줄타기 놀이가 새롭게 관심의 대상이 되는 것을 보면 전통이라는 수식어가 붙는 많은 대상들이 현대를 사는 우리들에게 버려야 할 옛것이 아니다. 가까이 다가가서 그 안에 어떤 것들이 들어 있어 감동의 울림이 있는지 자세히 살펴볼 가치를 지닌 것이라는 생각한다. 우리 눈으로 우리 전통문화의 매력을 찾아 널리 알려야 한다.

음식문화에 있어서도 육류를 수반한 서양식 식단과 패스트푸드 보다는 채소류 위주의 한국식 웰빙전통식단이 건강식으로 알려지면서 많은 사람들이 전통적인 식단에 관심을 보이고 있는 실정이다. 특히 근래에 발효 식품의 우수성이 알려지면서 김치와 청국장이 각광을 받고 있다. 김치는 서양인들 사이에서도 인기를 끌고 있으며, 올해 설 선물의 인기 상품의 하나가 환, 가루가 함께 포장된 청국장 세트였다고 한다. 한 인터넷 쇼핑몰에서는 청국장 제조기가 매일 70~80개가 판매되고, 청국장을 끓이지 않고 그대로 먹는 인터넷 동호회 ‘청국장닷컴’의 회원이 1만 명을 넘었다고 한다.

이런 현상에서 흥미로운 사실은 청국장에 대한 시선을 바꾼 것은 전통적인 소비 연령층인 중년이 아니라 10대, 20대들이고 이들은 청국장을 건강과 미용을 함께 가져다주는 ‘다이어트 식품’으로 여긴다는 것이다. 청국장 고유의 맛은 살리면서 특유의 냄새를 약하게 한 청국장이 참살이의 대표음식으로 재조명되는 현상을 보며 전통문화 전반에 대한 재인식이 필요한 때가 아닌가 하는 생각을 하게 된다. 어디 된장만 그렇겠는가.

오래된 것이 가치 있고 현대에 있어서도 그 효용성이 있는 것은 얼마든지 있다. 그 좋은 예가 오스트리아 잘츠부르크시를 먹여 살린다는 모차르트 음악이다. 2006년은 모차르트가 태어난 지 250년이 되는 해다. 여섯 살 때 작곡을 할 정도로 천재였던 그는 35살에 세상을 떠날 때까지 수많은 명곡을 남겼다. 그의 음악은 태교음악으로, 병을 고치는 음악 치료용 음악으로, 국수를 맛있게 만드는 음악으로, 식물을 잘 자라게 하는 생태음악으로 각광을 받고 있는 추세다. 그의 유명세를 타고 잘츠부르크에서는 티셔츠와 연필, 재떨이와 라이터 그리고 맥주와 골프공, 초콜릿까지 모차르트 표라고 한다.

모차르트의 음악은 만들어진지 200년이 넘은 오래된 고전음악이다. 한국의 산조가 100년이 조금 넘은 음악임에도 오래된 음악으로 생각하는 사람들이 보면 모차르트의 음악은 오래되어도 한참 오래된 골동품 음악이다. 그럼에도 불구하고 잘츠부르크시는 모차르트의 브랜드 가치를 필립스와 폴크스바겐의 브랜드 가치보다 높은 54억유로(약 6조 4000억원)로 평가했다고 한다. 이런 모차르트의 브랜드 파워를 볼 때 전통문화를 오늘에 되살려 생명을 불어넣는 일을 생각하게 된다.

한국의 전통음악은 명상적인 정악으로부터 신명나는 민속음악에 이르기까지 다양한 모습을 하고 있다. 오랜 세월 동안 다듬어져 세련된 모습을 하고 있는 전통음악은 전 세계에 자랑할 만한 전통문화유산이다. 전통은 자본이라는 말은 유형의 문화유산에만 국한된 말이 아니고 무형의 문화유산에도 해당한다. 그러나 전통이 진정한 자본이 되려면 옛것을 잘 지키는 것과 더불어 옛것을 현대적인 감각으로 되살리는 작업 곧, 가치 있는 쓰임새를 상생해야 한다.

최근 한국음악은 새 옷을 갈아입고 화려하게 비상하고 있다. 전통을 끌어들이고 있는데 새롭게 변신한 가야금과 해금이 그 주인공이다. 특히 독특한 음색으로 슬픔과 기쁨을 다양하게 표출하는 해금의 성장은 눈부시다. 서양악기와 함께 연주하는 새로운 해금음악은 젊은이들에게 월드뮤직의 하나로 받아들여지고 있다. 전통문화가 새로운 옷을 입고 있는 것이다. 새로 변신한다는 말은 오래된 전통을 DNA로 한다는 것과 통한다.

대한민국이라는 브랜드를 세계에 널리 알리는 방법은 여러 가지가 있겠으나 전통문화를 상품으로 만들어 세계에 내놓는 방법이 효과적이라고 생각한다. 악가무(樂歌舞)가 조화를 이루는 총체극 같은 무대공연물이 좋은 상품이 될 수 있다. 그러기 위해서는 전통문화가 생활속에 파고들 수 있는 토양이 만들어져야 할 것이며 그것을 바탕으로 '전통문화의 세계화'로 나아갈 수 있을 것이다. 인사동을 떠올리면 전통문화의 현주소를 볼 수 있다. 인사동에는 전통이 있는가.

'한국 최초의 전통문화지구 지정지역', '전통과 문화의 거리'라는 이름으로 이미지화되고 있다. 인사동은 문화 속으로 흐른다. 과거 5백년 도읍의 정치·경제·사회적 중심 역할을 하던 종로, 그 가운데서도 중심에 위치하면서 역사의 결정적 순간의 배경이 되곤 했던 인사동은 지금 그 손때 어린 흔적들로 전통이 살아 숨쉬는 거리를 연출하고 있다. 그러나 과연 인사동에서 전통문화의 내면적 가치를 찾을 수 있을까.

고려 때 원각사를 중건했던 탑골공원과 조선조 때 도화원이 위치해 있으며 운형궁 터 및 최초의 신식극장인 장안사, 최초의 백화점인 화신백화점이 세워지기도 한 이곳은 민족대표 삼십삼인이 독립선언을 한 곳으로 명실공이 민족문화 1번지라 해도 과언이 아니다. 60년대 이후 본격적으로 골동품, 표구, 필방, 고서점 등의 전통문화 관련 상점들이 들어섰으며 이후 70년대에 이르러 위와 관련한 민속공예점 및 지업사와 전통찻집이 들어서게 되었고 이들은 이렇게 인사동의 유무형 문화유적과 더불어 전통문화 클러스터를 조성하게 되었다.

지금의 인사동은 어떠한가. 천상병 시인의 부인이 운영하는 전통찻집 '귀천'을 비롯하여 많은 전통찻집이 자리하면서 문예인들의 모임장소로 각광을 받고 예술 이미지를 느끼게 한다. 수십 개를 넘어선 화랑에서는 아마추어 작가들을 비롯하여 여러 화가들의 그림이 매일 내걸린다. 벼룩시장처럼 국적불명의 소품들도 보인다. 무엇보다 종로2가에서 안국동 사거리를 잇는 이 거리, '인사동길'을 걷다보면 채 몇 걸음 떼지 않고 골동품과 골동서화 및 고미술 작품들을 흔히 만날 수 있다.

인사동은 전통과 현대가 함께 숨쉰다. 인사동에 대한 관광정보를 알려주는 곳은 크게 두 곳이다. 전철 3호선 안국역 6번 출구를 나오면 바로 만날 수 있는 관광안내소와 '인사동길' 내에 위치한 관광안내센터가 그것이다. 이곳에 들르면 인사동 지도를 무료로 얻을 수 있을 뿐 아니라 인사동에 위치한 갤러리에서 열리는 각종 전시회 팜플렛을 얻을 수 있다. 또한 인사동을 처음 방문하는 내 · 외 관광객들을 위해 문화시설과 음식점을 추천해 주기도 한다. 외국인을 위한 전통한복 체험을 할 수도 있으며 센터 내에 설치되어 있는 PC를 자유롭게 사용할 수도 있다. 전통과 현대가 악수하는 곳이다.

시기를 잘 맞춰 정보를 얻어 가면 '인사동길'에서 열리는 다양한 이벤트와 행사를 관람할 수 있다. 가장 많은 관광객이 다녀가는 매주 일요일은 '차 없는 거리'로 선정돼 있으며 오후 5시에 '포도대장과 그 순라군'이라는 야사극이 펼쳐진다. 종로구청에서 기획한 것으로 2003년부터 시행된 이것은 포도대장과 그 순라군들이 전통예복을 갖추고 옛날 장비들을 그대로 재현하여 일정한 스토리를 갖고 공연 및 행진을 하는 형식으로 진행된다.

한편 인사동의 가장 큰 축제이자 종로구의 지역특성 문화축제로 자리 잡은 '인사동전통문화축제'는 매년 4월 중순에 시작되어 도예 시연과 거리 화가를 비롯하여 민요 한마당 및 가야금 병창 등의 전통음악 공연과 전시회 및 각종 체험행사로 이목을 집중하고 있다. 전통문화의 보존도 변신과 창조에 있다. 아직은 감동의 전통문화축제는 아니지만 그곳에 아리랑의 신명이 있고 김연갑과 김영복 같은 전통문화 독립군이 살고 있다.

1998년 종로구청 조사에 의하면 인사동 지역에만 크고 작은 1백 8개의 화랑이 위치한 것으로 드러났다. 화랑들이 모여 기획전시를 이루는 곳에서부터 조그만 구명가게 규모의 소규모 화랑을 이루는 곳까지 인사동에는 수십 개를 넘어서는 화랑이 위치하여 전시회를 즐길 수 있다. 관람비를 내고 들어가야 하는 화랑도 있지만 대개 몇 천원 안팎으로 대부분이 상업성보다는 아마추어 및 젊은 작가들이 자신들의 작품세계를 보여주는 데 의의를 두고 있다.

인사동의 문화지구 선정 이후 오히려 가장 많이 위축된 곳이 바로 골동품 및 표구, 필방 등의 전통문화 관련 업소들이다. 문화지구 선정 이후 지가가 급상승하면서 이윤을 남겨야만 하는 장사가 살아남은 것이 그 원인이다. 우리네의 때 묻은 손길이 살아 있는 골동품가게와 전통상품전은 줄어들고 음식점 및 소비시설이 들어서기 시작했다. 그럼에도 불구하고 인사동 곳곳에는 아직까지 골동품상 및 고서점 등이 남아 있어 그 명맥을 잇고 있다.

인사동에서 찻집은 단순히 음식점의 범주를 넘어선다. 골동품과 화랑이 운집하면서 문인들의 모임 장소로 각광을 받았고 이러한 영향으로 인사동은 전통과 문화의 거리로, 인사동의 찻집은 문예인들이 만나는 공간으로 인식되게 된 것이다. 웬만한 전통찻집을 들어서면 유명인사들의 싸인과 흔적을 볼 수 있다. 특히 고(故) 천상병 시인의 부인 목순옥 여사가 운영하는 전통찻집 '귀천'은 이러한 유명세로 손님이 끊이질 않는다. 통문관과 한국서적의 서적문화 전통도 인구에 회자된다. 한방약

재를 사용한 몸에 좋은 전통차에서부터 미숫가루에까지 비교적 저렴한 가격으로 손님들을 맞이한다.

인사동에도 반전통이 있다. 외관부터가 인사동 관람객의 발목을 잡는다. 입구에 들어서면 마당 위에 두 개의 길이 열려 있는데 하나는 하늘을 향해 열려 있고 다른 하나는 소품과 액세서리가 관람객을 유혹한다. 하늘을 향해 열린 길을 걷노라면 '가난한 예술가를 위해 상업적인 판매를 목적으로 전시'한다는 '쌈지'의 철칙에 걸맞은 크고 작은 가게들이 발걸음을 멈추게 한다. 전통가구에서부터 비즈(beads)로 제작된 수공예품에 이르기까지 전시품들의 디자인과 건물의 디자인에 정신이 뺏겼을 즘이면 계단을 오르지 않고 건물 옥상에 이르렀음을 알게 된다. 가브리엘 크로아즈가 건축했다는 이곳 쌈지길, 인사동의 운치와 그럴 듯하게 어울려 위치한 현대건축물의 비대칭과 미묘함을 화장실에서도 보는 것은 어떤가.

문화지구 선정 이후 오히려 인사동에 대한 우려의 목소리가 들려온다. 1998년 당시 전통관련 업소가 인사동에서 4백 84개나 밀집되어 있던 것이 2000년 조사 결과 3백 66개로 줄어들면서 개발압력에서 좀더 자유롭게 전통문화를 고수해내고자 지정된 것이 문화지구이다. 그러나 선정 이후 오히려 임대료의 상승 등으로 자본력과 상업성에서 거리가 먼 전통 관련 업소들이 차츰 문을 닫게 된 것이다. 인위적 거리도 옛맛이 적다. 전통문화의 핵심지에 반전통이 자리하고 있다.

한편 일부 전통공예품 가게에서는 손수 제작한 전통공예품 대신 중국산 기념품을 싼 가격에 제시하고 있어 그 정체성이 의심받고 있다. 이에 해당 지자체에서는 소비문화업종을 규제하고 노점상 정비 및 거리청결 등을 계획하고 2007년까지 추진하기로 하고 있다. 그러나 기존의 소비문화업종을 별도의 법으로 규제할 수 없다는 것이 이들의 의견, 이는 곧 인사동을 이용하는 관람객들의 의무를 뜻하기도 한다.

수백 년 동안 자리 잡은 민족문화 1번지의 이미지와 결부되어 각종 전통 관련 업소들이 들어선 명실 공히 제1의 전통 클러스터 지역이 되었다. 우리가 '그럼에도 불구하고' 인사동을 찾는 이유는 여기에 있다. 변화하는 것은 전통이다. 전통의 가변성은 지금의 문화다. 한국의 전통문화를 보여주는 곳에는 결국 인사동처럼 반전통성 속에서 현재적 의미로 전통인자의 희미한 그림자가 있다.

3. 전통문화와 지역문화 활용

21세기는 문화감성시대다. 그 자체가 추가 경쟁력이다. 문화감성이 강조되는 문화산업에 대한 논의가 여러 각도에서 조명되면서 문화콘텐츠를 어떻게 활용하고 가치 있게 사용할 수 있는지에 대한 여러 처방전이 나오고 있다. 문화란 핵심 실체다. 이미 사람들이 이루어 놓은 많은 것들, 그것들이 공동체를 이루어 여러 사람들이 그 속에서 살아가고 있는 현상이 문화의 실체다. 그 문화 속에서 문학적 특성을 찾아내고 그것을 콘텐츠화하는 것이 문학콘텐츠화이며 그 콘텐츠를 이야기로 풀어 말한 것이 스토리텔링이다.

스토리텔링은 이야기가 가공되는 문학공학이다. '스토리(story) + 텔링(telling)'의 합성어로 상대방에게 알리고자 하는 바를 재미있고 생생한 이야기로 설득력 있게 전달하는 행위기술의 총체다. 이때 이야기는 특정 부류를 타깃으로 하여야 효과가 크며 내용은 듣는 이의 흥미를 자극하며 그 방향은 다중성(多衆性)을 지녀야 하는데 새로운 것을 이해할 수 있는 계기를 마련해 주어야 한다.

요즘 세대는 점점 복잡한 것을 싫어하는 경향이 늘어남에 따라 재미

있는 이야기 형태로 상대방에게 메시지를 전달하는 방법의 필요성이
커지고 있다. 놀이의 경쾌함이 있어야 관심과 공감을 이끌어 낼 수 있
다. 또한 지식의 생산과 활용이 중시되는 정보화 사회에 따른 교육제도
의 변화로 인해 예술감성의 시대로 접어들었다. 이로 인해 예술과 상품
의 경계가 와해되고 문화콘텐츠산업이라는 제3의 개념이 생겼고 힘을
얻고 있는 추세다. 이른바 CT산업이 그것이다.

문화산업은 물질을 산출하는 생산방식보다 기호를 산출하는 생산방
식을 선호하면서 상품의 미학적 효과가 강조되면서 예술과 상품의 구
분이 모호해지는 경향으로 대두되었다. 스토리텔링은 방법을 사용하여
효율적인 커뮤니케이션을 시도하고 있다. 이는 지나치게 사무적이고 전
문적이며 압축적인 형태의 것을 부드럽지만 매우 설득력 있는 스토리
로 전달하여 감성을 자극한다. 이를 좁혀서 말하면 문학콘텐츠의 방향
으로 이해해야 한다.

문학의 고유영역에다가 전달의 고부가 가치화를 상생시킨다는 의미
다. 한국문학 유산에는 누대에 걸쳐 특이한 잠재 토속문화의 인자가 다
양하게 전승되고 있다. 지역마다 독특한 유전인자가 있다. 독특한 유전
인자가 한류를 주도하고 있다. 문화원형을 현대인들의 특성에 맞도록
문학콘텐츠화하는 일이나 문화원형을 스토리텔링화하여 동화나 애니메
이션 또는 영상화를 만드는 일 등은 고유한 유·무형 문화자산의 원형
을 이용한 문화산업(좁게 특정 지역문화산업의, 더 나아가 한국의 문화산업)을
지적 재산권 위주의 특화된 문화로 바꾸는 데 그 효용이 있다. 문화산
업강국의 청사진도 여기에서 나왔다.

애니메이션과 캐릭터 개발사업은 상징 캐릭터의 활용을 다양하게 전
개할 수 있다. 그리고 더불어 전통고유문화를 정립하는 데 지대한 효과
를 지닌다. 캐릭터 라이센싱, 캐릭터 매니지먼트 그리고 캐릭터 머천다
이징 등을 통해 상품 기획제조, 캐릭터 상품 유통 및 판매를 할 수 있으

며 고유의 특화된 문화자산을 문화에서 경제적 측면으로 넓힐 수 있는 것이다. 이를 생태문화체험관광의 문화상품으로 연계함으로써 지역민의 삶을 제고할 수 있다. 캐릭터 사업은 하나의 캐릭터가 다양한 파생시장을 형성하여 고부가가치 창출이 가능하며, 시장의 글로벌화가 용이한 분야이다. 이미 창작 애니메이션의 지상파, 케이블 TV 등의 매체를 통해 애니메이션의 주요인물을 캐릭터화할 수 있다.

방송 애니메이션은 방송 및 비디오 특성에 적합한 콘텐츠 및 제작시스템을 구축하며, 극장용 애니메이션은 사전 조사와 검증을 통한 프리마케팅 그리고 방송애니메이션 및 디지털콘텐츠 제작 노하우를 바탕으로 세계적인 디지털 애니메이션 영화를 제작할 수 있다. 지방 대학연구소 및 기술보유 기관과 기술제휴를 통해 영상시장에 진입한다.

또한 제작한 애니메이션의 캐릭터와 인지도를 활용할 수 있는 게임을 지속적으로 개발한다. 지역이 보유하고 있는 애니메이션 소스는 물론 다양한 아이디어 영상소스를 활용함으로써 디지털 애니메이션과 캐릭터 사업 그리고 온라인 및 PC게임으로 그 활용을 넓힌다.

지역의 전통문화를 애니메이션으로 창작하고 가공하여 창작물 및 캐릭터 유통의 장으로 인터넷을 활용해야 할 것이다. 이를 통해 온라인 및 오프라인 상에서 애니메이션 및 캐릭터 그리고 게임 연동을 통한 시너지 효과를 얻을 수 있다. 그러한 내용으로는 캐릭터 다운로드, 벨소리 다운로드, 모바일 게임 개발, 플래시와 연계된 모바일 콘텐츠 개발 등을 들 수 있다.

이를 장기적인 계획으로 추진하여 문화관광상품으로 부각시키고 해외에까지 확대하여 경쟁력을 높이는 데 전통문화의 스토리텔링의 효용이 있다. 최근 한류가 더욱 경쟁력을 높여주고 있다. 스토리텔링 창작인을 길러내는 전공학과를 만들어야 한다. 전통문화자원 활용 차원에서 재정지원도 필요하다.

전통문화자원 중 그 지역의 전통적 정서와 색깔 그리고 끼, 심지어 느낌을 살려 독자적인 문학세계를 구축한 문인들이 있다. 이는 지역의 전통성이 예술로 승화된 사례다. 김소월의 평안도, 박목월의 경상도, 서정주의 전라도, 이성교의 강원도, 신경림의 충청도 등이다. 얼핏 보면 토속적 세계에 빠져 있는 듯하지만 자세히 들어다보면 지역의 전통적 정취와 미학이 녹아 있다. 지역문학의 힘, 이제 이런 측면에서 길 찾기가 필요하다. 시비(詩碑)세우기에만 머물지 말고 이를 활용한 문학콘텐츠의 확보와 차별화 전략이 필요하다. 앞서 말한 문학콘텐츠 창작도 이러한 지역의 전통적 문학의 원형을 활용하여 문학산업화가 가능하다.

전통문학의 상징화 작업은 취향문화시대에 우선하여 강조되어야 한다. 지역의 전통적 문학의 미학은 고향성을 보여준다. 모든 사람을 일깨우는 멋이 있다. 지역의 전통적 문학의 미학은 그것을 콘텐츠로 개발하고 원형의 멀티유즈, 곧 활용성이 브랜드로 연결될 때 경쟁력이 있다. 전통문화 원형에 대한 인문학문 탐색이 강구되어야 한다. 인문학적 문화유산에 대한 문화산업적 읽기 곧 지역성과 역사성에 대하여 창의적으로 의미화하고 가치 공유화의 길로 나아갈 때 전통문학 산업의 미래가 있다. 학술적 진단과 활용방안을 동시에 논의해야 마땅하다. 전통문학의 특성 찾기는 단선적인 방향에서 효율적으로 이룰 수 없다.

문사철을 중심으로 언어예술의 현장성, 인성 등에 이르기까지 입체적으로 짚어내야 하는 것이다. 잊혀진 현상이나 잃어버린 지식창고를 다시 살피고 이러한 문제의식 속에서 전통문학의 진면목을 현대화할 때 지적 재산권이 지식기반 사회에서 힘을 얻을 수 있다. 전통문화 특성 찾기는 상생적인 문화개발 아이디어 읽기에 있고 문학상품 개발에까지 확대해야 한다. 전통문학 활용성을 높이기 위한 정책적 지원이 있어야 한다.

전통문학의 잠재적 에너지를 살리되 지역전통문화관광, 지역전통농

산물홍보, 지역전통상품 전략화 등에도 두로 살려나가야 한다. 문학마을(예술인마을) 만들기, 시의 향기가 있는 체류형 문학영상 개발하기, 시(詩)이벤트 만들기 등에도 문학원형의 가치를 콘텐츠로 부각시킬 때 경쟁력이 있다. 전통문학 콘텐츠 산업의 전망을 밝다고 할 수 있으나, 지금 여기에서는 '시작'이기 때문에 앞서 준비하고 미리 전략화 한다는 사실을 염두에 두고 지속적으로 연구하고 집중 투자해야 할 미래예술산업임을 명심해야 한다. 전통문학콘텐츠의 역기능을 배제해야 한다. 아직도 문학향수의 목마름에 중앙중심 문학의 열망 운운하는 자체가 잘못되었다. 문학의 회귀성, 고향성을 살리자는 것이다. 대도시인들이 오히려 문학을 즐기려 지역 곳곳으로 나들이를 오도록 해야 한다. 문학이 지역의 아름다움과 어울릴 때 지역민들이 여유 있는 삶을 살 수 있는 경쟁력 확보와 문화 기반이 조화를 이룰 때 신명이 나고 살맛이 나는 것이다. 문화정책의 전환은 이러한 일면까지 세심하게 배려할 때 가능하다. 지역민이 지역문학의 생활화에 대한 미래 청사진에 대해 공감하는 방향이 제시되어야 할 것이다.

전통문학콘텐츠의 특성화 전략은 가장 촌스러운 지역적인 것에서부터 독창성이 나온다는 사실에 두어야 한다. 편리라는 이름으로 전통의 고유성을 잃게 해서는 안 된다. 정보보편화라는 장밋빛 속도전으로 전통적인 문학색채를 잃게 해서도 안 된다. 지역 골골마다 독특한 전통이 살아숨쉰다는 이미지로 남아야 한다. 과거 새마을운동이 물질적인 향상은 성공했으나 정신적인 향상은 실패했다는 경험을 되새겨야 한다. 독창적인 지역문학상품 생산은 멀리 있는 게 아니다. 지금 여기의 생활문학 속의 감동 드러내기에 최선을 다해야 한다.

전통문화콘텐츠 구축은 예술적 치유의 기능도 있음을 받아들여야 한다. 무조건 앞서 가야만 성공할 수 있다는 급진적이고 이해타산에서 나온 개발논리에서 벗어나야 한다. 조금은 느린 듯한 문학예술적 감각과 마음이 자정기능으로 작용되어야 한다. 또한 지역문학의 창조적 에너지를 살리는 웰빙적 삶의 방안이 강구되어야 한다.

한국학 어느 분야든 문학마인드를 고려하지 않을 때는 그 빛을 잃을 수밖에 없다. 전통의 차별화 전략에는 지역문학의 느낌이 반영되어야 하고 지역주체의 각종 문화교육 계획안에 지역 전통문화 바로알기와 새로 만들기가 마련되어야 한다. 전통인자를 지닌 지역문화 홍보의 사이버구축도 콘텐츠로 활용되어야 하고 게임, 애니메이션, 영상문화, 캐릭터 등으로 확대외어 명실상부한 문화콘텐츠 활력사업을 이룩해야 한다.

전통문화의 원형에 대한 인문학문의 탐색이 강구되어야 한다. 이러한 인문학적 문화유산에 대한 문화산업적 읽기 곧 지역성과 역사성에 대하여 창의적으로 의미화하고 가치공유화의 길로 나아갈 때 전통문화의 미래가 있다. 학술적 진단과 활용방안을 동시에 논의해야 마땅하다. 지역문화의 특성 찾기는 단선적인 방향에서 효율적으로 이룰 수 없다. 문사철을 중심으로 생업활동, 유·무형문화양상, 인성 등에 이르기까지 입체적으로 짚어내야 하는 것이다. 잊혀진 현상이나 잃어버린 지식창고를 다시 살피고 이러한 문제의식 속에서 지역문화의 진면목을 다시 현대화할 때 지적재산권이 지식기반 사회에서 힘을 얻을 수 있다. 지역문화 연구의 당위성은 지역 특성 찾기인 동시에 상생적인 문화개발 아이디어 읽기에 있음을 알아야 한다.

지역문화의 활용성을 높이기 위한 정책적 지원이 있어야 한다. 지역문화의 잠재적 에너지를 살리되 지역문화관광, 지역농산물홍보, 지역상품 전략화 등에도 두로 살려나가야 한다. 문화마을 만들기, 체류형 펜션 만들기, 전통한방 건강식품 만들기, 친환경 신소재 개발하기, 지역다운 이벤트 만들기 등에도 지역문화원형의 가치를 콘텐츠로 부각시킬 때 경쟁력이 있다. 지역문화 콘텐츠산업의 전망은 밝다고 할 수 있으나, 지금 여기에서는 '시작'이기 때문에 앞서 준비하고 미리 전략화한다는 사실을 염두에 두고 시너지 효과를 높이고 지속적으로 연구하고 집중 투자해야 할 미래산업임을 명심해야 한다. 유비쿼터스시대의 대표 문화산업이라는 인식 속에 지방정부의 정책결정이 요청된다.

문화의 자원화도 지역 주체들의 눈높이를 전제해야 한다. 지역의 문화유산의 다양한 가치는 서로 연계되어 있으며 상승작용을 한다. 예를 들어 대내외적으로 지역문화유산의 가치에 대한 인식이 높아진다면 지역의 문화유산을 활용한 문화상품의 경제적 가치는 당연이 높아질 것이다. 그러기 위해서는 지역문화의 정체성을 확립하고 지역문화의 세계화를 위한 체계를 세워야 할 것이다. 지역 주체들은 무엇보다도 그 곳에 사는 도민의 삶에 맞게 문화유산을 체계화하고 세계를 대상으로 콘텐츠화하려 노력하여야 한다. 지역민이 눈높이에 맞게 시책이 마련되고 그 곳에 사는 지역주체의 꿈을 키울 수 있는 문화정책 항목이 꼼꼼하게 체크되어야 한다. 더구나 문화행복지수는 으뜸으로 챙겨야 한다.

문화콘텐츠의 역기능을 배제해야 한다. 아직도 문화향수의 목마름에 지역과 서울을 이원화하려는 자체가 잘못 되었다. 문화의 회귀성, 고향성을 살리자는 것이다. 대도시인들이 오히려 문화를 즐기려 지역 곳곳으로 나들이를 오도록 해야 한다. 금상첨화로 지역마다 천년만년의 역사를 자랑하는 역사와 자연이 있다. 지역민들이 여유 있는 삶을 살 수 있는 경쟁력 확보와 문화 기반이 조화를 이룰 때 신명이 나고 살맛이 나는 것이다. 문화정책의 전환은 이러한 일면까지 세심하게 배려할 때 가능하다. 지역민이 전통문화 미래 청사진에 대해 공감하는 방향에 제시되어야 한다.

전통문화콘텐츠의 특성화 전략은 가장 촌스러운 지역적인 것에서부터 독창성이 나온다는 사실에 두어야 한다. 행정선진화라는 이름으로 지역의 고유성을 잃게 해서는 안 된다. 정보편리화라는 장밋빛 속도전으로 도민의 문화색채를 잃게 해서도 안 된다. 지역문화는 그 바탕에 지역의 골골마다 독특한 문화가 살아 숨쉰다는 이미지로 남아야 한다. 과거 새마을운동이 물질적인 향상은 성공했으나 정신적인 향상은 실패했다는 경험을 되새겨야 한다. 독창적인 지역문화상품 생산은 멀리 있는 게 아니다. 오래 묵은 지역문화유산에 대한 문사철의 통찰과 지금 어기의 생활문화 속에 감동 드러내기에 목숨을 걸어야 한다.

전통문화콘텐츠 구축은 예술적 치유의 기능도 있음을 받아들여야 한다. 무조건 앞서 가야만 성공할 수 있다는 급진적이고 이해타산적인 개발논리에서 벗어나야 한다. 조금은 느린 듯한 전통지킴이의 마음이 자정기능으로 작용되어야 한다. 또한 지역문화의 창조적 에너지를 살리는 경제활성화 방안이 강구되어야 한다. 행정체제상 분리된 분야도 실제 추진에서는 연계되어야 시너지효과를 얻을 수 있다.

이제 어느 분야든 문화마인드를 고려하지 않을 때는 그 빛을 잃을 수밖에 없다. 주민안전, 환경관리, 일반행정 등 분야는 말할 것도 없고 심지어 전자정보부문 역시 지역문화의 느낌이 반영되어야 한다. 지역주체의 각종 문화교육 계획안에 지역문화 바로알기와 새로 만들기가 마련되어야 한다. 지역대학들도 이러한 지역문화학의 활용에 연구 목표의 일부를 삼아야 한다. 첨단정보지식사회에서 전통문화와 연계된 연구 체계는 지역의 특성화 전략으로 수렴되어야 할 것이다.

지역문화콘텐츠 개발분야는 지역문화학의 제안과 현실 대응책이다. 지역민들이 누대에 만들어낸 창조인자를 살려 21세기형 명품 문화산업을 창출해야 한다. 지금까지 고정관념으로 보면 지역문화학은 현실성이 없어 보이기도 한다. 그러나 명품 문화상품을 위하여 문화콘텐츠 만들기에 그 지역의 문화 마인드가 녹아 있지 않으면 최근 우려하는 바대로 순수인문학으로 무용지물이 되고 말 것이다.

첨단지식산업의 시대라고 해도 지역문화가 핵으로 활용되지 않으면 행복지수를 느낄 수 없는 것처럼 지역문화학의 비판적 학문체계가 필요조건이다. 지역문화의 활력화는 연구에서부터 비롯된다. 지역문화콘텐츠, 무한 지역문화의 창출은 지역연구담론의 활발성을 기대한다. 이 방면의 집약적 발전을 통해 지역 활성화를 이끌어내야 한다. 산학연 특성화 사업을 활용하고 지역문화유산의 지속가능성 위주의 탐색이 요구된다. 지역대학의 변신에는 문화상생론이 필요하다. 첨단화 바탕 위에 지역전통문화의 화두를 살려내지 않고는 차별화를 기대할 수 없다.

❍ 참고문헌

강형기, 『향부론』, 비봉출판사, 2001.

김승환, 「지방자치와 충북 지역문화」, 『호서문화연구』 14집, 호서문화연구소, 1996.

윤재근, 『문화전쟁』, 둥지, 1996.

이인화 외, 『디지털 스토리텔링』, 황금가지, 2006.

이창식, 「인문학의 위기와 문학공학의 전망」, 『어문연구』 33, 어문연구학회, 2000.

이창식, 『문학공학과 민속학』, 대선, 2000.

이창식, 『문학콘텐츠와 스토리텔링』, 역락, 2005.

임재해, 『지역문화와 문화산업』, 지식산업사, 2000.

정연정, 「지역문화의 산업화에 관한 시론」, 『충북문화론』, 충북개발연구원, 2003.

최혜실, 『디지털시대의 문화예술』, 문학과 지성사, 1999.

ㄱ······

저자 이창식(李昌植)

세명대학교 한국어문학과 교수
(고전시가론, 구비문학론, 문화콘텐츠론 등 강의)
세명대학교 입학관리처 처장, 시인
문화재청 문화재전문위원 역임
충청북도 문화재위원 및 문화예술진흥위원
충북학연구소 연구위원
저서『한국의 유희민요』,『충북의 민속문화』,『단양팔경 가는 길』,
    『문학콘텐츠와 스토리텔링』외 다수

전통문화자원연구총서 ①

전통문화와 문화콘텐츠

초판 인쇄 2008년 3월 11일
초판 발행 2008년 3월 21일
저 자 이창식
펴낸이 이대현
편 집 권분옥
펴낸곳 도서출판 역락
주소 서울 서초구 반포4동 577-25호 문창빌딩 2층
전화 3409-2058, 2060
팩스 3409-2059
등록 1999년 4월 19일 제303-2002-000014호
e-mail youkrack@hanmail.net

값 20,000원
ISBN 978-89-5556-599-7 03380